国家出版基金项目
NATIONAL PUBLICATION FOUNDATION

「禮學新論」叢書／楊華　主編

先代帝王祭祀研究

田成浩　著

武漢大學出版社
WUHAN UNIVERSITY PRESS

本叢書爲國家社會科學基金重大項目
“中國傳統禮儀文化通史研究”（18ZDA021）階段性成果

本書爲教育部人文社會科學重點研究基地
山東師範大學齊魯文化研究院科研規劃成果之一

目　　録

緒　　論

　　祭祀先代帝王，指中國古代的當政朝廷及其臣民祭祀本朝之前的往代君主。在古代，王朝祀典中的祭祀對象分"天神""地祇""人鬼"三大類。先代帝王祭祀屬於祭祀"人鬼"的禮儀。考察先代帝王祭祀，對於中國禮制史、文化史的研究以及當今文化建設均具有相當的意義。

　　首先，先代帝王祭祀是中國文明延續不斷在禮制上的一種表現。將先代帝王作爲"政治祖先"施祭，展現了"天下爲公"、開闊包容的政治態度。① 當政朝廷祭祀往代君主，代表着繼承前朝的統治地位，延續前朝的國土疆域，接納前朝的族群民衆。與中國文明、領土、人口在歷史長河中的不斷傳承相伴隨，先代帝王祭祀也在不斷發展演變。考察先代帝王祭祀，能從禮制角度揭示中國文明的連續性。

　　其次，先代帝王祭祀是各民族共塑中國歷史的標誌。隋唐以後，分散在各地的先代陵寢與位處國都的帝王廟，都是國家祀典中的"政治符號"，解釋着當政朝廷合法地位的歷史來源，彰顯當權者對聖賢、前王的禮敬態度。各民族政權認同、傳承這些"政治符號"，沿用、發展祭祀先代帝王的制度，是對華夏歷史的"國家認同""政治認同"。② 考察先代帝王祭祀，有助於闡釋傳統禮制對於各民族的凝聚、整合作用。

　　再次，系統地、學理性地揭示先代帝王祭祀的發展歷程，能夠豐富對中國

---

　　① 魏侯瑋在分析唐朝禮制時，首先闡述了"政治祖先"的概念。他認爲，與現任統治者的血緣祖先相對，以往朝代的君主可以被視作現任統治者的"政治祖先"；"既然現任統治者對直系祖先的認同能對其政權提供支援，那麼，現任統治者與其政治祖先之間的認同，也能產生這種作用"；祭祀沒有血緣關係的"政治祖先"，展現了"天下爲公"的政治理念，有助於標榜現政權的合法性。參見 Howard J. Wechsler：*Offerings of Jade and Silk：Ritual and Symbol in the Legitimation of the T'ang Dynasty*，New Haven：Yale University Press，1985，pp. 135-141.

　　② 參見常建華：《國家認同清史研究的新視角》，《清史研究》2010 年第 4 期。

禮制史、中國傳統文明的研究。先代帝王祭祀是禮儀制度、歷史觀念、政治思想、道德準則等多重因素的複合體。它最早是英雄崇拜、聖賢崇拜、"興滅繼絕"觀念的產物。隨着時代推移，"三皇五帝到如今"的古史觀念，師法聖賢、施政爲民、立德立功的政治理念，褒貶功過、判定正僞的史評議論，都蘊含於先代帝王祭祀的禮制設計中。與此同時，先代帝王祭祀還有以史爲鑒、穩定統治秩序的功能。① 總之，先代帝王祭祀是觀察中國禮制史與傳統文明的極佳窗口，文化内涵極其豐富。

最後，科學探究先代帝王祭祀，對傳承歷史文化遺産具有直接的現實意義。各地的先代陵寢、帝王祠廟，在古代是國家祀典中的"政治符號"，在當代則是各地的文化資源、旅遊資源。客觀認識它們的淵源流變，挖掘其中的有益内涵，是合理開發歷史文化遺産、提升發展品質的基礎和前提。

所以，不能因爲祭祀對象是"封建君主"，而否定先代帝王祭祀的文化意義與學術價值。

在古代，官修政書與學人著述都曾梳理先代帝王祭祀的制度沿革。其中，明人丘濬《大學衍義補》、清人秦蕙田《五禮通考》對史料的彙集、整理與評議，爲今人的研究打下了扎實基礎。

然而，現當代學界對此問題尚無足夠重視。各時段的研究極不平衡，缺乏整體性。目前，關於先代帝王祭祀的專著只有一部，新近方才問世。② 做通代考察的學術論文，大多沒有突破《五禮通考》的史料框架。斷代研究的成果，亦聚訟於明、清時期的歷代帝王廟。近年來才有學者從政治文化入手，探索北朝與隋唐祭祀先代帝王的制度。與祭祀宗廟、釋奠先師等禮制相比，圍繞先代帝王祭祀的研究確屬落伍。因此，有必要對其進行全面、系統、深入的探索。

一、概念界定

(一)先代帝王祭祀

"先代帝王祭祀"的概念，應從王朝禮制與民間信仰兩個方面來界定。

---

① 丘濬：《大學衍義補》卷六二《治國平天下之要·秩祭祀·内外群祀之禮》，《景印文淵閣四庫全書》第 712 册，臺灣"商務印書館"1983 年版，第 722 頁上欄(本書所引《景印文淵閣四庫全書》均爲此版本，後文不再重複注明版本信息)；《清高宗純皇帝實録》卷一二一〇，乾隆四十九年七月乙卯，中華書局 1986 年版，第 219 頁下欄~220 頁上欄。

② 廖宜方：《王權的祭典——传统中国的帝王崇拜》，臺大出版中心 2020 年版。

1. 王朝禮制層面

第一個問題，"先代帝王祭祀"名稱的確定。

從王朝禮制的層面講，先代帝王祭祀，指當政朝廷祭祀前朝往代君主的禮儀制度。隋之前的各代正史對這類活動没有概括性的稱謂。隋唐以後，它才成爲獨立的常祀項目並延續發展。官修正史、禮書、政書也爲之專立條目，爬梳史事，收録儀程。比如，唐朝的《開元禮》卷五十爲"有司享先代帝王"，《郊祀録·凡例》中稱之爲"先代帝王"。① 北宋《太常因革禮》卷八十有"享先代帝王陵廟"；《政和五禮新儀》卷一百三十一爲"諸州享歷代帝王儀"。②《元典章》中《聖政卷二·崇祭祀》與《禮部卷之三》收録了祭祀聖帝明王的法令9則。③明萬曆朝官修《大明會典》卷九十一有"歷代帝王"一項。④ 清官修《大清通禮》卷九爲"歷代帝王廟饗"。⑤ 清官修的幾部《大清會典》《大清會典則(事)例》中有"祭歷代帝王廟""巡幸祭帝王陵廟""國事遣祭帝王陵寢""直省祭帝王陵寢""直省防護帝王陵寢修葺陵廟"等項。明、清官修禮書、政書中的寫法，是直接指稱歷代帝王廟或先代陵寢。以上這些，都是本書的研究對象在不同時期的不同名稱。

用"先代帝王祭祀"來統稱這類祭祀活動、禮制，一是參考古籍的常用語，二是沿用當前學界的慣例用法。

先看古籍文獻的用語。《通典》等"十通"梳理的祭禮沿革，貫穿了整個帝制社會。翻查本書研究對象在"十通"中的條目名稱，有五部是"祀先代帝王"⑥，

① 蕭嵩等：《大唐開元禮》卷五〇《有司享先代帝王》，《景印文淵閣四庫全書》第646册，第364頁下欄；王涇：《大唐郊祀録》卷一《凡例上·神位》，《續修四庫全書》第821册，上海古籍出版社2002年版，第270頁上欄(本書所引《續修四庫全書》均爲此版本，後文不再重複注明版本信息)。

② 歐陽修等編：《太常因革禮》卷八〇，《續修四庫全書》第821册，第570頁下欄；鄭居中等：《政和五禮新儀》"目録"，《景印文淵閣四庫全書》第647册，第115頁上欄。《政和五禮新儀》卷一三一正文已佚，只在"序例"中見到標題。

③ 陳高華等點校：《元典章》，天津古籍出版社、中華書局2011年版，第108~111，1071~1072頁。

④ 申時行等修，趙用賢等纂：《大明會典》卷九一，《續修四庫全書》第790册，第596~619頁。

⑤ 來保、李玉鳴等：《大清通禮》卷九，《景印文淵閣四庫全書》第655册，第157頁。

⑥ 見於《通典》卷五三中的"祀先代帝王(名臣附)"，《通志》卷四三中的"祀先代帝王(名臣附)"，《文獻通考》卷一〇三中的"祀先代帝王賢士(修陵墓附)"，《續通典》卷五三中的"祀先代帝王(名臣附)"以及《續文獻通考》卷八五中的"祀先代帝王賢臣(修陵墓)"。

兩部是"祀歷代帝王"①。其餘三部徑直以"歷代帝王廟""歷代帝王陵"爲題。②另外，現當代研究者多將清人秦蕙田《五禮通考》卷一百一十六作爲參考。該卷同樣以"祀先代帝王"爲名。所以，從遵循古籍文獻成例的角度看，用"先代帝王"統稱這項禮儀制度的祭祀對象，是合適的。

　　再來看當前的學術慣例。對本書研究對象做過跨時段、深入考察的現當代學者並不多，主要有張琬、雷聞、廖宜方三人。其中有兩人的成果以"先代帝王"指代這項禮儀制度的祭祀對象。③

　　綜合古、今兩方面慣例，本書用"先代帝王祭祀"作爲研究對象的代稱。

　　第二個問題，圍繞"先代帝王"這個概念有三點需要理清。

　　首先，從施祭者與祭祀對象的關係上看，祭祀先代帝王本質上是祭祀前朝往代、其他政權的君主。這與當政朝廷祭祀本朝皇室的"血緣祖先"完全不同。但是，中國古代有一種現象：建國者爲宣示自己的正統地位，會追認以往朝代的君主爲祖先。例如，王莽追認黃帝、舜爲先祖；劉淵立國時，"立漢高祖以下三祖五宗神主而祭之"④；五代時，後唐、後漢的宗廟裏分別供奉着李唐、兩漢皇帝；明末，李自成在西安稱王，追尊西夏奠基人李繼遷爲宗廟中的太祖⑤。這些被追認的君主，在當政者的觀念中是自家祖先，不是前朝往代的異國君主。因此，這類祭祀行爲不在本書的考察之内。

　　其次，從祭祀對象相對於施祭者的時代遠近來看，在"先代"範圍内，距當政朝廷最近的政權與較遠的政權，要區分看待。根據史料，前一代（或前兩代）正統王朝的君主與時代更早的先代君主，在當政朝廷的祭禮設計中有很大不同。這一點，在界定"勝朝帝王"的概念時再做詳述。

　　最後，祭祀對象根據自身特點，可以分爲普通的往代君主與儒經所載的聖

---

　　①　見於《續通志》卷一一四中的"祀歷代帝王（名臣附）"，《清通典》卷四九中的"祀歷代帝王（名臣附）"。

　　②　見於《清通志》卷四〇中的"歷代帝王廟"，《清文獻通考》卷一一九中的"歷代帝王廟"與同書卷一二〇中的"歷代帝王陵"，以及《清朝續文獻通考》卷一六六中的"歷代帝王廟""歷代帝王陵"。

　　③　雷聞：《試論隋唐對於先代帝王的祭祀》，《文史》2007年第1輯。該文收入氏著《郊廟之外：隋唐國家祭祀與宗教》（生活·讀書·新知三聯書店2009年版）。廖宜方：《中國中古先代帝王祭祀的形成、演變與意涵——以其人選與地點爲主軸的探討》，臺灣《"中央研究院"歷史語言研究所集刊》第87本第3分，2016年9月。

　　④　《晉書》卷一〇一《載記一·劉元海》，中華書局1974年版，第2650頁。

　　⑤　《明史》卷三〇九《流賊列傳·李自成》，中華書局1974年版，第7963頁。李繼遷的故鄉在陝西榆林米脂一帶。李自成亦生長於此地。

帝明王。這是中國古代"崇古"思想、"聖王"觀念所導致的。① 但是，在先代帝王祭禮中，儒經"聖王"與普通君主既有分別，又有混同。一方面，古人對於三皇、五帝、禹、湯、文、武等上古賢君的崇拜非常普遍。歷朝受此影響，也會在禮制設計中凸顯"聖王"的地位。這與踐行《禮記·祭法》的報功之義有關(第一、二章詳述)。另一方面，"聖王"範圍也隨着歷史演進而不斷擴展。在《禮記·祭法》範圍之外，兩漢、李唐、宋、元乃至非大一統王朝的開國君主，也會在祀典中與"聖王"並列，享受同等待遇。這與正統史觀、史評議論、當政朝廷的現實需求有關。因此，對於"聖王"的範圍不需嚴格界定。

　　與此同時，以上古聖王爲祭祀對象且與先代帝王祭祀並列的其他常祀項目，不在本書考察之列。像元代的三皇廟(伏羲、神農、黃帝)與明、清兩朝的景惠殿祭禮，都是對於醫家先師的祭祀。再如明朝文華殿、清朝傳心殿祭祀三皇、五帝、四王、周公與孔子，是與經筵有關的聖師祭禮。它們都以上古聖王爲祭祀對象，卻都與先代帝王祭祀並列於國家祀典中，並無關涉。因此，對於先醫、聖師祭禮，本書不再探究。

　　第三個問題，先代帝王祭祀在歷代王朝祀典中的地位。

　　先代帝王祭祀在古代國家祀典中的位置，值得關注。從隋、唐開始，當政朝廷用大祀、中祀、小祀來區分祭禮項目的等級。在歷代禮典或者正史《禮志》的記載中，先代帝王祭祀多屬於中祀項目。詳情見表 0-1。

表 0-1　先代帝王祭祀在古代國家祀典中的地位

時代	地位	典籍	相關文句
唐開元時	中祀	《大唐開元禮》	日月、星辰、社稷、先代帝王、嶽鎮海瀆、帝社、先蠶、孔宣父、齊太公、諸太子廟並爲中祀②

① 姜建設：《先秦諸子托古的史學意義》，《河南大學學報》(哲學社會科學版)1990年第4期；劉澤華：《王、聖相對二分與合二爲一——中國傳統社會與思想特點的考察之一》，《天津社會科學》1998年第5期。

② 蕭嵩等：《大唐開元禮》卷一《序例上·神位》，《景印文淵閣四庫全書》第646冊，第39頁下欄。

續表

時代	地位	典籍	相關文句
唐貞元時	中祀	《大唐郊祀録》	日月、社稷、帝社(今禮謂之先農)、先代帝王、嶽鎮海瀆、先蠶、文宣王、武成王、諸太子廟、風師雨師皆爲中祀①
宋天聖時②	如中祀	《宋史·禮志一》	其諸州奉祀，則五郊迎氣日祭嶽、鎮、海、瀆，春秋二仲享先代帝王及周六廟，並如中祀③
宋熙寧、元豐時④	中祀	《宋會要輯稿》禮一四	中祀十一：風師，雨師，海瀆，五鎮，先農，先蠶，五龍，周六廟，先代帝王，至聖文宣王，昭烈武成王⑤
宋末	中祀	《政和五禮新儀》	嶽鎮海瀆、先農、先蠶……文宣王、武成王、歷代帝王……爲中祀⑥
元	非通祀者⑦	《元史·祭祀志一》	其非通祀者五：曰武成王，曰古帝王廟，曰周公廟，曰名山大川、忠臣義士之祠，曰功臣之祠，而大臣家廟不與焉⑧

①　王涇：《大唐郊祀録》卷一《凡例上·神位》，《續修四庫全書》第 821 册，第 270 頁上欄。

②　陳文龍：《〈宋史·禮志一〉所載大中小祀制度源自〈天聖令·祠令〉説——附論北宋前中期若干大中小祀制度的繫年》，羅家祥主編：《華中國學》第 2 卷，華中科技大學出版社 2014 年版，第 156~166 頁。

③　《宋史》卷九八《禮志一》，中華書局 1977 年版，第 2425 頁。

④　陳文龍經過考證，將《宋會要輯稿》禮一四所載的三祀名録視作宋神宗熙寧、元豐時期的三祀制度。參見陳文龍：《〈宋史·禮志一〉所載大中小祀制度源自〈天聖令·祠令〉説——附論北宋前中期若干大中小祀制度的繫年》，羅家祥主編：《華中國學》第 2 卷，華中科技大學出版社 2014 年版，第 156~166 頁。

⑤　劉琳等校點：《宋會要輯稿》禮一四《群祀》，上海古籍出版社 2014 年版，第 743 頁。

⑥　鄭居中等：《政和五禮新儀》卷一《序例·辨祀》，《景印文淵閣四庫全書》第 647 册，第 134 頁下欄。

⑦　按照《元史》，元代祭祀項目分"其天子親遣使致祭者""代祀""其有司常祀者""其非通祀者"四個等級。

⑧　《元史》卷七二《祭祀志一》，中華書局 1976 年版，第 1780 頁。

時代	地位	典籍	相關文句
明	中祀·歷代帝王廟	《明史·禮志一》	中祀二十有五：……四季月將及嶽鎮、海瀆、山川、城隍……仲春仲秋祭歷代帝王廟，春秋仲月上丁祭先師孔子①
	群祀·歷代帝王廟	萬曆《大明會典》	群祀一：歷代帝王、先聖先師、先師孔子；群祀二：先農、先蠶、先醫、旗纛②
	中祀、府州縣所祀(有司祀典)·先代陵寢	《明史·禮志一》	(明初只有先代陵寢常祀時)太歲、星辰、風雲雷雨、嶽鎮、海瀆、山川、歷代帝王、先師、旗纛、司中、司命……爲中祀③；(設置帝王廟之後)府州縣所祀，則社稷、風雲雷雨、山川、厲壇、先師廟及所在帝王陵廟，各衛亦祭先師④
		萬曆《大明會典》	群祀三·有司祀典上：嶽鎮海瀆、帝王陵寢⑤
清	中祀·歷代帝王廟	《清史稿·禮志一》	天神、地祇、太歲、朝日、夕月、歷代帝王、先師、先農爲中祀⑥；(清末)大祀十有三：……上丁祭先師。中祀十有二：……春仲祭先農，季祭先蠶，春、秋仲月祭歷代帝王、關聖、文昌⑦
	各省所祀·先代陵寢	《清史稿·禮志一》	各省所祀，如社稷、先農、風雷、境内山川、城隍、厲壇、帝王陵寢、先師、關帝、文昌、名宦、賢良等祠⑧

---

① 《明史》卷四七《禮志一》，中華書局 1974 年版，第 1225 頁。

② 申時行等修，趙用賢等纂：《大明會典》“目録”，《續修四庫全書》第 789 册，第 37 頁上欄。

③ 《明史》卷四七《禮志一》，中華書局 1974 年版，第 1225 頁。

④ 《明史》卷四七《禮志一》，中華書局 1974 年版，第 1226 頁。

⑤ 申時行等修，趙用賢等纂：《大明會典》卷九三《群祀三·有司祀典上》，《續修四庫全書》第 790 册，第 627 頁下欄。

⑥ 《清史稿》卷八二《禮志一》，中華書局 1976 年版，第 2485 頁。

⑦ 《清史稿》卷八二《禮志一》，中華書局 1976 年版，第 2485 頁。

⑧ 《清史稿》卷八二《禮志一》，中華書局 1976 年版，第 2486 頁。

通過表 0-1，可以對先代帝王祭祀在古代國家祀典中的地位形成一個大致判斷。

首先，先代帝王祭祀基本上一直處於中祀的地位，長期與先師孔子、武成王齊太公、先農、先醫等“人鬼”並列。

其次，從文句來看，先代帝王在中祀“人鬼”諸項内的排位比較靠前。在唐代的兩部禮典中，先代帝王曾位列文宣王、武成王之前。宋元時期，排位先後有所變動，且先代帝王曾被撤出中祀，地位有所降低。在明朝後期，歷代帝王廟已經排在先聖、先師、先農、先蠶、先醫諸項之前。在清末將先師提升爲大祀之前，先代帝王一直位列中祀各“人鬼”之首。大祀中的“人鬼”項目只有皇室的祖先祭祀。易言之，“政治祖先”在清朝祀典中的排名順序僅次於皇室的“血緣祖先”。

最後，歷代帝王廟代替了先代陵寢在祀典中的原有地位。明朝設置帝王廟之後，分散各地的先代陵寢進入“有司祀典”，即明朝府州縣、清朝各省主持的祭祀項目。在國都的帝王廟成爲國家祀典中的中祀項目。

2. 民間信仰層面

從民間信仰的層面講，基層民衆圍繞當地神祇祠廟形成的信仰風習，也會涉及往代君主。同時，地方官吏也會祭祀當地的先代帝王祠廟。借用人類學的理論，朝廷中央的禮制設計與地方社會的祭祀活動，是“大傳統”（上層文化）與“小傳統”（下層文化）的關係。本書的考察重點，是歷代政權的禮制設計。但對於基層民衆的信仰風習、地方官吏的祭祀活動、上層禮制與民間信仰的差異和交融，本書也會關注。

（二）先代帝王祀譜

“祀譜”這個概念是借用來的。在史學研究中，“祀譜”多見於涉及甲骨卜辭的學術成果。據陳夢家先生的劃分，“表譜刻辭”中有一類叫做“祀譜”，記載商王於某日祭祀某位先王的活動。① 另外，研究者們會用“祀譜”寬泛指代祭祀對象的名單。這種情況也比較常見。② 在目前圍繞先代帝王祭祀的研究

① 陳夢家：《殷虚卜辭綜述》，中華書局 1988 年版，第 44 頁；宋振豪、劉源：《甲骨學殷商史研究》，福建人民出版社 2006 年版，第 15~16 頁。
② 參見陳來：《古代思想文化的世界：春秋時代的宗教、倫理與社會思想》，生活·讀書·新知三聯書店 2002 年版，第 101 頁；劉信芳：《楚系簡帛釋例》，安徽大學出版社 2011 年版，第 321、327、331、332 頁。

中，暫時沒有找到指代祭祀對象名單的特定稱謂。因此，對於歷朝編製的祭祀先代帝王的名單，本書用"先代帝王祀譜"來指稱。

(三)勝朝帝王

在中國古代，正統觀念盛行。實際的政權更迭與各代認定的正統歷史脈絡並不完全一致。爲行文方便，當政朝廷認定的前一代正統王朝，本書通稱之爲"勝朝"。該朝的君主，本書稱之爲"勝朝帝王"。

這種稱謂是考察古代文例與借鑒當代研究成果而來的。先看古代文例。勝朝，可比於儒經中的"勝國"。《周禮·地官·媒氏》有："凡男女之陰訟，聽之於勝國之社。"鄭玄注："勝國，亡國也。"①"勝國"指已經滅亡的國家。在元、明、清文獻中，當政朝廷認定的前一代正統王朝會用"勝國"來指代。洪麗珠對此有過研究。② 但"勝朝"的用法並非到元朝才出現。早在唐高宗時，便有"殷鑒不遠，近在勝朝"的講法。③ 當代，也有學者用"勝朝"來指稱五代、北宋的前一代正統王朝，且已經用"勝朝宗廟"指稱前一代正統王朝的宗廟。④因此，在借鑒古人文例與當代研究成果的基礎上，本書用"勝朝"指代當政朝廷認定的前一代正統王朝，以求行文簡明。

在關於先代帝王祭祀的設計中，祭祀對象間的差異極爲顯著。這個差別，是本書研究繞不開的一個問題。而且已有成果幾乎都未關注到這點。⑤ 在分封二王三恪的朝代中，前兩代正統王朝的宗室後裔享有國賓之位，禮儀獨立。前兩代正統王朝的君主，即國賓的先祖，在當政朝廷的祀典設計中有很大的特殊性。當政朝廷對於勝朝帝王的祭祀，有勝朝宗廟、勝朝帝陵之禮。這兩種禮制獨立於先代帝王祀譜之外。另外，個別勝朝帝王還被囊括進先代帝王祀譜中。易言之，在祭祀先代帝王的禮制中，勝朝君主與其他朝代君主的差別會被消弭。總之，對勝朝帝王這個特殊群體進行專門考察，十分必要。

---

① 鄭玄注，賈公彥疏：《周禮注疏》卷一四，阮元校刻：《十三經注疏》，中華書局1980年版，第733頁下欄。

② 洪麗珠：《義隨世變——元人的"勝國"運用》，《文史》2018年第2期。

③ 張文瓘：《諫修蓬萊宮》，孫逢吉：《職官分紀》卷一四，《景印文淵閣四庫全書》第923冊，第139頁上欄。

④ 樓勁：《宋初禮制沿革及其與唐制的關係——兼論"宋承唐制"說之興》，《中國史研究》2008年第2期。

⑤ 已有研究多未注意到此問題，或許與史事綫索不明晰、直接史料偏少有關。

二、學術史回顧

關於先代帝王祭祀的學術史，可以從古人的沿革梳理、史事評議以及近現代研究成果三個方面進行考察。

具體地看，有很多唐以後的官修政書與私家著述對先代帝王祭祀進行史料彙集、史事脉絡梳理以及相關史事評議。其中，以明代丘濬的《大學衍義補》、清代秦蕙田的《五禮通考》最有代表性，且影響至今。現當代對先代帝王祭祀做過通代考察的成果，以我國臺灣地區的學者張琬、廖宜方爲代表。分時段的研究成果主要集中在唐朝與明清兩個時段内，趙克生、雷聞等人的貢獻較爲突出。

(一)史料彙集與沿革梳理

歷朝政權祭祀先代帝王的措施，保存在歷代正史的"本紀""禮志"中。紀傳體正史是直接的研究材料。隋唐之前，正史中與先代帝王祭祀有關的材料較少，且分佈零散，難窺全貌。唐以後，這種狀況在兩個層面上發生了改變。其一，先代帝王祭祀在隋唐時期成爲國家祀典的常祀項目。與此同步，官方禮書與正史的編纂者開始爲其設置條目，專門記述。其二，不斷出現的政書、類書類典籍在梳理沿革、收錄儀程方面，做了大量的工作。

"十通"對於史料的彙集和對禮制沿革的梳理，涵蓋了整個帝制時代。有學者指出，中唐的杜佑最早留意到這種祭祀活動，並在《通典》卷五三中設"祀先代帝王(名臣附)"一節，梳理其淵源與沿革。① 就目前見到的材料來看，此說恰當。"十通"之外，私家撰寫的某朝會要以及官方編修的本朝會要體典籍，對各自時段内祭祀先代帝王的活動也會彙總編寫。其中，尤以清乾隆朝《大清會典則例》、光緒朝《大清會典事例》内容詳實。

大型官修類書所涉及的時間範圍都比較長。《册府元龜》"帝王部"中的"修廢門"，梳了北宋以前歷朝祭祀先代帝王的史事。② "帝王部"的其他部分也有零散涉及，其中記載的一些史事可補正史之不足。《古今圖書集成》的《經濟彙編·禮儀典》卷二〇五、二〇六是"帝王陵廟祀典部彙考"。這兩卷梳理了秦

① 廖宜方：《中國中古先代帝王祭祀的形成、演變與意涵——以其人選與地點爲主軸的探討》，臺灣《"中央研究院"歷史語言研究所集刊》第87本第3分，2016年9月。

② 王欽若等編：《宋本册府元龜》卷一七四《帝王部·修廢》，中華書局1989年版，第409~412頁。

朝至清康熙年間祭祀先代帝王的措施，還設有"總論""藝文""雜録"等目。①
上述政書、類書多數只注力於史事梳理，有的還會對個別史事添加按語、
評議。

　　一些學人著述在考察源流、評論史事上有獨到見解。像明代丘濬、清代秦
蕙田的史事爬梳與議論，在事實上進入了一種考察、研究的階段。這些早期的
研究對現當代學界仍有影響。

(二) 史事評議與早期研究

　　古人圍繞先代帝王祭祀的觀察有兩點值得注意：其一，爲先代帝王祭祀探
尋經典依據；其二，評議先代帝王祭祀沿革中的重要史事。

　　不論是朝廷的制禮動議，還是學人著述，都將《禮記·祭法》的最後一段
經文視作祭祀先代帝王的儒經理據。《禮記·祭法》"夫聖王之制祭祀也"一段，
先講了選擇祭祀對象的五項標準，即"法施於民則祀之，以死勤事則祀之，以
勞定國則祀之，能禦大菑則祀之，能捍大患則祀之"，而後列舉了 15 位上古
聖賢，"皆有功烈於民者"②；最後又提到，"民所瞻仰"的日月星辰，"民所取
用"的山林、川谷、丘陵，都在祭祀之列。

　　將這段經文視作先代帝王祭祀儒經理據的時間，最遲在北魏時期。張琬指
出，《文獻通考》首次將這段文字作爲"帝王祭祀制度的經典出處"。③ 但馬端
臨將這段文字放在"祀先代帝王賢士 (修陵墓附)"一節的起始處，只是學人著
述中的事情。只看學人著述的話，比《文獻通考》更早的古籍中暫時沒有發現
過類似的提法。但這並不能説明，先代帝王祭祀經典依據的確立是由馬端臨首
創的。在唐顯慶二年 (657) 長孫無忌、許敬宗關於先代帝王祭祀的奏議中，就
引《禮記·祭法》經文爲據。④ 再往前，北魏太和十六年 (492) 曾設計了一套常
祀堯、舜、禹、周公、孔子的制度。詔書中的文句也與《禮記·祭法》經義相
通。在朝廷制禮的動議中引述這段文字，自然是將之視作設計禮制的根據。至

　　①　陳夢雷等編纂：《古今圖書集成·經濟彙編·禮儀典》，中華書局、巴蜀書社 1985
年版，第 87663~87683 頁。

　　②　鄭玄注，孔穎達疏：《禮記正義》卷四六，阮元校刻：《十三經注疏》，中華書局
1980 年版，第 1590 頁中欄。

　　③　馬端臨：《文獻通考》卷一〇三，中華書局 1986 年版，第 937 頁中欄；張琬：《歷
代帝王祭祀中的帝王意象與帝統意識——從明代帝王廟祀的祭祀思維談起》，臺灣《東華人
文學報》第 10 期，2007 年 1 月。

　　④　王溥：《唐會要》卷二二，中華書局 1955 年版，第 429~430 頁。

於是否存在比北魏時期更早的用法，因史料所限，暫難詳考。

此後，《禮記·祭法》經常作爲先代帝王祭祀的經典依據出現在有關著述中。元末明初，汪克寬《經禮補逸》卷三中有“祭先帝禮”一條，並以《禮記·祭法》“夫聖王之制祭祀也”這段經文作解。① 該書第二卷已梳理過天子、諸侯祭祀祖先之禮。卷三的“祭先帝禮”之後，還有“釋奠禮”“祭樂祖禮”“祭先農禮”等條。所以，該“祭先帝禮”明顯是指先代帝王、前代君主而言。自馬端臨、汪克寬之後，丘濬、秦蕙田等人在考察祭禮沿革時，都把《禮記·祭法》“夫聖王之制祭祀也”這段經文列在史事之前，將之視作先代帝王祭祀的經典依據。現當代的成果也多遵循此傳統。

明朝丘濬的史事梳理與評論，在有關先代帝王祭祀的學術史上有重要地位。《大學衍義補》卷六二《秩祭祀·內外群祀之禮》中專有一部分梳理先代帝王祭禮的沿革。丘濬先條列了《禮記·祭法》的五條標準，指出《禮記·祭法》所載的功德人物，“爲君者八人，爲臣者六人”，正是祭祀聖君並以賢臣配享的依據。② 他在書中簡要評論了漢、隋、唐、宋四朝的七項措施，以及明初設歷代帝王廟與修、祭前代帝陵的活動。其中，關於隋朝的按語還兼及秦朝至北魏君主出巡致祭的史事。他關於北宋初年分等祭祀先代陵寢的評議，篇幅最多。

此後的學人多受到丘濬的影響。明末黃道周的《博物典彙》卷四《群祀》有“歷代帝王之祀”一節。其內容基本上因襲丘濬而來。③ 清康熙年間，王棠《燕在閣知新錄》卷七有“祀典”。其中關於先代帝王祭祀的論述，不論是史料梳理還是史事評議，都與《大學衍義補》十分相似。④《古今圖書集成》中《經濟彙編·禮儀典·帝王陵廟祀典部彙考》的“總論”，將《大學衍義補》的相關內容全文羅列。⑤ 可以說，明清時人考察先代帝王祭祀受丘濬的影響比較大。

---

① 汪克寬：《經禮補逸》卷三，《景印文淵閣四庫全書》第 105 冊，第 660 頁上欄。

② 丘濬：《大學衍義補》卷六二《秩祭祀·內外群祀之禮》，《景印文淵閣四庫全書》第 712 冊，第 719 頁上欄~720 頁上欄。

③ 黃道周：《博物典彙》(明崇禎刻本)，故宮博物院編：《故宮珍本叢刊》第 503 冊，海南出版社 2000 年版，第 75 頁上欄~76 頁上欄。

④ 王棠：《燕在閣知新錄》，《續修四庫全書》第 1146 冊，第 577 頁上欄~578 頁下欄。

⑤ 陳夢雷等編纂：《古今圖書集成·經濟彙編·禮儀典》，中華書局、巴蜀書社 1985 年版，第 87680~87681 頁。

　　丘濬之後，清代學者秦蕙田的貢獻最大。他在《五禮通考》中專立"祀先代帝王"一卷。卷一一六卷首羅列了《禮記·祭法》"夫聖王之制祭祀也"一段經文與《禮記·王制》中的"天子、諸侯祭因國之在其地而無主後者"一句，還梳理了《禮記》鄭注、孔疏及後代學者的疏解議論。這些内容，在書中被統稱爲"經傳古帝王祀典"。後文梳理了從秦統一到明嘉靖年間的祭祀先代帝王的史事與制度，共 106 則。① 其中包括 4 項祭祀儀程。很多史事之後，秦蕙田都添有按語作爲評論。凡《大學衍義補》中已經涉及的，秦蕙田亦將丘濬的評議附上，並將自己的按語放在其後。《五禮通考》對先代帝王祭祀沿革的梳理，成爲現當代很多學者的參考。

　　一些筆記性質的文獻對先代帝王祭祀也有涉及。例如，明末清初顧炎武的《日知録》卷十五中有"前代陵墓"一條，收録了從漢高祖到明初保護前代君主、名士墓葬的詔令十餘則。同書卷二二中有"歷代帝王陵寢"一條，詳細考辨了宋初所祭前代帝陵位置的訛誤。② 清後期方濬師在《蕉軒隨録》中記有"歷代帝王廟祀"一條，簡要梳理了從唐至清廟祀前代君主的措施。③

（三）近現代的研究成果

　　客觀地講，晚清近代，學術界對先代帝王祭祀的關注比較匱乏。

　　值得一提的是，19 世紀末 20 世紀初的荷蘭學者高延（J. J. M. De Groot）關注過中國古代政權保護前代帝陵的措施。高延曾兩次在中國各地考察民間宗教與習俗，將古代典籍記載與田野考察相結合，用西方視角全面介紹中國的"本土宗教"，創作了《中國的宗教系統》等論著。該書第十一章"民間與官方對非親屍身的安置"中，專有一節考察"官方對前朝帝君和名人陵墓的保護"。④ 其中搜集到的史料，上起漢高祖保護秦始皇及列國諸侯的墓塚，下至《大清律例》中修護前代陵墓的規定。該節論證的主要觀點是，古代政府爲求吉避禍，會把保護、祭祀前代陵墓作爲自己的一項責任。除此之外，近代學人鮮有關注

---

　　①　凡兩條材料所説爲同一事者，算一條。

　　②　顧炎武著，黄汝成集釋，欒保群、吕宗力校點：《日知録集釋》（全校本），上海古籍出版社 2006 年版，第 881～886、1261～1265 頁。

　　③　方濬師：《蕉軒隨録·續録》，中華書局 1995 年版，第 350～351 頁。

　　④　［荷］高延：《中國的宗教系統及其古代形式、變遷、歷史及現狀》第 3 卷，邵小龍等譯，花城出版社 2018 年版。高延此書原名爲：*The religious system of China*：*Its ancient forms*，*evolution*，*history and present aspect*，*manners*，*customs and social institutions connected therewith*。根據翻譯者的介紹，該書原版陸續出版於 1892—1910 年。

先代帝王祭祀的。

在較長的一段時期内，先代帝王祭祀没有引起近現代學界的重視。這與相關史料不豐富、分佈零散有很大關係。20 世紀八九十年代以來，針對個別時段的研究陸續出現。而研究的焦點集中在唐朝與明清兩個時段。通代考察先代帝王祭祀沿革的成果也開始出現。

1. 通代的考察成果

通代考察先代帝王祭祀的成果從 20 世紀 90 年代開始出現。專題性的成果出現之前，陳戍國自 1991 年起相繼出版的《先秦禮制研究》《秦漢禮制研究》以及《中國禮制史》(六卷本)，涉及了各政權祭祀前代賢君、前代名臣、外族英烈的活動和制度。他認爲祭祀前代的帝王和名臣主要是爲了向先賢致敬。① 其中，關於先秦族外祭的討論，用功頗深。

專題性的考察也在此時出現。徐連達、朱子彦的《中國皇帝制度》中專有一節梳理"前代帝王廟及其他諸廟的祭祀"。寫作模式與《五禮通考》類似。書中簡要説明了追功報德的經典依據，而後敘述了秦、漢、北魏、隋、唐、宋、明時期祭祀先代帝王的相關史事。作者借明朝歷代帝王廟的碑文，指明了這項祭禮具有維護治統、强化今王權威的作用。② 與此相似，胡戟梳理了帝制時期祭祀先代帝王的主要措施，但比前者更詳細一些。③ 方光華考察了中國從古至今對軒轅黄帝的祭祀活動與祭祀制度，還梳理了中國古代祭祀先代帝王的禮制，著重介紹了明、清兩代祭祀歷代帝王廟的儀程。④ 進入 21 世紀後，類似的成果也有出現。例如，曹建墩在《中國的祭禮》中專設一節，簡要敘述了各政權祭祀前代君主與名臣的措施。其中，對隋至清代有比較詳細的介紹。他也認爲，該祭禮主要是基於"崇德報本"的文化心理。⑤ 以上三者，基本上還處在史事梳理的層面，而且在總體上也没有超出《五禮通考》的範圍。

管見所及，全面、深入的考察以尹鈞科、張璉爲先。尹鈞科的《我國古代祭祀歷代帝王的源起和演變》一文，發表於 2004 年出版的《歷代帝王廟研

---

① 陳戍國：《中國禮制史》(六卷本)，湖南教育出版社 2001—2002 年版。

② 徐連達、朱子彦：《中國皇帝制度》，廣東教育出版社 1996 年版，第 101~104 頁。

③ 中華文化通志編委會編，孫長江主編，胡戟撰：《中華文化通志·教化與禮儀典·禮儀志》，上海人民出版社 1998 年版，第 292~296 頁。

④ 方光華：《俎豆馨香——中國祭祀禮俗探索》，陝西人民教育出版社 2000 年版，第 111~141、167~171 頁。

⑤ 曹建墩：《中國的祭禮》，南京大學出版社 2014 年版，第 118~128 頁。

究論文集》中。① 該文將先代帝王祭祀的演變史分爲七個階段，並總結了各階段的特點：其一，秦漢至北朝，尚無定制，存在隨機性；其二，隋唐時期，祭禮制度完善，基本形成定制；其三，兩宋時期，祭禮分散各地進行，祭祀對象增多且區別等級；其四，元朝，文中没有過多評述；其五，明朝，歷代帝王廟的設置是先代帝王祭祀發展高潮的標誌；其六，清朝，祭禮進一步完善；其七，清亡以後。文中對個别史事也有自己的見解。該文雖然議論有限，但相比之前的成果，其篇幅與考察力度都有很大的擴展與進步。

更深入的研究成果，當屬張琬於 2007 年發表的《歷代帝王祭祀中的帝王意象與帝統意識——從明代帝王廟祀的祭祀思維談起》一文。② 這篇長文是極少有的，細緻考察先代帝王祭祀整個演變史的成果。該文從明朝歷代帝王廟的出現、沿革入手，歷時性地考察了秦至清歷朝祭祀先代帝王的措施。在丘濬、秦蕙田的基礎上，張琬將先代帝王祭祀的沿革過程分爲五個階段：其一，即興式祭祀（自秦始皇至北魏孝文帝）；其二，列爲國家祀典（從隋文帝到唐玄宗）；其三，論品第祭帝王陵（宋太祖）；其四，從合祭諸帝到惟祀三皇（從金章宗到元成宗）；其五，立帝王廟於京師（從明太祖到清末）。同時，她還總結了各朝統治者在構建先代帝王祭禮時的六次思維變化。通過這些内容，該文探析了行禮主體的"帝統意識"與其塑造的"帝王意象"。張琬主張，先代帝王祭禮的演變動力主要來自行禮主體（當政的君主本身），禮制的演變反映出了最高統治者"對權位與統緒所做的自我詮釋"。

廖宜方的《王權的祭典：傳統中國的帝王崇拜》於 2020 年 3 月出版，簡體字版於 2022 年 3 月出版。③ 該書依次分析了新莽、北魏、隋、唐、北宋、明、清各朝祭祀先代帝王的史事、制度，屬於通代研究。該書最大的特點是語言表述偏文學性，使用叙事筆法。該書最大的長處有二，一是在古今已有成果之外擴展了史料範圍，二是著重探索當政君主心理因素對於禮制設計的影響。作者聯繫大量的相關史事，分析當政君主設計禮制的思想背景和心理預期。這也是該書的主要研究方法。此外，該書的一些章節還將中國的禮制、觀念與歐洲或東亞其他國家的情況進行比較，這也是之前學界没有過的嘗試。

① 尹鈞科：《我國古代祭祀歷代帝王的源起和演變》，北京歷代帝王廟保護利用促進會編：《歷代帝王廟研究論文集》，香港國際出版社 2004 年版，第 14~31 頁。
② 張琬：《歷代帝王祭祀中的帝王意象與帝統意識——從明代帝王廟祀的祭祀思維談起》，臺灣《東華人文學報》第 10 期，2007 年 1 月。
③ 廖宜方：《王權的祭典：傳統中國的帝王崇拜》，臺大出版中心 2020 年版、浙江古籍出版社 2022 年版。

通代梳理先代帝王祭祀沿革的成果，還散見於考察民間信仰的成果中。例如，榮真《中國古代民間信仰研究：以三皇和城隍爲中心》梳理了從唐玄宗至清朝祭祀先代君主的主要史事，以及清朝祭祀歷代帝王廟的儀程。在此基礎上，該書分析了元代官立三皇廟由"先醫廟"向帝王廟的轉變，以及明清兩代祭祀先醫廟的情況。① 馮俊傑在《古劇場與神系神廟研究》一書中，將古代王朝尊奉的名山大川、上古聖賢、歷代開國君主、名將賢相等統稱爲"政統神系"，探討了《祭法》原則與祭祀"政統神系"的制度化。其中對先代帝王祭祀的簡要脉絡也有梳理。② 同時，作者考察了"政統神系"祠廟對於戲臺的排斥與接受。

2. 圍繞唐朝先代帝王祭祀的研究

關於唐朝先代帝王祭祀的成果，在 20 世紀 80 年代便已出現。隨着考察的深入，學界的關注範圍還逐漸上推至北魏時期。

這方面的探索始於美國學者魏侯瑋（Howard J. Wechsler）。他在 20 世紀 80 年代出版的《玉帛之奠》（*Offerings of Jade and Silk*）一書，是探究唐前期禮制建設與政治合法性的重要著作。該書的第六章專有一部分，考察唐朝二王三恪制度與祭祀先代帝王的措施，還分析了"政治祖先"（Political Ancestors）的崇拜與祭祀在鞏固政權合法性上的作用。③ 他主張，當政者將先代帝王作爲"政治祖先"施以祭祀，展示了"天下爲公"的象徵意義，對維護現政權的正統性具有積極作用。

國內學者對唐朝先代帝王祭祀的關注，不僅在時間上向北魏擴展，而且在思考深度上也有很大推進。1993 年，高明士在《皇帝制度下的廟制系統——以秦漢至隋唐作爲考察中心》一文中，將宗廟祭禮、先代帝王祭禮、功臣配享等歸入皇帝制度下的"治統廟制系統"中進行考察。他根據《五禮通考》將先代帝王祭禮的演變分爲六個階段：其一，經傳的規定；其二，爲帝王陵置守塚（始於漢高祖十二年）；其三，祀有常典並有配食（始於隋）；其四，爲三皇五帝立廟（始於唐天寶六載）；其五，爲歷代帝王立廟（始於天寶七載）；其六，在京師總立帝王廟（始於明洪武六年）。而後，他依據丘濬、秦蕙田的觀點，簡要

---

① 榮真：《中國古代民間信仰研究：以三皇和城隍爲中心》，中國商務出版社 2006 年版，第 157~173 頁。

② 馮俊傑：《古劇場與神系神廟研究》上册，西安交通大學出版社 2013 年版，第 187~193 頁。

③ Howard J. Wechsler: *Offerings of Jade and Silk*: *Ritual and Symbol in the Legitimation of the T'ang Dynasty*, New Haven: Yale University Press, 1985, pp. 135-141.

評論了秦至隋唐的祭祀措施，對隋至唐前期介紹得尤爲詳細。[①] 高明士通過分析"治統廟制系統"與"道統廟制系統"（以孔廟爲代表）的發展，比較與二者相關的禮典和刑律，揭示出儒學道統在限制皇權中的有限性。2007 年，雷聞的《試論隋唐對於先代帝王的祭祀》發表。[②] 該文先分析了北魏太和十六年常祀聖賢詔令的依據與意義，指出其實質是儒家經典的法典化；在此基礎上，對隋朝《開皇禮》、唐朝《顯慶禮》《開元禮》與天寶年間祭祀先代帝王的制度做了探討與比較；而後分析中晚唐官方祭禮以及前代名王祠廟在民間的信仰狀況。這些考察揭示出：隋唐時期，祭祀對象的性質重心逐步從"聖賢"向"帝王"的轉變，分處於官方信仰與民間信仰中的先代帝王存在較大差異。

北朝至唐朝間禮制設計的内在關聯，在廖宜方的《中國中古先代帝王祭祀的形成、演變與意涵——以其人選與地點爲主軸的探討》一文中有深入探討。該文以祭祀對象與行禮地點的選擇爲焦點，考察了北魏太和年間至唐天寶年間的先代帝王祭禮。[③] 該文首先依據祭祀地點的不同，將先代帝王祭祀的整個沿革史劃分爲三個階段，而後重點分析了中古時代"以王朝爲單位"、在"象徵王朝的代表性地點"施祭的傳統。廖宜方從北魏前期的祭祀傳統、華夏古帝王的傳説史跡、經史地志等方面入手，追溯北魏太和十六年詔令的歷史背景；而後著眼於經史傳統、各朝禮制、中古霸府等層面，分析魏晉隋唐對王業肇興的重視；並用以解釋天寶年間在"肇跡之處"祭祀先代帝王的文化淵源。

除以上成果之外，榮新江、史睿、李錦繡等人討論過與唐前期先代帝王祭禮有關的俄藏敦煌寫本《唐令》殘卷（Дх. 3558）。[④] 任爽的《唐代禮制研究》也簡要論及了先代帝王祭禮的情況。[⑤] 吳麗娛分析顯慶二年（657）長孫無忌、許敬宗等人的奏議；認爲該年重建的先代帝王祭禮"是將帝王比仿日月"，先代

①　高明士：《皇帝制度下的廟制系統——以秦漢至隋唐作爲考察中心》，《臺灣大學文史哲學報》第 40 期，1993 年。該文後來收入氏著《中國傳統政治與教育》（文津出版社2003 年版）一書中。

②　雷聞：《試論隋唐對於先代帝王的祭祀》，《文史》2007 年第 1 輯。該文後來收入氏著《郊廟之外：隋唐國家祭祀與宗教》（生活·讀書·新知三聯書店 2009 年版）一書中。

③　廖宜方：《中國中古先代帝王祭祀的形成、演變與意涵——以其人選與地點爲主軸的探討》，臺灣《"中央研究院"歷史語言研究所集刊》第 87 本第 3 分，2016 年。

④　榮新江、史睿：《俄藏敦煌寫本〈唐令〉殘卷（Дx. 3558）考釋》，《敦煌學輯刊》1999年第 1 期；李錦繡：《俄藏 Дx. 3558 唐〈格式律令事類·祠部〉殘卷試考》，《文史》2002 年第 3 輯。

⑤　任爽：《唐代禮制研究》，東北師範大學出版社 2000 年版，第 85~86 頁。

聖主被神仙化了；祭禮"以前王照應後王"，使當政君主自身亦收到了神仙化的效果。① 吕博撰文考察唐朝"二王三恪"的調整，② 將唐朝天寶年間的先代帝王祭禮納入不同政治勢力興衰、唐代德統歷運之爭的視野中來觀察，揭示出天寶年間先代帝王祀譜在"梳理和構建唐正統來源"方面的禮儀功能。

3. 圍繞明、清兩朝先代帝王祭祀的研究

與明、清先代帝王祭祀有關的成果集中在對於歷代帝王廟的研究中。

明、清常祀先代帝王的制度，分國都廟祭與各地陵祭兩部分。學界的注意力基本放在國都的歷代帝王廟上。帝王廟於明初在南京設立，後於嘉靖年間重立於北京。清朝延續了明制。該廟保存至今，成爲歷史上先代帝王祭祀的直接證明。學界的聚訟焦點主要有：歷代帝王廟的創置、祭祀對象的調整及其背後的政治寓意、時代背景、文化内涵。

古今學人對於帝王廟都很感興趣。早在明代，就有人考察它的源流演變。明朝人沈德符的《萬曆野獲編》、清朝人方濬師的《蕉軒隨録·續録》都簡要梳理過帝王廟中的祭祀對象變更。《萬曆野獲編》中還提及，嘉靖年間黜祀元世祖的原因是民族矛盾的激化。③

管見所及，20 世紀 90 年代以前，基本上没有關於帝王廟的研究性成果。就中國大陸的情況來看，學術研究多在此後開始湧現。繼一些考察帝王廟建築的成果後，④ 梳理帝王廟禮制流變的成果逐漸出現。傅幸《歷代帝王廟初探》首先追溯了歷朝祭祀前代君主的傳統，然後考察了帝王廟從嘉靖年間至近現代的史跡變遷與佈局規模，最後梳理了明、清兩朝祭祀對象的演變。⑤ 不久他又發表了《歷代帝王廟祭祀典儀》一文，考察帝王廟中的祭品陳設、祭器款式、

①　吳麗娛：《〈顯慶禮〉與武則天》，杜文玉主編：《唐史論叢》第 10 輯，三秦出版社 2008 年版，第 6 頁。

②　吕博：《唐代德運之爭與正統問題——以"二王三恪"爲綫索》，《中國史研究》2012 年第 4 期。

③　沈德符：《萬曆野獲編》上册，中華書局 1959 年版，第 2~3 頁；方濬師：《蕉軒隨録·續録》，中華書局 1995 年版，第 350~351 頁。

④　參見湯崇平：《歷代帝王廟大典構造》，《古建園林技術》1992 年第 1 期；王劍英：《明中都》，中華書局 1992 年版，第 91~93 頁。《明中都》一書主要考察明初中都的建造規劃。其中也提到了中都歷代帝王廟的建構。

⑤　傅幸：《歷代帝王廟初探》，《北京文博》1999 年第 3 期。同標題的文章還見載於蘇天鈞主編：《北京考古集成（九）·明清（三）》，北京出版社 2000 年版；北京歷代帝王廟保護利用促進會編：《歷代帝王廟研究論文集》，香港國際出版社 2004 年版。

祭禮儀程、祝文、樂曲，並分析了廟祭儀程的主要特點。① 同時期，陳平也發表文章論述歷代帝王廟的設置緣起、廟宇建築、祭祀對象與祭祀儀式。②

更深入的研究，是探尋帝王廟在明朝的沿革變遷及其歷史原因。從 2003 年開始，趙克生先後發表了《明朝"歷代帝王廟"名臣從祀試探——以趙普、武成王爲中心》《元世祖與入祀明朝歷代帝王廟》等文。2006 年，他在博士學位論文的基礎上出版了《明朝嘉靖時期國家祭禮改制》一書。③ 這些成果對明朝歷代帝王廟的演變做了深入、全面的分析。其中探討的問題主要有以下幾個方面：第一，帝王廟在明朝的建置變遷以及明統治者的正統觀念；第二，元世祖君臣在明初被納入帝王廟後在嘉靖年間被罷祀的問題；第三，帝王廟中從祀名臣的選擇問題。元世祖能夠在明初入祀帝王廟，在於承認元朝的正統，對於明朝廷言說自身的合法性具有積極作用。至於元世祖君臣在嘉靖年間被罷祀，則是當時北方邊患日緊、民族矛盾加深的反映。趙克生通過分析趙普未能入祀帝王廟、太公望(武成王)從祀帝王廟與獨立廟祀的變遷，揭示出從祀名臣"勸忠"的象徵意義以及不同時期政治、軍事形勢對禮制設計的影響。

關於帝王廟在清朝的變遷，學界多從政治意義、文化內涵等角度出發，探尋其與清朝正統建設、民族國家認同間的關係。陳戍國在《中國禮制史·元明清卷》中提及，清朝帝王廟對前代君主的選擇，是清統治者總體史觀、政治觀的體現。④ 史可非梳理了順治至乾隆年間祭祀對象的調整，認爲增祀措施最終建立了"體現統一多民族國家的祭祀體系"。⑤ 常建華將帝王廟與清朝的正統

① 傅幸：《歷代帝王廟的祭祀典儀》，《北京文博》2001 年第 4 期。同標題的文章還見載於北京歷代帝王廟保護利用促進會編：《歷代帝王廟研究論文集》，香港國際出版社 2004 年版；北京市文物研究所編：《北京歷史文化論叢》第 2 輯，北京燕山出版社 2009 年版。

② 陳平：《全國唯一的歷代帝王廟》，中國人民政治協商會議北京市西城區委員會文史資料委員會編：《阜景文化街 北京西城名街》，中國文史出版社 1999 年版，第 130~143 頁。同標題的文章還見載於北京歷代帝王廟保護利用促進會編：《歷代帝王廟研究論文集》，香港國際出版社 2004 年版。

③ 趙克生：《明朝"歷代帝王廟"名臣從祀試探——以趙普、武成王爲中心》，《明史研究》2003 年第 1 期；趙克生：《元世祖與入祀明朝歷代帝王廟》，《歷史檔案》2005 年第 1 期；趙克生：《明朝嘉靖時期國家祭禮改制研究》，中國社會科學院博士學位論文，2003 年；《明朝嘉靖時期國家祭禮改制》，社會科學文獻出版社 2006 年版。

④ 陳戍國：《中國禮制史·元明清卷》，湖南教育出版社 2002 年版，第 540 頁。

⑤ 史可非：《試論清朝在對歷代帝王廟建成統一多民族國家祭祀體系上的貢獻》，《安徽文學》2010 年第 4 期。

性聯繫起來觀察，認爲帝王廟所確立的正統觀念包含着(或者説是孕育了)"新的多民族國家觀念"，也隱含着重新解釋大一統的國家觀念。具體地説，清前中期增加帝王廟的祭祀對象，一方面使清朝與中華正統保持一體性；另一方面，不再區分南北華夷的做法形成了"中國治統的多元一體格局"。① 黃愛平在梳理增祀措施後深入探析了祭禮的政治內涵。她認爲，帝王廟祭對當政者而言具有警示、借鑒意義；清廷對從祀名臣的選擇顯示了帝王廟對人臣的勸誡、激勵作用；這些措施反映了清統治者對治統、道統與中華文明的認同、重視與歸屬。② 姚念慈在研究康乾時期政治史的基礎上考訂帝王廟祀譜的變遷與清朝統治者的統治策略。③ 整體上看，相關學者們都是在調和民族矛盾的歷史大背景下進行闡述的。

　　關於明清兩朝帝王廟祭祀對象的變遷與清朝統治者正統觀念、歷史意識之間的關係，李媛、陸益軍、王秀玲、徐潔、鄧濤等人也有過相關成果。④

　　除上述之外，涉及歷代帝王廟的成果還有很多。切入點與觀察視角也各有特色。例如，關於明朝帝王廟祭祀對象與明初政治文化的對應關係，謝貴安從《漢書》的經典化與祭祀漢高祖的活動出發進行闡述。⑤ 再如，關於明清時期朝鮮使臣對帝王廟的態度，孫衛國根據"朝天使"(朝鮮派往明朝的使臣)與"燕行使"(朝鮮派往清朝的使臣)的行程記錄，分析朝鮮使臣對帝王廟認知的變化。他通過分析朝鮮使臣遊覽帝王廟的活動與記錄，反觀明清時期中朝關係的演變。⑥ 于森撰文解讀明初宋訥所寫的《敕建歷代帝王廟碑》碑文，深入闡發了碑文所體現的明太祖、宋訥等人的"天命"論、"大一統"論、"功德"論。他

---

① 常建華：《國家認同：清史研究的新視角》，《清史研究》2010 年第 4 期。

② 黃愛平：《清代的帝王廟祭與國家政治文化認同》，《清史研究》2011 年第 1 期。

③ 姚念慈：《康熙盛世與帝王心術：評"自古得天下之正莫如我朝"》，生活‧讀書‧新知三聯書店 2015 年版。

④ 李媛：《明代國家祭祀制度研究》，中國社會科學出版社 2011 年版，第 272~278 頁；陸益軍：《清朝歷代帝王廟史觀透析》，《歷史教學問題》2014 年第 3 期；王秀玲：《清朝歷代帝王祭祀與民族國家認同》，《前沿》2015 年第 5 期；徐潔：《清代祭祀文化與"中國"認同》，《黑龍江社會科學》2017 年第 2 期；鄧濤：《明清帝王民族觀和歷史觀的異同——從歷代帝王廟帝王祭祀角度出發》，《煙臺大學學報》(哲學社會科學版) 2017 年第 4 期。

⑤ 謝貴安：《明代的〈漢書〉經典化與劉邦神聖化的現象、原因與影響》，《長江大學學報》(社會科學版) 2008 年第 2 期。

⑥ 孫衛國：《明清時期歷代帝王廟的演變與朝鮮使臣之認識》，《南開學報》(哲學社會科學版) 2016 年第 5 期。

撰文探析清同治年間增加散宜生、高允進入帝王廟的問題。① 劉高、李宏坤等人的文章中還關注過帝王廟內關羽廟祀的問題。②

　　帝王廟內碑亭的建造年代、廟內建築的形制源流等問題，也吸引過學界的關注。陳平、劉諾、鄭欣淼、晉宏達、陳宇峰、郭華瑜等人都有相關探索。③ 習五一在梳理史事、考察建築的基礎上分析帝王廟的歷史文化價值、科學藝術價值與社會價值，並提出了開發利用的建議。④ 還有一些關於帝王廟保護修繕的研究成果，此處不再羅列。

　　4. 圍繞其他時段先代帝王祭祀的研究

　　除了北魏至唐代、明清時期祭祀先代帝王的禮制外，另有一些成果涉及特定時段內的情況。這些探索多散見於斷代的禮制研究著作中。例如，梁滿倉《魏晉南北朝五禮制度考論》將魏晉南北朝時期祭祀聖王的措施歸入"天、地、人"三大系統十一個門類中的"先聖先賢"一類，其中涉及了北魏、北齊對古聖王的祭祀。⑤ 王美華的博士學位論文簡要梳理了唐宋兩朝祭祀先代帝王的沿革。⑥ 耿元驪的碩士學位論文對五代時期的情況也有簡略涉及。⑦ 關於金代祭祀先代帝王的制度，徐潔的博士學位論文《金代祭禮研究》中曾有討論。該文分析了《金史》中的有關記載，並將之與唐宋時期的祭祀措施做對比，認爲金朝祭祀先代帝王的規格比唐宋明顯降低，這表明女真族在認同漢文化的過程中仍保留着自己的文化意識。⑧ 馬曉林的博士學位論文《元代國家祭祀研究》考

---

　　① 于淼：《南京〈敕建歷代帝王廟碑〉解讀》，《紫禁城》2017 年第 12 期；于淼：《清同治時期歷代帝王廟名臣增祀事考》，《博物館》2017 年第 6 期。

　　② 劉高：《歷代帝王廟二三題》，首都博物館編：《首都博物館叢刊》第 18 輯，北京燕山出版社 2004 年版；李宏坤：《北京歷代帝王廟內關帝廟初探》，《西北民族大學學報》(哲學社會科學版)2004 年第 1 期。

　　③ 陳平：《歷代帝王廟碑亭新考》，北京市文物研究所主編：《北京歷史文化論叢》第 3 輯，北京燕山出版社 2009 年版，第 91~96 頁；劉諾：《北京歷代帝王廟營建年代及景德殿正東正西碑亭朝年考》，中國紫禁城學會編，鄭欣淼、晉宏達主編：《中國紫禁城學會論文集》第 6 輯上册，紫禁城出版社 2011 年版，第 304~314 頁；陳宇峰、郭華瑜：《明代三都歷代帝王廟建築形制源流》，《遺産與保護研究》2018 年第 6 期。

　　④ 習五一：《北京歷代帝王廟的綜合價值》，張復合主編：《建築史論文集》第 16 輯，清華大學出版社 2002 年版。

　　⑤ 梁滿倉：《魏晉南北朝五禮制度考論》，社會科學文獻出版社 2009 年版，第 264~265 頁。

　　⑥ 王美華：《唐宋禮制研究》，東北師範大學博士學位論文，2004 年，第 116~118 頁。

　　⑦ 耿元驪：《五代禮制考》，東北師範大學碩士學位論文，2003 年，第 41~42 頁。

　　⑧ 徐潔：《金代祭禮研究》，吉林大學博士學位論文，2012 年，第 129~131 頁。

察了元朝命令各地通祀三皇廟(祭祀醫祖)的原因與元代各地的古帝王祠廟情況，文中對《元史·祭祀志》中的相關材料還做了訂補箋注。①

(四)可以進一步拓展的空間

學界圍繞先代帝王祭祀的研究已經取得了一定的成績。但相比宗廟、祭孔等祭祀制度，圍繞先代帝王祭祀的研究仍屬落伍，還有很多可進一步拓展的空間。

禮制溯源方面仍有待深入探討。這需要從經典依據與思想觀念兩方面著眼。古今學人都將《禮記·祭法》"夫聖王之制祭祀也"一段經文作爲先代帝王祭祀的儒經理據，但對於經文的歷代經學解釋及其在歷代禮制設計中的運用少有關注。至於其他能夠支撐先代帝王祭祀的儒經理據，學者們也少有探究。此外，先代帝王祭祀的禮儀功能、先代帝王在祭祀禮典中的象徵意義、帝制社會統治者對於先代帝王的認識，在先秦時期是否存在淵藪，也尚無學者做過探討。

研究時段與史料範圍也需要拓展。目前，與先代帝王祭祀有關的研究成果仍以斷代爲主，通代考察的成果太少。2020 年之前，通代研究的成果在史料方面都沒有突破《五禮通考》的框架。廖宜方的《王權的祭典》一書出版後，研究時段與史料範圍才有明顯拓展。明朝之前，與先代帝王祭祀有關的史料分佈零散、碎片化嚴重。這種史料狀況導致有關先代帝王祭祀的研究起步晚、發展慢、集中於個別斷代。因此，全面爬梳史料，用通代的視角縱向梳理禮制演變的整體脉絡，尚有待於進一步的努力。

祭祀對象的内部差異有待於仔細甄別。這項祭禮的祭祀對象並不能一概而論。一方面，儒經所載的三皇五帝等上古聖王與普通的先代帝王不能等同，這涉及祭祀對象的歷史評價問題。另一方面，從祭祀對象的時代早晚來看，距離施祭者最近的勝朝帝王與時代更遠的先代帝王不能等同，這涉及中國古代"興滅繼絕"的傳統與"二王三恪"制度。目前，學界對先代帝王祭祀中所蘊含的功德評判因素已有所考察，但對於圍繞勝朝帝王的禮制設計尚缺少關注。

考察範圍還有繼續擴大的空間。已有成果聚焦於歷代政權圍繞先代帝王祭祀的禮制設計，忽略了地方對於中央制度的實踐情況，對地方官吏的祭祀活動、基層社會中的信仰風習也少有考察。因此，研究視野有待於進一步拓展，從古代政權的禮典中脱離出來，關注中央設計與地方實踐之間的互動，考察上

---

① 馬曉林：《元代國家祭祀研究》，南開大學博士學位論文，2012 年，第 419~425 頁、736~737 頁。

層精英文化與基層通俗風習之間的差異、交融。

研究思路有待拓展，成果和結論有待爭鳴。已有成果基本是在梳理祀譜變遷的基礎上考察禮制設計背後的文化內涵、正統觀念與歷史意識等問題。學者們著力考察禮制設計與政治目標的互動，而且已經取得了很好的成果。但限於史料的客觀狀況，研究成果相對匱乏。張琬、廖宜方二位的研究成果過分強調當政君主在禮制設計中的主觀作用，對於禮制發展中的繼承性、延續性有所忽視。所以，圍繞先代帝王祭祀的研究有賴於更多學者拓展思路、開闊視野、交流爭鳴。

綜上，圍繞先代帝王祭祀的研究還有很大的提升空間。

三、研究框架與方法

本書共分五章，從禮制溯源、祀譜因革、儀式變遷、祭祀勝朝、禮制外延等方面對先代帝王祭祀進行全面考察。

第一章是禮制溯源。該章主要包括兩方面內容：一是在儒家學說中爲祭祀先代帝王的制度尋找理據，二是在先秦觀念中爲祭祀先代帝王的行爲尋找思想上的淵源。

第二章探究常祀先代帝王的制度演變。考察常祀先代帝王的禮制，需要以祀譜的演變爲著眼點。該章按照歷史順序與常祀制度的類別，分秦至隋（無獨立祀譜階段）、隋唐（初建獨立祀譜階段）、宋元明清（先代陵寢祀譜階段）、明清（帝王廟祀譜階段）四個部分，考察常祀制度與祀譜的演變，揭示先代帝王常祀制度的豐富內涵，闡釋各民族政權對於華夏歷史的認同與接續，窺探傳統禮制在發展演變中的內在延續性。

第三章考察常祀、因祀先代帝王的儀式變遷。常祀儀式主要包括各地陵祭與國都廟祭兩種。所以該章分三部分依次考察陵祭、廟祭與因事告祭的祭祀儀程。該章不僅通過縱向梳理揭示祭祀儀程的歷史演變，還通過橫向比較揭示先代帝王祭祀與同類別禮制項目的異同，從而對先代帝王祭祀形成更豐富、更立體的認識。

第四章論述歷代政權祭祀勝朝帝王的禮制演變。基於中國古代國家禮制的整體性和系統性，該章在充分剖析"二王三恪"制度的基礎上考察祭祀勝朝帝王的禮制變遷。主要研究的對象有三：祭祀勝朝宗廟之禮、祭祀勝朝陵寢之禮，以及先代帝王祀譜對於勝朝帝王的排斥與囊括。該章還將闡發祭祀勝朝帝王禮制複雜演變的歷史原因。

第五章著眼於禮制外延進一步考察先代帝王祭祀與皇權政治的關係。該章主要論述三個問題：其一，古代政權對於祭祀場所的保護政令與地方執行情況；其二，古代政權對於先代帝王的政治防範及其表現；其三，地方官吏與基層民衆祭祀先代帝王的活動。該章將考察中央制度設計與地方具體實踐之間的互動，分析上層禮制與基層風習之間的差異和交融，從而進一步完善對於先代帝王祭祀的認識。

本書所採取的研究方法，與研究對象的特點、史料的客觀情況相適應。

一方面，本書採用歷史學傳統的史料分析法，採用制度史的研究路徑，從遵循儒經理據與服務實際政治兩個角度著眼，考察禮制設計的淵源、流向及功能作用。尤其要將禮制變遷的細節還原到歷史環境中，參酌具體的時代因素，以求得出客觀結論。海登·懷特所稱的歷史學家解釋、論證的主要方法之一"情境論"，也是如此。① 與此同時，本書注重經史互證，運用二重證據法，儘量拓展材料範圍，挖掘舊史料的價值，爭取對先代帝王祭祀形成整體概觀與深入見解。

另一方面，借鑒有益的概念和理論。例如"政治符號"的概念。先代帝王在古代國家祀典中充當"政治符號"，以其特有的文化意涵發揮着解釋説明的功能。編製先代帝王祀譜，就是彙集編排這些"政治符號"，傳達特定的話語，用以應對當政朝廷的現實問題。② 本書還將借鑒大、小傳統這種人類學的理論，③ 考察上層禮制與基層習俗間的差別、交互，加深對於先代帝王祭祀的認識。

---

① 美國學者海登·懷特（Hayden White）提到，歷史學家解釋、論證的主要方法之一是"情境論"：將研究對象放置於其發生的"情境"中，通過揭示研究對象"與其他同在一種歷史情境下發生的事件之間的特殊關係"，從而得出解釋。參見［美］海頓·懷特（White H）：《元史學：19世紀歐洲的歷史想象》，陳新譯，譯林出版社2004年版，第22頁。

② 對"政治符號"的關注起於國外學界。從20世紀90年代開始，國内學者在政治學研究中涉及這個問題。例如，邵培仁主編：《政治傳播學》，江蘇人民出版社1991年版，第277~317頁。此後，陸續湧現出了很多理論、個案研究。本書採納朱進東、胡國勝的觀點：政治符號"既是攜有政治信息、具有政治意義的物質載體，又是政治生活中的重要溝通媒介"。從功能上講，它可以象徵"政治整合"，凝聚民衆的向心力；可以用來解釋、説明政治問題。參見朱進東：《論政治符號的界定、功用及系統》，《江海學刊》1998年第5期；胡國勝：《政治符號：概念、特徵與功能》，《深圳大學學報》2013年第2期。

③ 美國學者雷德菲爾德（Robert Redfield）提出的"大傳統"（great tradition）與"小傳統"（little tradition）的理論，被國内文化史、人類學、社會學領域的研究者普遍接納。參見 Robert Redfield: *Peasant Society and Culture*, Chicago: University of Chicago Press, 1956. 另可參見葛兆光：《古代中國文化講義》，復旦大學出版社2006年版，第168~171頁。

第一章　祀異姓鬼神：先代帝王祭祀溯源

關於先代帝王祭祀，有很多問題值得思考。首先，與當朝皇室的血緣祖先不同，先代帝王是前朝往代、其他政權的君主。那麽，異政權的君主爲何能成爲當政朝廷祀典中的"政治符號"？再者，從隋朝起，當政朝廷用大祀、中祀、小祀來區別祭禮的高低等級。① 到明朝，先代帝王已經位列中祀"人鬼"之首，位列先師孔子之前，且在所有"人鬼"的排序中僅次於皇室祖先。② 這種狀況一直延續到清後期。③ 那麽，尊崇態度從何而來？

本書著眼於兩個方面爲先代帝王祭祀追溯淵源：一是從儒家經典中尋找制禮理據，二是從先秦觀念中尋找思想根源。

與祭祀族内的血緣祖先一樣，祭祀先代帝王也有儒經方面的依據，但並不豐富。目前研究也存在不足。論及者多照搬《五禮通考》條列的經文，卻並未對經文釋義、歷代經學解釋、歷代朝廷對經文的實踐等情況做過全面把握。

在儒經依據不豐富的情況下，有必要從先秦觀念入手，拓寬認識。已有研究梳理先代帝王祭祀的沿革，多以秦漢爲始。實際上，帝制時期關於先代帝王及其宗廟、陵寢的措施在先秦時期已有呈現。受儒家經典的影響，經注文句承

---

① 朱溢：《唐至北宋時期的大祀、中祀和小祀》，臺灣《清華學報》第 39 卷第 2 期，2009 年。

② 據萬曆朝《大明會典》卷九一、九二，"歷代帝王""先聖先師""先師孔子"列於"群祀一"；"先農""先蠶""先醫"等列於"群祀二"。而據《明史》卷四七《禮志一》，明初的"人鬼"一類，大祀中有"太廟""先農"，"歷代帝王""先師"等居中祀；"先農"後又被改爲中祀。由此可知，更改之後，中祀内諸"人鬼"以"歷代帝王"爲先。

③ 據乾隆朝《大清會典則例》、光緒朝《大清會典事例》，中祀"人鬼"諸項以"帝王廟"爲先。其後是"先師""先農""先蠶"等項。根據《清史稿》卷八二《禮志一》，清代祀典中的"人鬼"一類，大祀中有"太廟"，中祀裏有"歷代帝王""先師""先農"等。這個狀況一直延續到光緒三十二年(1906)。該年，清朝廷將"先師孔子"由中祀提升爲大祀。

載的傳統規則，先秦史事蘊含的傳統觀念，多在帝制時代得以延續。① 所以，在儒經依據不充分的情況下，追溯先秦觀念是全面認識祭禮淵源的必要補充。

　　有鑑於此，本章考察四個問題：第一，先代帝王祭祀的儒經依據，經文涵義、歷代經學解釋及其在歷代禮制中的應用；第二，"神不歆分類，民不祀非族"的原則與先代帝王祭祀是否衝突；第三，先秦諸侯對於其他政權先君的認識，易言之，在先秦觀念中，一國先君對他國能夠施加哪些影響；第四，先秦時期對待異國舊祀的態度。

第一節　儒家經典中的先代帝王祭祀

　　古代政權祭祀先代帝王有儒家經典作爲理論依據。清代學者秦蕙田在《五禮通考》中設"經傳古帝王祀典"一節，將《禮記》中的兩段經文作爲祭祀先代帝王的依據：一是《祭法》中的"夫聖王之制祭祀也"整段文字，二是《王制》中的"天子、諸侯祭因國之在其地而無主後者"一句。現當代學者多依從《五禮通考》，將這兩段經文視作先代帝王祭祀的依據，但並無深入關注。爲彌補已有研究的不足，筆者在儒家經典中充分發掘先代帝王祭禮的理據，並對經文涵義、歷代經學家的解釋以及經文在歷代禮制中的實踐情況，做全面考察。

一、"夏社"之祭：儒經中的最早追溯

　　關於先代帝王祭祀的最早記載，可以追溯到《尚書》的"夏社"。② 據載，"湯既勝夏，欲遷其社，不可。作《夏社》《疑至》《臣扈》"③。類似記載還見於

---

　　① 已有學者從先秦觀念入手考察先代帝王祭祀的源頭。日本學者高木智見指出，原中國時期(夏、商、西周、春秋)存在一種"血族意識"。絕祀的祖先會成爲厲鬼滋擾社會秩序。根據"神不歆非類，民不祀非族"的觀念，爲了避免厲鬼出現，執政者們不僅要維持自己的世系不斷，還會維持他族的血脉延續。這就是"存亡繼絕"規則的思想根源。"血族意識"雖然逐步消亡，但先代帝王祭祀作爲"存亡繼絕"的一種方式延續下去(參見[日]高木智見：《先秦社會與思想：試論中國文化的核心》，何曉毅譯，上海古籍出版社 2011 年版，第 119~128 頁)。這個觀點洞悉了"存亡繼絕"的根源。但因其關注重點並非先代帝王祭祀，故而還留下了很多可供探究的餘地。

　　② 關於先代帝王祭祀的最早記載可以追溯到"夏社"，得益於田兆元教授的指導。筆者在此致以誠摯謝意。

　　③ 孔安國傳，孔穎達疏：《尚書正義》卷八，阮元校刻：《十三經注疏》，中華書局 1980 年版，第 160 頁下欄。

《史記·殷本紀》中。①《夏社》原文早已佚失。據《尚書》僞孔傳的解釋，商湯滅夏後欲"變置社稷"，然而，"後世無及句龍者，故不可而止"。這篇《夏社》便是"言夏社不可遷之義"②。商湯沒有變動夏的社祭，並作《夏社》以示對亡國舊祀的尊重與保存。"句龍"，是古史傳説中的社神。據《尚書》僞孔傳，後世没有功蓋句龍的神靈，所以原有社祭被商湯保留下來。此外，儒經中没有更多的信息。

那麼，夏社與先代帝王祭祀有何關係？從目前學界的研究來看，夏社並不專指土地神的祭祀。它與夏國族的祖先崇拜密不可分。

夏社祭禹，是目前學界的共識。顧頡剛、童書業曾撰文指出：禹就是句龍，就是社神。③ 楊寬認爲禹即社神。④ 田昌五也有類似的觀點。⑤ 葉林生通過梳理文獻，指出禹在戰國前後都具有社神的身份。⑥ 田兆元也認爲，句龍就是禹："夏王朝崇拜社神，社神是禹的化身。"⑦因此，趙芝荃認爲夏社是"夏人敬神或供奉祖先的宗廟或祭壇"，"神聖不可侵犯"。⑧ 後來，趙林又進一步指出，將句龍作爲后土、社神，是春秋時期的事，而禹是社的創建者。⑨ 有學者認爲，將禹作爲社神祭祀是土地祭祀與祖先祭祀相結合、自然神崇拜與英雄崇拜相結合的產物。⑩ 綜之，學界多將夏社作爲夏人祭禹的場所。

延續夏社之祭，對於取代夏的政權有積極意義。新政權保留前朝的"政治符號"，延續被征服地區固有的信仰傳統，穩定政權更迭之際的統治秩序，是有關學者的論述重點。田兆元著眼於民族衝突與神話史融合的角度進行分析，認爲夏政權垮臺後，"神權依然有强大的生命，夏代的神話還在流傳"；出於

①　《史記》卷三《殷本紀》，中華書局 1959 年版，第 96 頁。
②　孔安國傳，孔穎達疏：《尚書正義》卷八，阮元校刻：《十三經注疏》，中華書局 1980 年版，第 160 頁下欄。
③　顧頡剛、童書業：《鯀禹的傳説》，吕思勉、童書業編著：《古史辨》第 7 册(下)，上海古籍出版社 1982 年版，第 144~173 頁。
④　楊寬：《中國上古史導論·禹、句龍與夏后、后土》，吕思勉、童書業編著：《古史辨》第 7 册(上)，上海古籍出版社 1982 年版，第 353~357 頁。
⑤　田昌五：《古代社會形態析論》，學林出版社 1986 年版，第 228 頁。
⑥　葉林生：《禹的真相及夏人族源》，《蘇州大學學報》(哲學社會科學版)1997 年第 4 期。
⑦　田兆元：《論主流神話與神話史的要素》，《文藝理論研究》1995 年第 5 期。
⑧　趙芝荃：《夏社與桐宫》，《考古與文物》2001 年第 4 期。
⑨　趙林：《論商代的社祭》，《華中學術》2016 年第 2 期。
⑩　魏建震：《禹治水與夏代社祭祀》，《古籍整理研究學刊》2008 年第 2 期。

穩定社會秩序的需要，商王朝接納了夏人的社祀；神話的控制權被轉換，但神話的主體結構沒有太大改變。① 還有學者側重於闡釋政治文化意義。趙芝荃認爲，商王朝允許夏人保留夏社維繫先人祭祀，又對新佔領地區進行監視、鞏固，"軟硬兼施"，"一直爲後世新王朝滅舊王朝所效仿"。② 魏建震指出，夏社是國家權力的象徵；商人繼承夏社，以此表示對前代土地與政權的繼承與佔有，"表明自己成爲中原新主人的合法身份"。③ 維繫前朝先祖的祭祀，對於延續已有的信仰傳統，維繫王朝更迭之際的政治秩序，彰顯新政權的合法地位，都有積極意義。

但是，歷朝設計先代帝王祭禮都未將商人不遷"夏社"作爲經學理據。夏商時期，天神、地祇、人鬼的界限還不完全清楚。④ 到了帝制時期的國家祀典中，地祇、人鬼已區分明確，不會再被混淆。因此，歷朝多從儒家經典有關祭祀人鬼的經文中尋找祭祀先代帝王的依據。

二、祭"有功烈於民者"：崇德報功

將《禮記·祭法》中祭"有功烈於民者"的經文作爲儒經理據，是古今學者的共識。但這段經文的文意、經學家們的闡釋及其在歷代禮制設計中的應用，卻很少被關注。

(一)經文内容與歷代經學家的釋義

這段文字是《禮記·祭法》的最後一段，以"夫聖王之制祭祀也"爲首句。《祭法》整篇"記有虞氏至周天子以下所制祀群神之數"⑤，而這段經文"總明其功有益於民，得在祀典之事"。易言之，對於有功德的人、物，當政的統治者要施以祭祀，以報答他們(它們)對於民眾的貢獻。

現將這段經文羅列於下。爲方便閱讀，將鄭注嵌入相應位置，加括弧標識。

> 夫聖王之制祭祀也，法施於民則祀之，以死勤事則祀之，以勞定國則

---

① 田兆元：《論主流神話與神話史的要素》，《文藝理論研究》1995 年第 5 期。
② 趙芝荃：《夏社與桐宮》，《考古與文物》2001 年第 4 期。
③ 魏建震：《禹治水與夏代社祭祀》，《古籍整理研究學刊》2008 年第 2 期。
④ 田兆元：《論鬼神崇拜的起源與鬼神之分野》，《歷史教學問題》1993 年第 1 期。
⑤ 鄭玄注，孔穎達疏：《禮記正義》卷四六，阮元校刻：《十三經注疏》，中華書局 1980 年版，第 1587 頁中欄。

祀之，能禦大菑則祀之，能捍大患則祀之。是故厲山氏之有天下也（厲山氏，炎帝也，起於厲山，或曰"有烈山氏"），其子曰農，能殖百穀。夏之衰也，周棄繼之（棄，后稷名也），故祀以爲稷。共工氏之霸九州也（共工氏無録而王，謂之霸，在大昊、炎帝之間），其子曰后土，能平九州，故祀以爲社。帝嚳能序星辰以著衆（著衆，謂使民興事，知休作之期也），堯能賞均刑法以義終（賞，賞善，謂禪舜，封禹、稷等也。能刑，謂去四凶。義終，謂既禪二十八載乃死也），舜勤衆事而野死（野死，謂征有苗，死於蒼梧也），鯀鄣鴻水而殛死（殛死，謂不能成其功也），禹能脩鯀之功，黃帝正名百物以明民共財（明民，謂使之衣服有章也），顓頊能脩之，契爲司徒而民成（民成，謂知五教之禮也），冥勤其官而水死（冥，契六世之孫也，其官玄冥，水官也），湯以寬治民而除其虐，文王以文治、武王以武功去民之菑（虐、菑，謂桀、紂也）。此皆有功烈於民者也（烈，業也）。及夫日、月、星辰，民所瞻仰也，山林、川谷、丘陵，民所取財用也。非此族也（族，猶類也），不在祀典（祀典，謂祭祀也）。①

　　經注大意是，對於有功德的上古聖王、賢臣，當政者要施以報功之祭。經文共分三個部分：首先，説明當政統治者需要祭祀"有功烈於民者"，並擺出 5 條評判標準；其次，羅列 15 位聖君賢臣的主要功績；最後總結，強調非"有功烈於民者"，非民所"瞻仰""取用"者，不得進入祀典享受報功之祭。

　　這段經文還有另一個版本，見於《國語·魯語上》。展禽評判臧文仲祭祀海鳥，歷數國家祀典的主要內容，提到與上面引文極爲相似的一段話。② 前面的 5 條標準不變。在後面的名單中，人物順序出現變化。頭三位是柱、棄（稷）、后土（社），剩下的依次爲黃帝、顓頊、帝嚳、堯、舜、鯀、禹、契、冥、湯、稷（与前文重復）、周文王、周武王 13 人。社稷之神仍然被擺在前面。剩下的人物明顯是依據《帝系》的古史觀按時代先後重新排序。所以，《魯語》的內容是由《祭法》文字整理而來的。

　　選擇祭祀對象時，這 5 條標準並不用全部滿足。唐朝孔穎達疏解經文時指出，5 條標準與後面的上古聖賢可以對應，符合其中一項即可進入"有功烈於

　　①　鄭玄注，孔穎達疏：《禮記正義》卷四六，阮元校刻：《十三經注疏》，中華書局 1980 年版，第 1590 頁中欄、下欄。
　　②　徐元誥撰，王樹民、沈長雲點校：《國語集解》，中華書局 2002 年版，第 154~159 頁。

民"者的行列。"法施於民"者對應神農、后土、帝嚳、堯、黃帝、顓頊、契；"以死勤事"者指舜、鯀、冥；"以勞定國"者指禹；"能禦大菑"及"能捍大患"者，對應湯、周文王、周武王。共 14 人，與經文相比，漏掉了后稷。由此可知，三代以前的聖君賢臣只要符合這 5 條標準中的一條，即可享受後世的報功之祭。

關於 5 條標準的具體釋義，歷代經學家也有關注。鄭注未言其詳，孔疏舉例而已。詳細解釋首見於宋人衛湜《禮記集說》所引劉彝（"長樂劉氏"）的解讀。"法施於民"者指"民賴其法成身者"；"以死勤事"者指"忠於國者弗顧其生，義於君者弗惜其死"。祭祀這些人，"則忠義勸於天下矣"。① 剩下 3 條，"以勞定國"者是像周公那樣"夙夜勞瘁"的人；"能禦大菑"者是抵抗自然災害拯救民眾的人；"能捍大患"者是平定戰亂、匡扶政教的人。同書還引宋人陳祥道（"長樂陳氏"）的解釋："功烈者，道德之跡。"他將《周禮·夏官·司勳》中的功績分類與這 5 條標準相對應。"法施於民"屬於《司勳》"民功曰庸"；"以死勤事"與"以勞定國"屬於"事功曰勞"；"能禦大菑""能捍大患"屬於"治功曰力"。他還指出，民、國、事、菑、患五者是統一整體，相互聯繫。② 宋人方愨亦持此說。③

明、清學者進一步明確經義，但都沒有與鄭注、孔疏相抵觸。王夫之的解釋基本與劉彝一致，但在措辭上更簡明："五者，祀異姓鬼神之法也。法，創制立教。施，被也。勤事者，王事及民事也。定國，撥亂反治也。天禍曰菑，水旱也。人害曰患，兵戎也。"④清人劉沅基本上因循劉彝、王夫之的說法："法施於民，立法爲民依賴。死勤事，忠義死事。勞定國，勳勞撥亂。菑，天菑，如洪水之屬。患，人患，如猛獸、戎狄之屬。禦，止。捍，衛也。"⑤大致上看，劉彝、王夫之、劉沅與鄭玄、孔穎達的不同之處，主要在於將"災（菑）""患"區分爲天災、人禍。此外，並沒有對鄭注、孔疏做過多修正。

總而言之，歷代經學家對於這段經文的釋義並沒有太大分歧。

---

① 衛湜：《禮記集說》卷一〇九，《景印文淵閣四庫全書》第 119 册，第 370 頁下欄~371 頁上欄。

② 衛湜：《禮記集說》卷一〇九，《景印文淵閣四庫全書》第 119 册，第 371 頁上欄~372 頁上欄。

③ 參見胡廣：《禮記大全》卷二二，《景印文淵閣四庫全書》第 122 册，第 596 頁上欄。

④ 王夫之：《禮記章句》卷二三，《續修四庫全書》第 98 册，第 420 頁下欄。

⑤ 劉沅：《禮記恒解》卷二三，《續修四庫全書》第 105 册，第 240 頁下欄。

(二)經文在禮制設計中的應用

通觀歷朝圍繞先代帝王祭祀的規劃,《祭法》這段經文是最常被徵引的。

至遲在北魏,對於先代帝王祭祀的設計便引《祭法》爲依據。秦、漢設計先代帝王常祀的依據,已不可考。太和十六年(492)二月,北魏朝廷製定了常祀堯、舜、禹和周公、孔子的禮制。詔書開篇講:"夫崇聖祀德,遠代之通典","且法施於民,祀有明典,立功垂惠,祭有恒式"。① 所謂"崇聖祀德",説明祭祀目標是踐行《祭法》經義,對有功德者施報功之祭。"法施於民,祀有明典"與《祭法》中的"法施於民則祀之"相吻合。後面的"立功垂惠"同樣指向被及生民的功德。北魏常祀先代帝王的制度對於隋、唐都有影響。

隋與唐前期的先代帝王祭禮同樣以《祭法》爲依據。隋初,祭祀先代帝王成爲獨立的常祀項目,開始有一份獨立祀譜,祀譜人選爲堯、舜、禹、湯、周文王、周武王、漢高祖。唐顯慶年間,長孫無忌、許敬宗等建議設置先代帝王常祀。祀譜人選與隋朝一致。其奏疏羅列《祭法》5 條標準,而後從《祭法》的聖王名單中選擇 6 人。"堯、舜、禹、湯、文、武,皆有功烈於民","義在報功"。② 所以,唐朝廷依據《祭法》經文設計祭禮,並增加了漢高祖。增祀漢高祖的原因是:"其漢高祖,《祭法》無文,但以前世及今,多行秦漢故事……漢高典章,法垂於後。"③漢高祖創建的制度爲歷代王朝所因襲,是漢高祖的功德,屬於"法施於民"的標準。不祭秦始皇,是因"始皇無道",更顯示了這項祭禮評判功德的色彩。由此可知,顯慶祀譜是在踐行《祭法》的報功之義。此後《開元禮》《唐六典》的先代帝王祀譜都是在顯慶祀譜的基礎上發展而來的。

北宋時期分等祭祀先代帝王的措施,依然是在踐行《祭法》報功之義。北宋首個先代帝王祀譜見於建隆四年(963)的《前代帝王三年一享詔》。此時,北宋的先代帝王祀譜尚未分等。該詔批評五代政權不祭先代帝王:"扞難禦災,或乖血食。永言《祭法》,闕孰甚焉。"④"扞難禦災",對應《祭法》中的"能禦大菑""能捍大患"。該祀譜在唐開元祀譜 8 人的基礎上,增加漢光武帝、唐太宗,原因是二人"道濟生民,功高百世"。這仍是在踐行《祭法》的報功之義。北宋的先代帝王祀譜多次變化、調整(第二章中詳述),但在祭祀頻率、祭品

①　魏收:《魏書》卷一〇八之一《禮志一》,中華書局 1974 年版,第 2750 頁。
②　王溥:《唐會要》卷二二《前代帝王》,中華書局 1955 年版,第 429 頁。
③　王溥:《唐會要》卷二二《前代帝王》,中華書局 1955 年版,第 429 頁。
④　《宋大詔令集》卷一五六《前代帝王三年一享詔》,中華書局 1962 年版,第 585 頁。

規格、守陵户數上刻意抬高聖帝明王的待遇，是一以貫之的原則。

明、清的禮制設計同樣援引《祭法》。明初編製先代陵寢祀譜時，要求祭祀對象需滿足"主中原、安人民"、非"偏方"、非"昏愚"的條件,① 顯然是在評判功德。明朝還在國都設歷代帝王廟，用以昭示正統，祭祀三皇五帝與三代、兩漢、李唐、宋、元的開國君主。這涉及官方正統史觀的轉變問題。宋代以後，評判政權是否爲正統的方法，由推演五德歷運變成了評判該政權的功績。② 所以，正統王朝的開國君主與"有功烈於民"的聖賢，已經混爲一談。將歷史地位顯要的開國君主列入聖王的行列施祭，便是梳理正統王朝的因革序列。正是因此，明初的帝王廟碑文在聲明"紹正大統"的同時，還稱頌明太祖的"崇德報功、大公至正之心"③。明朝中期撰擬的帝王廟碑文有"功德胡可勝紀也""抑亦不可謂其功德之淺淺已"等語，通篇都是崇德報功的辭句。④ 清朝多次調整帝王廟祀譜。清高宗曾説："自古帝王統緒相傳，易代之後，饗祀廟庭，原以報功崇德。至於嚴篡竊之防，戒守成之主……方協彰癉之義。"⑤祀譜的設計在崇德報功之外還具備了歷史鏡鑒的作用。所以，即便正統史觀發生改變，《祭法》的報功之義依然是設計先代帝王祀譜的依據。

綜上，在常祀先代帝王的制度沿革中，崇德報功是多數情況下都要考慮的規則。祭祀功德卓越的聖帝明王，或在祭祀中凸顯聖王的地位，都是踐行禮經規定、以儒治國的有力證明。因此，將《祭法》祭"有功烈於民者"一段作爲先代帝王祭祀的儒經依據，是古今學者的基本態度。

(三)古代學人的態度

將《祭法》祭"有功烈於民者"一段經文視作先代帝王祭祀的依據，是古代學人爬梳祭禮沿革後的共識。張璪指出，《文獻通考》首次將這段經文作爲"帝

---

① 《明太祖實録》卷六二，洪武四年三月丁未，臺灣"中央研究院"歷史語言研究所1962年版，第1200頁。

② 參見劉浦江：《"五德終始"説之終結——兼論宋代以降傳統政治文化的嬗變》，《中國社會科學》2006年第2期。

③ 宋訥：《西隱集》卷七《碑·勅建歷代帝王廟碑》，《景印文淵閣四庫全書》第1225册，第908頁下欄~909頁上欄。

④ 王立道：《具茨文集》卷五《碑·擬奉勅撰新建歷代帝王廟碑》，《景印文淵閣四庫全書》第1277册，第818頁下欄。

⑤ 《清高宗純皇帝實録》卷一二一〇，乾隆四十九年七月乙卯，中華書局1986年版，第219頁下欄~220頁上欄。

王祭祀制度的經典出處"。① 若著眼於古代學人著述，該説法並無不妥。但不能説先代帝王祭祀經典依據的確立是由馬端臨首創。北魏、唐、北宋時，當政朝廷均將《祭法》作爲設計先代帝王祭祀的理據。另外，《祭法》的名單中有聖王也有賢臣。因此，有關祭祀本朝功臣的討論，也會引此爲據。② 總之，學人的態度是整理文獻、爬梳史事後的結論，並非他們自己的發明。

　　從元代起，學者們在梳理先代帝王祭祀的沿革時標明了《祭法》的地位。《文獻通考・宗廟考》的"祀先代帝王賢士"一節，將《祭法》祭"有功烈於民者"的經文列於起始處。另外，馬端臨還抄錄了《朱子語類・鬼神》"祭先賢先聖，如何"條。③ 這段話包括朱熹對兩個問題的解釋：一是崇德報功，"有功德在人，人自當報之"；二是民衆信仰對鬼神效力的影響。④ 除了史部政書類，經部著述也有涉及。元末，汪克寬在《經禮補逸》卷三中列有"祭先帝禮"一條，並以《祭法》這一段經文作解。⑤ 該書卷二已經解釋過天子、諸侯祭祖之禮。卷三還有"釋奠禮""祭樂祖禮""祭先農禮"等條。所以，汪克寬的"祭先帝禮"就是指祭祀先代帝王、前代君主的禮儀。

　　明代丘濬、清代秦蕙田等人的觀點直接影響到現當代學者。丘濬在《大學衍義補》中梳理先代帝王祭祀的沿革，先列《祭法》的 5 條標準。⑥ 王夫之的《禮記章句》稱 5 條標準是"祀異姓鬼神之法也"⑦。秦蕙田《五禮通考》梳理先代帝王祭祀沿革，稱《祭法》的這段經文是"經傳古帝王祀典"⑧。在現當代圍繞先代帝王祭祀的研究中，丘、秦二人，尤其是秦蕙田的影響較大。所以，在

---

　　① 馬端臨：《文獻通考》卷一〇三，中華書局 1986 年版，第 937 頁中欄；張瓅：《歷代帝王祭祀中的帝王意象與帝統意識——從明代帝王廟祀的祭祀思維談起》，臺灣《東華人文學報》第 10 期，2007 年。

　　② 參見高斯得：《恥堂存稿》卷三《聖主之祀臣有五義論》，《景印文淵閣四庫全書》第 1182 册，第 43 頁。

　　③ 馬端臨：《文獻通考》卷一〇三《宗廟考十三・祀先代帝王賢士(修陵墓附)》，中華書局 1986 年版，第 937 頁。

　　④ 黎靖德編，王星賢點校：《朱子語類》卷三《鬼神》，中華書局 1986 年版，第 53 頁。

　　⑤ 汪克寬：《經禮補逸》卷三《吉禮》，《景印文淵閣四庫全書》第 105 册，第 660 頁上欄。

　　⑥ 丘濬：《大學衍義補》卷六二《秩祭祀・内外群祀之禮》，《景印文淵閣四庫全書》第 712 册，第 719 頁上欄。

　　⑦ 王夫之：《禮記章句》卷二三，《續修四庫全書》第 98 册，第 420 頁下欄。

　　⑧ 秦蕙田：《五禮通考》卷一一六《吉禮・祀先代帝王》，《景印文淵閣四庫全書》第 137 册，第 767 頁下欄~768 頁上欄。

討論儒經依據的問題上，現代學者延續了丘、秦二人的基本態度。

三、祭"因國之主"和祭"厲"：對絕祀君主的義務

先秦古禮主張"天子不滅國，諸侯不滅姓""善不滅姓"；保留亡國的宗室後裔令其延續先祖之祀。高木智見指出，先秦社會存在一種對於絕祀厲鬼的恐懼；"國家和血族的存續與祖先祭祀的存續是同義的"；在"血族意識"的支配下，統治者除了維繫自家祖先祭祀不輟，還有義務維持他族血脉的延續，避免他族祖先因絕祀而成爲厲鬼，從而防止現實社會被厲鬼滋擾。先秦時期出奔在外的君主、公子經常被妥善接待，蓋源於此。① 遇有政權興滅，亡國的宗室後裔往往被新興政權保留下來，便是這種"血族意識"的表現。

而對於沒有後裔的絕祀人鬼，儒經中也規定了祭祀事務。

(一)祭"因國之主"

據《禮記·王制》，當政者應祭祀其統治區内原有的，已經後裔滅絕、祭祀中斷的往代君主。"因國之主"並不是《禮記》原文。《王制》經文原作："天子、諸侯祭因國之在其地而無主後者。"②"因國之主"，是《朱子語類》中對這類祭祀對象的簡稱。③ "因"是沿襲之意。秦蕙田《五禮通考》將《王制》這段經文與《祭法》祭"有功烈於民者"的經文共同列爲"經傳古帝王祀典"。受《五禮通考》的影響，現代學者也將這段經文視作先代帝王祭祀的依據。

鄭玄注解經文時爲祭祀對象設置了限定條件——"有功德""無後裔"。《王制》經文中的"因國之在其地而無主後者"，鄭注曰："謂所因之國先王、先公有功德，宜享世祀，今絕無後爲之祭主者。"④換言之，在現政權"國"内曾經存在過的、有功德的統治者(即"先王、先公")，若沒有後裔留存下來，則需要現政權的統治者施以祭祀。如果他們有後裔，則由其後裔施祭，不必由現政權祭祀。只從文字上看，"有功德"並非經文原意。

① [日]高木智見：《先秦社會與思想：試論中國文化的核心》，何曉毅譯，上海古籍出版社 2011 年版，第 119~128 頁。引文見第 123 頁。
② 鄭玄注，孔穎達疏：《禮記正義》卷一二，阮元校刻：《十三經注疏》，中華書局1980 年版，第 1336 頁中欄。
③ 黎靖德編，王星賢點校：《朱子語類》卷三《鬼神》，中華書局 1986 年版，第 52頁。
④ 鄭玄注，孔穎達疏：《禮記正義》卷一二，阮元校刻：《十三經注疏》，中華書局1980 年版，第 1336 頁中欄。

《禮記》孔疏在鄭注的基礎上又有細化。首先，鄭注添入了經文中沒有明言的"有功德"這一要求。其次，關於"國"字，鄭注未做詳解，只說"所因之國"。孔疏沿用了鄭玄的"有功德"之說，並明確界定了"國"字內涵。詳情如下：

> 正義曰：此一節論天子置都之所及諸侯所封之內，皆因古昔先王、先公所居之地。今其地子孫絶滅而無主後者，則天子、諸侯祭此先王、先公，故云"祭因國之在其地而無主後者"。若天子因先公之後，亦祭先公。若諸侯因先王之後，亦祭先王。先王、先公，皆謂有德宜世祀者。①

孔疏的解釋以"內王畿、外諸侯"爲前提。"天子置都之所"是周王畿，是周天子的直轄地區。"諸侯所封之內"則是諸侯的封疆國土，是周王畿以外的地方。易言之，天下共主爲周天子，但具體到某個地域上的人鬼究竟由誰祭祀，則需區分當地的實際管理者。若人鬼在天子直轄的王畿內，則天子祭祀；若在諸侯直轄的封疆內，則諸侯祭祀。所以，孔疏是在"內王畿、外諸侯"的框架下做出的解釋。

鄭注、孔疏的解釋直接影響到了唐以後的經學家。一方面，"因國"在後世的經學解釋中成爲專用名詞。宋人衛湜《禮記集說》中有："廬陵胡氏曰：因國，謂所都、所封之內因古先聖哲所居之地。若晏子云'爽鳩氏始居此地，而後季萴因之，有逢伯陵因之，蒲姑氏因之，而後大公因之'之'因'也。"②"所都"與"所封"，是區分天子、諸侯之語。其中的引文見於《左傳》"昭公二十年"。元人陳澔《禮記集說》中講："因國，謂所建國之地，因先代所都之故墟也，今無主祭之子孫。則在王畿者，天子祭之；在侯邦者，諸侯祭之。"③此解與前者類似。在此基礎上，顧炎武《日知錄》還區分"勝國""因國"之不同，但解"因國"之意，只舉《左傳》"昭公元年"與"昭公二十年"爲例，不作歸納。④

---

① 鄭玄注，孔穎達疏：《禮記正義》卷一二，阮元校刻：《十三經注疏》，中華書局 1980 年版，第 1336 頁中欄。

② 衛湜：《禮記集說》卷三一，《景印文淵閣四庫全書》第 117 冊，第 632 頁下欄。

③ 陳澔撰，萬久富整理：《禮記集說》卷一三，鳳凰出版社 2010 年版，第 101 頁。

④ 顧炎武著，黃汝成集釋，欒保群、呂宗力校點：《日知錄集釋》，上海古籍出版社 2014 年版，第 139~140 頁。《左傳》"昭公元年"的事例，是"遷閼伯於商丘，主辰。商人是因，故辰爲商星"。據杜預《集解》："商丘，宋地。主祀辰星，辰，大火也"；"商人，湯先相土封商丘，因閼伯故國，祀辰星"。易言之，商人先祖相土的封地是商丘。商丘之前曾是閼伯的封地。閼伯曾在商丘祀辰星，則相土及其後裔亦祀辰星。

孫希旦《禮記集解》照録顧炎武之説。① 總之，《王制》中的"因國之在其地"被唐以後經學家簡稱爲"因國"，指代現政權所轄領土內曾經存在的政權。

另一方面，關於祭祀對象是否必須"有功德"，唐代之後的經學家大致並未明言。陳澔沿襲鄭注、孔疏之説："以其昔嘗有功德於民，不宜絶其祀也。"②孫希旦曰："愚謂因國之先王先公不必皆祭，必其有功德而無主後者乃祭之爾。"③管見所及，明確表述者只此兩家。其餘著述多未明言。

綜上，圍繞"因國之在其地而無主後者"的解釋需從兩方面看，在祭祀對象的地域層面上，唐以後諸家的理解一脉相承，沒有太大争議；而在選擇層面上，即祭祀對象是否要有功德，有襲用孔疏者，亦有未明言者。

筆者認爲，《王制》經文的原意與《禮記·祭法》中的祭"厲"比較相似。

(二)祭"厲"

祭"厲"，見於《禮記·祭法》祭祀"小神"的規定。所謂"小神"，是與"郊、廟、社稷"等大神相對而言的。周王、諸侯、大夫、嫡士、庶士或庶人，分別可立七祀、五祀、三祀、二祀、一祀。立祀數目與等級差別相照應。天子"爲群姓立七祀"、諸侯"爲國立五祀"之外，還要分別自立七祀、五祀。天子自立的七祀裏有"泰厲"，諸侯自立的五祀中有"公厲"，大夫三祀中有"族厲"。關於"厲"，鄭注有兩方面解釋，一是"厲，主殺罰"，二是駁斥漢代"巫祝以厲山氏爲厲"的觀念。④ 但是，鄭玄並未明確解釋"厲"的涵義。

孔疏則對各種"厲"有詳細解釋。天子、諸侯、大夫三級所祭之厲，也有相應的等級差別。"泰厲"，"謂古帝王無後者也。此鬼無所依歸，好爲民作禍，故祀之也"。"公厲"，"謂古諸侯無後者，諸侯稱公，其鬼爲厲，故曰'公

---

① 孫希旦撰，沈嘯寰、王星賢點校：《禮記集解》卷一三，中華書局 1989 年版，第348 頁。

② 陳澔撰，萬久富整理：《禮記集説》卷一三，鳳凰出版社 2010 年版，第 101 頁。

③ 孫希旦撰，沈嘯寰、王星賢點校：《禮記集解》卷一三，中華書局 1989 年版，第348 頁。

④ 鄭玄駁斥"巫祝以厲山氏爲厲"的觀念。鄭玄注曰："今時民家，或春秋祠司命、行神、山神、門、户、灶在旁，是必春祠司命，秋祠厲也。或者合而祠之。山即厲也，民惡言厲，巫祝以厲山爲之，繆乎！"首先，鄭玄將漢代所祠諸小神與經文相比較，發現漢代之"山神"與先秦之"厲"正好對應。兩者應是一回事。其次，漢代有巫祝認爲"厲"爲"厲山氏之鬼"。鄭玄駁斥此説，引《左傳》"昭公七年"文，"鬼有所歸，乃不爲厲"，指出厲山氏有子，其名曰柱(見《禮記·祭法》)。這樣來看，厲山氏有後裔施祭，不可能爲厲。

厲’”。“族厲”，“謂古大夫無後者鬼也。族，衆也。大夫衆多，其鬼無後者衆，故言‘族厲’”。① 先祖的後裔滅絶，則無人祭祀。先祖不能享祀，“無所依歸”，就會成爲厲，危害現實社會。

對於孔疏的解釋，後世學者有贊成者，亦有商榷另解者。管見所及，另做解釋者有三家。宋人衛湜《禮記集説》收録陸佃之説，稱泰厲“一名司中”，與司命性質相似。② 清代的劉沅認爲，“厲，鬼之爲民害者。天子所祀者廣，故曰泰厲”，諸侯、大夫依次遞降，則稱國厲、公厲。③ 到清末民初，章太炎指出，泰厲、公厲與族厲都源自楚俗，非周禮原有制度。④ 除以上三説外，歷代經學家幾乎都遵循孔疏的解釋。兹不贅述。

本書認爲，經文中的“因國之在其地而無主後者”與“泰厲”“公厲”的性質類似。清人蔡德晉便曾經將兩者等同看待。⑤ 他們都是後裔滅絶、不得享祀的古昔君主。

(三)經文在禮制設計中的應用

歷代設計先代帝王祭祀時，很少引用這兩處經文。雖然《五禮通考》將祭“因國之主”列入“經傳古帝王祀典”，但並未指出與之對應的史事案例。反觀歷朝祭祀先代帝王的舉措，可以發現兩個問題。

一方面，帝制時代早期祭祀先代帝王的活動，還包含祭“厲”與祭“因國之主”的成分。漢初設南山巫，定期祠祭秦二世。此前，秦國王室宗族已被項楚集團誅滅。秦都咸陽位處關中，距漢長安不遠，屬於漢朝廷的直轄區域。所以，南山巫的設置顯然與這兩項經文吻合，意在維繫秦代君主的祭祀。漢初爲秦始皇、陳勝及魏、齊、趙君主的陵墓設守塚户，也是同類舉措。而到了帝制時代後期，“血族意識”早已消散，對於絶祀厲鬼的恐懼已非早期那樣强烈。

---

① 鄭玄注，孔穎達疏：《禮記正義》卷四六，阮元校刻：《十三經注疏》，中華書局1980年版，第1590頁上欄。

② 衛湜：《禮記集説》卷一〇九，《景印文淵閣四庫全書》第119册，第367頁上欄。

③ 劉沅：《禮記恒解》卷二三，《續修四庫全書》第105册，第240頁上欄。

④ 章太炎：《太炎文録初編》卷一“大夫五祀三祀辨”，《民國叢書》第3編，上海書店出版社1911年版，第13頁b~14頁b。

⑤ 蔡德晉認爲“類祭”的對象分四種。其中有“厲祀”，“古昔王侯之無後者。《祭法》‘王祀泰厲，諸侯祀公厲’，《王制》‘天子、諸侯祭因國之在其地而無主後者’是也”。參見秦蕙田：《五禮通考》卷五五《四類》，《景印文淵閣四庫全書》第136册，第234頁下欄~235頁上欄。

祭絕祀的先代帝王已不包含祭"屬"的色彩。

　　另一方面，前代君主"有祀""絕祀"，不能只用後裔存亡來判斷，而是要看前朝後裔能否參與祭祀前朝君主的禮儀。或者說，要考察當政朝廷對於前代舊宗室的態度。在"二王三恪"制度通行的漢魏、東晉、南朝、隋唐、五代，後起政權在前兩代正統王朝的宗室後裔中擇人封"二王後"，待以國賓之禮。國賓保持禮儀獨立，自行祭祀祖先。這樣一來，前兩代正統王朝並未絕祀。北宋時，"二王三恪"制度已不再繼續維持。何薳因宋仁宗無嗣建議重立國賓："奈何絕人之世，滅人之祀，而妨繼嗣之福也。"①皇帝無後是因爲"國家未如古禮封二王後"。② 即便後周的宗廟、帝陵由北宋朝廷祭祀，但因爲舊宗室没有國賓身份，接觸不到祭祀後周君主的禮儀，後周依然被視作"絕世""滅祀"。

　　祭"因國之主"與"二王三恪"制度，在維繫疆土民衆、政權脉絡的不斷傳承中有一定的作用。"芒芒禹跡，畫爲九州。"③祭"因國之主"與祭"屬"指向了同一片區域上的統治權力延續。這種源出於先秦禮經的思想强化了統治集團對於所轄領域的責任心、使命感以及疆土神聖的觀念，更進一步衍生出"居中原則居正統"的觀念。"二王三恪"制度不僅實踐了先秦儒經"興滅繼絕"的古義，更是將中國古代歷史脉絡的不斷延展折射於流轉更迭的國賓爵位中。這些政治觀念客觀上促成了中國疆域延續無輟、歷史脉絡不斷發展的事實。

四、祭"三王五帝九皇六十四民"：統治者的因革譜

　　祭祀"三王五帝九皇六十四民"並非儒經原文，而是出自東漢經學家鄭衆（先鄭）對於《周禮·春官·小宗伯》中"四類"的注解。

　　鄭衆、鄭玄關於"四類"的解釋不同。《周禮》經文中有："小宗伯之職……兆五帝於四郊，四望、四類亦如之。"④"兆五帝於四郊"，即在四郊建立祭祀五方天帝的場所。關於"四望"，鄭衆將《春官·大宗伯》中的"四望"解釋爲日、月、星、海，解《春官·小宗伯》時則釋作"道氣出入"，再無詳言。鄭玄

---

①　劉琳等校點：《宋會要輯稿》崇儒七《存先代後》，上海古籍出版社 2014 年版，第 2925 頁。

②　司馬光：《涑水記聞》卷一〇"重禮周後柴氏"條，中華書局 1989 年版，第 190~191 頁。

③　杜預注，孔穎達疏：《春秋左傳正義》卷二九，阮元校刻：《十三經注疏》，中華書局 1980 年版，第 1933 頁下欄。

④　鄭玄注，賈公彦疏：《周禮注疏》卷一九，阮元校刻：《十三經注疏》，中華書局 1980 年版，第 766 頁上欄。

據《尚書》"望秩於山川"主張"四望"是五嶽、四鎮、四瀆。關於"四類"，鄭衆認爲是"三皇、五帝、九皇、六十四民"，鄭玄則認爲是日月星辰以及司中、司命、風師、雨師等天神。① 賈疏中有："以其兆五帝已下，皆據外神大昊、句芒等配祭而已，今輒特祭人帝於其中，非所宜，故不從。"② 賈疏著眼於祭祀類別來解釋鄭玄不從鄭衆的原因。

　　唐以後經學家對"四類"的看法主要有兩種，但基本不再闡述鄭衆的解釋。其一是因循鄭玄之説，如宋代王與之《周禮訂義》、王昭禹《周禮詳解》、朱申《周禮句解》以及明人柯尚遷《周禮全經釋原》、王應電《周禮傳》都認同"四類"即日月星辰的看法。③ 其二是依據經文重新劃分"四類"與"四望"的内涵，如清代江永主張"四類即四望"，李光坡、李鍾倫主張"四望""四類"都指代天神祭祀，但在細節上也有不同。④ 總而言之，唐以後的經學家多傾向於認同鄭玄的注解，而對鄭衆之説不加留意。

　　管見所及，只有孫詒讓分析過鄭衆的注解。他依據《太平御覽·禮儀部》收錄的《漢舊儀》"祭三皇五帝九皇六十四民，皆古帝王，凡八十一姓"的記載，認爲"漢時有九皇六十四民之祀，故先鄭據以爲説"⑤。孫詒讓爲鄭衆的注解找出了時代背景。

---

① 鄭玄注，賈公彦疏：《周禮注疏》卷一九，阮元校刻：《十三經注疏》，中華書局1980年版，第766頁上欄。
② 鄭玄注，賈公彦疏：《周禮注疏》卷一九，阮元校刻：《十三經注疏》，中華書局1980年版，第766頁上欄。
③ 王與之：《周禮訂義》卷三二，《景印文淵閣四庫全書》第93册，第528頁上欄。王昭禹：《周禮詳解》卷一八，《景印文淵閣四庫全書》第91册，第392頁下欄~393頁上欄；朱申：《周禮句解》卷五，《景印文淵閣四庫全書》第95册，第162頁上欄；柯尚遷：《周禮全經釋原》卷六，《景印文淵閣四庫全書》第96册，第727頁上欄；王應電：《周禮傳》卷三上，《景印文淵閣四庫全書》第96册，第138頁上欄。
④ 清代江永《周禮疑義舉要》認爲："四類即四望。其云'四望四類亦如之'者，謂四望中之神各以其類位於四方，非别有四類之兆與四類之祭也。"李光坡《周禮述注》重新釐定四望、四類：四望包括天神（日月星辰風雨司中司命）、地祇（五嶽四鎮四瀆）兩部分，四類則專指上帝之祭（類上帝也），"四方皆有類，故云四類也"。其佀李鍾倫《周禮纂訓》又指出，如果依從鄭玄注解，則五嶽、四鎮、四瀆這類地祇"不應序在四類天神之上"；故而他認爲四望、四類都是天神之祭，"類，類上帝也。四類，謂類於四郊也"。江永：《周禮疑義舉要》卷四，《景印文淵閣四庫全書》第101册，第751頁下欄；李光坡：《周禮述注》卷一二，《景印文淵閣四庫全書》第100册，第216頁上欄；李鍾倫：《周禮纂訓》卷一〇，《景印文淵閣四庫全書》第100册，第763頁。
⑤ 孫詒讓撰，汪少華點校：《周禮正義》卷三六，中華書局2015年版，第1725頁。

　　《漢舊儀》這套祭祀名録代表了歷史上統治權力的更迭，與董仲舒的改制思想直接相關。“三皇五帝九皇六十四民”中的“三皇”應爲“三王”。《春秋繁露·三代改制質文》中講：“聖王生則稱天子，崩遷則存爲三王，絀滅則爲五帝，下至附庸，絀爲九皇，下極其爲民”；又稱“故雖絶地，廟位祝牲猶列於郊號，宗於代宗”。① 根據董仲舒的設計，以往政權距今由近到遠，依次稱王、帝、皇、民；四種名號對應的政權數量分別爲 3、5、9、64；遇有政權更迭，則以往政權要由近到遠依次更改名號；在現政權的郊天、封禪典禮中，這 81 代君主都享受現政權的祭祀，即“列於郊號，宗於代（岱）宗”。葛志毅認爲，該祭禮是“對具有半人半神身份的上古氏族酋長的崇拜系統”，“從政治角度講，時王上祭前代帝王是爲證明自己權力來源的合理性，故百王祀典的建立是爲當下的天下宰治者提供一個法理傳承依據，是從奉天承運的角度製造一個證明”。② 所以，祭祀 81 代君主的禮儀意在彰顯當政者統治權的歷史來源。

　　祭祀“三王五帝九皇六十四民”將過往政權的序列與當下政權相銜接，勾勒出統治地位的傳承脉絡。新莽政權曾大規模分封古聖王後裔，令他們延續先祖的祭祀。分封範圍包括黄帝、少昊、顓頊、堯、舜、夏、商、周、漢的後裔，這些先代政權正與新莽相銜接。但這些分封“因圖簿未定，未授國邑”，無法落實。王莽還將“四代古宗”（夏、商、周、漢四朝開國君主）配享明堂中的“皇始祖考”虞舜，也是通過展現政權更迭的順序來昭示自身統治地位的歷史來源。新莽之後，這種祭祀模式長期不被使用。唐天寶年間，唐朝廷在先代帝王祀譜中梳理天地人三皇、有巢、燧人至北周、隋朝的因革序列。雖然天寶祀譜行用不久即被廢止，但其精髓卻被北宋繼承。宋以後各朝多沿用這種模式來解釋正統地位的歷史來源。

　　但是，除《漢舊儀》的記載外，“三王五帝九皇六十四民”祭禮再未出現過。“王、帝、皇、民”古史系統落腳於“通三統”理論。陳鵬指出，“通三統”理論在漢晉時尚可與五德終始説競爭，在南北朝以後淡出了王朝禮制。③ 所以，在梳理正統脉絡的祀譜設計中，五德終始説成了主要的理論依據。

　　以上，是筆者對於先代帝王祭祀儒經理據的考察。

　　總體上看，祭祀先代帝王的儒經理據相對較少。張琱認爲，祭祀先代帝王在帝制社會早期未能形成定制，一個重要原因就是經典依據不充分，“對於帝

① 蘇輿撰，鍾哲點校：《春秋繁露義證》，中華書局 1992 年版，第 202~203 頁。
② 葛志毅：《讖緯思潮與三皇五帝史統的構擬》，《管子學刊》2007 年第 4 期。
③ 陳鵬：《三統説與漢晉服色》，《史林》2017 年第 4 期。

王祭祀而言，古代禮經中僅有一些似明又晦的文本，不易析出運作準則"①。這個見解無疑是正確的。

總結以上所述，一方面，踐行《祭法》的報功之義是先代帝王祭禮的重要理據，也是主要功能之一。另一方面，祭"因國之主"、祭"厲"與祭"三王五帝九皇六十四民"，都指向了現政權對以往君主的祭祀義務。這種義務將古今政權在祭禮中銜接起來，彰顯了統治權力的古今傳遞。

在先秦時期還有一個流行的觀念："神不歆非類、民不祀非族。"先代帝王祭祀的經典依據無疑與這個觀念相矛盾。那麼，兩者是否衝突呢？

第二節 "神不歆非類"同先代帝王祭祀的學理調和

考察先代帝王祭祀的前提，是明確行禮主體（施祭者）與祭祀對象（享祭者）。通俗地講，兩者不能屬於同一政權。對於當政朝廷來說，已亡政權的君主才算是"先代帝王"。但中國古代有一種現象：當政者追認之前某個朝代的君主作爲自己的祖先，爲自己的正統地位張目。五代中後唐、後漢的君主分別將李唐皇帝、兩漢皇帝供奉進自家宗廟。與此類似的情況，都不屬於祭祀先代帝王的行爲。説到底，先代帝王祭祀是對於他國先君、外族先祖的祭祀。

"神不歆非類，民不祀非族"出自《左傳》"僖公十年"，被視爲先秦時的一項祭祀原則。該原則規定，施祭主體與祭祀對象之間必須存在血緣關係。《左傳》"僖公三十一年"有一句與之極爲相似的話："鬼神非其族類，不歆其祀。"②《論語·爲政》也有："非其鬼而祭之，諂也。"③"鬼"指人鬼。其意，人們只能祭祀自己的祖先，"非其祖考而祭之者，是諂求福"④。另外，《孟子·離婁上》中有："不孝有三，無後爲大。"⑤漢人趙岐解釋爲"不娶無子，絶

---

① 張琬：《歷代帝王祭祀中的帝王意象與帝統意識——從明代帝王廟祀的祭祀思維談起》，臺灣《東華人文學報》2007 年第 10 期。

② 杜預集解，孔穎達疏：《春秋左傳正義》卷一七，阮元校刻：《十三經注疏》，中華書局 1980 年版，第 1832 頁上欄。

③ 何晏集解，邢昺疏：《論語注疏》卷二，阮元校刻：《十三經注疏》，中華書局 1980 年版，第 2463 頁下欄。

④ 何晏集解，邢昺疏：《論語注疏》卷二，阮元校刻：《十三經注疏》，中華書局 1980 年版，第 2463 頁下欄。

⑤ 趙岐注，孫奭疏：《孟子注疏》卷七下，阮元校刻：《十三經注疏》，中華書局 1980 年版，第 2723 頁中欄。

先祖祀"①。没有子孫後代，則先祖的祭祀必將斷絕。這句話同樣指向了連接在祭祀上的祖裔關係。

從字面上看，祭祀其他政權的君主似乎與"神不歆非類，民不祀非族"的原則相矛盾。筆者分三個問題對此進行考察。

第一個問題，是"神不歆非類，民不祀非族"的經學釋義。

這句話出自《左傳》"僖公十年"，界定了施祭者與享祀者之間的關係。前650年，晉國由晉惠公執政。他是晉獻公子，故太子申生、晉文公重耳之弟。此時申生早已過世。申生的亡靈告訴晉人狐突："夷吾無禮，余得請於帝矣，將以晉畀秦，秦將祀余。"他認爲，秦國佔有晉的土地後就會祭祀自己。狐突予以勸阻："'神不歆非類，民不祀非族。'君祀無乃殄乎？"②在狐突看來，若秦滅晉，則申生之祀將絕，因爲秦國君主與申生之間沒有血緣關係。"歆"爲"饗"，指享受祭祀。杜預《集解》對此沒有解釋。唐孔穎達《正義》解釋如下：

> 《傳》稱"非我族類，其心必異"，則類、族一也，皆謂非其子孫，妄祀他人父祖，則鬼神不歆享之耳。《祭法》云："聖王之制祭祀也，法施於民則祀之，以死勤事則祀之，以勞定國則祀之，能禦大菑則祀之，能捍大患則祀之。"若農、棄爲稷，后土爲社，社稷功被天下，乃令率土報功。如此之徒，非獨歆己之族。若功不被於下民，名不載於祀典，唯其子孫祀之。神亦不歆他族。然則秦非晉類，而使祀申生，祀之大失也。③

孔疏有兩個要點。其一是解釋經文文意。"類""族"同指祖裔關係而言。這就限定了施祭人與祭祀對象的範圍：施祭人不能祭祀自己先祖以外的人，人鬼也不接受非後裔者的祭祀。

其二便是調和經典內部的衝突。前文已述，按照《禮記·祭法》，當政者要祭祀上古有功德的"大神"。符合"法施於民"等5條標準的上古君臣，都可享受後世的報功之祭。但《祭法》所羅列的15位上古君臣並非源出一脉。後世施祭之人也未必與他們有血緣關係。這樣一來，"神不歆非類，民不祀非族"

---

① 趙岐注，孫奭疏：《孟子注疏》卷七下，阮元校刻：《十三經注疏》，中華書局1980年版，第2723頁中欄。

② 杜預集解，孔穎達疏：《春秋左傳正義》卷一三，阮元校刻：《十三經注疏》，中華書局1980年版，第1801頁下欄~1802頁上欄。

③ 杜預集解，孔穎達疏：《春秋左傳正義》卷一三，阮元校刻：《十三經注疏》，中華書局1980年版，第1801頁下欄~1802頁上欄。

的血族界限就被打破了。孔疏調和這個矛盾："功被天下"則"令率土報功"。易言之，祭祀功德廣及天下的聖賢人物，不必拘泥於血緣關係的局限。有大功德的聖賢不僅接受自己後裔的祭祀，還可以接受他族的祭祀。反之，無大功德的人鬼只能由其子孫祭祀，無法享受他族的祭祀。澤被天下的功德，是突破"神不歆非類，民不祀非族"的必要條件。

所以，孔穎達對祭"有功烈於民者"和"神不歆非類"做了調和與彌封。《春秋左傳正義》與《禮記正義》同由孔穎達組織編纂。各經典内部圍繞祭祀規則的不同表述需要調和衝突，消弭矛盾。按照孔疏，《祭法》祭"有功烈於民者"指向有大功德的上古聖賢。而《左傳》"神不歆非類，民不祀非族"則指向普通人鬼。祭祀普通人鬼，以祭祀對象與施祭者之間是否有祖裔關係作為能否祭祀的標準。照這樣看，祭"有功烈於民者"與"神不歆非類"並不衝突。

"神不歆非類"觀念在涉及"立嗣"的問題上常被提及，因此頗受歷代經學家的關注。歷代經學闡釋多是因循孔疏，朱熹基於"氣論"的解釋別具一格。

> 陳後之問："祖宗是天地間一個統氣，因子孫祭享而聚散？"曰："……鬼神是本有底物事。祖宗亦只是同此一氣，但有箇總腦處。子孫這身在此，祖宗之氣便在此，他是有箇血脉貫通。所以'神不歆非類，民不祀非族'，只為這氣不相關。如'天子祭天地、諸侯祭山川、大夫祭五祀'，雖不是我祖宗，然天子者天下之主，諸侯者山川之主，大夫者五祀之主。我主得他，便是他氣又總統在我身上。如此便有箇相關處。"①

在朱熹看來，"神不歆非類，民不祀非族"的原則不只適用於血親祭祀。一方面，施祭者與祭祀對象之間無祖裔關係，則"氣不相關"，施祭、享祀便不能順利貫通。另一方面，在祭祀祖先之外，天地、山川以及七祀、五祀等諸小神，與天子、諸侯雖然沒有血緣上的關係，但"氣相關"。施祭者能"主得他"，便可施以祭祀。朱熹認為，因等級高低、地域範圍所造成的祭祀差別，與血緣限制的原理一致；"氣"不僅僅指血緣而言；從祭祀對象與施祭者的關係來看，只要遵從等級規範，血緣上的限制是可以被突破的。

朱熹的解釋與孔疏有相通之處。他們都在調和經文間的衝突，在祭"有功

---

① 黎靖德編，王星賢點校：《朱子語類》卷三《鬼神》，中華書局 1986 年版，第 47 頁。

烈於民者"、祭"厲"與"神不歆非類，民不祀非族"之間進行彌縫。不同點在於，孔穎達的著眼點是祭祀對象有無功德，有無能享受異姓祭祀的資格；而朱熹則強調施祭者的等級地位，有無祭祀異姓鬼神的身份。

宋以後，受理學的影響，朱熹的這種看法得以流傳並被進一步闡發。例如，在《左傳》的文意注解上，明朝劉績注解狐突的話："非同族類則氣不流通，故在神不享，而在人不祀也。"①朱熹之說被添入其中。在有關祭祀的經學闡釋中，"神不歆非類"的適用範圍也在擴大。清人李光坡又提出了"體"的概念。朱熹關於"主得他"便可施祭的闡述，被他概括爲："神不歆非類，以非其體也，若以輕重隆殺爲解。"②這仍是對朱熹觀點的發揮。

第二個問題，是先秦時期突破"神不歆非類"原則的案例。

"神不歆非類"觀念用血緣聯繫，限定了施祭者與享祭者的關係。踐行此原則的案例有很多。據《左傳》"僖公三十一年"，衛國將國都遷往帝丘後，衛成公得到先祖康叔托夢："相奪予享"——夏朝帝相(原居帝丘)干擾康叔享祀。衛成公計劃祭祀帝相但被寧武子勸阻。他認爲，衛國姬姓，與夏王室沒有親緣關係；祭祀帝相是杞國、鄫國(夏後裔)的事情；"相之不享於此，久矣，非衛之罪也"。③ 再如，《左傳》"莊公三十二年"，"有神降於莘"。在《國語·周語上》中，内史過說此神爲丹朱，應對神顯的方法是："使太宰以祝、史帥狸姓，奉犧牲、粢盛、玉帛往獻焉，無有祈也。"④周惠王遣人"帥狸姓"施祭。有其後裔在場參與，則不違反"神不歆非類"的原則。相關事例有很多，茲不詳列。

但先秦時期同樣有史事表明，"神不歆非類"的原則並非不能被突破。

其一，是以疆域變動爲突破口。《左傳》"隱公八年"(前715)，鄭莊公倡議與魯國換地，"各從本國所近之宜"。"鄭伯請釋泰山之祀而祀周公，以泰山之祊易許田。"⑤鄭國之祊地，爲鄭國國君隨周天子祭泰山所用的湯沐邑，距魯國近。魯國的許田，是周公在洛邑附近的"朝宿之邑"，"後世因而立周公別廟"，

① 劉績：《春秋左傳類解》卷一一，《續修四庫全書》第119冊，第244頁下欄。
② 李光坡：《禮記述注》卷一○，《景印文淵閣四庫全書》第127冊，第548頁下欄。
③ 杜預集解，孔穎達疏：《春秋左傳正義》卷一七，阮元校刻：《十三經注疏》，中華書局1980年版，第1832頁上欄。
④ 徐元誥撰，王樹民、沈長雲點校：《國語集解》，中華書局2002年版，第30～31頁。
⑤ 杜預集解，孔穎達疏：《春秋左傳正義》卷四，阮元校刻：《十三經注疏》，中華書局1980年版，第1733頁上欄。

距鄭國近。鄭莊公以替魯國祭周公爲條件與魯國換地，超出了"神不歆非類"的範圍。

其二，是以"德"爲突破口。若施祭者有德行，則施祭者可以祭祀他國鬼神。《左傳》"僖公五年"（前655），宮之奇提出："鬼神非人實親，惟德是依""非德，民不和，神不享矣。神所馮依，將在德矣。若晉取虞，而明德以薦馨香，神其吐之乎？"鬼神歆享祭祀，還以施祭者的德行作爲標準之一。

其三，是以"位"爲突破口。"鬼神之所及，非其族類，則紹其同位。"①古代祭祀是有等級界限的。"天子祭天地，祭四方，祭山川"；"諸侯方祀，祭山川"；"大夫祭五祀"；"士祭其先"。② 但若施祭者的地位發生改變，則其應祭之鬼神也隨之變動。子產建議晉國祭夏鯀便是這種情況。《左傳》"昭公七年"（前535），晉平公生病，子產認爲是夏鯀爲祟。"其神化爲黃熊，以入於羽淵，實爲夏郊，三代祀之。"③夏朝郊天時以夏鯀配天，鯀"歷殷、周二代，又通在群神之數，並見祀"④。所謂"通在群神之數"，指《禮記·祭法》"有功德於民者"的名單中有夏鯀，商、周兩代均施以報祭。"晉爲盟主，其或者未之祀也乎？"⑤其意爲"周衰，晉爲盟主，得佐天子祀群神"。《國語·晉語八》中作："今周室少卑，晉實繼之。"⑥晉國爲諸侯盟主，應代替周天子祭祀群神。如果晉國失職，則鬼神作祟的對象就由周王室轉移成晉國。

以上先秦事例説明，在疆域、德行、地位三個方面，施祭者與祭祀對象突破了"神不歆非類"的局限。

第三個問題，是現當代圍繞"神不歆非類"的學術討論。

現當代史學界對"神不歆非類"觀念的淵源也有探究。

呂思勉先生著眼於部族社會的特性解釋"神不歆非類"。他指出："所謂靈界，其實還是人間世界的反映。人類社會的組織變化了，靈界的組織，也是要

① 徐元誥撰，王樹民、沈長雲點校：《國語集解》，中華書局2002年版，第437頁。

② 鄭玄注，孔穎達疏：《禮記正義》卷五，阮元校刻：《十三經注疏》，中華書局1980年版，第1268頁中欄。

③ 杜預集解，孔穎達疏：《春秋左傳正義》卷四四，阮元校刻：《十三經注疏》，中華書局1980年版，第2049頁中欄。

④ 杜預集解，孔穎達疏：《春秋左傳正義》卷四四，阮元校刻：《十三經注疏》，中華書局1980年版，第2049頁中欄。

⑤ 杜預集解，孔穎達疏：《春秋左傳正義》卷四四，阮元校刻：《十三經注疏》，中華書局1980年版，第2049頁下欄。

⑥ 徐元誥撰，王樹民、沈長雲點校：《國語集解》，中華書局2002年版，第437頁。

跟着變化的"；"部族的神，大抵是保護一個部族的，和別一個部族，則處於
敵對的地位"。① 另外，"古者親愛之情，限於部族之內，故有'神不歆非類，
民不祀非族'之語。此非獨人鬼，即他神亦然。彼其所崇奉者，率皆一部族所
私尊而已"②。由此可以聯想到，先秦時期的天神、地祇具有地域特性。③ 祭
祀事務上的地域性閾限，是部族社會在信仰世界的折射。

還有基於宗法制度的解釋。陳戌國先生、陳絜的論述最具代表性。在《中
國禮制史·先秦卷》中，陳戌國先生將祭祀他國先君、他族先祖稱爲"族外祭"
或"例外祭"。他認爲，"神不歆非類"的觀念是"宗族、氏族、親屬、部落神等
觀念發生之後的產物"。他結合《尚書》篇章、周原卜祭商先王的甲骨以及殷商
宗法觀念和制度還不成熟等情況，指出："殷商以前祭祀異族先祖，本無嚴格
限制"，到宗法制度成熟以後，"神不歆非類"的觀念才成爲定制。④ 陳絜著眼
於周初的賜姓命氏制度來解釋。他認爲，"神不歆非類"出現於"周人入主中原
以後"，"與成王、周公的命祀舉措有關，其根本性原因則在於由分封制所引
發的嚴防族類思想的出現"。⑤ 這兩種觀點都強調，宗法制度是"神不歆非類"
觀念的基礎。

陳戌國先生還指出，"神不歆非類"並不能約束所有的祭祀活動。即便是
宗法制度成熟之後，"在天子與諸侯奉行的祀典之間存在通例之外的情況，即
族外祭"⑥。其意，像《禮記》中的祭"有功烈於民者"、祭"因國之主"、祭"泰
厲"或"公厲"，就不受宗法制度的約束。

20 世紀 70 年代出土的周原甲骨中有卜祭商先王的刻辭。學界圍繞甲骨的
歸屬進行了熱烈討論。⑦ 近年來的主要觀點還有三種：其一，周王卜祭商先王
說，細分下去，又有周欲代商受天命、商周有舅甥關係而周王祭母系祖先、周
文王被商封爲西伯而卜祭等觀點；其二，周文王被囚羑里時卜祭並將甲骨帶

　① 呂思勉：《呂著中國通史》，華東師範大學出版社 1992 年版，第 296 頁。
　② 呂思勉：《先秦史》，上海古籍出版社 1982 年版，第 448 頁。
　③ 參見楊華：《楚簡中的"上下"與"内外"——兼論楚人祭禮中的神靈分類問題》，
《簡帛》第 4 輯，上海古籍出版社 2009 年版，第 221～238 頁；楊華：《秦漢帝國的神權統
一——出土簡帛與〈封禪書〉、〈郊祀志〉的對比考察》，《歷史研究》2011 年第 5 期。
　④ 陳戌國：《中國禮制史·先秦卷》，湖南教育出版社 2002 年版，第 240～241 頁。
　⑤ 陳絜：《商周姓氏制度研究》，商務印書館 2007 年版，第 110 頁。
　⑥ 陳戌國：《中國禮制史·先秦卷》，湖南教育出版社 2002 年版，第 240～241 頁。
　⑦ 早期的主要論點，可以參見曹瑋編著：《周原甲骨文》，世界圖書出版公司 2002
年，"前言"第 8～9 頁。

回；其三，商人在鳳雛建廟卜祭商先王。① 目前來看，贊同周王卜祭商先王的學者較多。不論是出於怎樣的目的，這些都可以看作臣屬國族對於宗主國族先君、神靈的祭祀。即便是在宗法觀念、制度成熟以後，類似的活動也依然存在。

祭祀宗主國的先君，已經超出了血緣的範圍，上升到附屬政權對於宗主國"國族認同"的高度。② 例如，侯馬盟書中"宗盟類盟書"，指趙氏同宗同姓舉行盟誓用的盟書。③ 趙氏爲晉國六卿之一，與晉公室不同姓。但盟書 16：3 中有"皇君晉公"之語。這是對晉國先公亡靈的稱謂。④ 趙氏成員盟誓而先呼晉國先君，將晉國先君作爲監督盟誓的神靈。這是晉國君主與趙氏之間君臣關係的反映。同理，根據《戰國策》的記載，縱橫家爲遊說魏國臣屬於秦，言辭中有"今乃有意西面而事秦，稱東藩，築帝宮，受冠帶，祠春秋""稱東藩，受冠帶，祠春秋者"等語。陳戍國先生認爲："'祠春秋'者，自是祭祀秦之先王，或曰助秦祭也。"⑤另外，東漢建武年間，南匈奴內附。"南單于即內附，兼祠漢帝。"⑥所以，臣屬國族祭祀宗主國的先君，是長久存在的。

綜上所述，從嚴格意義上講，祭"有功烈於民者"、祭"厲"、祭宗主國的先君，都與"神不歆非類，民不祀非族"存在文意上的矛盾。一方面，古代

---

① 參見孫慶偉：《論周公廟和周原甲骨的年代與族屬》，北京大學中國考古學研究中心、北京大學震旦古代文明研究中心編：《古代文明》第 5 卷，文物出版社 2006 年版；李桂民：《周原廟祭甲骨與"文王受命"公案》，《歷史研究》2013 年第 2 期；王暉：《周原甲骨屬性與商周之際祭禮的變化》，《歷史研究》1998 年第 3 期；李零：《讀〈周原甲骨文〉》，《待兔軒文存·説文卷》，廣西師範大學出版社 2015 年版；曹定雲：《周原甲骨"二王"同獵與"文王囚羑里"——兼論周原卜辭族屬》，《甲骨文與殷商史》新 3 輯，上海古籍出版社 2013 年版；林小安：《"神不歆非類，民不祀非族"漫談》，《甲骨文與殷商史》新 3 輯；上海古籍出版社 2013 年版，等等。

② 張永山指出，先秦"在一定的歷史條件下，屬國由於政治原因，祭祀宗主的祖先是合乎時代禮法的"。張永山：《周原卜辭中殷王廟號與"民不祀非族"辨析》，中國文物學會、中國殷商文化學會、中山大學編：《商承祚教授百年誕辰紀念文集》，文物出版社 2003 年版，第 298 頁。

③ 張頷、陶正剛、張守中：《侯馬盟書》，三晉出版社 2016 年版，第 80 頁。

④ 張頷、陶正剛、張守中：《侯馬盟書》，三晉出版社 2016 年版，第 39 頁"注釋·皇君晉公"。

⑤ 陳戍國：《中國禮制史·先秦卷》，湖南教育出版社 2002 年版，第 239 頁。

⑥ 范曄撰，李賢等注：《後漢書》卷八九《南匈奴列傳》，中華書局 1965 年版，第 2944 頁。

經學家從兩個方面調和了經文與禮制之間的衝突。孔穎達著眼於祭祀對象有無功德："神不歆非類"是對普通人鬼的規定；祭"有功烈於民者"是對上古聖賢的規定。朱熹的"氣論"説淡化了血緣關係，凸顯施祭主體的等級地位，在某種程度上使"神不歆非類"成爲祭祀前朝往代君主的一種理論支持。在這些經學闡釋中，"神不歆非類"對先代帝王祭禮的出現、發展構不成理據上的障礙。

另一方面，現當代學界著眼於部族社會、宗法制度來闡釋"神不歆非類"的根源，將其適用範圍限定在宗法觀念內。脱離部族時代的祭祀、超出宗法觀念的祭祀，都不受"神不歆非類"原則的約束。而先代帝王祭禮的目的在於踐行儒經的報功之義，在於彰顯當政朝廷的正統地位。這也説明，"神不歆非類，民不祀非族"與先代帝王祭禮之間不存在學理衝突。

第三節　如何看待異國先君

作爲國家祀典中的"政治符號"，先代帝王所具備的文化内涵，並非在帝制社會才出現。先代帝王祭祀，或爲祭"厲"，或爲祈福，或爲崇德報功，或爲昭示正統。不同的祭祀目的反映了當政者對於往代君主的不同認識。這些認識在先秦觀念中已經出現。那麼，先秦君主如何看待他國先君？易言之，對於一個諸侯國來説，其他諸侯國的先君、先祖有怎樣的地位，有怎樣的功能與力量？

這需要在先秦鬼神觀念的範圍内進行個案考察。《禮記・祭法》所謂"人死曰鬼"，對於一個諸侯國來説，異國的先祖、先君都屬於"人鬼"的範疇。晁福林指出，"在春秋時期鬼神大多指祖先神靈，或者説是以祖先神靈爲主的"，"鬼神保護了各個諸侯國，也保護了各個家族和個人"。① 易言之，一國先君、先祖所能施加的影響不限於本國之内。本節依據先秦時期的外交辭令，窺探這個問題。

一、異國先君的"法典"功能

先秦諸侯國行事常會打着周先王或者他國先君的旗號，以求名正言順。春

---

① 晁福林：《春秋時期的鬼神觀念及其社會影響》，《歷史研究》1995 年第 5 期。

秋時，列國伐交頻頻。將先王、先君們的命令或盟約當作"法典"一樣崇奉，可以使自己師出有名。《禮記·曲禮上》有："必則古昔，稱先王。"①言辭、行事一定要有依據，要以古昔聖王作爲師法對象。清華簡《子產》中也講"善君必察昔前善王之法律"②。這種"法典"性的先君言行，經常出現在列國間的外交辭令中。

(一)將周先王、諸侯霸主的命令作爲行事依據

周先王、春秋時期諸侯霸主對於諸侯職守的命令，在列國交涉中具有"法典"般的地位。

周王室的命令可以作爲諸侯對外征伐的依據。《左傳》"僖公四年"(前656)，齊桓公率聯軍伐楚。管仲向楚國誇示："昔召康公命我先君大公曰：五侯九伯，女實征之，以夾輔周室。"③"召康公"就是召公奭，周武王之弟，燕國的始封之君，曾任周王室太保。召公授權齊太公："五等諸侯，九州之伯，皆得征討其罪。"④齊桓公以周初王室的命令爲旗號，指責楚國在"包茅不入""昭王南征而不復"上的過失。這表明，曾接受周王室命令的一方可以在輿論上佔據優勢。

以周先王、霸主的命令作依據，是師出有名的重要保障。《左傳》"襄公二十五年"(前548)，鄭國打敗陳國後，子產穿戎服(軍旅之衣)向晉國獻捷。面對晉國的詰問，子產稱："先王之命，唯罪所在，各致其辟。"其意，周先王有令，諸侯們皆可討伐有罪的諸侯。子產還追述，晉文公稱霸時要求諸侯"各復舊職"，並命當時的鄭國國君"戎服輔王，以授楚捷"⑤。子產能從周王室、晉國先君的命令中找到依據，使得晉人"不能詰"。由此可見，雖然諸侯爭端早已以實力爲基礎，但在外交中，周先王、諸侯霸主的命令仍能爲行事者披上合法的外衣。

---

① 鄭玄注，孔穎達疏：《禮記正義》卷二，阮元校刻：《十三經注疏》，中華書局1980年版，第1240頁上欄。

② 李學勤主編：《清華大學藏戰國竹簡(六)》，中西書局2016年版，第138頁。

③ 杜預注，孔穎達疏：《春秋左傳正義》卷一二，阮元校刻：《十三經注疏》，中華書局1980年版，第1792頁下欄。

④ 杜預注，孔穎達疏：《春秋左傳正義》卷一二，阮元校刻：《十三經注疏》，中華書局1980年版，第1792頁下欄。

⑤ 杜預注，孔穎達疏：《春秋左傳正義》卷三六，阮元校刻：《十三經注疏》，中華書局1980年版，第1985頁中欄、下欄。

不僅諸侯國君臣樂於在外交中稱道先王舊命，周王室也會徵引諸侯先君的事蹟。《左傳》"襄公十四年"（前559），周靈王欲同齊國聯姻，遣人"賜齊侯命"："昔伯舅大公右我先王，股肱周室，師保萬民。世胙大師，以表東海。王室之不壞，繄伯舅是賴。"①周王頌揚齊太公輔佐周王室的功勞，而後致命於齊靈公："茲率舅氏之典，纂乃祖考，無忝乃舊。"②周靈王將齊國先君輔佐王室的事蹟作爲敦促齊國輔助王室的理由。所以，周王室也會追述諸侯先君的事蹟，爲自己的政治動機張目。

個人、家族層面的交涉也是如此。《左傳》"襄公十年"（前563），"王叔陳生與伯輿爭政"。晉國遣人調節雙方矛盾。伯輿的大夫瑕禽追述伯輿先祖在周王室東遷中的功績，以及周平王對伯輿先祖"世世無失職"的命令。據《集解》，周平王有賴伯輿先祖的物資供應方才東遷："王恃其用，故與之盟，使世守其職。"③憑借王叔陳生的實際過錯、周平王與伯輿先祖的盟誓，伯輿在這次內鬥中獲勝。這說明，先王、先君的事蹟、盟約可以爲現實事務提供合法性的支援。

所以，周先王、諸侯霸主的命令，往往能夠作爲諸侯行事的依據。

(二)用周先王的賜盟或諸侯先君的盟約來協調外交關係

周先王對諸侯的"賜盟"，以及諸侯先君自行締結的盟好，在後代處理外交關係時也有"法典"的作用。在《左傳》中，周先王賜盟的事有兩例。一是周成王爲齊、魯兩國賜盟，二是周平王爲晉、鄭兩國賜盟。

在時人觀念中，兩國先君締結過盟約，則兩國要永遠恪守盟好關係。《左傳》"僖公二十六年"（前634），齊孝公攻打魯國。魯國展喜用周成王的舊命、齊桓公的功業遊説齊孝公停戰。一方面，齊、魯兩國"世世子孫，無相害也"的盟約，是在周成王的主導下由齊太公、周公旦締結的。而齊太公爲周王室太師，掌司盟事務。④ 另一方面，齊桓公"糾合諸侯而謀其不協，彌縫其闕而匡

---

① 杜預注，孔穎達疏：《春秋左傳正義》卷三二，阮元校刻：《十三經注疏》，中華書局1980年版，第1958頁下欄。

② 杜預注，孔穎達疏：《春秋左傳正義》卷三二，阮元校刻：《十三經注疏》，中華書局1980年版，第1958頁下欄。

③ 杜預注，孔穎達疏：《春秋左傳正義》卷三一，阮元校刻：《十三經注疏》，中華書局1980年版，第1949頁上欄。

④ 杜預注，孔穎達疏：《春秋左傳正義》卷一六，阮元校刻：《十三經注疏》，中華書局1980年版，第1821頁下欄。

救其災”, 是繼承太公“司盟”的舊職; 展喜借此對齊孝公進行“道德要脅”,
“及君即位, 諸侯之望曰: 其率桓之功”, 希望他能延續其父的事業; 攻魯便
是“棄命廢職”, 違背周先王的賜盟, 違背太公、桓公的職守。這件事説明,
周先王爲褒崇功勳、穩定諸侯間的秩序, 確實有過賜盟的行爲, 也成爲後世處
理外交關係的依憑。

　　周先王賜盟的“法典”作用在晉、鄭兩國中也有表現。春秋早期, 晉國公
子重耳流離到鄭國。叔詹建議禮遇重耳。周平王對兩國的賜盟就是理由之一。
“吾先君武公與晉文侯戮力一心, 股肱周室, 夾輔平王。平王勞而德之, 而賜
之盟質, 曰: ‘世相起也。’”①“世相起”, 就是兩國代代相互幫助。叔詹認爲,
晉、鄭先君的共同事業以及周王室的賜盟, 是處理兩國事務的依據。周平王爲
晉、鄭賜盟, 還見於《左傳》“宣公十二年”(前 597)。楚攻鄭。晉軍抵達後與
楚交涉, 聲明晉國依據周平王的命令發兵: “昔平王命我先君文侯曰: ‘與鄭
夾輔周室, 毋廢王命。’今鄭不率, 寡君使群臣問諸鄭。”②“不率”, 就是不能
遵循舊命。晉軍明顯是衝着楚軍來的, 晉國“問鄭”只是辭令上的説法。而周
平王的命令是晉國出兵的最好借口。

　　即便沒有周先王的賜盟, 兩國先君締結的盟約, 依然可以作爲交涉依憑。
前 511 年, 晉國出面調停魯昭公與季平子的矛盾。魯昭公向晉國致謝: “君惠
顧先君之好, 施及亡人, 將使歸糞除宗祧以事君。”③晉國實力强, 才能介入魯
國的内部争端。魯昭公以“先君之好”作爲晉國調解魯國事務的依憑, 是爲大
國干預小國事務提供説辭。

　　戰國時期, 還有人依據兩國先君的盟約來調停兩國關係。齊、衛交惡時,
被孟嘗君推薦到衛國的舍人諫阻開戰。理由是齊、衛先君曾有盟誓: “齊、衛
後世無相攻伐。”“今君約天下之兵以攻齊”, 便是衛君“倍(背)先君盟約”④。
舍人以近身搏命進行威脅, 迫使衛君棄戰。但衛、齊先君的盟約, 爲舍人的勸
諫提供了極好的借口。

　　所以, 兩國先君締結的盟好, 以及周先王的賜盟, 在兩國交涉中具有“法
典”作用, 屢屢成爲協調兩國關係的歷史依據。

---

　　①　徐元誥撰, 王樹民、沈長雲點校: 《國語集解》, 中華書局 2002 年版, 第 330 頁。
　　②　杜預注, 孔穎達疏: 《春秋左傳正義》卷二三, 阮元校刻: 《十三經注疏》, 中華書
局 1980 年版, 第 1881 頁上欄。
　　③　杜預注, 孔穎達疏: 《春秋左傳正義》卷五三, 阮元校刻: 《十三經注疏》, 中華書
局 1980 年版, 第 2126 頁中欄。
　　④　劉向集録: 《戰國策》卷一〇《齊三》, 上海古籍出版社 1985 年版, 第 382 頁。

二、異國先君的福佑和崇害

在先秦的外交辭令中，一國君臣對於交往方的先君、先祖往往崇敬有加，將之作爲"徼福"的對象，希望獲其賜福。在先秦觀念中，兩個諸侯國的現實交往也依賴於雙方先君、先祖的福佑，乃至監督。在交戰、災荒的情況下，一方會以自己先君、先祖的福佑作爲尋求對方協助的條件。在列國伐交頻頻的背景下，實力是交涉結果的決定性因素。諸多"徼福"於異國先君、先祖的言辭，是長久以來言辭慣例、傳統觀念的殘留。

(一)結盟中的福佑與監督

從先秦的外交辭令來看，現實中的締結盟約有賴於締約方先君的"交流"。而且，先君們還有監督盟誓的能力。據《尚書·盤庚》，盤庚在訓示臣民時不斷提及，商王的先祖、臣民的先祖都在監察着現實的君臣；臣民們不僅被自己的先祖監督着，還被商王的先祖監督着。① 這種先祖監督世人的觀念由來已久。結盟需要結盟國先君的"參與"和"在場"，就是這種觀念的表現。

兩國結盟，需要通報、告知兩國的先君。例如，《左傳》"成公十三年"（前578），呂相轉述對於秦、楚兩國結盟的記錄。秦國向楚求盟時曾"昭告昊天上帝、秦三公、楚三王"。② 秦三公指秦穆公、康公、共公；楚三王是楚成王、穆王、莊王。③ 據此，兩國結盟時需向兩國先君報告。

即便沒有告祭先君的記載，結盟也需要先君們的"參與"。《左傳》"文公十二年"（前615），秦康公遣西乞術到魯國商約伐晉。西乞術提到"寡君原徼福於周公、魯公以事君"。秦國與魯國盟好，就會受到魯先君的福佑。西乞術致璧："不腆先君之敝器。使下臣致諸執事，以爲瑞節。"④稱帶來的璧是"先君

① 孔安國傳，孔穎達疏：《尚書正義》卷九，阮元校刻：《十三經注疏》，中華書局1980年版，第171頁上欄。
② 杜預注，孔穎達疏：《春秋左傳正義》卷二七，阮元校刻：《十三經注疏》，中華書局1980年版，第1912頁下欄。
③ 杜預注，孔穎達疏：《春秋左傳正義》卷二七，阮元校刻：《十三經注疏》，中華書局1980年版，第1912頁下欄。
④ 杜預注，孔穎達疏：《春秋左傳正義》卷一九下，阮元校刻：《十三經注疏》，中華書局1980年版，第1851頁中欄、下欄。

之敝器”，是因爲“出聘必告廟，故稱先君之器”①。其意，秦與魯締約不僅是現實中兩國的事，還是兩國先君的事。締約之璧出自宗廟，代表了先君的意志。

既然結盟有先君們的“參與”，那麼先君們也就具備了監督盟誓的能力。《左傳》“襄公十一年”（前562），晉國與12國盟於亳。“載書”（盟誓用的文書）後半部分有：“或間兹命，司慎、司盟，名山、名川，群神、群祀，先王、先公，七姓十二國之祖，明神殛之。俾失其民，隊命亡氏，踣其國家。”②這段話是對違背盟約者的警告。“間兹命”，就是違背盟約。神明會施以懲罰。“隊命亡氏”，指背盟者與其氏族一併覆滅。前文提到，保存異族血緣延續有久遠的傳統。對於違約者，便不必再遵循這個傳統。先王、先公、“七姓十二國之祖”都可以施加懲罰。“先王，諸侯之大祖，宋祖帝乙、鄭祖厲王之比也。先公，始封君。”③據此，締盟各國的先君、先祖都可以監察現實中的盟約執行情況。

（二）其他外交辭令所見異國先君的福佑

在圍繞聯姻、交戰、災荒的交涉中，一個諸侯國會以先祖的福佑作爲遊説對方的條件。

聯姻成功，意味着雙方得到彼此先君的福佑。《左傳》“昭公三年”（前529），齊景公遣晏嬰到晉國“請繼室”。晉國國君夫人出自齊公室，剛剛去世。齊弱於晉，齊景公爲維持姻親關係，希望晉君繼續從齊國公室娶女。晏嬰致辭時提到，“君若不忘先君之好，惠顧齊國，辱收寡人，徼福於大公、丁公”④。若晉國能維持聯姻，則齊先君太公、丁公都會福佑晉國。叔向回復：“豈惟寡君，舉群臣實受其貺。其自唐叔以下，實寵嘉之。”⑤唐叔是晉始封之君。若齊

---

① 杜預注，孔穎達疏：《春秋左傳正義》卷一九下，阮元校刻：《十三經注疏》，中華書局1980年版，第1851頁下欄。

② 杜預注，孔穎達疏：《春秋左傳正義》卷三一，阮元校刻：《十三經注疏》，中華書局1980年版，第1950頁中欄、下欄。

③ 杜預注，孔穎達疏：《春秋左傳正義》卷三一，阮元校刻：《十三經注疏》，中華書局1980年版，第1950頁下欄。

④ 杜預注，孔穎達疏：《春秋左傳正義》卷四二，阮元校刻：《十三經注疏》，中華書局1980年版，第2030頁下欄。

⑤ 杜預注，孔穎達疏：《春秋左傳正義》卷四二，阮元校刻：《十三經注疏》，中華書局1980年版，第2031頁上欄。

國繼續嫁女，則晉國歷代先君會嘉許齊國的做法。所以，聯姻中的先君賜福是相互的。

在先秦觀念中，締結婚姻不僅是現實中兩個家族的事，也是雙方先人的事。《禮記·曲禮上》中有："齊（齋）戒以告鬼神。"鄭注："昏禮凡受女之禮，皆於廟爲神席以告鬼神。"女子出嫁前在廟中告祭先祖，"明女是先祖之遺體，不可專輒許人"①。所以，聯姻的順利有賴於雙方先祖的福佑。

無論是敵對方請求停戰，還是諸侯國尋求盟友的軍事援助，都會以自己先君的福佑爲條件。當然，相對於實際的物質利益而言，這是偏重於輿論、思想層面的利益。《左傳》"宣公十二年"（前 597），楚國伐鄭。鄭襄公提出："若惠顧前好，徼福於厲、宣、桓、武，不泯其社稷。"②鄭國始封之君桓公是周厲王少子、宣王之弟。鄭武公是桓公之子。鄭襄公希望楚國顧念兩國舊好，徼福於鄭國先祖、先君。《左傳》"哀公二十四年"（前 471），晉侯攻打齊國，想從魯國借兵。晉使致辭稱："昔臧文仲以楚師伐齊，取穀；宣叔以晉師伐齊，取汶陽"，因此，晉國"欲徼福於周公，愿乞靈於臧氏"。③ 因魯國臧氏曾打敗齊國，故而晉國想借助於魯先君、先臣之力。這段説辭反映出，要達到某種目標，可向實現過此目標的人求福，即便求福對象與自己沒有血緣關係。求福的功利性隨時代的演進不斷明顯。

異國先君能夠福佑參戰方的觀念，在出土文獻中也有反映。上博簡《吳命》有一段，是前 485 年吳救陳後向周天子的邀功之辭。④ "孤也，敢至（致）先王之福、天子之霝（靈）。"⑤夫差在邀功之時，還象徵性地歸功於吳國先王、周先王的神靈福佑。這與前面的情況一樣。

同樣，在求援、求助的外交辭令中，受援國的先祖會福佑施援國。例如，魯國出現饑荒，臧文仲請求齊國賑濟。言辭中稱：若齊國肯援助，"豈唯寡君

---

① 鄭玄注，孔穎達疏：《禮記正義》卷二，阮元校刻：《十三經注疏》，中華書局 1980 年版，第 1241 頁上欄、中欄。

② 杜預注，孔穎達疏：《春秋左傳正義》卷二三，阮元校刻：《十三經注疏》，中華書局 1980 年版，第 1878 頁中欄。

③ 杜預注，孔穎達疏：《春秋左傳正義》卷六〇，阮元校刻：《十三經注疏》，中華書局 1980 年版，第 2181 頁中欄。

④ 王暉：《楚竹書〈吳命〉綴連編排新考》，《中原文化研究》2013 年第 2 期。

⑤ 馬承源主編：《上海博物館藏戰國楚竹書》第 7 册，上海古籍出版社 2008 年版，第 321 頁。另可參考王暉《楚竹書〈吳命〉綴連編排新考》（《中原文化研究》2013 年第 2 期）一文。

與二三臣實受君賜，其周公、太公及百辟神祇實永饗而賴之"①。再如，《左傳》"昭公三十二年"（前510），周敬王請晉國爲成周築城。"伯父若肆大惠，復二文之業，弛周室之憂，徽文、武之福，以固盟主，宣昭令名，則余一人有大願矣。"②"二文"指協助平王東遷的晉文侯、春秋霸主晉文公。"徽文、武之福"，指晉國會獲得周文王、武王的賜福。文中還有："今我欲徽福假靈於成王，脩成周之城"，"而伯父有榮施，先王庸之"③。成王施福，是因爲他有建造東都之功。"庸，功也。先王之靈以爲大功。"其意，若晉國施以援手，則周成王的神靈亦會感戴晉國之功。所以，受援國先君的福佑，也是祈求援助的一個條件。

以上都是關乎兩國邦交的重要事務，而一些無關緊要的事也會以祖先爲借口。比如，《左傳》"昭公七年"（前535），楚靈王建成"章華之臺"，欲請諸侯參加落禮。落禮是對新成建築的一種釁禮，禮成後便可使用。這種事本不必請他國君主參與。彼時楚强魯弱，蘧啟彊一番危言恐嚇，使魯昭公同意前往楚國。"今君若步玉趾……是寡君既受貺矣……其先君鬼神實嘉賴之，豈唯寡君？"④楚國先君都會感戴昭公，當然只是説辭。這種説辭背後的觀念流行已久，才能在春秋時的辭令中保留下來。

（三）異國先君爲祟爲害的情況

一國先君能夠對他國施加祟害，是由來已久的一種觀念。據《尚書·盤庚中》，盤庚警告臣民，如果他們不服從遷都的決定，"先后丕降與汝罪疾"，商先王就會懲罰他們。⑤ 所以，先秦時人對於他國先君、先祖也抱有恐懼心理。

在時人觀念中，如果一國先君被冒犯，則失禮者會受到報復。例如，《左傳》"襄公十年"（前563），宋平公爲晉悼公獻上殷商天子的樂舞。宋國爲殷商宗室後裔，保有殷商天子禮樂。晉國國君依等級不能享用，但彼時晉國復霸，

①　徐元誥撰，王樹民、沈長雲點校：《國語集解》，中華書局2002年版，第150頁。

②　杜預注，孔穎達疏：《春秋左傳正義》卷五三，阮元校刻：《十三經注疏》，中華書局1980年版，第2127頁下欄。

③　杜預注，孔穎達疏：《春秋左傳正義》卷五三，阮元校刻：《十三經注疏》，中華書局1980年版，第2127頁下欄。

④　杜預注，孔穎達疏：《春秋左傳正義》卷四四，阮元校刻：《十三經注疏》，中華書局1980年版，第2048頁中欄。

⑤　孔安國傳，孔穎達疏：《尚書正義》卷九，阮元校刻：《十三經注疏》，中華書局1980年版，第171頁上欄。

宋平公有意諂媚，遂奉獻《桑林》，晉悼公自知僭越，恐懼離席。“去旌，卒享而還。”事後晉悼公突發疾病。占卜病因，“《桑林》見”①。晉國官員便要返回宋國向商先王謝罪。他們認爲，僭越行爲冒犯了殷商天子，晉悼公的病就是殷商天子爲祟的結果。這也説明，在“禮崩樂壞”、等級秩序被僭越的初期，僭越者對原有秩序還抱有崇敬甚至是畏懼心理。再如，《左傳》“哀公十三年”（前482），吳國人扣押魯國的子服景伯。子服景伯以魯國祭祀爲由尋求脱身：他“有職於祭事”，若是他回不去，則“祝宗將曰：吳實然”②。其意，吳國干擾魯國祭祀，魯國先君的神靈會怪罪吳國。據《集解》，“吳人信鬼，故以是恐之”。這種謊言能奏效，還是長久以來的信仰傳統使然。

　　無人祭祀的古昔君主是爲“厲”，有危害現實社會的能力。晁福林、高木智見對此已有探討。③ 前文已述，《禮記·祭法》要求，“泰厲”“公厲”需要當政的天子、諸侯施祭。此處不再贅述。

　　這些對於異國先君的認識，是長期以來傳統觀念的延續。以上事例中的大多數發生在春秋晚期。《左傳》記事，以春秋晚期爲詳。此時，軍事實力是諸國交往的先決條件。以上諸事中關於異國先君神力、地位的表述，並不只是外交辭令中的借口，而是西周、春秋前期長久以來慣常用法的殘留。春秋後期，列國交涉以實力爲基礎。但長久形成的傳統觀念、言辭方式依然保存在列國交涉的記録中。

第四節　如何對待異國舊祀

　　國家禮儀中的“政治符號”，需要通過客觀實體展現出來。先代帝王祭祀的具象表現，是先代陵寢、先代宗廟，或者歷代帝王廟中的神主。所以，先代帝王祭祀所用到的物化實體，有一部分是先代的遺留物。

　　處理已亡政權的宗廟、陵寢，也是當政朝廷需要面對的問題。在帝制社會

① 杜預注，孔穎達疏：《春秋左傳正義》卷三一，阮元校刻：《十三經注疏》，中華書局1980年版，第1947頁下欄。
② 杜預注，孔穎達疏：《春秋左傳正義》卷五九，阮元校刻：《十三經注疏》，中華書局1980年版，第2172頁上欄。
③ 晁福林：《春秋時期的鬼神觀念及其社會影響》，《歷史研究》1995年第5期；《先秦時期鬼、魂的起源及特點》，《歷史研究》2018年第3期；［日］高木智見：《先秦社會與思想：試論中國文化的核心》，何曉毅譯，上海古籍出版社2011年版。

中，爲勝朝遷廟，保護勝朝和更早朝代的帝陵，在史書中比較常見。爲報復勝朝、防範敵對勢力而毀廟、掘陵，也有很多案例。這些情況在先秦時期都已出現。只不過先秦政權間的關係多是橫向交際，而非縱向更迭。

在先秦文獻中，君主能夠奉祀先祖，代表君權牢固、國政平穩，反之則代表亡國。在北大竹書《周馴》中，禹告啓："今女（汝）不能蔥（聰）明元聖，其何以獨得奉祭祀？"①這就是説啓將繼承君位。魯昭公答謝晉國，稱自己將回魯國"糞除宗祧"②。打掃、侍奉宗廟，是重新掌權的謙稱。同樣，亡國滅種，就意味着先君祭祀的斷絶。越王勾踐告誡太子，不可"不愛民而乏絶吾祀"③。《史記》中講，東周時"有國强者或並群小以臣諸侯，而弱國或絶祀而滅世"④。所以，先君祭祀的存續與否，代表這個政權的存亡。

先秦君主對於異國舊祀是什麼態度？根據高木智見"血族意識"的觀點，滅某國、某族後一般會保留其後裔，維繫被滅者先君、先祖的祭祀。"存亡繼絶"是先秦慣例。在此基礎上，本書依據傳世文獻與出土文獻略作補充。

這個問題分兩個層面來看：一是上下級（君臣）之間的態度，二是並立政權（各諸侯國）之間橫向的態度。

第一，君臣之間的態度，也分"君對臣"與"臣對君"兩種。

儒經規定，天子對諸侯的祭祀有權督促、監察。據《禮記·王制》，天子巡狩各地，"山川神祇有不舉者爲不敬，不敬者君削以地。宗廟有不順者爲不孝，不孝者君絀以爵"⑤。諸侯如不祭祀當地地祇，則天子削其封地；若不能理順自己宗廟中的昭穆次序，天子就會貶黜他的爵位。周王對諸侯祭祀事務的監督權力，是現實中君臣關係的體現。

諸侯對天子的祭祀事務，也有輔助義務甚至是監督義務。例如，商紂不祭天、不祭祖，成爲周武王伐商的理由之一。《尚書·泰誓上》有："惟受罔

---

① 北京大學出土文獻研究所編：《北京大學藏西漢竹書·三》，上海古籍出版社 2015 年版，第 125 頁。

② 杜預注，孔穎達疏：《春秋左傳正義》卷五三，阮元校刻：《十三經注疏》，中華書局 1980 年版，第 2126 頁中欄。

③ 北京大學出土文獻研究所編：《北京大學藏西漢竹書·三》，上海古籍出版社 2015 年版，第 129 頁。

④ 《史記》卷三〇《平准書》，中華書局 1959 年版，第 1442 頁。

⑤ 鄭玄注，孔穎達疏：《禮記正義》卷一一，阮元校刻：《十三經注疏》，中華書局 1980 年版，第 1328 頁中欄。

有悛心，乃夷居，弗事上帝神祇，遺厥先宗廟弗祀。"①《泰誓下》有："郊社
不修，宗廟不享。"②"受"即紂。《牧誓》也有："今商王受，惟婦言是用，昏棄
厥肆祀，弗答。"③這同樣是指責商王不修祭祀。按照周王室分封的規劃，諸
侯們有"夾輔周室"的任務。西周被滅後，《史記》稱諸侯"共立故幽王太子宜
臼"，"以奉周祀"。④ 拱衛周王室，就是延續周先王的祭祀。另外，齊桓公
指責楚國"爾供苞茅不入"，也指向諸侯對於王室的助祭義務。此問題不再
贅述。

總之，天子可以監察諸侯的祭祀，諸侯對於王室祭祀有匡扶義務。

第二，各諸侯間對待異國祭祀的態度，在原則上以尊重爲主，至少是不能
破壞。儒經中保留了與此有關的規定，現列三條。

"古之侵伐者，不斬祀，不殺厲，不獲二毛。"⑤此語出自《禮記·檀弓
下》。"斬祀"指破壞"神位有屋樹者"；"厲"是"疫病"，並非絶祀者；"不獲
二毛"指不俘虜頭髮斑白的年老者。總之，要尊敬敵國的人和鬼神，不能
侵擾。

"崇明祀，保小寡，周禮也。"此語見於《左傳》"僖公二十一年"（前639）。
安頓小國，確保其原有祭祀不輟，是符合周禮的行爲。所以，諸侯對於他國祭
祀有扶持、幫助的義務。

"禮：天子不滅國，諸侯不滅姓"，"善不滅姓"。不滅國、不滅姓氏，就
是保留對方的祖先祭祀。前一句是《春秋左傳正義》"襄公十年"孔疏引古《禮》
文，後一句見於杜預《集解》對同處傳文的解釋。晉滅偪陽（妘姓），另選"偪陽
宗族賢者"，"令居霍，奉妘姓之祀"。⑥《左傳》稱之"禮也"。《集解》："善不
滅姓，故曰'禮也'。""存亡繼絶"、滅國不絶祀的行爲受到褒揚。與此類似，

① 孔安國傳，孔穎達疏：《尚書正義》卷一一，阮元校刻：《十三經注疏》，中華書局
1980年版，第180頁下欄。

② 孔安國傳，孔穎達疏：《尚書正義》卷一一，阮元校刻：《十三經注疏》，中華書局
1980年版，第182頁中欄。

③ 孔安國傳，孔穎達疏：《尚書正義》卷一一，阮元校刻：《十三經注疏》，中華書局
1980年版，第183頁中欄。

④ 《史記》卷四《周本紀》，中華書局1959年版，第149頁。

⑤ 鄭玄注，孔穎達疏：《禮記正義》卷九，阮元校刻：《十三經注疏》，中華書局1980
年版，第1305頁上欄。

⑥ 杜預注，孔穎達疏：《春秋左傳正義》卷三一，阮元校刻：《十三經注疏》，中華書
局1980年版，第1947頁下欄。

《國語》中有"古之伐國者，服之而已"①。這也是强調不對戰敗方施加過分措施。

以上原則都是理想狀態。東周時期處理戰敗國舊祀的事例並不完全符合這些原則。

一方面，滅國不絕祀，踐行"服之而已"的行爲確實存在。比如，魯僖公復須句國；晉悼公爲妘姓尋找後裔，接續舊祀，都屬於此類。吳王夫差請求越國停戰，遣使致辭稱，之前吳國打敗越國時，"孤無奈越之先君何，畏天之不祥，不敢絕祀，許君成"②。韋昭注曰："言越先君與吳有好。"韋昭的解釋似乎過於牽强，直白地講反而更易懂——吳國没有干擾、破壞越國的祖先祭祀，"許君成"，也代表了越國先君祭祀的延續。這些都是滅國不絕其祀的例子。

另一方面，斷絕他國祭祀，破壞他國祭祀場所的記載並不少見。吳國攻入陳國後，"斬祀殺厲"，受到陳國人的批評。再如，魯文公七年（前620），魯滅須句，將須句交給邾文公的兒子管理。《左傳》認爲"非禮也"，"絕大皞之祀以與鄰國叛臣，故曰非禮"。③ 中斷他國祭祀，被看作違背周禮的行爲。

還有對於異國宗廟、墓塚的破壞。據漢簡《周馴》，晉文公攻進曹國，"夷其宗廟"，"穿地三仞而得金匱焉"。④ 春秋後期，吳國攻入楚國郢都。"吳國爲不道，求殘我社稷、宗廟，以爲平原，弗使血食。"⑤另外，"子胥、伯嚭鞭平王之屍"⑥。同樣，吳亡後，吳先王闔閭的墓也被破壞。據漢簡《周馴》，"越之城且發墓於干（邗）……其孰衛闔閭？唯（雖）已弇（掩）貍（埋）之，寇出其骸，莫守其墳，人發其丘，抇以爲壑"⑦。戰國時，韓國"復事秦"，"以先王墓在平陽，而秦之武遂去之七十里，以故尤畏秦"⑧。此處並非只是説墓塚

---

① 徐元誥撰，王樹民、沈長雲點校：《國語集解》，中華書局2002年版，第569頁。

② 徐元誥撰，王樹民、沈長雲點校：《國語集解》，中華書局2002年版，第561頁。

③ 杜預注，孔穎達疏：《春秋左傳正義》卷一九上，阮元校刻：《十三經注疏》，中華書局1980年版，第1845頁中欄。

④ 北京大學出土文獻研究所編：《北京大學藏西漢竹書·三》，上海古籍出版社2015年版，第133頁。

⑤ 徐元誥撰，王樹民、沈長雲點校：《國語集解》，中華書局2002年版，第556頁。

⑥ 《史記》卷三一《吳太伯世家》，中華書局1959年版，第1466頁。

⑦ 北京大學出土文獻研究所編：《北京大學藏西漢竹書·三》，上海古籍出版社2015年版，第129頁。

⑧ 《史記》卷四〇《楚世家》，中華書局2002年版，第1726頁。

的位置，但這也説明，先君墓塚的安全成了韓國的一個顧慮。① 前 279 年，秦攻楚。"秦白起拔楚西陵，或拔鄢、郢、夷陵，燒先王之墓。"②這也是在破壞戰敗國的墓塚。

因先秦史料的客觀現狀，無法全面把握對待異國舊祀的態度。可以確定的是，尊重異國舊祀，是一種通識性的觀念與規則。但隨時代演進，到東周晚期，破壞異國宗廟、墓塚的行爲頻繁出現。

本章結語

先代帝王祭祀，是對於異國先君或異族先祖的祭祀。祭祀對象不是"族内"的血緣祖先，是"族外"的人鬼。異國先君成爲當政朝廷的"政治符號"，進入當朝祀典，同樣有儒經文獻爲依據，有先秦觀念爲淵源。

關於先代帝王祭祀的儒經理據，學界討論較少。先代帝王祭祀的源頭，最早可以上溯到《尚書》中的"夏社"。儒經依據見於《禮記》的《祭法》《王制》兩篇中。一方面，《祭法》祭"有功烈於民者"的規定，對先代帝王祀譜的變遷有内在的、持續性的影響。這與宋明時期正統史觀的轉變有關。評判正統的標準由推演五德歷運變爲頌揚功德，使評判功德與評判正統的差別逐漸模糊（第二章中詳述）。另一方面，《祭法》中祭"厲"的規定，與《王制》祭"因國之主"相同，都是祭祀没有後裔的往代君主。清人蔡德晉便曾將兩者等同看待。

在以上兩條之外，董仲舒的"王、帝、皇、民"古史系統也是先代帝王祭祀的一項儒學理據。根據孫詒讓的解釋，鄭衆對"四類"的注解以漢代的"三王五帝九皇六十四民"祭禮爲背景。這項祭禮將過往政權的歷史與當政朝廷相衝接，勾勒出統治地位的傳承脉絡。換言之，這是正統史觀在祭禮中的一種直觀呈現。但是在宋代以前，"通三統"理論遜色於五德終始説。所以，理據轉向實踐之後，在先代帝王祀譜中梳理正統王朝的更迭順序，也轉而以五德終始説爲依據。

---

① 關於墓塚的安全性，《左傳》中有一些例子可以説明。比如前 632 年，晉文公攻曹。晉軍曾到曹國人的墓地中去駐扎，結果引起了曹國人的極大恐懼。這説明當時人的觀念中，一般不會去騷擾異國的墓地。前 548 年，鄭國攻陳。陳哀公攜其太子"奔墓"，就是跑到墓地中躲了起來。陳國大夫賈獲，"與其妻扶其母以奔墓，亦免"（杜預注，孔穎達疏：《春秋左傳正義》卷三六，阮元校刻：《十三經注疏》，中華書局 1980 年版，第 1984 頁下欄）。在墓地中可以躲過被俘虜的危險。由此可見，當時墓地一般是不會被侵犯的。

② 劉向集録：《戰國策》卷六《秦四》，上海古籍出版社 1985 年版，第 241 頁。

　　總體上看，先代帝王祭祀的儒經依據並不豐富，一定程度上造成了先代帝王祭祀的遲緩發展。

　　"神不歆非類，民不祀非族"的原則與先代帝王祭祀之間並不構成學理衝突。首先，從先秦史事來看，在疆域、德行、地位等級三個方面，施祭者與祭祀對象可以突破"神不歆非類"的限制。其次，古代經學家在疏解儒經時從兩個方面調和了經文與禮制之間的衝突。孔穎達著眼於祭祀對象有無功德："神不歆非類"是對普通人鬼的規定；祭"有功烈於民者"是對上古聖賢的規定。朱熹的"氣論"說淡化了血緣關係，凸顯施祭主體的等級地位，在某種程度上使"神不歆非類"成爲祭祀前朝往代君主的一種理論支持。最後，現當代學者揭示出，"神不歆非類"的原則與部族社會、宗法觀念相伴而生。超出這個範圍的祭祀，便與"神不歆非類"的原則沒有衝突。另外，附屬國族祭祀宗主國先君，在周原甲骨、侯馬盟書、戰國外交言辭、南匈奴的祭祀事務中都有體現。這種"國族認同"的禮儀行爲不受宗法觀念的限制。總之，突破宗族觀念的祭祀事務，與"神不歆非類"的原則沒有矛盾。

　　先代帝王作爲"政治符號"所承擔的禮儀功能，在先秦觀念中已有呈現。列國交涉的記錄中，保留着長久以來形成的傳統觀念與言辭方式。一方面，先君們言行的"法典"功能與古人的崇古思想密不可分。先秦諸侯經常打着周先王或他國先君的旗號來處理外交事務。從《尚書》到《春秋左傳》《戰國策》，此類事例不勝枚舉。在先代帝王祭祀的功能中，昭示當政朝廷的正統來源，與異國先君的"法典"功能，十分相似，都是將其他政權的君主作爲自己合法性的依據。另一方面，一國先君對其他諸侯可以施加福佑，也能夠爲祟爲害。先代帝王祭祀還有祈福、禳災的功能，也淵源於此。

　　先秦時期對待亡國舊祀的態度同樣延續到了帝制時代。尊重異國舊祀是通識觀念、傳統規則，流傳已久。先代帝王祭祀所依憑的先代陵寢、宗廟，便依靠這種觀念保留下來。同時，帝制時期出於政治防範目的而破壞前朝宗廟、墓塚的行爲，在先秦時期也早已出現。

　　伴隨戰國向秦漢過渡，傳統的觀念與規則受到衝擊與挑戰。在秦統一過程中，爲周、衛徙封、存祀的事被記載下來。其餘被滅各國是如何處理的，皆不知其詳。戰國後期，秦毀楚國都，燒楚王墓。項羽入咸陽後，毀驪山陵，屠秦王族。秦、楚之間相互報復，都是對傳統規則的破壞。在這方面，劉漢政權則有意表現出與項楚集團的不同。在楚漢戰爭中，踐行傳統觀念與規則，成爲攻擊敵人、宣示自身合法性、爭取民衆支持的一種措施。先代帝王祭祀的沿革變遷，就從秦漢開始。

第二章　國有常祀：先代帝王祀譜的變遷

　　"常祀"是定期舉行的祭禮。該名稱首見於《左傳》"僖公三十一年"中的"禮不卜常祀"①。歷代多用"常祀""常祭"指稱定期舉行的祭祀儀式，區别於臨時性的因事告祭、禱祠。② 當政朝廷將先代帝王列入王朝祀典定期施祭，是先代帝王祭祀沿革史的主干内容。

　　常祀先代帝王的禮儀功能，是服務於當政朝廷的統治合法性。編製先代帝王祀譜，就是以發揮這種功能爲目標，把符合要求的、有共性特點的君主編排成祭祀名單。根據學界研究，"政治符號"由外在形象和附著於形象上的概念構成。③ 先代帝王的名號、陵寝、神主、塑像等都是表象。④ 附著於表象上的歷史内涵（如史評議論、功德業績、所屬政權的正僞等）才是關鍵信息。先代帝王的歷史内涵與設計目標相符，才能够進入祀譜。當政朝廷的政治話語，通過祀譜人選共同的歷史内涵傳達出去。

　　筆者考察常祀先代帝王的禮制變遷，將祭祀對象的選擇作爲切入點，以先代帝王祀譜的演變爲綫索，從遵循理據與服務政治兩個角度著眼，考察祭禮的

---

　　① 杜預注，孔穎達疏：《春秋左傳正義》卷一七，阮元校刻：《十三經注疏》，中華書局 1980 年版，第 1831 頁下欄。

　　② 詹鄞鑫用"祭祀"與"禱祠"來區分常規之祭（祭祀）與非常規之祭（禱祠），依據是《周禮·喪祝》的賈疏。參見詹鄞鑫：《神靈與祭祀——中國傳統宗教綜論》，江蘇古籍出版社 1992 年版，第 178 頁。本書不刻意考證常規之祭的通用名究竟爲何，只是説明，本章所講的先代帝王祭禮，屬於當政朝廷祀典中定期舉行的祭禮，不是臨時性、非定期的祭祀行爲。

　　③ 朱進東：《論政治符號的界定、功用及系統》，《江海學刊》1998 年第 5 期。該文用"能指"代表"政治符號"的外在形象，用"所指"代表附著於形象中的概念或含義。

　　④ 按照朱進東的分類，建築、墳墓、塑像，都屬於"人化自然"的政治符號，是"人們借以表達政治思想感情的符號"。參見朱進東：《論政治符號的界定、功用及系統》，《江海學刊》1998 年第 5 期。

發展歷程。採取這種方法，以學界已有研究爲基礎。① 同時，常祀制度的沿革路徑並不單一。從明初開始，常祀先代帝王的制度包括兩個部分：國都帝王廟之祭與各地的先代陵寢之祭。兩者並不是縱向更迭，而是並列於王朝祀典中。總體上，筆者還是按照時間順序進行論述，考察禮制演變的内在邏輯。

現將筆者梳理出的先代帝王祀譜演變綫索羅列於下：一方面，北魏太和祀譜、隋開皇祀譜、唐顯慶祀譜與開元祀譜、北宋建隆祀譜、金泰和祀譜的設計目標(或言禮儀功能)，在於踐行《禮記·祭法》崇德報功要求，對有功德的聖帝明王行報功之祭。另一方面，唐天寶祀譜、北宋乾德至政和年間的祀譜及明、清兩朝先代帝王祀譜的設計目標，在於昭示當政朝廷的正統地位來源，梳理歷史上正統王朝的更迭脉絡。不論是踐行儒經經義，還是昭示正統來源，都是以服務於當政朝廷的合法性爲宗旨。肯綮之處在於，北宋以後判定王朝正統的理據從推演五德歷運變爲評議功德業績，所以明、清兩代的先代帝王祀譜與唐天寶祀譜、北宋乾德至政和年間的祀譜明顯不同，並在人選選擇上與崇德報功的祀譜更爲接近。理清這個綫索，才能有效分析不同祀譜的差別。

第一節　秦至隋：常祀先代帝王無獨立祀譜

常祀先代帝王的禮制在隋之前出現過 4 次，但相互之間並無因革關係。這

---

① 學界劃分先代帝王祭祀的沿革史，大多以《大學衍義補》《五禮通考》爲基礎。目前主要有三種觀點。其一，高明士將先代帝王祭祀的發展分爲 6 個階段。從"祀有常典"開始，共有 4 個階段，依次爲"祀有常典，並有配食"(始於隋)、"爲三皇五帝立廟"(始於唐玄宗天寶六載)、"爲歷代帝王立廟"(始於天寶七載)、"在京師總立帝王廟"(始於明太祖洪武六年)。其二，張琱將整個沿革分爲 5 個階段。第一個階段是"即興式祭祀"(自秦始皇至北魏孝文帝)；從隋朝開始，分爲 4 個階段："列爲國家祀典"(自隋文帝到唐玄宗)、"論品第祭帝王陵"(宋太祖)、"從合祭諸帝到惟祀三皇"(從金章宗到元成宗)、"立帝王廟於京師"(自明太祖到清末)。這是在前人基礎上的進一步細分。其三，廖宜方依據祭祀地點劃分位 3 個階段：北魏至唐前期是"祭祀歷代君主的第一個階段"，在"代表政權的地點"施祭；北宋是第二階段，祭於先代陵寢；明、清是第三階段，在國都合祭。參見高明士：《皇帝制度下的廟制系統——以秦漢至隋唐作爲考察中心》，《臺灣大學文史哲學報》1993年第 40 期；張琱：《歷代帝王祭祀中的帝王意象與帝統意識——從明代帝王廟祀的祭祀思維談起》，臺灣《東華人文學報》第 10 期，2007 年；廖宜方：《中國中古先代帝王祭祀的形成、演變與意涵——以其人選與地點爲主軸的探討》，臺灣《"中央研究院"歷史語言研究所集刊》第 87 本第 3 分，2016 年 9 月。

時，祭祀先代帝王或是其他祭禮項目的附屬，或是向神靈祈福消災，或是向聖賢施報功之祭，尚没有獨立的祀譜。但是，先代帝王祭祀在隋以後的兩大功能——昭示當政朝廷正統地位的來源，踐行《禮記·祭法》報功之義，在此時都已出現。因此，秦至隋是先代帝王祭祀沿革史的重要起步階段。

一、秦朝的"周天子祠"

"周天子祠"是秦統一後設在雍地的常祀項目。據《史記·封禪書》，秦統一後編製了"令祠官所常奉天地名山大川鬼神"的祭祀神譜。① 在雍地，"於湖有周天子祠"②。又，"諸此祠皆太祝常主，以歲時奉祠之"③。太祝（令、丞）爲奉常（後改名太常，掌宗廟禮儀）的屬官。所以，太祝"以歲時奉祠"的祭祀項目，屬於中央主導的官方常祀。④ 那麼，在湖縣（即"湖"）的周天子祠就是秦朝官方祭祀周天子的場所。

但"周天子祠"的祭祀對象是誰，史無明載。相關看法有兩種。一是清人程餘慶《史記集説》："秦滅周而尚存其祠，或祀周賢王也。"⑤程氏只能説到"賢王"這個範圍。具體是誰，不知道。二是清人錢坫認爲："考胡，周屬王名。或天子祠即屬王祠歟？"⑥他認爲湖縣（又作"胡縣"）之"胡"是周屬王姬胡的名字，故設在該地的周天子祠供奉的是周屬王。

那麼，"周天子祠"所供奉的究竟是不是周屬王？根據《漢書·地理志》，京兆尹下轄之"湖"，"有周天子祠二所，故曰胡。武帝建元年更名湖"⑦。查"胡"字古意，難以明白這句話的邏輯。據俞樾講，清人王懋竑的《讀書記疑》曾提到，此處的"故"字是"新故之故"，非順承連接詞；"言舊名胡，而武帝更

---

① 《史記》卷二八《封禪書》，中華書局 1959 年版，第 1371 頁。
② 《史記》卷二八《封禪書》，中華書局 1959 年版，第 1375 頁。《史記索隱》："《地理志》湖縣屬京兆，有周天子祠二所。"參見《史記》卷二八《封禪書》，中華書局 1959 年版，第 1376 頁。
③ 《史記》卷二八《封禪書》，中華書局 1959 年版，第 1377 頁。
④ 關於秦漢國家祭祀的問題，參見田天《秦漢國家祭祀史稿》（生活·讀書·新知三聯書店 2015 年版）中的論述。
⑤ 程餘慶：《历代名家评注史記集説》第 2 册，三秦出版社 2011 年版，第 385 页。
⑥ 錢坫：《新斠注地理志》卷二，清同治十三年刻本，第 4 頁。錢坫根據《太平寰宇記》指出漢武帝更名的時間爲"建元元年"。
⑦ 班固《漢書》卷二八上《地理志上》，第 1544 頁。湖縣約在今河南靈寶西北。張懷銀根據《水經注》《元和郡縣志》等文獻判斷，湖縣故址在"今靈寶市（虢鎮）西北五十二里"。參見張懷銀、何耀鵬：《桃林塞、胡關歷史地名考》，許海星、楊海青主編：《三門峽考古文集》，中國檔案出版社 2001 年版，第 284 頁。論及湖縣位置的成果多持此論。

今名也"，俞樾認爲這是正解。① 此説於文意可通。"胡"字由來與"周天子祠"的供奉對象無必然關係。清人周壽昌也對錢坫的看法有所質疑。他認爲，"既祠屬王，豈至即以名名其縣。段氏玉裁謂'胡'者，大也。見《釋詁》，蓋周時舊名也"②。誠如周壽昌所言，若祭祀對象真是周屬王，而當地以其名字"姬胡"中的"胡"做地名，並不合理。

因史料所限，祭祀對象難以確定。程餘慶的説法雖然籠統，但可能性較大。凡聖賢人物行跡所至，留下傳聞，並在當地衍生出信仰風習，是很正常的現象。司馬遷遊歷各地，發現"至長老皆各往往稱黃帝、堯、舜之處"③。某位周王曾行經古胡縣，當地形成崇拜風習，出現祠祭場所，並在秦統一後被編入官方祭祀名録，是很有可能的事。楊英在分析秦朝祀典時指出，"雍州雜祀"不僅具有民間信仰的地方性色彩，還具有民間信仰的繼發性特點——多層複合性與功利性。這種特點會不斷地將歷史人物納入崇拜領域，從而滿足各種需要。④ 周天子祠的形成，大致如此。它在秦統一後被納入了官方常祀的範圍。此外，沒有其他可供探討的史料。

二、西漢的祭厲與祈福

漢前期的祭祀政策繼承自秦朝。據《史記·封禪書》，漢二年（前205），漢高祖入關，"悉召故秦祝官，復置太祝、太宰，如其故儀禮。因令縣爲公社。下詔曰：'吾甚重祠而敬祭。今上帝之祭及山川諸神當祠者，各以其時禮祠之如故'"⑤。這句話，多被學界作爲繼承秦代祭祀政策的依據。但是，湖縣"周天子祠"是否仍然延續，史無明載。

另外，據《太平御覽·禮儀部》引《漢舊儀》，漢朝時，"祭三皇、五帝、九皇、六十四民，皆古帝王，凡八十一姓"⑥。清末孫詒讓認爲，漢朝應有此禮。⑦

---

① 俞樾撰，徐明、文青校點：《春在堂隨筆》，遼寧教育出版社2001年版，第71頁。

② 周壽昌：《漢書注校補》卷二一，中華書局1985年版，第304~305頁。

③ 《史記》卷一《五帝本紀》，中華書局1959年版，第46頁。

④ 楊英：《祈望和諧：周秦兩漢王朝祭禮的演進及其規律》，商務印書館2009年版，第264頁。

⑤ 《史記》卷二八《封禪書》，中華書局1959年版，第1378頁。另有："於是令祠官祀天地四方上帝山川，以時祀之。"參見《史記》卷八《高祖本紀》，中華書局1959年版，第372頁。

⑥ 李昉等：《太平御覽》卷五二六《禮儀部五·祭禮下》，中華書局1960年版，第2388頁上欄。

⑦ 孫詒讓撰，王文錦、陳玉霞點校：《周禮正義》卷三六，中華書局1987年版，第1431頁。

因沒有其他信息，除第一章已有論述外，無法再做更多探討。

漢前期有常祀秦二世的制度。漢初，漢高祖在長安立蚩尤之祠，設梁巫、晉巫、秦巫、楚巫、九天巫五個巫官，規定各自負責的祭祀，"皆以歲時祠宮中"。楊華指出，這種措施是對先秦各地巫術系統的"重新洗牌"，重新劃分他們的分屬執掌。① 五個巫官之外，還有河巫與南山巫。"南山巫祠南山秦中。秦中者，二世皇帝。各有時日"②。"各有時日"，説明南山巫按期施祭，屬於常祀。

祭祀秦二世屬於祭"厲"。《史記集解》："張晏曰：'子産云：匹夫匹婦强死者，魂魄能依人爲厲也。'"③秦王室被項氏集團誅滅，沒有後裔再延續秦朝君主的祭祀。秦二世死於非命，無疑是"强死者"，是"厲"。《禮記・祭法》中講，"王爲群姓立七祀"，"七祀"中就有"泰厲"："謂古帝王無後者也。此鬼無所依歸，好爲民作禍，故祀之也。"④《禮記》鄭玄注引《春秋傳》曰："鬼有所歸，乃不爲厲。"沒有後裔的先代帝王在死後無法享祀，容易危害現實社會。當政的統治者對他們施以祭祀，起到了穩定人鬼秩序的象徵作用。南山巫一直到漢成帝改革祭禮系統時才被撤銷。

西漢中期，黃帝進入了漢武帝增設的祠祭項目中。有人建言："古者天子常以春秋解祠，祠黃帝用一梟破鏡；冥羊用羊；祠馬行用一青牡馬；泰一、皋山山君、地長用牛；武夷君用乾魚；陰陽使者以一牛。"⑤漢武帝令祠官在謬忌

---

① 楊華：《秦漢帝國的神權統一——出土簡帛與〈封禪書〉、〈郊祀志〉的對比考察》，《歷史研究》2011 年第 5 期。

② 《史記》卷二八《封禪書》，中華書局 1959 年版，第 1378~1379 頁。

③ 《史記》卷二八《封禪書》，中華書局 1959 年版，第 1379 頁。

④ 鄭玄注，孔穎達疏：《禮記正義》卷四六，阮元校刻：《十三經注疏》，中華書局 1980 年版，第 1590 頁上欄。

⑤ 《史記》卷一二《孝武本紀》，中華書局 1959 年版，第 456 頁。《史記集解》解釋爲："集解孟康曰：'梟，鳥名，食母。破鏡，獸名，食父。黃帝欲絶其類，使百物祠皆用之。破鏡如貙而虎眼。或云直用破鏡。'如淳曰：'漢使東郡送梟，五月五日爲梟羹以賜百官。以惡鳥，故食之。'"（《史記》卷一二《孝武本紀》，中華書局 1959 年版，第 456~457 頁。）《史記・封禪書》中，此段作："後人復有上書，言'古者天子常以春秋解祠，祠黃帝用一梟破鏡；冥羊用羊祠；馬行用一青牡馬；太一、澤山君地長用牛；武夷君用乾魚；陰陽使者以一牛'。令祠官領之如其方，而祠於忌太一壇旁。"（《史記》卷二八《封禪書》，中華書局 1959 年版，第 1386 頁）其中的"解祠"，《史記索隱》："謂祠祭以解殃咎，求福祥也。""武夷君"，《史記索隱》中作："顧氏案：《地理志》云建安有武夷山，溪有仙人葬處，即《漢書》所謂武夷君。是時既用越巫勇之，疑即此神。今案：其祀用乾魚，不饗牲牢，或如顧説也。"（《史記》卷二八《封禪書》，中華書局 1959 年版，第 1387 頁）武夷君屬於地方性的異族祭祀，用有其自身特色的供品進行祭祀。

"泰一壇"旁照此辦理。與黃帝並列的祭祀對象，《史記集解》《正義》一律解釋爲"神名"。可見，與這一衆"神"並列受祭之"黃帝"，也是被當作神明看待的。楊華認爲，此處的"黃帝"應爲"黃神"，參考出土材料來看，它是一種驅病制鬼的神靈。① 該祭是爲"解祠"而立，即爲解禍消災。

但黃帝之祠並不歸中央祠官負責。漢武帝朝所設置的諸多祠祭項目，有不同的管理方法。"方士所興祠，各自主，其人終則已，祠官不主。"②方士所倡立的祠祭，由他們各自管理，去世後就停止祭祀，朝廷祠官不負責。

漢宣帝時曾在各地增設祠祭項目，在膚施設黃帝祠。與黃帝同在膚施設祠的還有五龍山仙人祠、天神、帝原水三項。③ 以上三項，都在漢成帝時因匡衡的建議而撤銷。蒲慕州指出："爲個人立祠的習俗是中國民間宗教的一項特色，其背後的心態則是對某些死者所具有的神力的信仰。"④劉屹認爲，"漢代對黃帝的祭祀也經常混雜在對其他神靈的祭祀之中"，就其性質來看，有將之視作"古聖賢王"的，也有將之視作"神靈"的。⑤ 祭祀目的、動機不同，祭祀對象的性質就不同，後人的解讀也不同。所以，秦蕙田《五禮通考》將膚施黃帝祠納入先代帝王祭祀的範圍，而《古今圖書集成》在爬梳有關史料時便沒有收錄此事。

由上面梳理的內容可知，祭厲、祈福避災，是漢朝廷常祀先代帝王的主要目的。祭祀對象也比較固定。

三、新莽的明堂與正統更迭序列

用祭祀先代帝王來昭示當政朝廷正統地位的歷史來源，首現於新莽時期。操作方法是：選擇之前正統王朝的君主排列在祀譜中，由當政朝廷定期施祭。這些君主就是"政治符號"，一串"政治符號"代表了歷史上正統王朝的更迭序列，並最終與當政朝廷相銜接。這樣一來，當政朝廷就是以往正統王朝統治地位的繼承者。按照魏侯瑋(Howard J. Wechsler)的觀點來說，這部分先代帝王

---

① 楊華：《秦漢帝國的神權統一——出土簡帛與〈封禪書〉、〈郊祀志〉的對比考察》，《歷史研究》2011 年第 5 期。

② 《史記》卷二八《封禪書》，中華書局 1959 年版，第 1403 頁。

③ 《漢書》卷二五下《郊祀志下》，中華書局 1962 年版，第 1250 頁。

④ 蒲慕州：《漢代之信仰生活》，林富士主編：《禮俗與宗教》，中國大百科全書出版社 2005 年版，第 31 頁。

⑤ 劉屹：《敬天與崇道——中古經教道教形成的思想史背景》，中華書局 2005 年版，第 271 頁。

就是當政朝廷的"政治祖先"。①

新莽朝廷祭祀以往正統王朝的君主，是明堂祭祖的附屬禮儀。所以，先代帝王祭祀還不是獨立的常祀項目，沒有獨立祀譜。此後，用先代帝王祭祀來昭示正統地位來源的方法長期消寂，直至唐、宋時期重現。王莽的禮制改革措施，一是用意"托古"，二是與自身的政治利益相掛鈎。用祭祀先代帝王來昭示正統地位的做法，便在這種背景下出現。

(一)新莽對於古聖王後裔的分封

王莽立國後分封古先帝王後裔，令他們自奉先祀。這種做法與王莽"托古改制"的施政方向吻合。少昊、顓頊、堯、夏禹以及商、周、漢宗室後裔，都在褒封範圍內。首先，王莽爲西漢末帝封爵定安公，劃地封國，並爲之在封國內重立漢家宗廟，允許其自行正朔、服色，禮儀獨立。而實際上，孺子嬰被王莽變相軟禁在長安。所以，定安公國內"漢祖宗廟"的祭祀，與定安公本人是分離的(詳見第四章)。長安一帶漢朝皇帝廟的祭祀情況，亦於第四章中詳述。其次，對於漢之前的古聖王。王莽以"帝王之道，相因而通；盛德之祚，百世享祀"爲由分封古聖王後裔。所謂通"帝王之道"，表示了以此彰顯正統序列的用意。"盛德""百世享祀"，又體現了報功之祭的意味。

褒崇的古聖王有黃帝、少昊、顓頊、帝嚳、堯、舜、禹等。"營求其後，將祚厥祀。"②分封詳情如表2-1所示。

表2-1　新莽分封的古聖王、聖賢後裔

古聖王(朝代)、聖賢	受爵者	爵號	備注
黃帝(王莽的"皇初祖考")	姚恂	初睦侯	/
少昊	梁護	脩遠伯	/
帝嚳	皇孫王千	功隆公	/
顓頊	劉歆	祁烈伯	/
堯	劉疊(國師劉歆之子)	伊休侯	/
虞帝(王莽的"皇始祖考")	嬀昌	始睦侯	/

① Howard J. Wechsler: *Offerings of Jade and Silk*: *Ritual and Symbol in the Legitimation of the T' ang Dynasty*, New Haven: Yale University Press, 1985, pp. 135-136.
② 《漢書》卷九九中《王莽傳中》，中華書局1962年版，第4105頁。

續表

古聖王(朝代)、聖賢	受爵者	爵號	備注
皋陶	山遵	褒謀子	/
伊尹	伊玄	褒衡子	/
夏	姒豐	章功侯	恪位
殷	孔弘	章昭侯(原爲宋公)	恪位
周	姬黨	章平公(原爲衛公)	"新室賓"
漢	劉嬰	定安公	"新室賓"
周公	姬就	褒魯子	/
宣尼公	孔鈞	褒成子	/

說明：該表信息出自《漢書·王莽傳中》始建國元年的分封命令。

顧頡剛先生已指出，此處"祁烈伯劉歆"並非劉疊之父"國師劉歆"，而是一個與他同名的人。另外，王莽的封爵暗含了董仲舒"王、帝、皇、民"的歷史系統架構。① 這些爵位高低的安排乍看起來十分混亂。而實際上，爵位高低與兩個因素直接相關。

一是受封人的姓氏。易言之，爵位高低與他們同王氏的親疏成正相關。王莽在《自本》中對自家世系有一套說法。他自詡爲黃帝、虞舜後裔。這樣一來，各聖王對他來說也有了親疏遠近之分。"惟王氏，虞帝之後也，出自帝嚳；劉氏，堯之後也，出自顓頊。"②再有，王莽追述先祖世系："虞帝之先，受姓曰姚，其在陶唐曰媯，在周曰陳，在齊曰田，在濟南曰王。"所以，"姚、媯、陳、田、王氏凡五姓者，皆黃、虞苗裔，予之同族也"。③ 再看表2-1中10個古聖王後裔的封爵，便能發現端倪。10個新封的爵位，共涉及公、侯、伯三級。凡是王莽的同族，最低的也被封爲侯爵，如表2-2所示。

---

① 顧頡剛：《五德終始說下的政治和歷史》，《古史辨》第5冊，上海古籍出版社1982年版，第600~603頁。
② 《漢書》卷九九中《王莽傳中》，中華書局1962年版，第4105頁。
③ 《漢書》卷九九中《王莽傳中》，中華書局1962年版，第4106頁。

表 2-2　新莽時期古聖王後裔封爵的重新排列

封爵等級	非王莽同族	王莽同族
公	漢後裔(劉氏)(賓)	帝嚳後裔(王莽孫，此前已封爵)
	周後裔(姬氏)(賓)	/
侯	殷後裔(孔氏)(恪)	黃帝後裔(姚氏)
	夏後裔(姒氏)(恪)	舜後裔(媯氏)
	堯後裔(劉氏)	/
伯	顓頊後裔(劉氏)	/
	少昊後裔(梁氏)	/

　　二是與新莽政權的時代遠近。施行過"二王三恪"制度的政權，不論採用哪種模式，都是以距自己最近的朝代爲尊。據《禮記·樂記》，武王克商，"未及下車"而封黃帝、堯、舜後裔；"及下車"封夏、商後裔。孔穎達疏解："'未及下車'者，言速封諸侯，未遑暇及下車即封黃帝、堯、舜之後也。'下車而封夏、殷之後'者，以二王之後以其禮大，故待下車而封之。"①南朝人還强調"褒崇所承，優於遠代"②。政權由近而遠，由尊而卑。再來看王莽所封的爵位。周、漢兩家居賓位，封爲公爵；夏、商兩家居恪位，封侯爵。參看表2-1，再向前的舜、堯、帝嚳、顓頊、少昊、黃帝的後裔，爵位整體上是降低趨勢。帝嚳、黃帝後裔的爵位都比相鄰的聖王後裔高，與王莽《自本》對自己先祖的追述有關。③

　　所以，古聖王後裔的封爵看似混亂，實際上同兩個因素有關：受封人與王莽的親疏、古聖王與新政權的遠近。

　　新莽的分封幾乎没有落實。始建國四年(12)，"莽至明堂，授諸侯茅土"。這是要劃地封疆。新莽之爵位仿《周禮》之制，定公、侯、伯、子、男五級，共封 796 人。"以圖簿未定，未授國邑，且令受奉都内，月錢數千。諸侯皆困乏，至有庸作者。"④也就是説，這些受爵者可能就没到過封國。具體的奉祀情

① 鄭玄注，孔穎達疏：《禮記正義》卷三九，阮元校刻：《十三經注疏》，中華書局 1980 年版，第 1543 頁上欄。

② 《宋書》卷六〇《荀伯子傳》，中華書局 1974 年版，第 1629 頁。

③ 顧頡剛：《五德終始説下的政治和歷史》，《古史辨》第 5 册，上海古籍出版社 1982 年版，第 602 頁。

④ 《漢書》卷九九中《王莽傳中》，中華書局 1962 年版，第 4129 頁。

況，無從再考。

（二）“四代古宗”配享明堂與“二王二恪”

將先代帝王作爲自己先祖的配享，是新莽政權一項獨特的禮制設計。類似行爲在其他朝代幾乎没出現過。始建國元年分封古聖王後裔時，周章平公、漢定安公是新莽的國賓；夏章功侯、殷章昭侯居恪位。同時，王莽還規定：“四代古宗，宗祀於明堂，以配皇始祖考虞帝。”①新莽政權的明堂供祀有黄帝、虞舜等王氏祖先，是王莽祫祭祖先之所。那麽“四代古宗”是什麽？

配享虞舜的，就是新莽之前的正統王朝君主。楊樹達先生指出，“四代”，“正謂夏、殷、周、漢”“此因封後而連言及之”②。分封聖王後裔時提到過“帝夏禹”，則夏之“古宗”爲禹。商、周二代未指明具體是誰，大致不出商湯、周文王、武王的範圍。次年十一月，孫建上奏請求罷祀漢皇帝廟時，提到過“漢高皇帝爲新室賓，享食明堂”③。所以，漢之“古宗”爲漢高祖無疑。據此，所謂“古宗”，即前四個朝代的開國君主。

王莽用虞舜與“四代古宗”在明堂中的地位，來昭示新莽政權的合法性。④虞舜爲王莽的“皇始祖考”。王莽將虞舜之後、自己之前的四代君主作爲虞舜的配享。用這四個正統王朝來烘托虞舜的地位，就是在强化自己的正統性，彰顯“天命有歸”的皇權神聖感。

這恰好與王莽設立“二王二恪”的做法相對應。

王莽封周、漢後裔爲“二王後”，封夏、商兩朝後裔居恪位，頗爲奇特。清人秦蕙田曾言：“莽所爲，僭亂不足道。”⑤他認爲王莽的制度並無根據。商、周後裔在西漢時均已封爵。王莽以漢定安公（西漢末帝孺子嬰）與周後裔衛公並列爲“新室賓”。商後裔宋公“運轉次移”轉居恪位。夏朝後裔也居恪位。就目前史料所見，西漢時没有明確設置“恪位”。而且，按照經典與後世注疏

---

①　《漢書》卷九九中《王莽傳中》，中華書局 1962 年版，第 4105 頁。

②　楊樹達：《漢書管窺》，上海古籍出版社 1981 年版，第 818 頁。

③　《漢書》卷九九中《王莽傳中》，中華書局 1962 年版，第 4119 頁。

④　廖宜方在《王權的祭典：傳統中國的帝王崇拜》（臺大出版中心 2020 年版）中對明堂配享也有關注。參見該書第 39 頁。

⑤　秦蕙田：《五禮通考》卷二二五《三恪二王後》，《景印文淵閣四庫全書》第 141 册，第 121 頁下欄。

家的解釋，有"二王並一恪爲三恪"説，也有"二王之前存三恪"説。① 王莽在
"二王"之外設"二恪"，做法獨到。

　　"二王二恪"與漢新禪代的理論依據有關。王莽强調"漢家堯後"，漢有"傳
國之運"；他自己是虞舜後裔。周、漢對應"二王"，夏、商對應"二恪"。夏前
爲虞舜，舜爲王莽始祖。舜之前爲堯，堯爲漢室之祖。虞舜至新莽，五德相生
一周，土德周而復始。中間的正統王朝只有四代，詳見表 2-3。所以，新莽的
"二王二恪"與"二王三恪"的兩種説法都不同。它是參考了"存亡繼絶"的舊
禮、正統王朝的序列等因素綜合設計出來的產物。在現實中，"二王二恪"是
王莽的陪襯。在明堂中，"二王二恪"的先祖也是王莽先祖的陪襯。

表 2-3　新莽之前的歷運更迭與明堂的配享

先代帝王	……	堯	虞舜	夏	商	周	漢	新莽
五德	……	火德	土德	金德	水德	木德	火德	土德
備注		漢室之祖	王莽之祖	"古宗"配享虞舜	"古宗"配享虞舜	"古宗"配享虞舜	"古宗"配享虞舜	祭祀明堂
後裔地位		劉漢皇室	新莽皇室	恪	恪	國賓	國賓	

　　綜上，王莽意在用以往正統王朝的序列來昭示自身合法性的來源。他在强
調虞舜與自己祖裔關係的基礎上，將夏、商、周、漢四代開國君主作爲虞舜的
配享，借以彰顯新莽政權的正統地位。與此對應，"二王二恪"的特殊制度也
在此時出現。

四、北魏的"太和十六年二月詔"

　　研究先代帝王祭祀的學者對北魏太和十六年（492）二月詔多有重視。② 孝
文帝下令："詔祀唐堯於平陽，虞舜於廣寧，夏禹於安邑，周文於洛陽。"③

---

　　① 杜佑撰，王文錦等點校：《通典》卷七四《禮三十四·沿革三十四·三恪二王後》，
中華書局 1988 年版，第 2029~2030 頁。
　　② 張璉認爲，這是常祀先代帝王首次以詔令的形式頒佈實施。參見張璉：《歷代帝
王祭祀中的帝王意象與帝統意識——從明代帝王廟祀的祭祀思維談起》，臺灣《東華人文學
報》第 10 期，2007 年 1 月。
　　③ 《魏書》卷七下《高祖紀下》，中華書局 1974 年版，第 169 頁。

《魏書·禮志》收録有詔書全文：

　　夫崇聖祀德，遠代之通典。秩□□□，中古之近規。故三五至仁，唯德配享。夏殷私己，稍用其姓。且法施於民，祀有明典，立功垂惠，祭有恒式。斯乃異代同途，奕世共軌。……可令仍以仲月而饗祀焉。凡在祀令者，其數有五。帝堯樹則天之功，興巍巍之治，可祀於平陽。虞舜播太平之風，致無爲之化，可祀於廣寧。夏禹禦洪水之災，建天下之利，可祀於安邑。周文公制禮作樂，垂範萬世，可祀於洛陽。其宣尼之廟，已於中省，當別敕有司。饗薦之禮，自文公已上，可令當界牧守，各隨所近，攝行祀事，皆用清酌、尹祭也。①

詔書先講了設置常祀的依據，而後講明行禮時間與祭祀對象，並對具體事宜提出要求。以下對此做詳細分析。

（一）詔書的基本信息

首先，祭祀這 5 人的依據是《禮記·祭法》祭"有功德於民者"的經文。根據《祭法》，古聖賢享受報功之祭，至少要符合五項標準中的一條："法施於民""以死勤事""以勞定國""能禦大菑（災）""能捍大患"。《祭法》還條列上古聖君名臣 15 人，"此皆有功烈於民者"②。上古君臣於生民有功有德，能夠享受後世政權的報功之祭。

詔書内容可以與《祭法》的經文相對應。詔書首先講"崇聖祀德"，是在踐行《祭法》的報功之義。"法施於民"，是《祭法》原文。"立功垂惠"中的"功""惠"，與《祭法》的五條標準相對應。雷聞指出："這可能是《祭法》的原則第一次被納入國家法典之中，一方面，這表明了孝文帝漢化改革的堅定性和徹底性；另一方面，這無疑也是魏晉以來援禮入法潮流的繼續和深入。"③雷聞所説之"國家法典"，指引文中的"祀令"。崇德報功之義進入了當政朝廷的禮制設計中。

---

① 《魏書》卷一〇八之一《禮志一》，中華書局 1974 年版，第 2750 頁。
② 鄭玄注，孔穎達疏：《禮記正義》卷四六，阮元校刻：《十三經注疏》，中華書局 1980 年版，第 1590 頁中、下欄。
③ 雷聞：《郊廟之外：隋唐國家祭祀與宗教》，生活·讀書·新知三聯書店 2009 年版，第 74 頁。

　　其次，這 5 人由相關地區的長官用傳統的祭祀方式行禮。關於堯、舜、禹、周公的施祭地點，廖宜方已有詳細考證。① 祭祀時間爲"仲月"。祭祀事務由規定地點的"當界牧守"(即地方長官)負責。所謂"攝行祀事"，指地方長官代替皇帝、朝廷施祭。"清酌尹祭"，指祭品是清酒、脯肉。《禮記·曲禮》中講："凡祭宗廟之禮……脯曰尹祭……酒曰清酌。"②

　　綜上，這項常祀是對於聖賢的報功之祭，由相關地方的長官依照傳統祭祀方法行禮。

(二)黃帝不入祀譜的原因辨析

　　關於祭祀對象的選擇，也有可商討之處。堯、舜、禹與周公、孔子並列在祀譜中。雷聞指出，此舉屬於聖賢崇拜，祭祀對象的"帝王"色彩不明顯。③此説是正確的。但對於祭祀對象的選擇，仍可做進一步分析。

　　黃帝不在祀譜中，值得關注。在太和十六年之前，北魏君主東巡途中，都會在廣寧郡涿鹿(今河北涿鹿縣南)祭祀黃帝。而孝文帝"崇聖祀德"的對象中卻没有黃帝。廖宜方認爲，此時不祭黃帝，與北魏放棄土德改從水德有直接關係。"太和十六年之詔完全没有提到黃帝，可見朝廷與黃帝之德運劃清界綫的意念相當堅決。"④另外，北魏君主東巡途中祭祀黃帝的位置，距離平城較近，"負載平城時代的祭祀傳統，從而對孝文帝向南發展的意志構成阻礙"，正是出於擺脱平城傳統的目的，孝文帝没有將黃帝列入常祀的對象中。⑤ 該觀點有其合理性，但似乎並不能完全解釋這個問題。

　　該觀點的合理性，表現在太和十六年與北魏更改歷運的時間相近。而且，淡化平城時代的祭祀傳統，也與孝文帝改革的取向吻合。

　　但該觀點也有未足之處。黃帝的土德屬性，並非其不進祀譜的全部原因。

---

　　① 廖宜方：《中國中古先代帝王祭祀的形成、演變與意涵——以其人選與地點爲主軸的探討》，臺灣《"中央研究院"歷史語言研究所集刊》第 87 本第 3 分，2016 年。

　　② 鄭玄注，孔穎達疏：《禮記正義》卷五，阮元校刻：《十三經注疏》，中華書局 1980年版，第 1269 頁上欄。

　　③ 雷聞：《郊廟之外：隋唐國家祭祀與宗教》，生活·讀書·新知三聯書店 2009 年版，第 74~76 頁。

　　④ 廖宜方：《中國中古先代帝王祭祀的形成、演變與意涵——以其人選與地點爲主軸的探討》，臺灣《"中央研究院"歷史語言研究所集刊》第 87 本第 3 分，2016 年。

　　⑤ 廖宜方：《中國中古先代帝王祭祀的形成、演變與意涵——以其人選與地點爲主軸的探討》，臺灣《"中央研究院"歷史語言研究所集刊》第 87 本第 3 分，2016 年。

在更改歷運之前的討論中，高閭提道："故以魏承秦，魏爲土德""考氏定實，合德軒轅，承土祖末，事爲著矣"①。運屬土德，不僅符合拓跋政權代替前秦（火德）的歷運序列，還與拓跋皇室自詡"黃帝後裔"的先世追述相呼應。北魏朝廷更改歷運之後，拓跋（元氏）皇室並没有改變自己"黃帝後裔"的身份。這套説辭仍被北齊魏收寫進《魏書·序紀》裏。

在北魏的漢化改革中，儒學有重要影響。既然是報功之祭，則對於聖賢的選擇就要與儒家經典、觀念相符。

一方面，報功之祭的依據雖然是《禮記·祭法》，但選擇祭祀對象是參酌各种儒家典籍的結果。《禮記》並不是主要依據。

這可以從詔書文句中發現端倪。對於堯、舜、禹、周公功績的表述，都在儒經的原文中有所體現。堯"樹則天之功，興巍巍之治"。該説法出自《論語·泰伯》："唯天爲大，唯堯則之""巍巍乎其有成功也"。② 詔書稱舜"虞舜播太平之風，致無爲之化"。該説法出自《論語·衛靈公》。其言曰："無爲而治者，其舜也與？"③詔書稱夏禹"禦洪水之災"。與此相關的記載較多。在早期儒家典籍中，此事首見於《尚書》的《大禹謨》《益稷》等篇章。詔書稱周公"制禮作樂"。《禮記·明堂位》提到過周公在執政第六年"制禮作樂"。④ 關於孔子，詔書中没有描述其事蹟。

所以，該詔書對於祭祀對象功績的表述，是參考《論語》《禮記》《尚書》等多部儒家經典而來的，表現了北魏高層的謹慎態度和對儒經的推崇。而在這幾部典籍中，除了《禮記》的個別文句提到過黃帝，其餘三部都不曾提及黃帝的業績。與堯、舜相比，黃帝在儒經中的聖王形象並不豐富。

另一方面，不將黃帝列於祀譜與北魏時人的聖王觀念有關。傳説古史"有層累堆積"的問題。顧頡剛先生指出，時代越往後，傳説中的古史期越長，傳

---

① 《魏書》卷一〇八之一《禮志一》，中華書局 1974 年版，第 2745 頁。

② 何晏等集解，邢昺疏：《論語注疏》卷八，阮元校刻：《十三經注疏》，中華書局 1980 年版，第 2487 頁中欄。

③ 何晏等集解，邢昺疏：《論語注疏》卷一五，阮元校刻：《十三經注疏》，中華書局 1980 年版，第 2517 頁上欄。

④ 鄭玄注，孔穎達疏：《禮記正義》卷三一，阮元校刻：《十三經注疏》，中華書局 1980 年版，第 1488 頁中欄。

說中的時代越早，事蹟也越豐富。① 在帝制時代前期，儒家樹立起的理想君主標杆以堯、舜爲首。堯、舜被塑造成上古的聖賢君主，堯、舜之世被描繪爲上古治世。而至少在北魏時，黃帝尚不是現實君主效仿的對象。

　　稱道堯、舜，在北魏君臣的話語中時有出現。只從《魏書》來看，北魏君臣稱引堯、舜的情況很多：一是徵引傳說中堯、舜的施政舉措②，二是以堯、舜比喻現實中的君賢臣能③，三是單純地歌頌君主，借堯、舜稱頌現實治世④。這三種情況包含事例 19 則。此外，還有關於堯、舜曆法、樂舞等事的言論，不再統計。而且，不惟漢族官員稱引堯、舜，鮮卑貴族亦是如此。這顯然是漢化深入的表現，是漢族傳統聖王觀念影響下的結果。類似的稱引，在《全上古三代秦漢三國六朝文》中《全後魏文》裏更多。不再詳述。

　　而在北魏，黃帝遠沒有達到被作爲聖王稱引的地步。同樣以《魏書》作爲觀察範圍，稱引黃帝(軒轅)事蹟，只限於遷都、製作律曆、占卜這幾項。⑤在基於政治需要的言說中，黃帝沒有堯、舜的地位。稱道現實政治、歌頌君主的言辭幾乎不以黃帝作比。換言之，在當時人的觀念中，黃帝尚未進入政治上賢德聖王的行列，不是君主效法的對象。

　　綜上，從選擇祭祀對象的典籍依據、時人聖王觀念兩方面考慮，黃帝都不如堯、舜更符合祭祀的要求。所以，在北魏崇德報功的祀譜中，沒有黃帝的位置。

---

　　① 顧頡剛：《與錢玄同先生論古史書》，顧頡剛編著：《古史辨》第 1 册，上海古籍出版社 1982 年版，第 60 頁。

　　② 按照發言人的時代順序排列，除標記者，發言人即爲傳主：《魏書》卷三三《李先傳》、卷三八《刁雍傳》、卷四八《高允傳》、卷一〇〇《百濟傳》中的百濟國王餘慶、卷七上《高祖紀上》、卷一〇八之二《禮志二》中的元繼、卷六四《張彝傳》、卷一九中《任城王雲傳附了澄傳》、卷七七《高崇傳附高恭之傳》，中華書局 1974 年版，第 790、869、1074～1075、2218、154、2763、1429、468、1717 頁。

　　③ 按時代順序：《魏書》卷一九中《任城王雲傳附子澄傳》、卷六〇《韓麒麟傳附子顯宗傳》、卷七二《路恃慶傳附仲信弟思令傳》，中華書局 1974 年版，第 468、1343、1619 頁。

　　④ 按時代順序：《魏書》卷五四《高閭傳》、卷二一上《咸陽王禧傳》、卷四三《劉休賓傳附子文曄傳》、卷六九《裴延儁傳》、卷六七《崔光傳附敬友子鴻傳》、卷七七《高崇傳附子謙之傳》、卷九八《島夷蕭衍傳》，中華書局 1974 年版，第 1204、536、968、1528、1503、1708、2179 頁。

　　⑤ 《魏書》卷一四《武衛將軍拓跋謂傳附拓跋丕傳》、《魏書》卷一〇七上《律曆志上》、《魏書》卷九一《術藝傳·江式傳》，中華書局 1974 年版，第 359、360、2660、2662、1961 頁。

北魏的聖賢祭祀，在先代帝王祭祀的沿革史上有關鍵作用。雷聞認爲，這項祭禮是魏晉以來"援禮入法"的結果。以報祭上古聖賢爲契機，祭祀先代帝王逐漸成爲一種獨立的常祀項目。

第二節　隋唐：初建先代帝王的獨立祀譜

隋之前，幾種常祀先代帝王的制度並無規律可循，相互之間也沒有承接關係。北魏太和十六年確立的聖賢常祀，以崇德報功爲目的。它雖然沒有在北周、北齊得以延續，卻在隋朝發展成爲固定禮制。

到隋朝，先代帝王祭祀才成爲專門的常祀項目，獨立的先代帝王祀譜開始出現。初建的先代帝王祀譜，指隋、唐兩朝常祀先代帝王的名單。隋朝以及唐顯慶、開元年間的先代帝王祀譜在祀譜人選與祭祀地點上與北魏制度有承襲關係。設計祭禮的主要目標是崇德報功。只施行了 5 年的天寶祀譜，意在昭示唐朝正統地位的歷史來源，與新莽的明堂配享"形異而神同"。崇德報功與昭示正統，成爲此後設計先代帝王祀譜的主要目標。

一、隋朝祀譜與"聖王"的擴展

隋朝祭祀先代帝王的制度見於《隋書·禮儀志》。祭祀先代帝王的日期與皇帝禘祫宗廟的日期一致。祀譜中的先代帝王與行禮地點、配享、祭品等信息，如下所示。

> 三年一祫，以孟冬……五年一禘，以孟夏……禘祫之月……並以其日，使祀先代王公：帝堯於平陽，以契配；帝舜於河東，咎繇配；夏禹於安邑，伯益配；殷湯於汾陰，伊尹配；文王、武王於灃渭之郊，周公、召公配；漢高帝於長陵，蕭何配。各以一太牢而無樂。配者饗於廟庭。①

古今學人對此制度已有諸多判斷。明人丘濬認爲："至隋始定爲常祀，祀用太牢，而唐因之。"②在他看來，北魏以"清酌""脯"爲祭品，算不上正規常祀，隋朝才將先代帝王列入常祀。清人秦蕙田在肯定丘濬觀點的同時，還指

---

① 《隋書》卷七《禮儀志二》，中華書局 1973 年版，第 136～137 頁。
② 丘濬：《大學衍義補》卷六二《治國平天下之要·秩祭祀·內外群祀之禮》，《景印文淵閣四庫全書》第 712 冊，第 720 頁下欄。

出：“祀有配食，亦始於隋制也。”①當政朝廷祭祀先代帝王時以功臣配享，從這裏開始。根據高明士的研究，這項制度確定於開皇三年（583）修成的《開皇禮》中。② 另外，雷聞著重分析了隋開皇祀譜與北魏太和十六年制度的不同：與北魏相比，祭祀對象“首次包括了《祭法》無文的漢高祖”，周公此時“降格爲文王、武王的配享者”；行禮時間定爲隋皇室禘祫宗廟之日，意在表達：“隋王朝是這些先代帝王的直接繼承者。隋王朝建立‘治統’的目的已經是昭然若揭了。”③雷聞以祭祀時間與宗廟禘祫時間相同，判斷出隋朝廷有“建立治統”的目的。這與魏侯瑋關於“政治祖先”的論述相契合。

但筆者認爲，這個祀譜的目標功能還不是“建立治統”，即昭示正統地位的來源。在此時，五德終始説依舊是論證王朝合法性的主要理論。本書認爲，若該祭祀以昭示正統爲目的，則無法解釋“北朝正統論”中漢以後正統環節的缺失（曹魏、晉、北魏、北周）。以往政權與當政朝廷在五德歷運上的銜接關係，在祀譜中沒有體現。

開皇祀譜的功能重點仍是崇德報功，但其重要意義在於擴展了“聖王”的範圍。隋朝祀譜雖然以《祭法》報功之祭爲依據，卻突破了《祭法》中的上古聖王序列。從祭祀對象來看，隋朝首次將堯、舜、夏、商、周、漢的序列梳理完整。這與北魏只祭祀堯、舜、禹與周公、孔子相比，有很大不同。它不僅將先代帝王從“聖賢”的範圍中獨立出來並爲之專設祀譜；還突破了《祭法》的範圍，將漢朝開國君主與上古聖王並列。從隋朝起，三代以後的王朝創立者在祀典中得以與上古聖王並列。這一做法，彌補了《祭法》止於周武王的缺陷，將歷史演進的客觀現實與經典崇奉聖王的原則相結合，是先代帝王祀譜不斷擴展的開端。

而且，肯定漢朝的歷史地位有長久的思想積澱。三代之後、隋以前的諸政權中，版圖最大、國祚最久的就是漢朝。東晉南北朝時期，政權割據、局勢動盪。但是，對漢族大一統王朝的尊崇從未削減過。不惟東晉、南朝自詡延續漢、晉制度，就連北方民族政權也對漢朝推崇備至。劉淵立國，正是打着恢復漢室的旗號；他建國的詔令歷數漢高祖、文帝、光武帝、明帝等人的功績；而

---

① 秦蕙田：《五禮通考》卷一一六《祀先代帝王》，《景印文淵閣四庫全書》第 137 册，第 771 頁下欄。

② 高明士：《皇帝制度下的廟制系統——以秦漢至隋唐作爲考察中心》，《臺灣大學文史哲學報》1993 年第 40 期。

③ 雷聞：《郊廟之外——隋唐國家祭祀與宗教》，生活·讀書·新知三聯書店 2009 年版，第 75 頁。

且，"立漢高祖以下三祖五宗神主而祭之"①。劉淵的宗親劉宣，自詡："大丈夫若遭二祖，終不令二公獨擅美於前矣。"②"二祖"指漢高祖、漢世祖光武帝，"二公"指西漢初的蕭何、東漢初的鄧禹。石勒也曾説過，若遇漢高祖，"當北面而事之"③。楊隋承北周立國，"易周氏官儀，依漢、魏之舊"④。所以，將漢高祖與古聖王並列，有長期的思想積澱爲背景。

綜上，將漢高祖與《禮記·祭法》中的古聖王共同列入先代帝王祀譜，是魏晉至隋朝數百年思想積澱的必然結果。先代帝王祭祀的禮儀功能，凸顯在祭祀對象的選擇，即祀譜編製上。祭祀時間只是參考因素的一種。⑤ 隋朝，常祀先代帝王的目的依然是崇德報功，是承襲北魏聖賢之祭的結果。

二、唐顯慶、開元祀譜的報功意義

唐朝的先代帝王祀譜共有 3 份，分別出現在顯慶、開元、天寶年間。前兩份祀譜因循隋朝祀譜的禮儀功能，以崇德報功爲目的。

唐朝對於先代帝王的祭祀，始於貞觀年間。貞觀四年(630)三月，唐對突厥的戰爭結束。九月，唐太宗"令收瘞長城之南骸骨，仍令致祭"。這是唐朝廷在戰後對死難士卒的安撫工作。同月，"令自古明王聖帝、賢臣烈士墳墓無得芻牧，春秋致祭"⑥。具體對象沒説。執行者應是墳墓所在地的官員。顯慶年間建議設置先代帝王祭禮的奏疏中也有證據表明，貞觀年間並沒有爲先代帝王祭禮編製過祀譜。

(一)唐顯慶祀譜對隋開皇祀譜的因循與改動

從顯慶二年(657)起，先代帝王祭祀被納入唐朝廷的祀典中。關於顯慶年間的制度設計，雷聞已有詳細論述。可額外補充的問題並不多。

① 《晉書》卷一〇一《載記一·劉元海》，中華書局 1974 年版，第 2650 頁。
② 《晉書》卷一〇一《載記一·劉宣》，中華書局 1974 年版，第 2653 頁。
③ 《晉書》卷一〇五《載記五·石勒下》，中華書局 1974 年版，第 2749 頁。
④ 《隋書》卷一《高祖紀上》，中華書局 1973 年版，第 13 頁。
⑤ 當然，這樣無法解釋祭祀時間與宗廟禘祫相同的問題。筆者認爲，這更像是隋朝廷遇到重要禮典時對先代帝王的一種告祭。據《隋書·禮儀志二》，隋朝廷三年一祫，五年一禘。也就是説，祭祀先代帝王的時間並不固定。
⑥ 《舊唐書》卷三《太宗本紀下》，中華書局 1975 年版，第 40 頁。《新唐書》記載此令，只説："禁芻牧於古明君、賢臣、烈士之墓者。"沒提祭祀(參見《新唐書》卷二《太宗本紀》，中華書局 1975 年版，第 31 頁)。

第一，設計時間與倡議者。請求設置先代帝王常祀的奏議，《舊唐書》記爲顯慶二年六月由許敬宗奏上；《唐會要》記爲七月由長孫無忌奏上。①《文苑英華》則記爲此議出自長孫無忌，"許敬宗同議"②。不同文獻收録的文本大體一致。

此前，唐朝廷未曾設計過祭祀先代帝王的禮制。奏疏中講明："伏惟大唐稽古垂化，網羅前典，唯此一禮，咸秩未申。"③《唐會要》收録該奏疏於此處多一句："親令禮及令無祭先代帝王之文。"④在《文苑英華》所録的《先代帝王及先聖先師議》中，此句爲"今《新禮》及令無祭先代帝王之文"⑤。雷聞指出，"《新禮》及令"代表《貞觀禮》、貞觀《祠令》。⑥這也説明，貞觀年間尚未編製先代帝王祀譜。

第二，編製祀譜的依據，還是《祭法》祭"有功烈於民者"的經文。奏疏開篇羅列《祭法》評判功德的五條標準。《祭法》所列的 15 位上古聖賢，奏疏中只提到堯、舜、禹、湯、周文王、周武王 6 人。奏疏提出："準此，帝王合與日月同例，常加祭享，義在報功。"⑦由此可見，顯慶祀譜的功能仍然是崇德報功。

第三，祭祀對象是堯、舜、四王與漢高祖共 7 人。與隋朝相比，祭祀商湯、周文王、武王的地點變更，周文王、武王的配享之臣變更。除周武王配享兩人外，其餘都是一人配享。詳情見表 2-4。

顯慶祀譜的報功之意，在祭祀漢高祖的原因中也有表現。顯慶祀譜與隋朝祀譜在帝王人選上沒有差別。顯慶祀譜在《祭法》名單之外增加了漢高祖，特地説明原因："漢高祖《祭法》無文，但以前代迄今，多行秦、漢故事。始皇無道，所以棄之。漢祖典章，法垂於後。自隋已下，亦在祠例。"⑧將漢高祖"法垂於後"與秦始皇"無道"相對比，更説明這個祀譜的目標功能是崇德報功。

---

① 《舊唐書》卷二四《禮儀志四》，中華書局 1975 年版，第 915 頁；王溥：《唐會要》卷二二《前代帝王》，中華書局 1955 年版，第 499~500 頁。

② 李昉等編：《文苑英華》卷七六四《議四·祭祀·先代帝王及先聖先師議》，中華書局 1956 年版，第 4012 頁上欄。

③ 《舊唐書》卷二四《禮儀志四》，中華書局 1975 年版，第 915 頁。

④ 王溥：《唐會要》卷二二《前代帝王》，中華書局 1955 年版，第 430 頁。

⑤ 李昉等編：《文苑英華》卷七六四《議四·祭祀·先代帝王及先聖先師議》，中華書局 1956 年版，第 4012 頁上欄。

⑥ 雷聞：《郊廟之外——隋唐國家祭祀與宗教》，生活·讀書·新知三聯書店 2009 年版，第 77 頁。

⑦ 《舊唐書》卷二四《禮儀志四》，中華書局 1975 年版，第 915 頁。

⑧ 《舊唐書》卷二四《禮儀志四》，中華書局 1975 年版，第 915 頁。

表 2-4　隋開皇祀譜與唐顯慶祀譜的配享、地點比較

先代帝王		唐堯	虞舜	夏禹	殷湯	周文王	周武王	漢高祖
配享之臣	隋代	契	咎繇	伯益	伊尹	周公、召公		蕭何
	唐顯慶時	契	咎繇	伯益	伊尹	太公*	周公、召公*	蕭何
施祭地點	隋代	平陽	河東	安邑	汾陰	灃渭之郊		長陵
	唐顯慶時	平陽	河東	安邑	偃師*	酆*	鎬*	長陵

説明：表中信息出自《隋書》卷七《禮儀志二》與《舊唐書》卷二四《禮儀志四》。唐顯慶二年變動之處，加"＊"號標識。

第四，是祭祀時間、地點、具體方法。行禮時間是"三年一祭""以仲春之月"。這與隋朝規定"禘祫宗廟之年"（每三年或五年）的孟夏、孟冬相比，施祭時間更爲確切。從孟夏或孟冬調整爲仲春，也是凸顯當政朝廷皇權獨尊的一種表現。在唐代，"天子以四孟、臘享太廟，諸臣避之，祭仲而不臘"[1]。只有皇帝才在孟月祭祀自家的宗廟。[2] 隋朝將祭祀先代帝王與禘祫宗廟的時間相重合。而唐代則刻意區分開，表現出先代帝王之祭與本朝宗廟之禮的差別。

綜上，唐顯慶二年的禮制設計，在祀譜人選上因循隋朝而來；在配享之臣與行禮地點上略有變動；在行禮時間上更爲明確。同時，它將祭祀先代帝王與本朝皇室先祖的時間做了區分，體現差別。祭祀目標與隋朝一樣，是踐行《祭法》的報功之義。

(二)"能序三辰"：開元祀譜增加帝嚳的原因

唐朝的第二份先代帝王祀譜出現在開元年間。《開元禮》成書於開元二十年(732)。《唐六典》成書於開元二十六年(738)。《唐六典》中的先代帝王祀譜與《開元禮》中的一致。本書統稱之爲"開元祀譜"。

開元祀譜明顯是以顯慶祀譜爲基礎的，主要變動有二：一是增加帝嚳，在頓丘祭祀，二是增置稷爲帝堯的配享。其餘先代帝王、配享名臣、祭祀地點都未改變。由當州長官施祭。雷聞認爲，從祝文來看，"先代帝王雖由各州長官主祭，但卻都是以皇帝的名義來進行的，州官只是代表皇帝行禮而已"[3]。筆

---

① 《新唐書》卷一三《禮樂志》，中華書局 1975 年版，第 346 頁。
② 另參見甘懷真：《唐代家廟禮制研究》，臺灣"商務印書館"1991 年版，第 67~68 頁。
③ 雷聞：《郊廟之外——隋唐國家祭祀與宗教》，生活·讀書·新知三聯書店 2009 年版，第 79~80 頁。

者針對增祀帝嚳的問題做一些補充性論述。

關於增加帝嚳的原因，學界已有觀點值得商榷。廖宜方做過一番解釋。他借劉起釪《古史續辨》的研究認爲，先秦流行的五帝説主要有兩種：太昊、炎帝、黄帝、少昊、顓頊，黄帝、顓頊、帝嚳、堯、舜，共 8 人。諸王朝郊天時，都以太昊(青帝)、炎帝(赤帝)、黄帝、少昊(白帝)、顓頊(黑帝)配享昊天上帝。北魏、隋與唐前期，堯、舜也進入了當政朝廷常祀聖賢或先代帝王的祀譜中。8 人中已經有 7 人進入王朝祀典，只有帝嚳尚不在祀典中。他因此認爲："李唐將帝嚳納入先代帝王祭祀，意在將古來兩種五帝説、廣受認可的古代帝王共八位，都爲他們在國家祀典中找到位置。"①此説法或有其合理性，但略顯牽强。本書對增祀帝嚳的原因另作解釋。

廖説有合理性，是因爲唐朝祀典或多或少受到了經學統一的影響。三皇五帝的具體説法有很多。但在唐初，唐朝廷以僞孔傳《古文尚書》爲本編訂了《尚書正義》。而僞孔傳以太昊(伏羲)、炎帝(神農)、黄帝爲三皇，少昊、顓頊、帝嚳、堯、舜爲五帝。這套説法出現在官修"五經正義"中，才能被官方認可。而後，廖宜方的這套解釋才能貫通下來。另外，廖説明顯没有將天神、人鬼區分開。②

解釋增祀帝嚳的原因，應從考察開元祀譜的禮儀功能入手，探尋祭祀動機，再結合帝嚳自身功業與歷史背景進行分析。筆者認爲，開元祀譜增加帝嚳，以《禮記·祭法》爲依據，以開元年間的史事爲契機。

首先，開元祀譜以顯慶祀譜爲基礎，則禮儀功能也與之相同，同樣是"義在報功"，對有功德的先代帝王施報功之祭。

其次，儒經依據。增祀帝嚳的儒經依據從祝文中可以發現端倪。祝文爲："維某年歲次月朔日，子嗣開元神武皇帝某謹遣具官姓名，敢昭告於帝高辛氏：惟帝能序三辰，功施萬物。式遵祠典，敬以犧齊、粢盛庶品，祇薦於帝高辛氏。尚饗。"③除了中間的"惟帝能序三辰，功施萬物"外，前後内容都是活套，在其他帝王的祝文中也有使用。只有這兩句話，是帝嚳祝文所獨有的。

---

① 廖宜方：《中國中古先代帝王祭祀的形成、演變與意涵——以其人選與地點爲主軸的探討》，臺灣《"中央研究院"歷史語言研究所集刊》第 87 本第 3 分，2016 年。
② 但基於唐朝先代帝王祀譜的實際情況，尚不能將之看作失誤。該問題在討論天寶祀譜的配享名臣時再做分析。
③ 蕭嵩等：《大唐開元禮》卷五〇《有司享先代帝王》，《景印文淵閣四庫全書》第646 册，第 366 頁下欄~367 頁上欄。

帝嚳"能序三辰"，出自《禮記·祭法》"祭有功烈於民者"一段的經文。原文是"帝嚳能序星辰以著衆"。鄭注："著衆，謂使民興事，知休作之期也。"①孔疏："嚳能紀星辰，序時候以明著，使民休作有期，不失時節，故祀之也。"②根據經文以及鄭注、孔疏可知，《祭法》將帝嚳列爲"有功烈於民者"，是因爲他製定星曆、輔助民衆的生產生活。

這句"能序三辰"就是依據《禮記》經文轉寫而來的。唐前期編訂的"五經正義"中，只有《禮記》的經文提到過帝嚳事蹟。③ 唐以前，帝嚳還見於《史記》與《帝王世紀》。在《史記·五帝本紀》中，帝嚳的功績很多，"曆日月而迎送之"只是其中一條。《帝王世紀》重在講述帝嚳"以人事紀官"，置木、火、土、金、水五正，"分職而治諸侯"，④ 沒有涉及製曆方面的貢獻。所以，帝嚳的祝文是依據《禮記·祭法》寫成的。

最後，增祀帝嚳的具體時間與歷史背景。《開元禮·序例·神位》記載"仲春享先代帝王"："新加帝嚳氏，餘準舊禮爲定。"⑤也就是說，帝嚳是《開元禮》新加入的祭祀對象。唐顯慶年間至此以前，沒有他。那麼，唐朝廷爲何在此時增祀帝嚳？

這與帝嚳的業績、開元年間的史事有關。《祭法》在擺明"有功烈於民者"的五條標準之後，羅列上古聖賢及其功績。按照原文順序，依次是農⑥、周棄（后稷，"祀以爲稷"）、后土（共工氏之子，"祀以爲社"）、帝嚳、堯、舜、鯀、禹、黃帝、顓頊、契、冥、湯、文王、武王，共 15 人。這些聖賢不是完全按年代排列的。孔疏將他們分別與五條標準對應。他們也不是按照五條標準排列的。但是，前 4 人的功績有明顯關聯。孔疏稱，"神農及后土，帝嚳與堯，及黃帝、顓頊與契之屬"，都屬於"法施於民則祀之"。神農、周棄（稷）、

---

① 鄭玄注，孔穎達疏：《禮記正義》卷四六，阮元校刻：《十三經注疏》，中華書局 1980 年版，第 1590 頁下欄。

② 鄭玄注，孔穎達疏：《禮記正義》卷四六，阮元校刻：《十三經注疏》，中華書局 1980 年版，第 1590 頁下欄。

③ 《春秋左傳》中提到了"高辛氏有才子八人"之類的傳說，但沒有講帝嚳本人的事蹟。另外，《詩·大雅·生民》中提到姜嫄生棄，但正文中並沒有明説姜嫄與帝嚳的關係。

④ 徐宗元輯：《帝王世紀輯存》，中華書局 1964 年版，第 30 頁。

⑤ 蕭嵩等：《大唐開元禮》卷一《序例上·神位》，《景印文淵閣四庫全書》第 646 册，第 44 頁下欄。

⑥ 《禮記》正文做"厲山氏之子"。孔疏據《國語》"神農之名柱，作農官，因名農"認爲，其即神農。

土（社）屬於農業神、土地神。曆法同農業生產息息相關。有可能是因此，帝嚳製定曆法、輔助民衆生產，列在前 3 人之後。當然，這種解釋没有將早期文獻流傳中的"錯簡"現象考慮在内。

而帝嚳製作曆法的業績，恰與玄宗朝的史事相對應。開元十六年（728），"特進張説進《開元大衍曆》，詔命有司頒行之"①。唐朝建立後，先後頒行過《戊寅曆》《麟德曆》《光宅曆》《景龍曆》。到開元年間，"僧一行精諸家曆法"，發現原有曆法"行用既久，晷緯漸差"②。在宰相張説的建議下，唐玄宗令僧一行等人製造《大衍曆》，這是唐朝曆法編訂史上的一個高峰。此後唐朝廷製定的多部曆法，常有"寫《大衍》舊術""皆因《大衍》舊術""他亦皆準《大衍曆》法""皆《大衍》之舊"等語。③《大衍曆》於開元十五年草成，十七年"頒於有司"④。新曆頒行之時，距開元二十年《開元禮》的修成已很接近。

所以，唐朝廷以帝嚳"能序星辰以著衆"而將之納入先代帝王祀譜，實則與《大衍曆》的製定、頒行有關。唐朝廷借帝嚳"序星辰"的功績，來爲自己頒行新曆法張目，彰顯自己的權威與功德。類似的事例有很多：宋真宗封禪泰山之前，望祭曾經舉行封禪禮的先代帝王 17 人；宋徽宗鑄九鼎，告祭黄帝、夏禹。祭祀有同類業績的先代帝王，看似追溯舊史，實際目標則是比功往古，昭示眼前的業績。通過祭祀，上古聖王的功德成就與現實政治遥相輝映，當政者的統治合法性與歷史榮耀感由此增强。

與此類似，增加后稷作帝堯配享，基本上也能説通。曆法與農業生產緊密相關。張劍光、鄒國慰分析唐玄宗的農業策略，認爲不失農時、不妨農事是他發展農業思想的一個要點。⑤ 根據《禮記·祭法》，后稷繼承發展了神農"殖百穀"的事業，屬於"法施於民則祀之"的一類，是農業神。

綜上，開元祀譜在顯慶年間的基礎上，增加了有關曆法、農業的聖君賢臣。以往祀譜人選多重政治功德，此時增加了農業生產的因素。唐朝廷用制曆聖王、農業神來爲作新曆、重農業張目，借以宣揚自己的功德。

---

① 《舊唐書》卷八《玄宗本紀上》，中華書局 1975 年版，第 192 頁。
② 《舊唐書》卷三二《曆志一》，中華書局 1975 年版，第 1152 頁。
③ 《新唐書》卷二九《曆志五》、《新唐書》卷三〇上《曆志六上》、《新唐書》卷三〇下《曆志六下》，中華書局 1975 年版，第 695、739、744、771 頁。
④ 《新唐書》卷二七上《曆志三上》，中華書局 1975 年版，第 587 頁。
⑤ 张剑光、邹国慰：《唐五代农业思想与农业经济研究》，上海三聯書店 2010 年版，第 40 頁。

三、唐天寶祀譜中的道教因素與皇權正統

唐朝對於先代帝王祀譜的第三次設計，出現在天寶年間。天寶祀譜與顯慶、開元祀譜相比，祭祀對象有很大的變動，禮儀功能的重點也發生了改變。這個新的常祀制度施行了五年左右，就被停止。

筆者在考察天寶祀譜基本内容的基礎上，著重探究三個問題：第一，天寶祀譜是道教影響唐朝國家祀典的結果，表現在祀譜人選、祭祀方法等方面；第二，天寶祀譜中三皇五帝配享之臣的改變，兼顧了經典與現實兩方面因素；第三，先代帝王祀譜首次取代了二王三恪的傳統功能。

(一)天寶祀譜的形成與内容

天寶祀譜是分兩步形成的。首先是天寶六載(747)正月，唐朝廷在長安立三皇五帝廟，設置配享之臣。"三皇五帝，創物垂範，永言龜鏡，宜有欽崇。"①這説明三皇五帝廟仍是報功之祭。然後，唐朝廷在次年又編製了兩套祀譜，涉及三皇以前帝王、五帝之後至隋朝的開國君主。天寶七載(748)五月，唐朝廷稱三皇以前帝王爲"上古之君"，"雖事先書契，而道著皇王，緬懷厥功，寧忘咸秩"②。"緬懷厥功"説明祭祀仍有報功的色彩。祭祀對象爲天皇氏、地皇氏、人皇氏、有巢氏、燧人氏。地點在長安三皇五帝廟附近。

與此同時，唐朝廷將夏朝至隋朝的開國君主列入祀譜。根據《天寶七載册命尊號敕》，"歷代帝王肇跡之處，未有祠宇者，所由郡置一廟享祭。取當時將相德業可稱者二人配享"③。祭祀地點爲歷代"肇跡"之處，分散各地。祭祀對象從夏禹至隋文帝共 12 人，每人都設置配享之臣。唐朝廷同時還規定了忠臣烈士、孝婦烈女與德行載在史籍者的祭祀事務。他們都由"郡縣長官"施祭。祭祀時間爲每年春秋兩次。

現將開元祀譜與天寶祀譜進行比較，如表 2-5。

---

① 王溥：《唐會要》卷二二《前代帝王》，中華書局 1955 年版，第 430 頁。
② 王溥：《唐會要》卷二二《前代帝王》，中華書局 1955 年版，第 430 頁；宋敏求編：《唐大詔令集》卷九《天寶七載册尊號敕》，商務印書館 1959 年版，第 52~53 頁。
③ 王溥：《唐會要》卷二二《前代帝王》，中華書局 1955 年版，第 430~431 頁。

表 2-5　唐開元祀譜與天寶祀譜的比較

先代	《開元禮》祀譜	天寶祀譜	天寶祀譜中的祭祀地點
三皇之前	/	天皇、地皇、人皇、有巢、燧人	立總廟於長安
三皇五帝	/	伏羲(句芒)	立總廟於長安
	/	神農(祝融)	
	/	軒轅(風后、力牧)	
	/	少昊(蓐收)	
	/	顓頊(玄冥)	
	帝嚳	高辛(稷、契)	
	帝堯氏(稷、契)	唐堯(羲仲、和叔)	
	帝舜氏(皋陶)	虞舜(夔、龍)	
夏	夏禹(伯益)	夏王禹(伯益、伯夷)	安邑(今夏縣)
商	殷湯(伊尹)	殷王湯(伊尹、仲虺)	亳(今穀熟縣)
周	周文王(太公)	周文王(鬻熊、齊太公)	酆(今咸陽縣有廟)
	周武王(周公、召公)	周武王(周公、召公)	鎬(入文王廟同享)
秦	/	秦始皇帝(李斯、王翦)	咸陽
西漢	漢高祖(蕭何)	漢高祖(張良、蕭何)	沛(今彭城縣)
東漢	/	後漢光武皇帝(鄧禹、耿弇)	南陽
曹魏	/	魏武皇帝(荀彧、鍾繇)	鄴
西晉	/	晉武帝(張華、羊祜)	故洛陽
北魏	/	後魏道武帝(長孫嵩、崔元伯)	雲中
北周	/	周文帝(蘇綽、于謹)	馮翊
隋	/	隋文帝(高熲、賀若弼)	漢東
小計	先代帝王 8 人	先代帝王 25 人	/

　　説明：（1）表中信息出自《開元禮》卷一《神位》、《唐會要》卷二二《前代帝王》。人物稱謂、地名皆按照原文填寫。（2）天寶祀譜沒有改變的人選，加底綫標識。（3）雷聞認爲祭祀隋文帝之處在隋縣。

(二)天寶祀譜中的道教因素

綜觀中國古代的先代帝王祀譜，天寶祀譜在祭祀對象、祭祀方法、祭祀地點上都與其他祀譜有着明顯差別，其獨特之處主要是由道教因素造成的。

1. 天皇氏、地皇氏、人皇氏與道教古史觀

學界對天寶祀譜的祭祀對象已有探討。吕博認爲天寶祀譜梳理了"上古蒙昧時代如何經中古走向李唐的歷史"，代表李唐"對於歷史發展脉絡以及天命轉移秩序的認定"，彰顯了對於北朝正統的承襲。① 此爲不刊之論。廖宜方將天寶祀譜與李唐皇室崇道、尊老子爲始祖相聯繫，認爲三皇(伏羲、神農、黄帝)五帝是統治的起源；三皇五帝及其以前的帝王最接近"道"；祀譜以他們爲首意在强調王權在文明初始以來的作用。② 廖宜方已經注意到了道教對先代帝王祀譜的影響，但並未論述清楚。

筆者認爲，肯綮之處不在三皇五帝，而在天、地、人三皇。

上古之初有天、地、人三皇的説法原本出自緯書，後來進入道教著述中並逐步成了道教對於上古歷史的描述。爲了與李唐皇室的"血緣祖先"道祖老子相呼應，這套道教的上古史觀被引入先代帝王祀譜中，用來塑造唐朝廷"政治祖先"的開端。以下來詳細分析。

天皇氏至燧人氏五代更迭的歷史敘事，就筆者目力所及，最早出現在唐初的《藝文類聚》中。《藝文類聚》是唐高祖命歐陽詢編纂的類書。該書卷十一《帝王部》以此 5 人爲始，而後接敘太昊庖羲氏等。③ 易言之，唐初官修典籍中，伏羲以前的古帝王序列便已如此。開元年間的另一部官修類書《初學記》依然沿用這個序列。④ 而且，《初學記》最初是給皇子著文索句用的參考書。由此可見，在歷史的開端，天皇氏至燧人氏五人更迭的古史觀一直得到唐朝廷的認可。

將天皇氏等人視爲歷史開端的最早君主，源於緯書。根據《藝文類聚》《初學記》，記載這個古史序列的文獻主要有《始學篇》《三五曆紀》《遁甲開山圖》《洞記》等，今天多已散佚。《始學篇》爲三國吴人項峻所作。據考證，

① 吕博：《唐代德運之争與正統問題——以"二王三恪"爲綫索》，《中國史研究》2012年第 4 期。

② 廖宜方：《王權的祭典：傳統中國的帝王崇拜》，臺大出版中心 2020 年版，第 179~185 頁。

③ 歐陽詢：《藝文類聚》卷一一《帝王部一》，上海古籍出版社 1982 年版，第 198、206~208 頁。

④ 徐堅等：《初學記》卷九《帝王部·總敘帝王·敘事》，中華書局 1962 年版，第 195 頁。

原書"深受讖緯的影響，有古史傳說的成分，也記録了先朝典故"，在隋唐時期便已亡佚。① 天皇氏、地皇氏、人皇氏、有巢氏皆見於記載。《三五曆紀》爲三國吴徐整所作，《玉函山房輯佚書》輯録了該書部分内容。② 盤古開天、天皇氏至人皇氏的序列尚可見於其中。《遁甲開山圖》不知爲何人所作。從清人黄奭的輯本來看，天皇氏、地皇氏、有巢氏皆見於其文。③ 總之，這些文獻與緯書關聯密切。

上古有天皇、地皇、人皇的古史觀因此被稱爲"緯書之三皇説"。顧頡剛先生、楊向奎先生在《三皇考》中考證天皇、地皇、人皇的由來，認爲"這些絶不是原始的神話，而是術數與理性綜合編成的"；這三者的原型是《史記·秦始皇本紀》中的"天皇、地皇、泰皇"，到了緯書中，"人皇佔據了泰皇的地位"。④ 吕思勉《三皇五帝考》也將《始學篇》《三五曆紀》《遁甲開山圖》《洞記》關於天皇氏等人的説法，統統列入"緯書之三皇説"中。⑤

"緯書之三皇説"後來被道教著述吸納。顧頡剛先生《三皇考》對此已有留意，但未及細查開始吸納的時間。實際上，東漢《太平經》就已經吸收此説，其中的"鈔壬部"論述皇道起源時便談及天、地、人三皇。⑥ 目前所知最早的道教類書，是北周的《無上祕要》。該書卷六《帝王品》收録有《三皇經》關於開闢之初天皇、地皇、人皇三皇更迭的説法。⑦ 北宋前期的《雲笈七籤》是對官修道書集成《大宋天宫寶藏》的擇要編輯。其中收録的《天尊老君名號歷劫經略》，記載了盤古與天、地、人三皇用老君所授經書開闢造物、治理天下的事蹟。顧頡剛先生《三皇考》尚且徵引此文，但未考證其成書時間。有學者指出它是"南北朝後期天師派的道書"⑧。所以，"緯書之三皇説"早在隋唐之前就被一些道教典籍吸收，用以塑造道教視野中的上古歷史。

---

① 王洪軍：《項峻〈始學篇〉考》，《文藝評論》2011 年第 12 期。

② （清）馬國翰輯：《玉函山房輯佚書》卷六三《三五曆紀》，長沙嫏嬛館，第 72 頁 a~73 頁 b。

③ （清）黄奭輯：《黄氏逸書考》第五三册《附識》，清道光黄氏刻民國二十三年補刻本。

④ 顧頡剛、童書業：《三皇考》，吕思勉、童書業編著：《古史辨》第 7 册（中），上海古籍出版社 1982 年版，第 120 頁。

⑤ 吕思勉：《三皇五帝考》，吕思勉、童書業編著：《古史辨》第 7 册（中），上海古籍出版社 1982 年版，第 345 頁。

⑥ 王明編：《太平經合校》，中華書局 1960 年版，第 707 頁。

⑦ 北周武帝宇文邕敕編：《無上祕要》卷六《帝王品》，《續修四庫全書》第 1292 册，第 345 頁上欄~346 頁上欄。

⑧ 王卡：《元始天王與盤古氏開天闢地》，《世界宗教研究》1989 年第 3 期。

天皇氏、地皇氏、人皇氏銜接有巢氏、燧人氏的順序，又是從何而來？因筆者目力所限，目前見到的最早文獻就是《藝文類聚》。有巢氏、燧人氏最早見於《韓非子·五蠹》。他們解決了上古民衆的安居、飲食問題，"而民悦之，使王天下"①。那麽，這個順序可以理解爲：道教的天皇氏、地皇氏、人皇氏代表開闢之初的歷史；有巢氏、燧人氏代表先民解決基本生存問題的歷史；從三皇五帝起，歷代更迭，一直延續到隋朝。

天、地、人三皇下接有巢氏、燧人氏的古史序列，影響頗廣。至少，古代學人不質疑這 5 個人的順序。唐之後，北宋司馬光認爲："伏羲之前爲天子者，其有無不可知也。如天皇、地皇、人皇、有巢、燧人之類，雖於傳記有之，語多迂怪，事不經見。臣不敢引。"②再如，南宋胡宏編著《皇王大紀》，也按照這個順序敘述伏羲之前的古史。③ 所以，天、地、人三皇下接有巢氏、燧人氏的古史敘事，在一定程度上被後來的儒家學者接受。

將道教古史的上古之君作爲歷史開端，與唐玄宗設計始祖廟相呼應。天寶二年（743），唐朝廷追尊老子爲"大聖祖玄元皇帝"，追尊其父母爲先天太皇、太后。吳麗娛指出，顯慶至開元時期，唐朝廷在國家祀典中取消了感生帝祭祀，導致李唐皇室來源的合法性出現缺環；而"天寶中道教天帝祖宗的登場"，"從根本上是對感生帝祭祀的一種取代"；"'家天下'王朝對天帝祖宗的祭祀，不但是通過儒家始祖廟，更是通過道教和老子來擴充……皇權因此被突出和神化"。④ 筆者認爲，天寶祀譜引入道教古史觀來追述歷史源頭，重塑正統脉絡，正是以此爲背景。伏羲等三皇五帝的古史觀出自儒經僞孔傳《古文尚書》，與道教無關。如果祀譜的上限止於三皇五帝，便無法與皇室的道教始祖相呼應。

將道教的天皇氏、地皇氏、人皇氏作爲歷史開端，就是用道教古史觀來重構歷史，重新梳理先代政權的沿革。歷史上正統王朝的開端（道教天、地、人三皇）與李唐皇室的始祖（老子）相呼應，是天寶祀譜意圖傳達的信息。如此，歷史序列的首末兩端，皆與道教有密切的關係。道教天、地、人三皇肇開正統之始，老子的後裔李唐皇室充當正統的最終接續者。正統脉絡的一始一終都與道教密不可分，都是道教色彩渲染下的歷史。唐朝廷受道法護佑、天命所歸的

① 王先慎撰，鍾哲點校：《韓非子集解》卷一九，中華書局 1998 年版，第 442 頁。
② 司馬光：《稽古録》卷一，北京師範大學出版社 1988 年版，第 1 頁。
③ 胡宏：《皇王大紀》卷一《三皇紀》，《景印文淵閣四庫全書》第 313 册，第 10 頁上欄~13 頁下欄。
④ 吳麗娛：《也談五代郊廟祭祀中的"始祖"問題》，《文史》2019 年第 1 輯。

政治宣示，躍然於祀譜之上。

2. 天寶祀譜借鑒道教醮儀的祭祀方法

天寶祀譜同時包含儒家與道教的祭祀方法。祀譜中的祭祀對象分兩部分，三皇以前帝王廟與三皇五帝廟位處國都，使用儒家的祭祀方法；夏至隋十二代開國君主分散在各地，使用道教的祭祀方法。下面分別來看。

三皇以前帝王廟和三皇五帝廟，由中央太常寺負責管理相應事務。三皇五帝廟，"其樂器請用宮懸，祭請用少牢，仍以春秋二時致享"，并且"置令丞，令太常寺檢校"①。三皇以前帝王廟，"其祭料及樂，請準三皇五帝廟，以春秋二時享祭"②，祭祀事務仿照三皇五帝廟辦理。樂器用宮懸，祭品用少牢，顯然是傳統儒家的祭祀方法。

夏至隋十二代開國君主由當地長官用道教醮儀的供品施祭。"令郡縣長官，春秋二時擇日，粢盛、蔬饌、時果配酒脯，洁诚致祭。"③"蔬饌、時果"皆是素食，"脯"爲肉干，再連同"洁诚致祭"，都表明祭品不見血腥，採用了道教醮儀。

"醮"就是道教的祭祀。《隋書·經籍志》解釋"醮"："夜中於星辰之下，陳設酒脯餅餌幣物，歷祀天皇太一，祀五星列宿，爲書如上章之儀以奏之，名之爲醮。"④張澤洪認爲："醮是備香花燈燭，果酒茶湯，降天地，致萬神，禳災禱福，兼利天下。"⑤所以，醮儀所用的祭品與儒家傳統的牲牢明顯不同。

天寶祀譜採用道教醮儀的祭品來祭祀先代帝王，是道教影響國家禮制的結果。關於道教祭祀對於血腥的抵制，學界已有詳細論述。⑥ 王永平論述過唐代道教發展的幾次高潮，指出高宗與武后時期、玄宗時期分別是唐代道教發展的初盛期和鼎盛期。⑦ 吳麗娛分析了唐代郊祀禮中道教因素的增長。⑧ 雷聞考察

---

① 王溥：《唐會要》卷二二《前代帝王》，中華書局 1955 年版，第 430 頁。
② 王溥：《唐會要》卷二二《前代帝王》，中華書局 1955 年版，第 430 頁。
③ 王溥：《唐會要》卷二二《前代帝王》，中華書局 1955 年版，第 431 頁。
④ 《隋書》卷三五《經籍志四》，中華書局 1973 年版，第 1092~1093 頁。
⑤ 張洪澤：《道教齋醮符咒科儀》，巴蜀書社 1999 年版，第 20 頁。
⑥ 參見王宗昱：《道教的"六天"説》，陳鼓應主編：《道家文化研究》第 16 輯，生活·讀書·新知三聯書店 1999 年版，第 29~31 頁；雷聞：《郊廟之外——隋唐國家祭祀與宗教》，生活·讀書·新知三聯書店 2009 年版，第 201~204 頁。
⑦ 王永平：《道教與唐代社會》，首都師範大學出版社 2002 年版，第 29~75 頁。
⑧ 吳麗娛：《皇帝"私"禮與國家公制："開元后禮"的分期及流變》，《中國社會科學》2014 年第 4 期。

過道教與唐代國家祭祀禮制之間的關係。① 白照傑分析過唐初至玄宗時期道教
從皇室宗教到國教的變遷。② 所以，在祭祀先代帝王時使用道教醮儀規定的供
品，是道教在發展鼎盛階段影響國家祭禮的結果。

　　天寶祀譜同時採用儒家與道教的祭祀方法，説明先代帝王祭祀的道教色彩
還是有限度的。三皇以前帝王廟與三皇五帝廟仍舊採用儒家的祭祀方法，應緣
於二廟位處國都，歸太常寺直接管理，仍舊在中央的祭祀系統中。③ 傳統的儒
家色彩無疑會更重。

　　3. "肇跡之處"意義的推測：與"得道升仙之處"對應

　　關於天寶祀譜中夏至隋十二代開國君主的祭祀地點，學界已有相關論述。
"歷代帝王肇迹之處，未有祠宇者，所由郡置一廟享祭。"④管見所及，目前只
有廖宜方對此做過探討。他在 2016 年發表的文章中指出，唐朝有對先代政權
分別設置獨立祭祀地點的考慮。他還著重從經史傳統、各朝禮制、中古霸府與
武力功業等層面，分析魏晉隋唐時期各政權対王業肇興的重視，並用以解释天
宝年間在"肇跡之處"祭祀先代帝王的觀念渊源。⑤ 在《王權的祭典：傳統中國
的帝王崇拜》一書中，他繼續延續、闡述以上觀點。⑥

　　前文已述，天寶祀譜中的祭祀對象、祭祀方法都明顯受到道教的影響。基
於這兩點論斷，筆者推測，在"歷代帝王肇跡之處"祭祀，也是受道教影響的
結果。

　　一方面，天寶祀譜中的先代帝王可能與道教神仙被等同看待。王永平考察
唐代道教神仙崇拜時認爲，玄宗時"大量民間信仰的神靈被納入道教的神仙行
列"⑦。他所謂的"民間信仰的神靈"，就包括《天寶七載册命尊號敕》中的三皇
五帝、歷代開國君主以及忠臣烈士、孝婦烈女。

_____

① 雷聞：《郊廟之外——隋唐國家祭祀與宗教》，生活・讀書・新知三聯書店 2009
年版，第 200~219 頁。

② 白照傑：《整合及制度化：唐前期道教研究》，格致出版社 2018 年版，第 35~50
頁。

③ 唐中後期編成的《郊祀録》中仍然記載有三皇五帝廟(第四章詳述)。

④ 王溥：《唐會要》卷二二《前代帝王》，中華書局 1995 年版，第 431 頁。

⑤ 廖宜方：《中國中古先代帝王祭祀的形成、演變與意涵——以其人選與地點爲主
軸的探討》，臺灣《"中央研究院"歷史語言研究所集刊》第 87 本第 3 分，2016 年 9 月。

⑥ 廖宜方：《王權的祭典：傳統中國的帝王崇拜》，臺大出版中心 2020 年版，第
189~198 頁。

⑦ 王永平：《道教與唐代社會》，首都師範大學出版社 2002 年版，第 386 頁。

另一方面，天寶七載、十載的敕令常將先代帝王與道教神仙的祭祀事務並列提及。《天寶七載册命尊號敕》的前半部分安排歷代開國君主以及忠臣烈士、孝婦烈女的祭祀事務，後半部分提道："諸郡有自古得道升仙之處，雖令醮祭，猶慮未周，宜每處度道士二人。"①這是安排在"自古得道升仙之處"的神仙祭祀。天寶十載的《南郊敕》還將先代帝王與得道升仙之人並列："其名山大川及諸靈跡，並自古帝王，及得道升仙、忠臣義士、孝婦烈女先有祠廟者，各令郡縣長官致祭。"②此處所謂"先有祠廟者"，正對應着天寶七載爲歷代開國君主、忠臣烈士等人的立廟、立祠措施。"得道升仙之處"是神人、仙人修煉成功之處，同理，"肇跡之處"是歷代開國君主成爲君主的地方。③ 醮祭神仙需在"得道升仙之處"，受此影響，祭祀先代帝王便也換成了先代的"肇跡之處"。

因此筆者認爲，《天寶七載册命尊號敕》中的"歷代帝王肇跡之處"與"自古得道升仙之處"相對應。這是將分散各地的歷代開國君主與升仙得道的神人相等同的結果。

整合以上三點考察可知，天寶祀譜對於祭祀對象的選擇採取了道教的上古史觀，在祭祀方法中借鑒了道教的醮儀，在祭祀地點的選擇上也與醮祭神仙的"得道升仙之處"相對應。所以，天寶祀譜與其他先代帝王祀譜迥然不同的主要原因，就是受到了道教的影響。

(三)三皇五帝的配享之臣：遵循經典與兼顧現實

天寶祀譜對於三皇五帝的選擇，與唐初編修"五經正義"有關。清代學者趙翼已經指出，唐天寶年間的三皇五帝廟是用孔穎達《尚書正義》之說，而《尚書正義》之說依據僞孔傳《古文尚書序》而來。④ 學界對此已有定論，兹不贅述。

天寶祀譜中，三皇以後的君主皆有配享。這套模式也爲宋以後的禮制設計

---

① 宋敏求編：《唐大詔令集》卷九《天寶七載册尊號敕》，商務印書館 1959 年版，第53 頁。

② 宋敏求編：《唐大詔令集》卷六八《天寶十載南郊敕》，商務印書館 1959 年版，第381~382 頁。

③ 在道教思想與觀念下，紀念先代帝王、忠臣烈士這些歷史人物的方式與紀念地點，是否應該與道教信徒紀念神仙的方式與地點一致。但這只是筆者的推測，因筆者對道教領域並不了解，無法找到更有力的證據。期待方家指教。

④ 趙翼：《陔餘叢考》卷一六"三皇五帝"條，商務印書館 1957 年版，第 287~288 頁。

者所繼承。

爲三皇五帝設置的配享之臣明顯存在規律。天寶祀譜中的先代帝王有 25 人，按照時段分爲三組。上古之君五人没有配享。三皇（伏羲、炎帝、黄帝）與少昊、顓頊（即《月令》五帝）五帝中，除了黄帝有兩人配享外，其餘四帝都只有一人配享。帝嚳、堯、舜、夏至隋各代君主，都是兩人配享。以下進行詳細分析。

第一，三皇之前的上古君主没有配享。因爲在道教典籍中，天皇、地皇、人皇本就是絶世獨立的形象，自然没有輔助之臣可作配享。[1]

第二，伏羲至顓頊的配享之臣（"人鬼"），參考了"天神"祭禮的設置。伏羲至顓頊的配享，同《開元禮》中雩祀、明堂、迎氣等禮中的"五官"類似。每年孟夏，"雩祀昊天上帝於圜丘"，圜丘第一等祀五方帝，第二等祀五人帝，内壝之外祀五官。[2] 季秋，大享明堂祀昊天上帝，"以五方帝、五帝、五官從祀"[3]。四立與季夏迎氣之祭，都是把五人帝作爲五方帝的配享，而以五官、各種星辰從祀。[4] 五人帝各自對應的五官與三皇五帝廟中的配享，可見表 2-6 所示。

表 2-6　《開元禮》五官與三皇五帝廟配享對應表

五人帝/三皇五帝廟前五人	伏羲	炎帝	軒轅	少昊	顓頊
五官	句芒	祝融	后土	蓐收	玄冥
三皇五帝廟配享之臣	句芒	祝融	風后、力牧	蓐收	玄冥

據此，除了黄帝的配享之臣與"五官"不同外，其餘都一樣。所以，三皇五帝廟中前五人的配享，參考了朝廷祭天時的五人帝、五官。而祭天時從祀的"五官"，則由《禮記·月令》而來。也就是說，唐朝廷參照《月令》、祭天儀式

---

[1]　在《天尊老君名號歷劫經略》中，老子曾在道教三皇之間有連綫性的作用。但在玄宗朝，老子是李唐皇室"聖祖"，顯然不能作爲先代帝王的配享。

[2]　蕭嵩等：《大唐開元禮》卷一《序例上·神位》，《景印文淵閣四庫全書》第 646 册，第 42 頁下欄。

[3]　蕭嵩等：《大唐開元禮》卷一《序例上·神位》，《景印文淵閣四庫全書》第 646 册，第 42 頁下欄。

[4]　蕭嵩等：《大唐開元禮》卷一《序例上·神位》，《景印文淵閣四庫全書》第 646 册，第 43 頁上欄。

來安排伏羲至顓頊的配享。那麼，爲何要改換掉后土？

　　沒有把《月令》中的黃帝與后土照搬到先代帝王祀譜中來，與"人鬼"祭禮的屬性有關。在《月令》中，黃帝與后土以"土"爲共同點。而編製先代帝王祀譜，需考慮祭祀對象的"歷史屬性"。易言之，配享黃帝的人應是黃帝的臣屬。

　　而儒經中關於后土的記載無法支持這種君臣關係。據《禮記·祭法》，后土爲共工氏之子，"能平九州，故祀以爲社"。三皇五帝廟中供奉的帝王與西漢劉歆新五德終始說中夏以前的正統帝王一致。據劉歆的排定，共工氏"雖有水德"，但介於伏羲(木德)與炎帝(火德)之間，屬於閏統。① 炎帝之後方爲黃帝。此外，《月令》鄭注還提道："后土，亦顓頊氏之子曰黎，兼爲土官。"②雖然黃帝、后土在《月令》中同位於季夏，但從史事的角度看，后土與黃帝沒有君臣關係。《史記·五帝本紀》明載，黃帝"舉風后、力牧、常先、大鴻以治民"③。所以，用風后、力牧取代后土，配享黃帝，體現了祭祀對象的"歷史屬性"。

　　那麼，伏羲、炎帝、少昊、顓頊爲什麼不能照搬此例設置配享，而是沿用《月令》中的規定？這可能是受史料所限，根本沒得換。

　　黃帝配享之臣的改變也與祭禮功能的轉變有關。雷聞指出，先代帝王的屬性在隋唐時由"聖賢"轉變爲"帝王"。這個觀點，從黃帝配享之臣的改變中也能得到佐證。

　　第三，設置帝嚳、堯、舜的配享之臣，還兼顧了經典與現實問題。

　　首先，與開元祀譜相比，帝嚳被增設了配享。《開元禮》中，帝嚳本無配享之臣，堯以稷、契配享。原爲堯之配享的稷、契，在天寶制度中轉而成爲帝嚳的配享。羲仲、和叔被新增爲堯的配享。開元祀譜不爲帝嚳設配享，應是因爲於史無徵。《史記》沒有提到帝嚳時的名臣。《帝王世紀》中講帝嚳設"五正"，"分職而治諸侯"。④ 但這"五正"恰好就是句芒、祝融、后土、蓐收、玄冥。除了后土，其餘四人已有安排。《史記》中，稷、契皆有功德，爲周、商始祖，且都是帝嚳之子。堯的配享則不難找。羲仲、義叔、和仲、和叔皆見載於《尚書·堯典》與《五帝本紀》中。所以，稷、契被轉爲帝嚳的配享，另找名臣做堯的配享。

---

　　① 　新五德終始說的正統帝王序列，見於《漢書·律曆志》收錄的《世經》。《漢書》卷二一《律曆志》，中華書局 1962 年版，第 1012 頁。

　　② 　鄭玄注，孔穎達疏：《禮記正義》卷一六，阮元校刻：《十三經注疏》，中華書局 1980 年版，第 1372 頁上欄。

　　③ 　《史記》卷一《五帝本紀》，中華書局 1959 年版，第 6 頁。

　　④ 　徐宗元輯：《帝王世紀輯存》，中華書局 1964 年版，第 29~30 頁。

其次，開元祀譜中舜的配享皋陶在天寶祀譜中被撤銷，與天寶年間的禮制調整有關。到了天寶年間，皋陶有了新身份。天寶二年（743），唐玄宗"尊皋繇爲德明皇帝"①。制書稱："咎繇邁種，黎人懷德。我之本系，千載彌光。"②吳麗娛指出，祭祀感生帝的目的是彰顯當朝皇室的神聖起源，而顯慶至開元時的祭禮改革取消了感生帝的祭祀；開元、天寶之際，唐廷建立了道、儒兩套天帝祖宗系統；與皋陶同時被追尊的，還有唐玄宗"十一代祖"涼武昭王（追尊爲興聖皇帝）；"相對於涼武昭王爲'始祖'，皋陶便是祖之所出"③。如此一來，皋陶作爲李唐皇室先祖，不宜再充當先代帝王的配享。

最後，夔、龍取代皋陶的位置，是以經典爲依據的。舜與他們的君臣關係，見於《尚書·舜典》。舜訪求賢臣，説："諮！汝二十有二人，欽哉！惟時亮天功。"據僞孔傳，夔、龍在這 22 人中。舜命令夔："命汝典樂，教冑子"；命令龍："命汝作納言，夙夜出納朕命，惟允。"④選夔、龍爲舜的配享，與僞孔傳的説法相符。

綜上，三皇五帝配享之臣的設置説明，天寶祀譜儘量展現出祭祀對象的"人鬼"屬性。這要求配享之人與所配之帝王間存在君臣關係。選擇配享之臣的依據是儒家經典。伏羲至顓頊五人的配享之臣，因史料不足的緣故，參考祭天禮的"五官"來設置。在爲三皇五帝選擇配享的具體操作中，還照顧到了唐朝的一些現實因素。

（四）天寶祀譜對二王三恪傳統功能的衝擊與停廢原因

與顯慶、開元祀譜注重崇德報功不同，天寶祀譜側重於昭示正統、彰顯當政朝廷合法性的來源。天寶祀譜的祭祀對象空前增多，而且首次排列了上古至當政朝廷之前的完整序列。唐前期，南北正統之爭屢次出現。這個祀譜序列的出現表明了唐朝廷的態度：唐朝的正統地位是從漢、魏、晉、北朝、隋依次傳遞而來的，與南朝無關。⑤ 吕博認爲，祭祀對象"梳理上古蒙昧時代如何經中

---

① 《舊唐書》卷二四《禮儀志四》，中華書局 1975 年版，第 926 頁。

② 宋敏求編：《唐大詔令集》卷七八《追尊先天太皇德明興聖皇帝等制》，商務印書館 1959 年版，第 442 頁。

③ 吳麗娛：《也談五代郊廟祭祀中的"始祖"問題》，《文史》2019 年第 1 輯。

④ 孔安國傳，孔穎達疏：《尚書正義》卷三，阮元校刻：《十三經注疏》，中華書局 1980 年版，第 131 頁中欄、132 頁上欄。

⑤ 參見劉浦江：《南北朝的歷史遺産與隋唐時代的正統論》，《文史》2013 年第 2 輯；吕博：《唐代德運之爭與正統問題——以"二王三恪"爲綫索》，《中國史研究》2012 年第 4 期。

古走向李唐的歷史”，只祭祀魏晉北朝君主而不祭祀南朝君主，代表了唐朝
“對於歷史發展脉絡以及天命轉移秩序的認定”；目的在於“梳理和構建唐正統
合法來源的歷史過程”。① 這是在先代帝王祀譜中用歷代正統王朝的更迭順序
來昭示當政朝廷的合法地位。

在學界已有論斷的基礎上，筆者補充兩個看法。

其一，天寶制度將祀譜序列提前到三皇之前，是在歷史追述中引入道教古
史觀的結果。這也體現了統治者借道教“護佑”“輔助”政權的思想動機。

經學統一、道教顯重，是祀譜向上古擴展的主要原因。經學統一帶來的影
響是，三皇五帝的序列已經確定，在先代帝王祀譜中就有補齊三皇五帝的可能。
在唐朝廷崇奉道教的背景下，先代帝王祀譜用道教古史觀重塑正統歷史的開端。

用道教天、地、人三皇取代儒家的三皇五帝作爲正統歷史的開端，則正統
歷史以道教上古之君爲起點，以道教教祖的子孫李唐皇室爲最終接續者。經過
這樣一番設計，李唐政權道法護佑、天命所歸的政治宣示，不言而喻。

其二，在昭示正統的技術層面上，天寶祀譜具備了與二王三恪制度相同的
禮儀功能。

在彰顯當政朝廷合法性的禮儀中，縱向的先代帝王祀譜第一次衝擊了橫向
的“三統並立”。自新莽後，當政朝廷在“二王”後裔不參與的情況下直接常祀
前兩代正統王朝的君主，這是首次（詳見第四章）。將前兩代君主列入先代帝
王祀譜，也是首次。這表明傳統的二王三恪制度已不能滿足昭示合法性的需
要。唐朝廷在“通三統”的傳統方法之外找到了先代帝王祭禮。

雖然天寶祀譜具備昭示正統的意義，但在僅僅五年之後便被停止了常祀。
常祀的停廢，恰好在唐朝最後一次更定二王三恪之後。天寶十二載（753）五
月，唐廷重新以隋、北周、元魏宗室爲二王三恪，復封他們爲酅國公、介國
公、韓國公，“依舊立廟”②。七月，這項常祀被停廢。雷聞認爲，“有敕停
廢”只是停止了制度性的常祀，而其合法性與臨時致祭不受限制。③ 總之，常
祀制度於此時被停止。

筆者認爲，唐朝廷屢次調整正統歷史序列，是天寶祀譜囊括前兩代正統王

---

① 吕博：《唐代德運之争與正統問題——以“二王三恪”爲綫索》，《中國史研究》2012
年第 4 期。

② 《舊唐書》卷二四《禮儀志四》，中華書局 1975 年版，第 916 頁。“依舊五廟”應爲
“依舊立廟”之誤，校勘問題見該書第 937 頁。

③ 參見雷聞：《郊廟之外——隋唐國家祭祀與宗教》，生活・讀書・新知三聯書店
2009 年版，第 84~85 頁。

朝君主的原因。封"二王"後裔爲國賓以"通三統"，是彰顯現合法性的傳統方法。如呂博所言，天寶祀譜的功能是論證唐朝廷權力來源的合法性。直接祭祀25位先代帝王，尤其是直接祭祀國賓（"二王"後裔）的先祖，是唐朝廷創造的新路徑。祀譜的重點，不僅在於歷史開端處被添入道教因素，還在於究竟以哪個朝代爲止。所以，唐朝廷在天寶九載（750）"尊周、漢爲二王後，以商爲三恪"的同時，"黜隋以前帝王"①。這就是在先代帝王常祀中"抛棄隋、北周、北魏、西晉、曹魏等帝王，認定唐代的土德承襲自漢火德，而非隋火德"②。先代帝王祀譜的截止朝代，就是唐朝廷承認的前一個正統王朝。此時，更改正統歷史，便要更換二王三恪并調整先代帝王祀譜。或者説，唐朝廷在頻繁調整正統歷史的情況下，不再滿足於二王三恪的傳統方法，還要用自己掌控的常祀制度來彰顯目前承認的正統序列。

此時，二王三恪與先代帝王祭祀共同發揮着昭示唐朝廷正統來源的作用。

對於傳統的衝擊與正統歷史序列的屢次調整，應該是天寶祀譜被停廢常祀的原因。分封"二王"後裔爲國賓、由國賓自奉先祀的傳統歷時悠久，自漢至此，已經八百餘年。將勝朝帝王列入當政朝廷主祭的常祀，與傳統觀念、傳統禮制存在矛盾。"肇跡之處"常祀作爲一種"越俎代庖"的做法，有可能引發質疑。所以，天寶十二載重新更定二王三恪，恢復北周、隋的"二王"地位時，就意味着先代帝王祀譜也要再次恢復。祀譜出現顛倒、反復，這項祭禮對於正統序列的強調作用也會一併受到質疑。

在唐朝廷屢次調整正統歷史的背景下，天寶祀譜也在不停變動。這種新方法與傳統觀念、傳統禮制存在衝突。應是在這種背景下，"肇跡之處"常祀被停廢。

第三節　北宋以後的先代陵寢祀譜

從北宋起，常祀先代帝王固定於陵寢處施祭。陵寢是墓主的最終居地，是墓主最直接的代表。按照研究者對於"政治符號"的分類，先代陵寢屬於"人化自然"的符號，屬於"被人類活動改變了的那部分世界"，直觀性的實

---

① 《新唐書》卷二〇一上《文藝上·王勃傳》，中華書局1975年版，第5740頁。
② 呂博：《唐代德運之爭與正統問題——以"二王三恪"爲綫索》，《中國史研究》2012年第4期。

在物更有助於"表達政治思想感情"。① 先代陵寢進入王朝祀典，接受當政朝
廷的祭祀。

北宋以後，明、清兩代沿用先代陵寢之祭。在祀譜編製與祭祀制度上，三
朝也有一定的承遞關係。所以，本節將宋、明、清三朝的先代帝王陵寢祭禮一
併論述。受疆域所限，金朝祀譜中的施祭地點不完全是陵寢。但它與北宋的先
代陵寢祀譜有明顯的因襲關係，故也放在本節討論。

一、北宋祀譜：崇德報功與昭示正統

將先代帝王劃分爲不同等級並用不同的方法祭祀，是北宋區別於其他朝代
的顯著特徵。圍繞北宋先代帝王祭禮的研究尚有待推進、商榷。已有成果在時
段上聚焦於宋太祖時期，在論證上則過分強調當政者的主觀作用。張琲認爲先
代帝王祭禮演變的主要推動力源自當政皇帝，宋太祖出於"鑒戒與自勉的用
心"分等祭祀先代帝王。② 廖宜方通過分析當政皇帝的心理動機和思想背景來
解釋先代帝王祭禮的複雜面貌。他注意到宋初疆域、戰争對禮制設計的影響，
但仍以闡釋宋太祖的主觀意識爲重點，認爲分等施祭意在發揮"典範與警惕"
的作用。③ 那麽，分等祭祀的意義是否僅限於以史爲鑒？整個北宋的先代帝王
祭禮又是怎樣的？北宋皇帝的主觀意識是塑造禮制面貌的主因嗎？

北宋的先代帝王祀譜，目前共發現了 5 份。它們分別出現於建隆四年、乾
德四年、開寶四年、大中祥符二年以及徽宗朝《政和五禮新儀》中。④ 早在建
隆二年(961)四月，"詔郡國置前代帝王、賢臣陵塚户"⑤。這只是要求地方長
官爲先代帝王、賢臣設置守塚户，尚未明確規定祭祀事務。兩年後，宋朝廷開
始設計先代帝王祀譜，並不斷調整。各祀譜人選較多，且有不分等、分四等、
分二等的區別，乍看起來比較複雜。但實際上，祀譜沿革中存在着較大的穩
定性。

---

① 朱進東：《論政治符號的界定、功用及系統》，《江海學刊》1998 年第 5 期。
② 張琲：《歷代帝王祭祀中的帝王意象與帝統意識——從明代帝王廟祀的祭祀思維
談起》，臺灣《東華人文學報》第 10 期，2007 年。
③ 廖宜方：《王權的祭典：傳統中國的帝王崇拜》，臺大出版中心 2020 年版，第
227~306 頁。
④ 爲表述方便，本書徑直以年號爲區分，依次稱之爲："建隆祀譜""乾德祀譜""開
寶祀譜""大中祥符祀譜"和"政和祀譜"。建隆四年十一月，當年改稱乾德元年。而有關詔
令頒佈於該年六月，故稱"建隆祀譜"是合適的。
⑤ 《宋史》卷一《太祖本紀一》，中華書局 1977 年版，第 9 頁。

（一）五份祀譜的基本信息

現在先將祀譜信息條列如下，再列表展示祀譜的變化。

首份祀譜見於建隆四年（963）六月的《前代帝王三年一享詔》。其中有："宜令有司准《祠部令》，應先代帝王三年一享以仲春之月。"①根據樓勁的研究，這是宋初重申、歸復唐朝禮制的一項措施，詔令中依據的"《祠部令》"是唐朝的《祠令》。② 該《祠部令》要求，帝嚳、堯、舜、禹、湯、周文王、周武王、漢高祖8人各有配享；祭祀時間是"三年一享以仲春之月"；由相關地方的州長官行禮。這與唐《開元禮》中的制度相同。建隆四年詔書在重申唐朝祠令的基礎上，增祀漢光武帝、唐太宗兩人，並各設配享之臣。③ 所以，建隆祀譜是在唐朝開元祀譜的基礎上發展而來的。

建隆祀譜以崇德報功爲祭祀目的。該詔開篇講："歷代帝王，國有常享，著於甲令，可舉而行。自五代亂離，百司廢墜，匱祠乏祀，豈謂德馨？扞難禦災，或乖血食。永言《祭法》，闕孰甚焉。"④五代政權忽視先代帝王祭祀，爲北宋朝廷所批評。"扞難禦災，或乖血食"和"永言《祭法》"説明，建隆祀譜的設計依據仍然是《禮記·祭法》中的功德標準。

第二份祀譜見於乾德四年（966）十月的《前代帝王置守陵戶禁樵採祭享詔》。據《宋史·禮志》來看，該詔的發佈時間爲"乾德初"。湯勤福、王志躍通過考辨指出，是《宋史》脱漏了時間，此詔即乾德四年頒佈的詔令。⑤ 79處先代帝陵被劃分爲四個等級，分別對應不同的祭祀、守陵制度。第一等先代帝王16人每年兩祭，設守陵戶5戶；第二等10人每年一祭，守陵3戶；第三等15人三年一祭，守陵2戶；第四等38人只保護陵寢，不施祭祀。⑥ 前三等41帝屬於常祀對象。從此，北宋朝廷對於先代帝王的常祀，於先代帝王的陵寢處行禮。

---

① 《宋大詔令集》卷一五六《前代帝王三年一享詔》，中華書局1962年版，第585頁。
② 樓勁：《宋初禮制沿革及其與唐制的關係——兼論"宋承唐制"説之興》，《中國史研究》2008年第2期，第69、71~72頁。
③ 《宋大詔令集》卷一五六《前代帝王三年一享詔》，中華書局1962年版，第585頁。
④ 《宋大詔令集》卷一五六《前代帝王三年一享詔》，中華書局1962年版，第585頁。
⑤ 湯勤福、王志躍：《宋史禮志辨證》，上海三聯書店2011年版，第406頁。
⑥ 《宋大詔令集》卷一五六《前代帝王置守陵戶禁樵採祭享詔》，中華書局1962年版，第585~586頁。

　　第三份祀譜，見於開寶四年(971)三月爲先代帝陵增設守陵戶的詔令。《續資治通鑑長編》載："詔前代帝王當給民奉陵者各增二戶。"①沒有具體內容。而實際上，當時還重新調整了先代帝王祀譜的人選與等級。根據《宋會要輯稿》，原來乾德祀譜的前三等被整合爲兩等："置守陵廟七戶"者 14 人，5 戶者 24 人。② 7 戶與 5 戶，正是在乾德祀譜前兩等的守陵戶上增加而來的。開寶祀譜 38 人共分兩等，簡化了之前的分等。

　　第四份祀譜出現在大中祥符二年(1009)四月。目前只知第一等的人選。宋真宗命令秘書省、秘閣、龍圖閣、太常禮院及相關官員更定《正辭錄》的祝辭寫法。《正辭錄》是宋太宗淳化二年(991)撰成的祝辭集，被指定"永爲定式"③。根據《太常因革禮》，改寫祝辭後，"歷代帝王祠"一項包括先代帝王 19 人，祝辭稱"皇帝某敢昭薦於某神"，祝版"進御書"。④ 這 19 人的名單肯定不是先代帝王祀譜的全貌。

　　大中祥符年間先代帝王祀譜的全貌與祭祀制度，在孫奭的一道上疏中保留了部分綫索。上疏時間在大中祥符六年(1013)。起因是宋真宗在內臣朱允中的建議下抬高了"唐七聖帝殿"的祭祀規格。⑤ 孫奭上疏反對。其中提道：

　　　　今據聖朝享先代帝王禮文內唐高祖皇帝，春秋二時祭享於輝州本廟，祝版天子親書；太宗、明皇，並每年一享於京兆府及同州本廟以仲春，祝版不親書；所有唐高宗、中宗、睿宗並不在祭典。今來，朱允中奏乞依永興軍古聖帝陵廟例，春秋二時用中祠禮料，差官致祭。此則不守禮經，紊

　　① 李燾：《續資治通鑑長編》卷一二，開寶四年三月丁巳，中華書局 1979 年版，第 262 頁。《宋史》中也有類似記載："增前代帝王守陵戶二。"參見《宋史》卷二《太祖本紀二》，中華書局 1977 年版，第 32 頁。

　　② 劉琳等校點：《宋會要輯稿》禮三八《修陵》，上海古籍出版社 2014 年版，第 1605 頁。校點本中，"隋高祖文帝"被點爲"隋高祖、文帝"，誤。

　　③ 劉琳等校點：《宋會要輯稿》禮一四《群祀》，上海古籍出版社 2014 年版，第 745 頁。

　　④ 歐陽修等：《太常因革禮》卷一一《總例十一·祝詞》，《續修四庫全書》第 821 冊，第 393 頁上欄。

　　⑤ 根據上疏內容，"唐七聖帝殿"是永興軍一處供奉唐高祖、太宗、高宗、中宗、睿宗、玄宗與竇皇后(唐高祖皇后)的供祀場所。雷聞認爲，此處爲五代王仁裕《入洛記》所載之"華清宮的七聖堂"。參見雷聞：《郊廟之外——隋唐國家祭祀與宗教》，生活·讀書·新知三聯書店 2009 年版，第 113~114 頁。

黷祀典，所謂"輕議禮"者也。①

　　文中指明了"唐七聖帝殿"的祭祀對象在北宋先代帝王祀譜中的待遇。結合前文論述與此疏，可以得出三點認識。

　　首先，大中祥符二年更定祝辭的"歷代帝王祠"19 處又稱"古聖帝陵廟"，是先代帝王祀譜的第一等。其中有唐高祖。其陵廟在耀州(原文作"輝州"，應是誤字)，屬永興軍路。朱允中正是建議將"唐七聖帝殿"依照"永興軍古聖帝陵廟例"施祭。19 處"古聖帝陵廟""春秋二時用中祠禮料"，由朝廷遣官致祭。祝版稱"皇帝某敢昭薦於某神"，而且"祝版天子親書"，以皇帝的名義行禮。

　　其次，第二等名錄不明。唐太宗、玄宗都在其中。本書估計，這裏的第二等人選，就是開寶祀譜第二等 24 人去掉商周四賢王剩下的部分。因爲從大中祥符二年的祀譜調整來看，商周四賢王已經進入第一等(詳見表 2-7、表 2-8)。第二等是否還有其他調整，目前不知。這些先代帝王每年在仲春施祭一次。應該是由當地長官行禮。祝版用語不明，也不需要皇帝題寫。

　　最後，原乾德祀譜第四等的先代帝王，只保護陵寢而不祭祀的待遇一直沒變。唐高宗、中宗、睿宗位列其中。所以，孫奭稱之爲"並不在祭典"，即不是北宋的常祀對象。

　　以上，是大中祥符年間的常祀制度。

　　第五份祀譜，見於徽宗朝的《政和五禮新儀》中。因該書的《諸州享歷代帝王儀》一卷已佚，只能依據《序例》來分析。《序例》按照祝辭的不同，將 37 位先代帝王分爲兩等，第一等 20 人，第二等 17 人，名號均見於記載。② 所有先代帝王都是仲春、仲秋祭享。③ 第一等祝辭稱"皇帝(御書)謹遣某官臣姓名敢昭薦"。第二等爲"皇帝謹遣某官姓名敢昭薦"，與第一等相比，"皇帝"二字不

---

　　①　歐陽修等：《太常因革禮》卷八○《新禮十三》，《續修四庫全書》第 821 冊，第 572 頁下欄。引文中的"輝州"應爲"耀州"之誤。

　　②　説明：《政和五禮新儀·序例·神位下》按年代順序羅列先代帝王陵廟所在地與配享之臣，共 36 處。《序例·冊祝》則有 38 人。經比較，《序例·神位下》缺了商高宗和"懿陵符皇后"(後周世宗皇后)。缺少商高宗應是漏寫所致。符皇后爲後周帝王附屬，故在《神位》中沒有單獨書寫。書中也不將其統計在內。參見鄭居中等：《政和五禮新儀》卷三《序例·神位下》，《景印文淵閣四庫全書》第 647 冊，第 143 頁上欄~144 頁上欄；同書卷四《序例·冊祝》，第 146 頁下欄~147 頁上欄。

　　③　《政和五禮新儀》卷一《序例·時日》，《景印文淵閣四庫全書》第 647 冊，第 135 頁下欄；同書卷三《序例·神位下》，《景印文淵閣四庫全書》第 647 冊，第 143 頁上欄。

需皇帝親書，行禮官員不必自稱"臣"。

再來看五份祀譜的沿革情況。

因祀譜的人選較多，且在是否分等、如何分等上也有差別。本書著眼於其中相沿不變的內容，分兩個表羅列歷次祀譜中的祭祀對象（見表 2-7、表 2-8）。需要說明的是，目前只知大中祥符祀譜第一等的人選，故表 2-8 中不再涉及大中祥符祀譜。乾德祀譜第四等的 38 人不在常祀範圍內，故也不再羅列。① 開寶、政和祀譜的第二等，是由乾德祀譜第二、三等整合、增減而來的，② 故將乾德祀譜第二、三等與開寶、政和祀譜的第二等全部放在表 2-8 中。

列表可知，乾德祀譜奠定了開寶、大中祥符、政和祀譜的基礎。一方面，分等施祭的規則從乾德四年起一直被沿用。另一方面，雖然開寶、大中祥符、政和祀譜只分兩等，但具體人選都以乾德祀譜的前三等爲大致範圍。據表 2-7，開寶、大中祥符、政和祀譜的第一等人選，由乾德祀譜的第一等增删而來。據表 2-8，開寶、政和祀譜的第二等是對乾德祀譜第二、三等做的整合、增減。後增的祭祀對象也都是五代君主。所以，祀譜的沿革看似複雜、瑣碎，但其內部存在着明顯的因循關係。

兩表中的固定人選佔有很大比例。由表 2-7 可知，在 4 份祀譜的第一等中，三皇五帝、四王（禹、湯、周文王、武王）、兩漢與李唐開國君主共 15 人，基本不變。這是在建隆祀譜的基礎上，補齊三皇五帝，更換唐朝君主而來的。唐太宗在乾德祀譜中居第一等，是沿襲建隆祀譜而來。從開寶祀譜起，唐朝也只有開國君主才能進入第一等。雖然基本不變，但開寶祀譜中缺少禹，政和祀譜中缺少黃帝。後文詳述。再看第二等。據表 2-8，秦、西漢、曹魏、北周、隋、李唐、後唐、後晉君主共 16 人，沒有變動。所以，基本不變的人選在各祀譜中佔有相當的比例。

---

①　說明：根據《宋大詔令集》中的詔書，乾德祀譜第四等共 38 人，而名單實有 36 人。對照《文獻通考》卷一〇三可知，原文中缺了東漢和帝、沖帝兩人。參見馬端臨：《文獻通考》卷一〇三《宗廟考十三·祀先代帝王賢士（修陵墓附）》，中華書局 1986 年版，第 940 頁下欄。

②　說明：開寶祀譜見於《宋會要輯稿》禮三八《修陵》（《景印文淵閣四庫全書》第 647 册），第 1605 頁，但原文有遺漏。根據原文，開寶祀譜的第二等，先羅列了乾德祀譜第二等（10 人），再列第三等（15 人）；裏面又有調整：去掉了魏太祖、漢武帝、梁太祖，補入唐太宗，實有 23 人。但詔書卻稱第二等是"二十四帝各置守陵廟五户"。從政和祀譜來看，這裏可能漏掉了漢武帝。匯總處的"二十四帝"不大可能出錯，而抄寫中出現脫漏的可能性較大。故表 2-8 仍將漢武帝統計在內。

表 2-7　北宋建隆祀譜與後四份祀譜第一等的人選匯總

先代帝王	三皇五帝								夏	商			周				西漢	東漢	李唐		後周		合計
	太昊	女媧	神農	黃帝	顓頊	帝嚳	堯	舜	禹	湯	中宗	高宗	文王	武王	成王	康王	高祖	世祖	高祖	太宗	太祖	世宗	
建隆祀譜	●	●	●	●	●	●	●	●	●	●													10
乾德祀譜第一等	●	●	●	●	●	●	●	●	●	●	●	●	●	●	●	●							16
開寶祀譜第一等	●	●	●	●	●	●	●	●	●	●			●	●	●	●							14
大中祥符祀譜第一等	●		●	●	●	●	●	●	●	●	●	●	●	●	●	●	●	●	●	●			19
政和祀譜第一等	●		●	●	●	●	●	●	●	●	●	●	●	●	●	●	●	●	●	●		●	20

表 2-8　乾德祀譜第二、三等與開寶、政和祀譜第二等匯總

先代帝王	三代			秦	西漢				東漢		曹魏	西晉		北魏	北周	隋	唐					後梁	後唐		後晉	後漢	合計
	商中宗	周成王	周康王	始皇帝	文帝	景帝	武帝	宣帝	明帝	章帝	武帝	文帝	武帝	孝文帝	武帝	高祖	太宗	玄宗	肅宗	憲宗	宣宗	太祖	莊宗	明宗	高祖	高祖	
乾德祀譜　第二等	●				●			●	●		●	●	●	●		●	●										10
乾德祀譜　第三等		●	●	●		●	●			●								●	●	●	●	●	●	●	●	●	15
開寶祀譜　第二等	●	●	●	●	●	●	●	●	●	●	●	●	●	●		●	●	●	●	●	●	撤銷	●	●	●	●	24
政和祀譜　第二等	已入第一等			●	●	●	●	●	●	撤銷	撤銷	●	●	撤銷	撤銷	●	●	●	●	●	●	撤銷	撤銷	●	●	●	17

說明：（1）兩表信息出自《宋大詔令集》卷一五六、《宋會要輯稿》禮三八《修陵》、《太常因革禮》卷一一、《政和五禮新儀》卷四。（2）兩表中，各祀譜中出現的人選用"●"表示。（3）基本不變的人選用黑框標識。

(二)祀譜的設計依據：承唐舊制與區分等級

前文已明，乾德祀譜在 5 份祀譜中最爲關鍵。那麽乾德祀譜的編製依據是什麽？之前的建隆祀譜與它相比有何區別？張琎、廖宜方認爲分等施祭是爲了以史爲鑒，是否準確？

筆者認爲，建隆祀譜是對唐開元祀譜的繼承，乾德祀譜則是對唐開元、天寶祀譜的糅合。以下進行分析。

先看建隆祀譜。

前文已述，建隆祀譜是在唐《祠令》的基礎上增加而來的，而該《祠令》與《開元禮》的規定吻合。所以，建隆祀譜與《開元禮》在祭祀先代帝王上的目標一致，都是崇德報功。參見表 2-7，乾德祀譜第一等 16 人是在建隆祀譜的基礎上補齊三皇五帝，增加李唐開國君主而來的。所以，唐顯慶祀譜、開元祀譜、北宋建隆祀譜與乾德祀譜第一等，在人選上是一脉相承的，都是在踐行《禮記》中崇德報功的規定。

再看乾德祀譜。

乾德祀譜明顯是由唐天寶祀譜擴展而來的。唐天寶時，共排定先代帝王25 人，春秋二時施祭。① 三代以後的祭祀對象是歷朝的開國君主或實際奠基者、創業者。將天寶祀譜與北宋乾德祀譜進行比較，如表 2-9 所示。

表 2-9　唐天寶祀譜與北宋乾德祀譜的對比

先代	唐天寶祀譜	宋乾德祀譜		
		第一等	第二等	第三等
三皇以前	天皇氏等 5 人	/	/	/
三皇五帝	伏羲、神農、軒轅；少昊、顓頊、高辛、唐堯、虞舜	太皥、炎帝、黄帝、顓頊、高辛、唐堯、虞舜、女媧	/	/
夏	夏王禹	夏禹	/	/
商	殷王湯	商湯	商中宗太戊、高宗武丁	/

① 王溥：《唐會要》卷二二《前代帝王》，中華書局 1955 年版，第 430~431 頁。

續表

先代	唐天寶祀譜	宋乾德祀譜		
		第一等	第二等	第三等
周	周文王、周武王	<u>周文王、周武王</u>	周成王、康王	/
秦	秦始皇帝	/	/	<u>秦始皇帝</u>
西漢	漢高祖	<u>漢高祖</u>	漢文帝、宣帝	漢景帝、武帝
東漢	後漢光武皇帝	<u>後漢世祖</u>	/	後漢明帝、章帝
曹魏	魏武皇帝	/	<u>魏太祖</u>	魏文帝
西晉	晉武帝	/	<u>晉武帝</u>	/
元魏	後魏道武帝	/	/	後魏孝文帝
北周	周文帝	/	後周太祖文帝	/
隋	隋文帝	/	隋高祖文帝	/
唐	/	唐高祖、太宗	/	唐玄宗等 5 人
後梁	/	/	/	梁太祖
後唐	/	/	/	後唐莊宗、明宗
後晉	/	/	/	晉高祖
合計	25	16	10	15
祭祀頻率	春秋兩祭	每年春秋兩祭	每年一祭	三年一祭
守陵規格	（不涉及帝陵）	守陵五戶	守陵三戶	守陵兩戶

　　説明：（1）表中信息出自《唐會要》卷二二、《宋大詔令集》卷一五六。稱謂按照原文書寫；乾德祀譜與唐天寶祀譜重複者，加底綫標識。（2）乾德祀譜第四等不屬於常祀對象，不再統計。

　　據表 2-9 可知，其一，天寶祀譜中伏羲以後的帝王，都進入乾德祀譜的前三等。但有兩處不同。首先是三皇五帝，天寶祀譜使用僞孔傳《古文尚書》的說法。但乾德祀譜中的太皞、女媧、炎帝也是三皇諸說之一，參見《風俗通義·皇霸》引《春秋運斗樞》。① 另外鄭玄注《禮記·明堂位》，講："女媧，三

---

　　① 應劭撰，王利器校注：《風俗通義校注》卷一，中華書局 1981 年版，第 2 頁。

皇承必義者。"唐孔穎達疏亦引《春秋運斗樞》作解。① 剩下的 5 人與《史記・五帝本紀》相符，也是五帝諸說的一種。其次，是北魏君主不同。這涉及北宋疆域，後文再述。

其二，時處三代以後的祭祀對象，在等級分佈上還有規律。天寶祀譜中屬於五德正統的開國君主(或奠基者)，都位於乾德祀譜前兩等。秦始皇非五德正統，北魏孝文帝非創業君主，列於第三等。② 乾德祀譜後續補充的人選，除唐前兩帝外都列入第三等。

所以，乾德祀譜以唐天寶祀譜爲基礎，在縱向上將朝代序列延伸到後晉；在橫向上增加部分朝代的君主人數，並按歷史地位區分等級。

最後，來看區分等級的內在意義。

從唐開元、天寶祀譜不同的功能側重點來看，乾德祀譜兼顧了昭示正統與崇德報功兩個層面的用意。一方面，在整體上，乾德祀譜由天寶祀譜擴展而來。而天寶祀譜是李唐對以往正統脉絡的梳理。③ 乾德祀譜中的任意一位君主，凡是在第一等中没有同朝君主的，則他本身代表其王朝的正統。乾德祀譜承襲了李唐的正統史觀，並向後接續。另一方面，具體到乾德祀譜第一等。唐開元祀譜繼承自顯慶制度。目的是對"有功烈於民"者施以"報功之祭"。④ 宋建隆祀譜 10 人是補充開元祀譜而來的。乾德祀譜第一等又補齊三皇五帝，增加李唐君主。那麼，乾德祀譜第一等就是符合《祭法》標準的聖賢君主，享受最高的祭祀、守陵待遇。其餘君主按照歷史地位劃分等級。所以，乾德祀譜通過劃分等級的方式將唐開元、天寶兩套制度糅合、重組在一起。

開寶、大中祥符、政和祀譜都以乾德祀譜爲基礎。分等施祭的規則爲它們所繼承。後增的祭祀對象，都是五代君主。所以，乾德祀譜的設計原則與象徵功能，近乎貫穿了整個北宋。

承襲天寶祀譜，意味着認可李唐確定的正統脉絡。承襲開元祀譜，代表着堅持崇德報功的原則。這兩項規則在北宋的延續與發展，造成了歷次祀譜的調

---

①　鄭玄注，孔穎達疏：《禮記正義》卷三一，阮元校刻：《十三經注疏》，中華書局1980 年版，第 1491 頁中欄。

②　說明：秦非五德正統的地位，在漢新之際的新五德終始說中便已確立。參見《漢書・律曆志》中收錄的《世經》，秦爲水德，"在周、漢木、火之間"，"非序也"。天寶祀譜中，自伏羲至隋，只有秦不在五德正統内。

③　吕博：《唐代德運之爭與正統問題——以"二王三恪"爲綫索》，《中國史研究》2012年第 4 期。

④　王溥：《唐會要》卷二二《前代帝王》，中華書局 1955 年版，第 429 頁。

整與變動。

二、北宋五份祀譜的變遷動因

在乾德祀譜的框架之下，祭祀對象的增減與等級調整比較瑣碎。結合表2-7、表2-8來看，乾德祀譜之後的主要變動有以下幾點：

其一，人選增加。祀譜中的核心序列是：三皇五帝、四王(禹、湯、文、武)，西漢、東漢與李唐的開國君主，共15人。他們位列第一等，享受最高待遇。非開國君主的商、周賢王4人至遲在真宗時與之並列；後周君主至遲在政和祀譜中進入第一等。

其二，政權增加。祭祀對象所代表的王朝，三皇五帝、三代、秦、西漢、東漢、曹魏、北周、隋、李唐、後唐、後晉，一直都在祀譜中。這個序列還在向後延伸，至遲到政和祀譜中，已囊括後晉、後周。參見表2-10。

其三，人選刪減。撤銷常祀的，有兩種情況。一種是取消東漢明帝、章帝、魏太祖，但東漢、曹魏依然在祀譜中。另一種是取消晉武帝、北魏孝文帝、後梁太祖，因同代再無他人享祀，故而三個朝代亦在祀譜中消失。

表 2-10　唐天寶祀譜與北宋祀譜中先代政權的對比

先代	三皇以前	三皇五帝	三代	秦	兩漢	東漢	曹魏	西晉	北魏	北周	隋	李唐	朱梁	後唐	後晉	後漢	後周
唐天寶祀譜	●	●	●	●	●	●	●	●	●	●	●	/	/	/	/	/	/
宋乾德祀譜	/	●	● ◎	◎	● ◎	● ◎	◎	◎	◎	◎	◎	●	◎	◎	◎	/	
宋開寶祀譜	/	●	● ◎	◎	● ◎	● ◎	◎	◎	◎	◎	◎	●	/	◎	◎	/	
宋政和祀譜	/	●	● ◎	◎	● ◎	● ◎	◎	/	◎	◎	◎	●	/	◎	◎	◎	●

説明：(1)先代政權中，有帝王在北宋祀譜第一等者，用"●"代表；有帝王在乾德祀譜第二、三等與開寶、政和祀譜第二等者，都用"◎"代表；無祭祀對象用"/"代表。(2)大中祥符祀譜不全，故不統計。

五份祀譜中相沿不變的人選，由選擇祭祀對象的基本規則決定。以上變化雖然都比較瑣碎，但基本上能從正統觀念、史評議論以及疆域範圍等時代因素進行解釋。

（一）北宋朝廷的正統觀念

祀譜變遷體現了北宋朝廷的正統史觀：一是延續李唐關於唐以前的正統史觀；二是昭示李唐以後的正統序列。

第一，承襲李唐正統史觀，表現在歷次祀譜對待六朝帝陵的態度上。

關於乾德祀譜中沒有六朝君主，《宋會要輯稿》中有一段解釋："東晉以降，六朝陵寢多在金陵、丹陽之間，皆可考識。制書不載者，當時江左未平耳。"①"金陵"就是孫吳、東晉、南朝的國都建康，今天的南京，也是南唐國都。南宋王明清《揮塵錄》在追述"祖宗朝重先代陵寢"時，也有一句基本相同的話。② 其意，乾德祀譜不涉及六朝，在於彼時南唐未平，鞭長莫及。廖宜方也認同此說。③

而實際情況並非如此。南唐於 975 年被兼併，此後的大中祥符、政和祀譜中也沒有六朝君主。

真正的原因在於北宋繼承了李唐的正統史觀。天寶祀譜代表了李唐對歷史發展脈絡的梳理，尤其是對南北朝正統地位的選擇；李唐以北朝爲正統，其土德歷運承西晉（金）、北魏（水）、北周（木）、隋（火）而來。④ 宋乾德祀譜是在天寶祀譜基礎上形成的。那麼，關於唐以前的正統王朝序列，北宋也就繼承了李唐的態度。即便是北方早定，像北齊這種被李唐排斥在正統外的王朝，也不在北宋的祀譜中。同理，不論是否平定南方，六朝君主都不會進入先代帝王祀譜。這是正統史觀的問題，與國土範圍沒有直接關係。

那句"制書不載者，當時江左未平耳"頗堪玩味。《揮塵錄》是王明清寫成於南宋乾道年間的筆記。慶元元年（1195），南宋朝廷爲修史需要，曾兩次發牒徵求此書。⑤ 今天所見的《宋會要輯稿》是清人從《永樂大典》中輯出的。而《永樂大典》中保存的《宋會要》底本，是南宋中後期張從祖、李心傳編修的《總

---

① 劉琳等校點：《宋會要輯稿》禮三八《守陵》，上海古籍出版社 2014 年版，第 1604 頁。

② 王明清：《揮塵錄》，中華書局 1961 年版，第 13 頁。

③ 廖宜方：《王權的祭典：傳統中國的帝王崇拜》，臺大出版中心 2020 年版，第 261 頁。

④ 吕博：《唐代德運之争與正統問題——以"二王三恪"爲綫索》，《中國史研究》2012 年第 4 期。

⑤ 王明清：《揮塵錄·實錄院牒》，中華書局 1961 年版，第 20～22 頁。

類國朝會要》，修成於開禧年間(1205—1207)，時在慶元之後。① 也就是説，這句話先由王明清提出，後被張從祖借鑒並編入了官修會要。

　　所以，這句話是南宋學人的解釋，不能代表北宋朝廷的態度。六朝在整個北宋都没有進入先代帝王祀譜。宋廷南渡之後，只能保有六朝舊地，半壁江山。此前"不入法眼"，而今"同病相憐"。以往的排斥情緒轉變爲一種複雜、曖昧的態度。所以，民間筆記、官修政書以"江左未平"爲"祖宗朝"開脱。

　　第二，開寶祀譜撤銷後梁太祖，反映了北宋朝廷對李唐之後歷史脉络的梳理。

　　北宋的先代帝王祀譜以唐天寶祀譜爲基礎，則天寶祀譜之後的五德歷運要繼續延展。宋的火德繼承李唐與後唐(土)、後晉(金)、後漢(水)、後周(木)而來。其中没有後梁。那麼，乾德祀譜爲何將後梁太祖列入第三等？

　　明朝人丘濬還對此提出過質疑。他認爲乾德祀譜"亦有未盡善者焉"："朱温篡弑其君，無復人理，而亦得預於景、武、玄、憲之列，則似無别矣。"②在丘濬看來，後梁太祖與第三等的漢、唐賢君並列，委實難解。

　　實際上，這與北宋評判後梁正僞的態度有關。據劉浦江考證，從後唐起，諸代皆不以後梁爲正統；但後周太祖曾在顯德元年(954)下令，不再視後梁爲僞；至北宋前期，關於五代正統問題的主要分歧就是後梁的正僞，而"在意識形態領域"，一般都斥後梁爲僞朝。③ 乾德祀譜頒行於 966 年，距顯德元年不遠。所以，將後梁太祖列入祀譜，應緣於宋初繼承了後周的正統史觀。

　　開寶祀譜取消後梁太祖，則體現了北宋朝廷的態度轉變。先代帝王祀譜兼顧昭示正統與崇德報功，使得後梁必然被撤銷。參見表 2-9，三代以後，只有秦與後梁不在五德正統内。參見表 2-7、表 2-8，除秦以外，開寶祀譜中的某朝某帝，凡有同朝君主在第一等的，則該帝有功績賢名；没有的，則該帝代表五德正統。後梁太祖既非五德正統，又無顯著功業，便没有繼續保留的必要。

　　第三，後漢、後周君主進入先代帝王祀譜，也與昭示正統有關。

　　至遲到《政和五禮新儀》中，後漢、後周君主被囊括進先代帝王祀譜。參考表 2-10，乾德、開寶祀譜都止於後晉。政和祀譜中，後漢君主居第二等，後

_____

　　① 　劉琳等校點：《宋會要輯稿·序言》，上海古籍出版社 2014 年版，第 9～10, 6 頁。

　　② 　丘濬：《大學衍義補》卷六二《治國平天下之要·秩祭祀·内外群祀之禮》，《景印文淵閣四庫全書》第 712 册，第 721 頁下欄～722 頁上欄。

　　③ 　劉浦江：《正統論下的五代史觀》，榮新江主編：《唐研究》第 11 卷，北京大學出版社 2005 年版，第 73～81 頁。

周君主居第一等。它們是五德更迭中必經的兩環，爲何遲遲没有進入先代帝王祀譜？

　　這與古代政權昭示正統地位來源的方法以及長期流行的"通三統"理念有關。兩漢、新莽以後，各朝會在前兩代正統王朝的宗室後裔中選立國賓，授予爵位，承認其禮儀獨立。這是二王三恪制度的一部分。前兩代正統王朝的君主由國賓自行祭祀，當政朝廷不予干預。這個禮制傳統在唐宋時被逐漸突破。對於前兩代君主的祭祀，也逐步被當政朝廷所掌握（詳見第四章）。唐天寶年間的先代帝王常祀曾涵蓋前兩代君主，但施行不久即被停止。據學者研究，二王三恪制度的消亡也在五代、北宋時期。① 這說明，"通三統"理論正在逐步淡出禮制設計，昭示正統來源的傳統方法正在轉變。

　　北宋朝廷處置後漢、後周帝陵的祭祀，正好處於這個轉變期。首先，後周立國時，後周太祖向後漢高祖睿陵行朝拜禮。② 北宋因循此例，朝拜後周太祖嵩陵、世宗慶陵。朝拜禮是當政者祭祀自家帝陵的禮儀，規格高於先代帝王祭祀。前一代王朝的帝陵能夠享受現政權帝陵的祭禮，彰顯了當政者尊崇前朝的態度，有助於穩定王朝更迭之際的政治秩序。到了淳化三年（992），北宋政權已經穩固，後周帝陵的朝拜禮被撤銷，從此比照先代帝王常祀施祭。③ 這只是比照行禮，並非進入其中。其次，因史料所限，景德四年（1007）之前北宋如何安排後漢睿陵的祭祀事務，是否也朝拜後漢睿陵？目前不清楚。最後，北宋只奉後周末帝、宗室爲國賓，後漢宗室並無類似待遇。

　　綜合以上綫索，筆者認爲，受"通三統"理念的影響，宋初朝拜後周帝陵的同時，也將後漢睿陵與先代帝王祀譜隔離開。至於宋初是否朝拜後漢睿陵，暫時無史可證。北宋崇奉後周，撤銷朝拜禮後，仍由掌管賓禮的鴻臚寺負責祭陵。④ 後漢睿陵既在先代帝王祀譜之外，又無後周帝陵的待遇，很可能處於一種無地位的狀態。因此，景德四年（1007）二月，宋真宗專門下詔："宜令河南府建漢祖廟，本府差官，以時致祭。"⑤這是在安排後漢高祖睿陵的祭祀。在不

---

① 謝元魯：《隋唐五代的特殊貴族——二王三恪》，《中國史研究》1994 年第 2 期。

② 王欽若等：《宋本册府元龜》卷一七四，中華書局 1989 年版，第 412 頁。

③ 歐陽修等：《太常因革禮》卷八〇《新禮十三》，《續修四庫全書》第 821 册，第 572 頁上欄。

④ 劉琳等校點：《宋會要輯稿》職官二五《鴻臚寺》，上海古籍出版社 2014 年版，第 3681 頁。

⑤ 《宋大詔令集》卷一五六《河南府建漢高祖廟詔》，中華書局 1962 年版，第 586 頁。

同文本中，此詔還有"仍編入《正辭録》"一句。① 前文已述，《正辭録》是北宋前期的祝文彙編，内有"歷代帝王祠"一項。後漢高祖可能在此時進入先代帝王祀譜。

所以，與二王三恪制度的衰亡相伴隨，後漢、後周君主進入先代帝王祀譜。至遲在政和祀譜中，後周帝王已居第一等，優於後漢高祖。這種差別，恰恰與北宋只奉後周宗室爲國賓相對應。

後漢、後周在先代帝王祀譜中從無到有，説明"通三統"理念昭示當政者正統地位的功能，正逐步讓渡給先代帝王祭祀。這個過程與二王三恪制度的衰亡相伴隨。"通三統"、分封國賓的舊理論、舊制度，逐步讓位給先代帝王祭禮。

(二)北宋時期的功德評論

宋代史評、史論較多。分等施祭本就包含功德評判的色彩。丘濬説："其品第之間，亦寓抑揚之意。後世人主鑒之，亦知所以自勉矣。"②所以，祭祀對象的等級調整與增減，也與北宋時期的史評議論有一定的關係。張琱、廖宜方已經有所論述，認爲分等祭祀先代帝王源於宋太祖以史爲鑒的意識。但值得注意的是，宋乾德祀譜以唐天寶祀譜爲前提梳理正統脉絡，在此基礎上借鑒唐開元祀譜，抬高聖王地位，踐行禮經崇德報功之義。因此，功德評論、史評史議與正統史觀相比，居於次位。

第一，至遲在大中祥符祀譜中，商中宗、高宗和周成王、康王進入第一等。

先看變動的時間。大中祥符祀譜見於宋真宗更定《正辭録》時。所以，可能在太宗朝編訂《正辭録》時(991)，商中宗等4人已經進入第一等。而且，開寶祀譜頒行於開寶四年(971)。兩年後，《開寶通禮》頒行，如今已佚失。其中的情況如何，不得而知。所以，他們進入第一等的時間大致在973—991年，時處北宋前期。先代帝王祀譜第一等只有開國君主的慣例被打破。

① 歐陽修等：《太常因革禮》卷八〇《新禮十三》，《續修四庫全書》第821册，第572頁下欄。有學者指出，《太常因革禮》録此詔在大中祥符四年二月，誤。參見曾棗莊、劉琳主編：《全宋文》第11册，上海辭書出版社2006年版，第279頁。

② 丘濬：《大學衍義補》卷六二《治國平天下之要·秩祭祀·内外群祀之禮》，《景印文淵閣四庫全書》第712册，第722頁。

　　抬高四賢王等級的確切原因，尚不清楚，但顯然與推崇三代的思潮有關。南宋朱熹曾有"國初人便已崇禮義，尊經術，欲復二帝三代"的判斷。余英時指出，"回向三代"的意識盛行於仁宗朝，並成爲北宋中後期士大夫革新政治、文化的理想號召。朱熹所謂的"國初"，便是仁宗時期。① 筆者認爲，商中宗等4人被調整至第一等，可作爲朱熹言論的一個佐證，是北宋前期推崇三代的思想在禮制設計中的表現。北宋中後期民間私立的商高宗廟碑曾追述，宋初廣祭前賢，"況三代聖王，以德稱宗，而道載乎六經、法通於萬世者"，必然享祀。② 作爲《尚書》中明載的賢君，③ 他們並非開國君主而能常居第一等，與推崇三代的思潮相呼應。

　　第二，至遲在政和祀譜中，晉武帝被撤銷。

　　還是從編製祀譜的兩個規則著眼。先看是否與正統觀念有關。北宋中期起，學界出現正統之辨，五德終始不再是判斷正統的唯一標準，基於道德的評判興起。④ 但從表2-10來看，最終只有晉與北魏被取消，北周仍被保留。若西晉、北魏不宜居正統，在功業上明顯遜色的北周必然也不能。所以，正統之辨對先代帝王祀譜的影響不大。再來考慮功德評判的問題。西晉惠、懷、愍三帝君位飄搖，晉武帝有開國、統一之功，是代表西晉的唯一合適人選。而關於西晉亂亡，北宋學人多有評論，如北宋中後期的呂陶、李新、蘇轍、何去非認爲，晉武帝對內施政心存僥倖，放任臣下致使政治敗壞，立嗣不善引起八王之亂；對外則防禦失當。總之，西晉禍亂實出自晉武帝。⑤ 這種議論不會只存在於學術著述中，呂、蘇、何三人都曾在中央任官。王朝的禮制設

---

① 余英時：《朱熹的歷史世界：宋代士大夫政治文化的研究》，生活·讀書·新知三聯書店2004年版，第189~198頁。

② 王汾：《修商王高宗廟碑》，《西華縣誌》卷一一，《中國地方志集成·河南府縣志輯》第37冊，上海書店出版社2013年版，第205頁。

③ 在《尚書》中，商中宗、商高宗的事蹟見於《無逸》篇。《説命》《高宗肜日》與商高宗有關。《尚書·周書》中與周成王相關的篇章有很多。周康王亦見於《顧命》《康王之誥》《畢命》等篇。

④ 饒宗頤：《中國史學上之正統論》，上海遠東出版社1996年版，第35~49頁；劉復生：《宋朝"火運"論略——兼談"五德轉移"政治學説的終結》，《歷史研究》1997年第3期。

⑤ 呂陶：《淨德集》卷一六《晉論》，《景印文淵閣四庫全書》第1098冊，第126~128頁；李新：《跨鼇集》卷一五《西晉論》，《景印文淵閣四庫全書》第1124冊，第518~519頁；蘇轍撰，陳宏天、高秀芳校點：《蘇轍集·欒城後集》卷九《歷代論三·晉武帝》，中華書局1990年版，第982~983頁；何去非：《何博士備論》卷下《晉論下》，《景印文淵閣四庫全書》第727冊，第161~163頁。

計勢必會受到這類評論的影響。所以，晉武帝不見於政和祀譜，應與史評欠佳有關。

第三，兩漢、李唐開國君主從乾德祀譜起長期位居第一等。

三代以後，宋之前，兩漢、李唐歷史地位顯要。"三代而下言治者，不過曰漢，曰唐。"①漢、唐國祚長久，"自三代以來，未有與之比隆者"②。這兩句話，並非文章的結論或斷語，而是用來起題、佐證的句子。所以，三代以後可稱道者唯有漢、唐，是當時人的共識。出於對國祚長久、治世承平的追求，正視漢、唐歷史，借鑒漢、唐經驗，就成了國家政治中不可缺少的内容。鄧小南指出："比隆漢唐，始終是深藏宋人心中的追求。"③宋代設計制度，參酌禮儀，皆離不開漢、唐歷史。太宗時，有人稱考績制度："三代而下，典章尚存；兩漢以還，沿革可見；至於唐室，此道尤精。"④仁宗時朝廷修定祭禮，"遠以襲商周之儀，近以沿漢唐之制"⑤。建隆祀譜在唐開元祀譜之後增加漢光武帝與唐太宗，就是將他們與五帝四王並列。從開寶祀譜起，將漢、唐開國君主放入第一等，待以聖王禮遇，成爲此後北宋的一貫態度。

(三)國土疆域等其他因素

第一，國土疆域。當政朝廷管控的國土範圍，是最現實、最客觀的因素。從乾德四年起，常祀先代帝王於先代陵寢處施祭。這就涉及陵寢位置與王朝疆域的關係。

因疆域問題而調整人選，有兩例：乾德祀譜承襲唐天寶祀譜而來，但用北魏孝文帝替換了道武帝；開寶祀譜中没有夏禹。廖宜方對此已有論述。⑥ 本書略作補充。開寶祀譜見於開寶四年(971)增置守陵戶的詔令。彼時，會稽禹陵

① 李新：《跨鼇集》卷一五《唐治不過兩漢論》，《景印文淵閣四庫全書》第 1124 冊，第 519 頁下欄。

② 李綱：《梁溪集》卷一五二《論秦隋勢之相似》，《景印文淵閣四庫全書》第 1126 冊，第 662 頁上欄。

③ 鄧小南：《祖宗之法：北宋前期政治述略》，生活·讀書·新知三聯書店 2006 年版，第 43 頁。

④ 《宋史》卷三〇四《梁鼎傳》，中華書局 1977 年版，第 10057 頁。

⑤ 李燾：《續資治通鑒長編》卷一一六，景佑二年五月庚子，中華書局 1979~1995 年版，第 2734 頁。

⑥ 廖宜方：《王權的祭典：傳統中國的帝王崇拜》，臺大出版中心 2020 年版，第 260、266 頁。

屬吳越國。吳越國名義上接受五代、北宋册封，到978年才納土歸宋。在乾德祀譜頒佈之前，北宋向吳越國下詔，提前安排禹陵的祭祀、守陵事宜。① 所以，夏禹雖在宋初祀譜中，但具體事務由吳越國辦理。因此，開寶四年的詔令没提到夏禹。道武帝葬於"盛樂金陵"。盛樂是拓跋部建國前的舊都，在今内蒙古和林格爾以北。② 北宋時，那裏歸遼朝管轄。北魏孝文帝非創業、開國君主，遂與秦始皇(非正統)並列於乾德祀譜的第三等。這種改變體現了乾德祀譜對於唐天寶祀譜的借鑒，也顯示了乾德祀譜通過劃分等級糅合、重組唐朝祀譜時的斟酌考量。

第二，其他禮儀項目的影響。政和祀譜中去掉黄帝，是因爲黄帝被奉爲北宋皇室始祖，不宜再作爲先代帝王施祭。大中祥符二年(1009)更定《正辭録》時，黄帝尚在先代帝王祀譜中。到大中祥符五年(1012)，宋真宗將黄帝奉爲趙氏聖祖，立景靈宮奉祀。鄧小南、湯勤福從不同角度出發，闡釋尊奉聖祖對於緩解政治危機、樹立統治權威的作用。③ 黄帝陵也隨之變成皇室祖先之陵。《政和五禮新儀》"大祀"中的"坊州朝獻聖祖儀"就是祭祀黄帝陵的儀軌。

第三，政和祀譜中没有北魏孝文帝，頗爲費解。在正統之辨中，北宋確有學者主張北魏不宜居正統，主要著眼於北魏的功業不佳(未能統一)。這可以參見歐陽修的論述。④ 祀譜的編訂是否受此影響，難以判斷。另外，將北魏與祀譜中的其他政權對比，也能發現矛盾之處。北魏(水德)是北朝正統的起點，上接西晉(金)，下接北周(木)、隋(火)。⑤ 在祀譜中删去北魏，便没有理由保留北周與隋。而且，即便是評論功業，黜北魏也必然會黜北周。政和祀譜取消孝文帝而保留北周文帝，殊不可解。所以，此問題姑且存疑。

---

① 李燾：《續資治通鑒長編》卷七，乾德四年九月丙午，中華書局1979~1995年版，第179頁。

② 内蒙古自治區文物工作隊：《和林格爾縣土城子試掘記要》，《文物》1961年第9期；宿白：《盛樂、平城一帶的拓跋鮮卑~北魏遺跡——鮮卑遺跡輯録之二》，《文物》1977年第11期。

③ 鄧小南：《祖宗之法：北宋前期政治述略》，生活·讀書·新知三聯書店2006年版，第312~319頁；湯勤福：《宋真宗"封禪滌恥"説質疑——論真宗朝統治危機與天書降臨、東封西祀之關係》，《河北大學學報》(哲學社會科學版)2019年第2期。

④ 歐陽修撰，李逸安點校：《歐陽修全集》卷一六《後魏論》，中華書局2001年版，第284頁。

⑤ 劉浦江：《南北朝的歷史遺產與隋唐時代的正統論》，《文史》2013年第2輯。

(四)南宋的先代帝王祭祀情況

目前，無法對南宋時期的先代帝王祭禮有一個整體把握，也沒能找到南宋的先代帝王祀譜。

南宋有關先代帝王祭祀的第一次命令，出現在紹興元年(1131)。當時，宋高宗駐蹕越州。有上言者建議："請春秋仲月祠禹於越州告成觀，饗越王勾踐於其廟，以范蠡配。移蹕則命郡祀如故事。"①皇帝在越州時，禹(越州告成觀)、越王勾踐享受仲春、仲秋兩祭。皇帝離開越州，則命令當地行禮。"如故事"，指北宋時期各地官府祭祀先代帝王的舊禮。

但是，在南宋重建國家祀典的過程中，先代帝王祭祀卻遲遲沒有進入其中。

南宋朝廷祀典從紹興七年(1137)起逐步恢復。該年五月，太常博士黃積厚上言稱"百神之祀，曠歲弗修"，建議恢復國家常祀。② 其所建議恢復的原有大、中、小祀共8項，沒提先代帝王。紹興十三年(1143)十一月，太常博士劉嶸指出，此前局勢動盪，"昨南渡草創，未能備物，凡遇大小祠祭，並權用奏告禮，一籩一豆，酒脯行事"③。奏告禮代替了以往的正式常祀儀程。而到此時，政局平穩，但祭祀儀程依然簡陋。因此，他建議厘正儀程時提出，"凡所謂大祀"，以及風、雨、雷神、嶽鎮海瀆、先蠶、先農之祭，"並先次復舊，其它以次舉行"④。但是先代帝王依舊未被提及。

即便已有提議，但在實際執行中，一些中祀項目遲遲沒有重回正軌。乾道四年(1168)，禮部員外郎李燾提議："祠祀舊典在紹興間悉已復行，所未復者惟嶽鎮海瀆、先農、先蠶、風、雨、雷師等八九所。"⑤這些項目仍然是"但告以酒脯"，行奏告之禮。因此，他建議"並復舊典"。但先代帝王同樣不在建議

① 劉琳等校點：《宋會要輯稿》禮二一《封祀諸神》，上海古籍出版社2014年版，第1082頁。

② 劉琳等校點：《宋會要輯稿》禮一四《群祀三》，上海古籍出版社2014年版，第783頁。

③ 劉琳等校點：《宋會要輯稿》禮一四《群祀三》，上海古籍出版社2014年版，第785頁。

④ 劉琳等校點：《宋會要輯稿》禮一四《群祀三》，上海古籍出版社2014年版，第785頁。

⑤ 劉琳等校點：《宋會要輯稿》禮一四《群祀三》，上海古籍出版社2014年版，第792頁。

之列。

直到淳熙元年(1174)重新擬定《祀令》，先代帝王祭祀才被恢復。"后土、嶽、鎮、海、瀆、先蠶、風師、雨師、雷神、五龍、前代帝王、武成王，爲中祀。"①但因史料所限，先代帝王祀譜不得而知。《中興禮書》中記載先代陵寢的一卷，今已佚。其內容不得而知。

先代帝王祭祀遲遲不受關注的原因在於，北方疆土的喪失使大多數先代帝陵都離開了南宋的控制範圍。根據《政和五禮新儀》，北宋最後確定的先代帝王祀譜有 38 人。只有炎帝、舜、禹的陵寢在南方。與其他常祀項目比起來，先代帝王祭祀受疆域變動的影響比較大。同時，北宋的先代帝王祀譜幾經變動，代表着北宋一代對正統歷史、功德聖主的認定。因北方疆土的丟失，原來象徵意義上的正統序列已經無法搭建。所以，先代帝王祭祀的重建，也不像其他常祀項目那樣簡單。

但炎帝、舜、禹三陵仍在南宋的疆域內。南宋復立崇義公，延續後周柴氏帝裔。雖然後周三陵都在鄭州，但是崇義公居衢州，仍可奉祀後周宗廟。而且，宋光宗紹熙二年(1191)，朝廷還曾經重新擬寫禹、周世宗的祝文。所以，周世宗也必然在先代帝王祀譜中。目前，只能對南宋的先代帝王祀譜做如此推論。

三、金朝祀譜與唐宋禮制的影響

目前未發現遼朝有編訂先代帝王祀譜的行爲。

金朝祭祀先代帝王的制度出現在章宗泰和年間。泰和四年(1204)二月，金朝首先建立祭祀三皇、五帝、四王的制度。② 每三年一祭於仲春之月。③ 這是首次設計，在祭祀時間上沿用了唐朝《開元禮》的規定。金朝將先代帝王祭祀列入中祀。儘管《大金集禮》中並未收錄祭祀先代帝王的儀程。但從已知信息中仍然可以發現，金朝的禮制設計參考了唐、宋尤其是北宋的制度。

首先，從祭祀地點來看，金朝祀譜在相當程度上因循了北宋制度。按照《金史·禮志八》，"伏犧於陳州""軒轅於坊州"，都是北宋祭祀伏羲、黄帝的地方。少昊祭於兗州，明顯是曲阜的少昊陵。北宋祀譜中没有少昊。但金朝循

---

① 劉琳等校點：《宋會要輯稿》禮一四《群祀三》，上海古籍出版社 2014 年版，第 795 頁。

② 《金史》卷一二《章宗本紀四》，中華書局 1975 年版，第 267 頁。

③ 《金史》卷三五《禮志八》，中華書局 1975 年版，第 818 頁。

宋例在陵寢處施祭。顓頊祭於開州，約今河南濮陽，即北宋祭祀顓頊之澶州。帝嚳祭於歸德府，約今河南商丘，即北宋祭祀帝嚳之應天府。祭成湯於河東南路的河中府，約今山西永濟、萬榮一帶。這與北宋祭祀成湯的慶成軍相符。"周文王、武王於京兆府"，不需細講。還剩下 4 人。帝堯祭於平陽府，屬於金河東南路，約今山西臨汾一帶。這與北宋《政和五禮新儀》中的濮州（約今山東鄄城）不符，但與唐《開元禮》祭堯的位置一樣。"神農於亳州"，約今河南亳縣；虞舜、夏禹在河中府（與成湯一致）。神農氏、虞舜、夏禹之陵都在金朝疆域以南，故而在北方另尋祭所。所以，北宋祀譜對於金朝禮制的影響是很明顯的。

其次，金朝太常寺議論先代帝王祝版的署名方法時，參酌過唐、宋制度。這次討論出現在泰和三年。太常寺首先援引唐《開元禮》、宋《開寶禮》中的有關規定。有官員認爲，"方嶽之神"是"有國所賴"，比較重要，值得皇帝在祝版中"御署"；"至於前古帝王，寥落杳茫，列於中祀亦已厚矣，不須御署"①。另有官員認爲，三皇、五帝、四王，"皆垂世立教之君""唐、宋致祭皆御署，而今降祝版不署，恐於禮未盡"。他們建議不由朝廷提供祝版，由各處按照學士院擬定的祝文行事。最終的決定是，仍由朝廷頒降祝版，而不必皇帝"御署"。徐潔將金朝的措施與唐、宋做簡要對比。她認爲，金朝祭祀先代帝王的規格比唐、宋要低，表明女真族在認同漢文化的過程中仍保留着自己的文化意識。② 該觀點有很強的合理性。上面廷臣的兩種意見，最終都指向"不御署"。圍繞先代帝王祝版是否需要"御署"的討論，代表了金朝廷對於先代帝王祭祀的基本態度。金統治階層對於上古聖君與所謂的上古治世，沒有中原王朝的那種景仰，但仍保有基本的尊崇態度。

再次，祀譜的擴展表明金朝繼承了北宋對先代政權的基本看法。先代帝王祀譜在當年的三月被擴展。金章宗"詔定前代帝王合致祭者"。"合致祭者"，就是"應該"或說"值得"由朝廷祭祀的人。換言之，甄選祭祀對象，必然涉及功德評判或正統評判。尚書省回奏："夏太康，殷太甲、太戊、武丁，周成王、康王、宣王，漢高祖、文、景、武、宣、光武、明帝、章帝，唐高祖、文皇一十七君致祭爲宜。"③這次增加了三代、漢、唐君主 17 人。其中，除了

---

① 《金史》卷三五《禮志八》，中華書局 1975 年版，第 819 頁。
② 徐潔：《金代祭禮研究》，吉林大學博士學位論文，2012 年，第 129～131 頁。
③ 《金史》卷一二《章宗本紀四》，中華書局 1975 年版，第 267～268 頁。

太康、太甲，其餘都在北宋祀譜中出現過。金朝祀譜共計 29 人。三皇五帝之外，只祭祀三代、漢、唐君主。這與北宋乾德、開寶、大中祥符祀譜第一等的王朝序列一致。這説明，金朝在評判以往朝代功業時，延續了北宋的基本態度。

該先代帝王祀譜不代表金朝對正統脉絡的梳理，而是金朝認同中原古史觀念、踐行禮經報功之義的禮制手段。學界以往認爲，金朝祭祀這些先代帝王意在承續中原王朝的正統。① 結合本書關於先代帝王祭禮功能的分析來看，此説尚需辨析。因爲在泰和二年（1202）時，金章宗將金朝歷運改爲土德，承接北宋火德。泰和四年的先代帝王祀譜涉及三皇五帝、三代、兩漢、李唐，顯然不是爲了梳理金朝之前的歷運傳承脉絡，而是按照中原的古史觀念推崇有功德的先代政權與聖帝明王。所以，金朝先代帝王祭禮的主要功能是踐行禮經崇德報功的規定，彰顯以儒治國的政治態度。

四、明朝祀譜的循舊與革新

明朝的先代陵寢祀譜不再區分等級。這是對北宋祀譜的一個改變。明初，明朝廷便"令郡縣訪求應祀神祇"，包括名山大川、聖帝明王、忠臣烈士"凡有功於國家及惠愛在民者"，編製祀典。② 所有陵寢的祭祀、守陵規格一致。

（一）歷次先代陵寢祀譜的設計

首次設計先代陵寢祀譜，在洪武三年（1370）。明太祖"遣使訪求古帝王陵寢"。各地彙報，"具圖所在帝王諸陵凡七十有九"。禮官"考其功德昭著者"36人。明朝廷對這 36 處陵寢的祭祀、修護事務做了規定。由中央派遣"秘書監丞陶誼"等人前往各地辦理；爲先代帝陵製造"袞冕、服函、香幣"等物；"每陵以白金二十五兩"，用於修復陵寢、陵廟，"無廟者設壇以祭"；"仍令有司禁樵採歲時祭祀以爲常，牲用大牢"③。此外，明太祖還爲這些帝陵撰寫了祝文。

這些祝文體現了明太祖對先代帝王不同的尊崇程度。明太祖有意抬高三皇

---

① 宋德金：《金章宗簡論》，《民族研究》1988 年第 4 期。

② 申時行等修，趙用賢等撰：《大明會典》卷九三《有司祀典上·帝王陵寢》，《續修四庫全書》第 790 册，第 628 頁下欄。

③ 《明太祖實録》卷五九，洪武三年十二月庚午，臺灣"中央研究院"歷史語言研究所 1962 年版，第 1159 頁。

的地位，而後對堯、舜表示崇敬。其餘君主的祝文則没有區别。這只是明太祖在建國初告祭先代帝王時的態度。此後的祀譜編訂與制度設計中，並未刻意區分高低。

　　對於祭祀對象的甄選也不是一次完成的。

　　明太祖以罷祀郡縣三皇廟爲契機，重定先代陵寢祀譜。洪武四年（1371），明太祖認爲，元朝三皇廟，"前代帝王大臣皆不親祭，徒委之醫藥之流，且令郡縣通祀，豈不褻瀆"①。早在元末至正九年（1349），元朝廷根據文殊訥的建議，更改大都的三皇廟祭禮，不再由醫官主祭，改派中書省官員代祭。② 也就是説，元大都内三皇廟的性質已經改變。"先醫"的色彩被淡化。明太祖此處説的"令郡縣通祀"，是針對各郡縣保留的元朝三皇廟而言。經禮部、翰林院等部門裁定，元朝此舉"甚非禮也"。明太祖命令："自今命天下郡縣毋得褻祀，止命有司祭於陵寢。"③各地的三皇廟被取締。三皇的祭祀被固定於各自陵寢中。緊接着，明太祖又向禮部提出要求：

　　　　古先聖帝賢王，以及歷代帝王曾主中原、安人民者，皆春秋祭祀。偏方之君雖賢不祭，主中原而昏愚者亦不祭。④

據此，進入祀譜要滿足一定的條件。除了"古先聖帝先王"之外，入選者必須是"主中原、安人民"、非"偏方"與"昏愚"者，才能由朝廷施祭。"偏方之君"，即未能統一中原的君主，"雖賢不祭"。明確規定祭祀對象要"主中原"，與歐陽修的正統理論吻合。禮部復議，"合祀帝王三十五"。這是第二次設計。

　　這也説明，宋代出現的基於道德評判的正統史觀，在明代已經被統治階層所接受。

　　此後，祀譜又出現過調整。據《明史·禮志》，"視前去周宣王，漢明帝、

①　《明太祖實録》卷六二，洪武四年三月丁未，臺灣"中央研究院"歷史語言研究所1962年版，第1200頁。

②　《元史》卷七七《祭祀志六》，中華書局1976年版，第1915頁。

③　《明太祖實録》卷六二，洪武四年三月丁未，臺灣"中央研究院"歷史語言研究所1962年版，第1200頁。

④　《明太祖實録》卷六二，洪武四年三月丁未，臺灣"中央研究院"歷史語言研究所1962年版，第1200頁。

章帝，而增祀媧皇於趙城，後魏文帝於富平，元世祖於順天，及宋理宗於會稽，凡三十六帝。後又增祀隋高祖於扶風，而理宗仍罷祀"①。另據萬曆年間《大明會典》所載"帝王陵寢"祀譜，其中有宋理宗，隋高祖是"有司自饗，不在三十六陵内"②。萬曆朝《大明會典》記載的應該是最終制度。也就是説，在隋高祖、宋理宗是否進入祀譜的問題上，出現過變動。

上述三份祀譜——洪武三年十二月的 36 帝、洪武四年二月的 35 帝，以及萬曆朝《大明會典》更定的 36 帝，可以列表比較，如表 2-11 所示。

表 2-11　明洪武三年、洪武四年與《大明會典》的先代陵寢祀譜對比

先代	帝王（陵寢位置）	洪武三年祀譜	洪武四年祀譜	萬曆朝《大明會典》祀譜
五帝前	伏羲（河南陳州）	●	●	●
	媧皇（山西趙城縣）	/	/	●③
	神農（湖廣酈縣）	●	●	●
	黃帝（陝西中部縣）	●	●	●
五帝	少昊（山東曲阜縣）	●	●	●
	顓頊（北平滑州）	●	●	●
	帝譽（北平滑州）	●	●	●
	堯（山東須成縣）	●	●	●
	舜（湖廣寧遠縣）	●	●	●
夏	夏禹（浙江會稽）	●	●	●
商	商湯（山西榮河）	●	●	●
	中宗（北平内黃縣）	●	●	●
	高宗（河南陳州）	●	●	●

---

① 《明史》卷五〇《禮志四》，中華書局 1974 年版，第 1292 頁。

② 申時行等修，趙用賢等纂：《大明會典》卷九三《有司祀典上·帝王陵寢》，《續修四庫全書》第 790 册，第 627~628 頁。

③ 將女媧陵納入祀典，在洪武十六年。參見《明太祖實録》卷 155，洪武十六年秋七月壬子，臺灣"中央研究院"歷史語言研究所 1962 年版，第 2418 頁。

續表

先代	帝王(陵寢位置)	洪武三年祀譜	洪武四年祀譜	萬曆朝《大明會典》祀譜
西周	周文王(陝西咸陽縣)	●	●	●
	武王(陝西咸陽縣)	●	●	●
	成王(陝西咸陽縣)	●	●	●
	康王(陝西咸陽縣)	●	●	●
	宣王(陝西咸陽縣)	/	●	/
西漢	漢高祖(陝西咸陽縣)	●	●	●
	文帝(陝西咸陽縣)	●	●	●
	景帝(陝西咸陽縣)	●	●	●
	武帝(陝西興平縣)	●	●	●
	宣帝(陝西長安縣)	/	●	●
東漢	光武(河南孟津縣)	●	●	●
	明帝(河南洛陽縣)	●	●	/
	章帝(河南洛陽縣)	●	●	
後魏	後魏文帝(陝西富平縣)	●	/	●
隋	隋高祖(陝西扶風縣)	●	/	●(有司自饗)①
唐	唐高祖(陝西三原縣)	●	●	●
	太宗(陝西醴泉縣)	●	●	●
	憲宗(陝西蒲城縣)	●	●	●
	宣宗(陝西涇陽縣)	●	●	●
後周	周世宗(河南鄭州)	●	●	●
北宋	宋太祖(河南鞏縣)	●	●	●
	太宗(河南鞏縣)	●	●	●
	真宗(河南鞏縣)	●	●	●
	仁宗(河南鞏縣)	●	●	●

---

　　① "隋高祖"之下有標注："有司自饗，不在三十六陵内。"參見申時行等修，趙用賢等纂：《大明會典》卷九三《有司祀典上·帝王陵寢》，《續修四庫全書》第 790 册，第 628 頁上欄。

先代	帝王(陵寢位置)	洪武三年祀譜	洪武四年祀譜	萬曆朝《大明會典》祀譜
南宋	孝宗(浙江會稽)	●	●	●
	理宗(浙江會稽)	●	/	●
元	元世祖(順天府)	/	/	●(嘉靖中罷)①
小計	/	36	35	36(計隋高祖在内，37)

說明：表中信息出自《明太祖實録》卷五九、《明太祖實録》卷六一、《大明會典》卷九三。

(二)對先代陵寢祀譜人選的分析

洪武四年祀譜基本符合明太祖的要求，但也有明顯不符之處。一方面，明太祖要求，入祀者必須是"主中原、安人民"、非"偏方"與"昏愚"者。新增的周宣王、漢宣帝符合這個條件。隋高祖原本符合，但被撤銷。另一方面，明太祖要求"偏方之君"不在享祀之列。西魏文帝、宋理宗因此被取消。但周世宗、宋孝宗明顯不符，卻被保留下來。後來，隋高祖與宋理宗又被納入其中。而且，隋高祖不在"三十六陵"的祀譜内。

這種安排雖然不完全符合明太祖要求，但依舊被認可實施。本書認爲，其中或許有兩方面的因素。

其一，基於道德評判的正統史觀爲明統治階層所接受。統一中原、年代久遠的王朝必然更受重視。這就是"主中原、安人民"的由來。"安人民"，實際上是指帝王有功德。三皇五帝、三代之後，兩漢、李唐與趙宋版圖遼闊，年代久遠。享祀的君主也比較多。隋高祖被撤出祀譜，與隋朝國祚短暫有關。

其二，三代、兩漢、李唐、北宋的國都、帝陵皆在北方，而明初以南京爲都。有可能受此影響，葬於南方的宋孝宗、理宗也被納入祀譜。而且，理宗陵寢的重葬，是在明太祖直接關切下進行的。南宋滅亡後，楊輦真伽等人發掘南宋帝陵，宋理宗的頂骨被製作成酒器。明太祖認爲，"南渡諸君無大失德"，遣人找到遺骨後，於洪武三年六月令紹興府重葬於理宗永穆陵。② 或許是地緣

---

① "元世祖"之下有標注："嘉靖中罷。"申時行等修，趙用賢等纂：《大明會典》卷九三《有司祀典上·帝王陵寢》，《續修四庫全書》第790册，第628頁下欄。

② 《明太祖實録》卷五三，洪武三年六月庚辰，臺灣"中央研究院"歷史語言研究所1962年版，第1050~1051頁。

因素，南宋孝宗、理宗也進入祀譜中。

元世祖在先代陵寢祀譜中的存廢，與明朝正統史觀有關。學界對明朝歷代帝王廟祭祀與罷祀元世祖的問題已有討論。筆者對先代陵寢祀譜的問題略做補充。

明初爲了祭祀元世祖陵，採取了立廟代陵的方式。北宋將勝朝君主列入先代帝王祀譜的做法在明朝得以承襲。洪武年間歷代帝王廟的人選，也是如此。但是，元朝帝陵採用蒙古潛埋之俗。① 元世祖陵寢究竟在何處，無法確定。嘉靖年間，陳棐提出：在明朝廷常祀的所有先代陵寢中，"惟順天府所祭元世祖陵，臣遍考廞器，絕無陵所"，"今遇每祭，但權於府西廟北，掃階席幄以畢事"②。洪武六年（1373），朝廷有令："仍命於北平立元世祖廟。"③據《大明會典》，該廟，"洪武初年建，每歲二八月中旬擇日，遣順天府官祭，嘉靖二十四年罷"④。陳棐所提到的"府西廟北"之"廟"，應指此廟。洪武年間設此廟，就是爲了彌補無陵的缺陷，滿足祭陵的需要。

但在嘉靖年間，先代陵寢祀譜又將元世祖撤銷。關於帝王廟祭祀與罷祀元世祖的問題，趙克生已有深入研究。在帝王廟中祭祀元世祖，是明初統治者確立政權合法性的需要，用以彰顯元、明之間正統地位的傳承。明中期以後，民族矛盾加劇、邊患漸重，造成"華夷之辨"的意識重新抬頭。明朝廷遂在帝王廟中罷祀元世祖。⑤ 明世宗下令："元本胡夷，又甚於五季者，帝王廟並墓祭，俱黜罷。"⑥元世祖入祀帝王廟並被罷祀，與其在先代陵寢祀譜中的情況一樣。

綜上所述，正統史觀理據的改變，民族因素的凸顯，是明朝祀譜的兩大特點。明朝的先代陵寢祀譜大致成形於洪武年間。此後幾乎沒有大的改動。從祀譜人選上看，明朝廷對於北宋之前君主的選擇，基本上沒有超出北宋祀譜的範圍。從祀譜的功能來看，仍舊是在梳理歷史上的正統王朝。但此時的正統史觀

① 楊寬：《中國古代陵寢制度史研究》，上海古籍出版社 1985 年版，第 62 頁。

② 孫旬：《皇明疏鈔》卷四八《禮儀四》，《續修四庫全書》第 464 冊，第 403 頁下欄～404 頁上欄。

③ 《明太祖實錄》卷八六，洪武六年十一月癸丑，臺灣"中央研究院"歷史語言研究所1962 年版，第 1527 頁。

④ 申時行等修，趙用賢等纂：《大明會典》卷九三《有司祀典上·帝王陵寢》，《續修四庫全書》第 790 冊，第 625 頁。

⑤ 趙克生：《明朝嘉靖時期國家祭禮改制》，社會科學文獻出版社 2006 年版，第130～141 頁。

⑥ 《明世宗實錄》卷二九六，嘉靖二十四年二月庚子，臺灣"中央研究院"歷史語言研究所 1962 年版，第 5652 頁。

已經發生變化，由五德推演轉變爲功德評判。對於正統王朝的梳理，不需要再嚴格排列五德歷運的順序。所以，祀譜中宋之前的朝代數量比北宋祀譜中的要少。這兩點都説明，宋、明祀譜之間有内在的延續性。

五、清朝祀譜與明朝禮制的影響

清朝先代陵寢祀譜在很大程度上因循了明朝制度。基於道德評判的正統史觀仍在延續，祀譜編製中的民族色彩被擴大。

(一)清朝祀譜對明朝的承襲

清朝的先代陵寢祀譜製定於順治初年。① 此後沒有重大變動。現將《大明會典》的祀譜與清朝祀譜比較如，見表 2-12。

表 2-12　明、清兩朝先代陵寢祀譜的對比

先代	帝王(陵寢位置)	萬曆朝《大明會典》祀譜	清順治祀譜
五帝前	伏羲(明河南陳州/清河南懷寧縣)	●	●1
	媧皇(山西趙城縣)	●	●2
	神農(湖廣酃縣)	●	●3
	黄帝(明陝西延安府/清陝西中部縣)	●	●4
五帝	少昊(山東曲阜縣)		●5
	顓頊(明直隸滑州/清河南滑縣)	●	●6
	高辛(明直隸滑州/清河南滑縣)	●	●7
	唐堯(山東東平州)	●	●8
	虞舜(湖廣寧遠縣)	●	●9

① 《欽定大清會典則例》卷八二，《景印文淵閣四庫全書》第 622 册，第 567 頁下欄~568 頁下欄。另據《清史稿》卷八四《禮志三》，"帝王陵寢祀典"定於順治八年(1651 年)。祀譜人選與《大明會典則例》沒有區别。或是順治八年，清朝廷對此祀譜又有重申。根據《清世祖實録》，順治八年並未釐定祀譜。另外，根據《欽定大清會典則例》卷八二中的"因事遣祭帝王陵寢"一部分，順治八年時，"世祖章皇帝親政，遣各部院侍郎以下四品以上堂官致祭帝王陵寢。分爲七處，遣官七人"。祭祀對象與上面所列 40 陵同(參見該書卷 82，第 564 頁下欄~565 頁上欄)。也就是説，《清史稿·禮志三》所稱順治八年"定帝王陵寢祀典"，可能是指清世祖親政遣祭的這次。

續表

先代	帝王（陵寢位置）	萬曆朝《大明會典》祀譜	清順治祀譜
夏	夏禹（浙江會稽縣）	●	●10
商	商湯（山西榮河縣）	●	●11
	中宗（明直隸內黃縣/清河南內黃縣）	●	●12
	高宗（明河南陳州/清河南西華縣）	●	●13
西周	周文王（明陝西西安府/清陝西咸陽縣）	●	●14
	武王（明陝西西安府/清陝西咸陽縣）	●	●15
	成王（明陝西西安府/清陝西咸陽縣）	●	●16
	康王（明陝西西安府/清陝西咸陽縣）	●	●17
西漢	漢高祖（明陝西西安府/清陝西涇陽縣）	●	●18
	文帝（陝西咸寧縣）	●	●19
	景帝（陝西西安府）	●	/
	武帝（陝西興平縣）	●	/
	宣帝（陝西長安縣）	●	●20
東漢	漢光武（河南孟津縣）	●	●21
後魏	後魏文帝（陝西富平縣）	●	●22
隋	隋高祖（陝西扶風縣）	●（有司自享,不在 36 陵內）	/
唐	唐高祖（陝西三原縣）	●	●23
	太宗（陝西醴泉縣）	●	●24
	憲宗（陝西蒲城縣）	●	●25
	宣宗（陝西涇陽縣）	●	●26
後周	周世宗（河南鄭州）	●	●27
北宋	宋太祖（河南鞏縣）	●	●28
	太宗（河南鞏縣）	●	●29
	真宗（河南鞏縣）	●	●30
	仁宗（河南鞏縣）	●	●31
南宋	孝宗（浙江會稽縣）	●	/
	理宗（浙江會稽縣）	●	/

續表

先代	帝王(陵寢位置)	萬曆朝《大明會典》祀譜	清順治祀譜
遼	遼太祖(清遼東廣甯衛)	/	●
金	金太祖(清順天房山縣)	/	●
金	世宗(清順天房山縣)	/	●
元	元太祖(清順天宛平縣望祭)	/	●
元	世祖(明順天府～清順天宛平縣望祭)	●(嘉靖中罷)	●32
明	明太祖(清江南江甯縣)		●
明	宣宗(清順天昌平州)		●
明	孝宗(清順天昌平州)		●
明	世宗(清順天昌平州)		●
小計		36(計隋高祖在內，37)	40

説明：(1)表中信息出自明萬曆《大明會典》卷九三、清乾隆《欽定大清會典則例》卷八二。地點按照原文書寫。(2)凡重複的人選，陵寢都不變。只是明、清的名稱不同，或者《大明會典》寫到州一級而《大清會典則例》寫到縣一級。(3)清朝祀譜中與明朝祀譜相同的先代帝陵，後面標記數位。

　　清朝的先代陵寢祀譜與明朝相比，祀譜人選有所增多。但沿襲明朝的部分佔了80%(32/40)。另外，清朝的祀譜還有兩個特點。

　　其一，五帝之後各朝帝王都控制在4人以內。君主比較多的朝代中，西漢、東漢共4人，李唐4人，宋4人(取消了南宋君主)，明4人。

　　其二，增加北方民族政權——遼、金、元三朝君主，不再祭祀南宋君主。明朝廷對於遼、金、元三代，只在順天府祭祀元世祖一人，且於嘉靖年間罷祀。在陳棐的上疏中，元朝帝陵位置不明，是應該裁撤的原因之一。清朝把遼、金、元三代都列入祀譜，並明確規定對元太祖、元世祖行望祭禮。被明朝臣批評爲不合禮法的"望祭元陵"，此時變成了祀譜明載的要求。這不僅是北方民族政權的共同特點使然，更是清朝廷向蒙古諸部示好的表現。

　　在具體制度上，祭祀時間爲"每歲春秋仲月諏吉"，在二月、八月選擇吉日。祭品、祭器是："帛一、羊一、豕一、登一、鉶二、簠簋各二、籩豆各十、尊一、爵三"，祭牲用少牢。還要求"府、州、縣正印官承祭行禮"①，即

① 《欽定大清會典則例》卷八二，《景印文淵閣四庫全書》第622冊，第568頁下欄。

當地行政長官施祭。

（二）清朝對於金朝帝陵的特殊態度

除了明朝帝陵，清朝廷對金代帝陵尤爲重視。清朝祭祀明朝帝陵的情況在第四章中詳述。順治元年七月，清軍剛入北京兩月，"遣官往房山訪金朝陵寢，仍繪圖進覽"①。順治二年，"定房山縣金代陵寢，春秋常祭加以太牢"②。祀典要求，祭先代陵寢用少牢。金朝帝陵用太牢，無疑是地位尊崇的表現。

清朝廷對於金朝帝陵的特殊"關愛"，背後是女真族的歷史淵源。鄭天挺先生曾考證，清高宗對"完顏"與"愛新"的解說表明，"金、清兩代關係不在同姓氏而在同部族"③。另據姚念慈考證，清太祖時期，後金統治階層毫不諱言金朝與自己之間的淵源；而到了清太宗早期，爲避免勾起漢族"歷史上的民族仇恨"（金滅北宋），有意回避；但在改族名爲"滿洲"前後，又稱金女真是滿人遠祖，目的在於宣揚輝煌歷史，增強本民族的凝聚力與自信心。④ 清朝廷對於金帝陵的態度，與後唐修護、祭祀李唐帝陵，後漢尊崇兩漢帝陵，十分相似。

但是，清朝廷始終將金朝視作"先代"，而非自己政權的前身，也未將金朝皇室作爲自己皇室的直系祖先。五代時期，後唐將李唐君主供入宗廟，後漢將漢高祖、光武帝放進宗廟（詳見第四章）。與之相比，清統治階層更顯客觀理智。究其原因，這是政治實力使然。後唐、後漢尋李唐、兩漢自誇，借歷史上的大一統王朝作爲自己正統地位的輿論根基。清朝自順治年間開始，版圖遠邁金朝，故而沒必要托金自立。

（三）清朝祀譜的調整

先代陵寢祀譜在順治朝確定之後，再無大的變動，只有一些小的調整。

第一，堯陵的位置變動。乾隆元年（1736），清朝廷更改祀典中的堯陵位置，由山東東平改爲"濮州城東南六十里，古雷澤之東地爲轂林"，設守陵户，此後遣官祭祀堯陵即往該處。原來的東平堯陵，被認證爲"或係昔時衣冠弓劍

---

① 《清世祖實録》卷六，順治元年秋七月甲辰，中華書局 1985 年版，第 70 頁上欄。

② 《欽定大清會典則例》卷八二，《景印文淵閣四庫全書》第 622 册，第 568 頁下欄。

③ 鄭天挺：《清代皇室之氏族與血系》，《清史探微》，北京大學出版社 1999 年版，第 13 頁。

④ 姚念慈：《康熙盛世與帝王心術：評"自古得天下之正莫如我朝"》，生活・讀書・新知三聯書店 2015 年版，第 200~202 頁。

之所藏"，但仍然由當地官府按時祭祀。① 所以，在光緒朝《大清會典》中，"帝堯陶唐氏祭於山東濮州及東平州"②。乾隆四十一年(1776)，清朝廷命令，平陽堯陵(原濟陰城陽)與東平堯陵一樣，也由當地官府以時致祭。③

第二，伏羲的祭祀地點也變成了兩處。根據光緒朝《大清會典》，是河南懷寧縣、甘肅秦州。據載，甘肅秦州的伏羲廟，是明朝廷於正德十一年(1516)設立的。④

第三，光緒朝《大清會典》中，明朝君主只有明太祖、宣宗、孝宗，取消了明世宗。撤銷明世宗陵的常祀，在乾隆二十六年(1761)。原因是他"戮忠親佞，實與史合，應停饗祀"⑤。

第四，望祭元太祖、元世祖的地點出現調整。按照清朝祀典規定，在宛平縣行望祭。但此後，"遇有典禮，即在德勝門外望北舉行祭禮"成爲慣例。康熙年間起，清朝廷相繼修暢春園、圓明園。位置都在德勝門以北。嘉慶十四年(1809)，清仁宗突然發現，"此時若仍行照舊，則望祭地方，轉在御園南"。易言之，望祭元朝皇帝陵寢，正對着清朝皇帝的院落，"於體制殊覺未協"。此後改爲："清河以北，昌平州以南，仍系宛平縣所轄界內，擇地舉行望祭。"⑥

除此之外，清朝規定，除了浙江會稽祭祀夏禹之外，"江南、河南濱河州縣"也要施祭。⑦ 禹陵本就在江南，且江南水網密佈。所謂"河南濱河州縣"，是指黃泛區而言。清朝廷治理黃河歷時久，投入大。治河不僅是應對水患的需要，更成了一項政治文化傳統。⑧ 擴大祭禹的地域範圍，與清朝的河務政策相關。

綜上，清朝先代陵寢在因循明禮的同時，對北方民族政權有所側重。祀譜

---

① 《欽定大清會典則例》卷八二，《景印文淵閣四庫全書》第 622 册，第 568 頁下欄。

② 昆岡等修，吳樹梅等纂：《欽定大清會典》卷三六《祠祭清吏司》，《續修四庫全書》第 794 册，第 338 頁下欄。

③ 昆岡等修，劉啟端等纂：《欽定大清會典事例》卷四三五《禮部·中祀·直省祭帝王陵廟》，《續修四庫全書》第 804 册，第 823 頁下欄。

④ 據《明史》卷五〇《禮志四》記載："正德十一年，立伏羲氏廟於秦州。秦州，古成紀地，從巡按御史馮時雄奏也。"

⑤ 《清史稿》卷八四《禮志三》，中華書局 1976 年版，第 2531 頁。

⑥ 昆岡等修，劉啟端等纂：《欽定大清會典事例》卷四三五《禮部·中祀·直省祭帝王陵廟》，《續修四庫全書》第 804 册，第 820 頁下欄。

⑦ 昆岡等修，吳樹梅等纂：《欽定大清會典》卷三五《祠祭清吏司》，《續修四庫全書》第 794 册，第 338 頁下欄。

⑧ 賈國靜：《"治河即所以保漕"——清代黃河治理的政治意蘊探析》，《歷史研究》2018 年第 5 期。

人選因循明朝祀譜的占 80% 之多。而增加的内容，除了增祀明帝陵，便是增加了遼、金、元三朝君主。應該承認，增加北方民族政權，是清統治階層民族屬性使然。但大規模地承襲明朝祀譜，則是自覺向中原治統脉絡、古史觀念、禮制傳統靠攏的表現。

第四節　明清時期的國都帝王廟祀譜

與先代陵寢祀譜並列，明、清時期還有歷代帝王廟祀譜。從明初開始，當政朝廷常祀先代帝王的制度分兩部分，一是祭祀國都的歷代帝王廟（屬於朝廷祀典的中祀），二是由各地祭祀先代陵寢（屬於"有司祀典"，即地方祀典）。兩種祀譜的編製，没有刻意的對應關係。

當政朝廷爲先代帝王在國都立總廟，並不是明朝首創。王莽將夏、商、周、漢開國君主作爲"皇始祖考"虞舜的配享，祭祀於明堂。但這是當政君主祭祖的附屬項目。唐天寶年間在長安設三皇五帝廟、三皇以前帝王廟。它們與分散各地的其他帝王共同組成一套祀譜。但是，從禮制史上的地位來看，明朝的歷代帝王廟無疑更重要。

關於明朝設置國都帝王廟的淵源，雷聞從兩個方面來論述。一方面，在國都爲先代帝王立總廟，與"漢成帝以來郊廟禮制改革的方向——中央化和儒家化"是一致的。另一方面，先代帝王常祀突破了《祭法》的範圍，不再局限於上古聖王。這是"自隋代該祭祀從'聖賢'到'帝王'性質之轉折的繼續發展"①。受此趨勢的影響，明朝廟祭的對象才貫通了上古到元朝。

本書在贊同該觀點的基礎上，還闡明了兩個問題。其一，帝王廟的出現與唐、宋、元禮制之間有明顯因革關係。其二，帝王廟祀譜在禮儀空間上的呈現，與宗廟中的神位規則類似，還體現了當政朝廷的政治取向。圍繞明朝之前的先代帝王祭祀，學界研究比較匱乏。而關於明、清兩朝，尤其是關於帝王廟的研究，已經湧現了大量成果。本節在爬梳已有論斷的基礎上，更多的是補充性工作。

一、帝王廟對前朝舊禮的承襲與明朝祀譜的淵源

在創建歷代帝王廟之前，明朝延續過元朝的三皇廟祭禮。因此，考察帝王

---

① 雷聞：《郊廟之外：隋唐國家祭祀與宗教》，生活·讀書·新知三聯書店 2009 年版，第 83 頁。

廟的設置緣由，有必要追溯元朝的三皇廟制度。①

(一) 明初對元朝三皇廟的因革

元朝的三皇廟最初是以祭祀醫家先師爲目的，且在元末發生了轉變。從元貞元年 (1295) 起，元朝廷命各郡縣皆立三皇廟。伏羲、神農、黃帝各有配享，並以名醫十人從祀，由醫官主祭。顧頡剛先生、范家偉對此已有論述。② 元大都的三皇廟，性質與各郡縣的一致。到了元末至正九年 (1349)，文殊訥上奏："京師每歲春秋祀事，命太醫官主祭，揆禮未稱。"③這是針對元京師 (即大都) 三皇廟的建議。元朝廷因此做了更改：不再由醫官主祭，改派中書省官員代祭；仍仿照釋奠禮，完善禮器、雅樂、儀程。換言之，元末，大都三皇廟的性質已經改變，三皇"先醫"的身份被淡化，轉而與唐之三皇五帝廟類似。

明初延續了元朝的京師三皇廟祭禮，並稍作調整。洪武元年 (1368)，中書省與禮部奏議祀典："天子親祀圜丘、方丘、宗廟、社稷，若京師三皇、孔子、風雲雷雨、聖帝明王、忠臣烈士先賢等祀，則遣官致祭。"④"京師三皇廟"在祀典之列，由皇帝遣官施祭。洪武二年，"命以句芒、祝融、風后、力牧左右配"，"十大名醫從祀"。⑤ 也就是說，南京三皇廟的祭祀對象仍是醫家祖師、名醫的性質。但是，當時除了神農的祝文有"百草是嘗，功濟萬世"一句，伏羲、黃帝、四個配享的祝文中都不曾涉及醫藥。⑥ 也就是說，國都三皇

---

① 元朝的三皇廟祭禮以祭祀醫家先師爲目的，不在本書的研究之內。但因其與帝王廟的設置有順承關係，故而需要略作追述。

② 顧頡剛、楊向奎：《三皇考》，呂思勉、童書業編著：《古史辨》第 7 册 (中)，上海古籍出版社 1982 年版，第 258~268 頁；范家偉：《元代三皇廟與宋金元醫學發展》，《漢學研究》第 34 卷第 3 期，2016 年。

③ 《元史》卷七七《祭祀志六》，中華書局 1976 年版，第 1915 頁。

④ 《明太祖實錄》卷三六上，洪武元年十一月丙午，臺灣"中央研究院"歷史語言研究所 1962 年版，第 668 頁。

⑤ 《明史》卷五〇《禮志四》，中華書局 1974 年版，第 1294 頁。

⑥ 太昊祝文中稱頌功業的內容是："惟皇始畫八卦，教民書契，繼天立極，肇開道統。"黃帝祝文中稱頌功業的內容是："惟皇通變神化，垂衣而治，製作寖備，以濟萬民"。四配，勾芒氏祝文中稱頌功業的內容是："惟神盛德在水，發生之始，功被萬物，本於至仁。"祝融氏祝文中是："惟神火德司夏，長養庶物，功在上古，惠及無窮。"風后氏祝文："惟神貫通天時，孤虛闔奧，作輔軒轅，德業名世。"力牧氏祝文："惟神兵法奇秘，有光有烈，土德增崇，功垂萬世。"徐一夔等撰：《明集禮》卷一六《吉禮十六·三皇》，《景印文淵閣四庫全書》第 649 册，第 337 頁。

廟祭祀"先醫"的功能雖然有所保留，但也在逐漸消弭。

不久，各郡縣的三皇廟被罷祀。洪武四年（1371），明太祖認爲三皇廟，"前代帝王大臣皆不親祭，徒委之醫藥之流，且令郡縣通祀，豈不褻瀆"①。禮部、翰林院裁定，"甚非禮也"。各郡縣的三皇廟從此被取締。

既然各郡縣的三皇廟被撤銷，那麼南京的三皇廟是否還被保留？從史料來看，國都的三皇廟依然還在。正是因此，當有人建議皇帝親祭三皇廟時，明太祖借機擴展了在國都廟祀先代帝王的範圍。

（二）牛諒的方案：雜糅唐、宋祀譜

在國都設置帝王廟，緣起於朝臣抬高三皇廟儀程規格的建議。洪武六年（1373）八月，監察御史答祿與權等上言，請設三皇廟"躬祀三皇之禮"，"上以報往聖之功，下以正萬姓之彝倫"。這裏已明言其是報功之祭。他們認爲，三皇是道統、道學之始，"其所以繼天立極而爲帝王之所宗，豈但陰陽醫方而已哉"②。他們因此建議，抬高三皇廟的儀式規格，由皇帝親祀。明太祖並未照聽此議，而是命禮部"參考歷代帝王開基創業、有功於生民者"，立廟祭祀。

唐、宋時期先代帝王祀譜的影響，在禮部的設計方案中顯露無遺。明太祖要求"立廟祀之"，但沒有提具體構想。禮部尚書牛諒做了如下規劃：

> 三皇開天立極，大有功德於民。京都有廟，春秋享祀，宜令太常掌之。伏羲以勾芒配，神農以祝融配，黃帝以風后、力牧配。正位南面，祀以大牢。配位東面，祀以少牢。漢高祖、光武、唐高祖、太宗、宋太祖、元世祖，宜令有司就各陵立廟，每歲仲春以少牢致祭。商中宗、高宗、周成王、康王、漢文帝、武帝、宣帝、明帝、章帝、唐玄宗、憲宗、後唐明宗、周世宗、宋太宗、真宗、仁宗，亦宜令有司立陵廟，三年一祭，祭以少牢。③

———————

① 《明太祖實錄》卷六二，洪武四年三月丁未，臺灣"中央研究院"歷史語言研究所1962年版，第1200頁。

② 《明太祖實錄》卷八四，洪武六年八月乙亥，臺灣"中央研究院"歷史語言研究所1962年版，第1497頁。

③ 《明太祖實錄》卷八四，洪武六年八月乙亥，臺灣"中央研究院"歷史語言研究所1962年版，第1497~1498頁。

按照牛諒的設計，祀譜中的先代帝王 25 人共分三等。第一等是三皇，在國都本就有廟，每年兩祭，牲用太牢，由中央太常負責。第二等是兩漢、李唐、宋、元開國君主（包括唐太宗）共 6 人，由地方在陵寢立廟，每年一祭，牲用少牢。第三等是商、周、兩漢、李唐、後唐、後周、宋朝的守成君主 16 人，也由地方在陵寢立廟，三年一祭，牲用少牢。

這套方案表面混亂，實際上包含了唐、宋制度的元素。牛諒用南京的三皇廟祭祀三皇，其餘 22 帝分散在各自陵寢施祭。易言之，在國都祭一部分，在各地祭剩下的部分。這種做法與唐天寶祀譜相類。在天寶祀譜中，唐朝廷爲三皇以前帝王、三皇五帝在長安設廟，爲夏至隋開國君主 12 人在各自"肇跡之處"立廟，共祭先代帝王 25 人。所以，同一份祀譜由國都和各地共同組成的做法，淵源是唐朝的天寶制度。另外，通過祭祀頻率、用牲來區分先代帝王等級，與北宋制度相符。上面提到的一年兩祭、一年一祭、三年一祭這三種祭祀頻率，正好與北宋乾德祀譜的前三等相對應。

所以，牛諒的方案借鑒唐天寶祀譜與宋乾德祀譜而來。據研究，明初的議禮工作在洪武二年八月前基本完成，儒臣按照"援據經義，酌古准今"的原則規劃禮制。[1] 而牛諒本人，在洪武五年才出任禮部尚書，沒參與過先前的制禮活動。[2] 因此，牛諒接受明太祖的任務，只能參照此前的制禮原則來設計。明朝之前，只有隋、唐、宋、金的先代帝王祭禮可供參考。爲了"酌古准今"，牛諒在保留京師三皇廟的基礎上將唐、宋兩種祭祀制度糅合在一起。

所以，牛諒方案，體現了不同朝代禮制設計的內在延續性。

但這套方案並不被明太祖接受。根據牛諒的設計，國都的三皇廟與各地的帝王陵寢共同組成了一套祀譜，還要按照地域、人物劃分等級。明太祖是否了解唐、宋相關制度，今人不得而知。但能明確，明太祖否決了這個方案，並提出自己的設想："五帝三王及漢、唐、宋創業之君，俱宜於京師立廟致祭。其餘守成賢君，令有司祭於陵廟，皆每歲春秋祭之。"[3] 這就是歷代帝王廟。

---

① 羅仲輝：《論明初議禮》，王春瑜主編：《明史論叢》，中國社會科學出版社 1997年版，第 77、78 頁。

② 林堯俞等纂修，俞汝楫等編撰：《禮部志稿》卷五一《列傳》，《景印文淵閣四庫全書》第 597 冊，第 947 頁。

③ 《明太祖實錄》卷八四，洪武六年八月乙亥，臺灣"中央研究院"歷史語言研究所1962 年版，第 1498 頁。

　　牛諒方案有一個不解之處——没有五帝、夏禹、商湯、周文王、周武王。① 從唐、宋祀譜來看，他們是不應該缺席的。而明太祖所説的"五帝三王"，在抱經樓本《明太祖實録》中，"王"作"皇"。② 從牛諒的祀譜來看，此處明太祖所言就是"五帝三王"——牛諒方案中缺少的人。明《禮部志稿》中收録的牛諒祀譜與前引文一致，明太祖的命令也是"五帝三王"。③ 由此可知，明太祖的意思是，三皇在南京已經有廟，至於"漢、唐、宋創業之君"以及牛諒方案中缺少的五帝、三王，也都要在南京立廟。

（三）帝王廟的設置與祀譜沿革

　　明太祖否定了牛諒方案，決定在南京爲先代帝王設專廟。當月，歷代帝王廟建立起來。此後，三皇廟的祭祀對象被帝王廟所涵蓋。明朝帝王廟祀譜的變遷，如表 2-13 所示。

表 2-13　明朝歷代帝王廟祀譜的變遷

祭祀對象	三皇	五帝	夏禹	商湯	周文王	周武王	漢高祖	漢光武	隋高祖	唐高祖	唐太宗	宋太祖	元世祖	小計
洪武六年八月	●3	●5	●	●	●	●	●	●		●	●	●	●	18
洪武六年十一月	●3	●5	●	●		●	●	●			●	●	●	16
洪武七年正月	●3	●5	●	●		●	●	●	●		●	●	●	17
洪武二十一年二月	●3	●5	●	●		●	●	●			●	●	●	16
嘉靖二十四年二月	●3	●5	●	●	●	●	●	●				●	●	15

　　帝王廟祀譜曾歷 4 次調整。洪武六年（1373）十一月，撤掉周文王、唐高祖。明太祖認爲"歷代帝王廟皆祀開基創業之君"，而周文王"雖基周命然終守

---

① 這個問題令人不解。牛諒方案刻意回避掉了五帝、四王，最後共計 25 帝，在國都祭祀一部分，在地方祭祀一部分。唐天寶制度同樣在國都、地方各祭一部分，共 25 帝。不知是湊巧還是牛諒有意向唐天寶制度靠近。

② 《明太祖實録校勘記》，臺灣"中央研究院"歷史語言研究所 1962 年版，第 353 頁。

③ 林堯俞等纂修，俞汝楫等編撰：《禮部志稿》卷八五上《群祀備考·歷代帝王祀》，《景印文淵閣四庫全書》第 598 册，第 516 頁下欄。

臣節", 唐高祖"雖有天下然皆太宗之力"。① 帝王廟還剩 16 帝。次年正月，牛諒"進歷代帝王像凡十七", 增加了隋文帝。洪武二十一年（1388）時, 又將隋文帝撤掉。此後直到嘉靖二十四年（1545）, 前後 158 年的時間裏, 這 16 人的祀譜没有變動。祀譜人選, 基本上在洪武年間固定下來。

（四）官方的正統史觀：功德評判代替五德終始

帝王廟祀譜與北宋祀譜之間具有内在的延續性。現將兩者進行比較, 如表 2-14 所示。

表 2-14　宋乾德祀譜第一等與明中前期帝王廟祀譜的對比

先代帝王	三皇				五帝						夏	商	周		兩漢		唐		宋	元
	伏羲	神農	女媧	黃帝	黃帝	少昊	顓頊	帝嚳	唐堯	虞舜	夏禹	商湯	文王	武王	漢高祖	光武帝	唐高祖	唐太宗	宋太祖	元世祖
宋	●	●	●		●		●	●	●	●	●	●	●	●	●	●	●	●	●	
明	●	●		●	●	●	●	●	●	●	●		●	●	●	●		●	●	●

北宋乾德祀譜第一等的人選與明朝帝王廟祀譜的人選有很大相似性。兩個名單都是 16 人。具體地看：三皇五帝的選擇不同, 帝王廟再次選擇了偽孔傳《古文尚書》的説法, 與唐朝的三皇五帝廟一樣。這是小問題。在三代、兩漢、李唐這 6 個政權的選擇上, 兩個祀譜是一致的。三代不必再講。三代之後, 宋之前, 只有兩漢、李唐國祚長久, 疆廣治平。② 改變之處在於, 帝王廟祀譜選擇帝王, 於每代中只選一人入祀。李唐下接宋、元兩代, 每代只選開國君主。所以, 歷代帝王廟雖然是明初的一項禮制創舉, 但在祀譜人選上, 有着深厚的歷史背景與思想淵源。

兩種祀譜的不同在於, 代表正統脉絡的人選有很大差異。北宋朝廷正統地位的來源需要乾德祀譜的前三等來彰顯。而帝王廟祀譜中的 16 人, 就是明朝正統的來源。

---

① 《明太祖實録》卷八六, 洪武六年十一月壬寅, 臺灣"中央研究院"歷史語言研究所 1962 年版, 第 1538 頁。

② 參見前文第二章第三節的論述。

　　正統史觀的理論基礎發生變化，是出現這種差異的原因。"五德終始"説在明朝已經退出了意識形態領域。據劉浦江考證，明朝官方從未正式討論過德運歸屬，"經過宋代正統之辨的道德洗禮之後，明清時代的政治家強調的是得天下以道，即看重獲取政權的手段是否正當，而不太在乎這個政權是否直接來自某一個正統的王朝"①。北宋中期出現的基於道德評判的正統論，到這時才成爲統治階層的主流意識。

　　這種轉變反映在先代帝王祀譜上，就是北宋先代陵寢與明朝帝王廟之間的差別。北宋敘述自己正統地位的來源，是依照五德相生排列。所以，其祀譜需要囊括五德歷運譜系中的所有正統王朝。而明朝擺脱了"五德相生、缺一不可"的窠臼。三皇、五帝、三代以及漢、唐、宋、元這幾個大一統政權的更迭次序，就是正統傳遞的脉絡。洪武二十二年(1389)，欽天山的帝王廟新廟修成。宋訥奉命撰碑文。其中有：

　　　　纘皇、帝、王之正統，衍億萬年之洪基。稽古定制，作廟京邑，以祀歷代帝王，重一統也。……正名定統，肇自三皇，繼以五帝，曰三王，曰兩漢，曰唐，曰宋，曰元，受命代興，或禪或繼，功相比，德相伴。……皇、帝、王之繼作，漢、唐、宋之迭興，以至於元，皆能混一寰宇，紹正大統，以承天休，而爲民極，右之序之，不亦宜乎?②

"正名定統""混一寰宇、紹正大統"，説明帝王廟祀譜代表了歷史上的正統王朝。碑文還解釋撤銷隋高祖的原因：

　　　　秦、晉及隋，視其功德不能無愧，故黜而不與。是可見皇上敦名實，重理道，崇德報功、大公至正之心，真足以度越百王，垂憲來世，永永無斁。③

秦、晉、隋的功德不能與漢、唐、宋、元相比，其君主不能進入帝王廟。所

---

①　劉浦江：《"五德終始"説之終結——兼論宋代以降傳統政治文化的嬗變》，《中國社會科學》2006 年第 2 期，第 190 頁；引文見第 179 頁。

②　宋訥：《勅建歷代帝王廟碑》，《西隱集》卷七《碑》，《景印文淵閣四庫全書》第1225 册，第 908 頁下欄~909 頁上欄。

③　宋訥：《勅建歷代帝王廟碑》，《西隱集》卷七《碑》，《景印文淵閣四庫全書》第1225 册，第 909 頁上欄。

以，帝王廟祀譜象徵着明朝之前的正統序列。排定正統王朝的依據，是評判以往政權的功德業績與歷史地位。

用帝王廟來昭示明朝的正統來源，成爲朝廷上下的共識。因此，明太祖對帝王廟十分重視。除了親往行禮之外，還有兩件事反映了他的態度。其一，明太祖曾想改都於中立府（原臨濠府，後改名鳳陽府），並於洪武二年起開工建設。洪武六年八月，帝王廟初設。當年十一月，"命建歷代帝王廟於中立府皇城西"①。他迫不及待要將昭示正統的工具也搬過去。但中立府的建設後來被叫停，此事作罷。② 其二，明太祖曾命禮部、翰林院參酌太子喪期内的祀典章程。禮部回奏稱："太廟乃祖先神靈所在"，最重要；"天地、社稷、先師"等項"皆係祀典神祇"；"歷代帝王乃是紹承統系"。③ 所以，帝王廟是明朝廷昭示正統的工具，這是朝廷上下的基本態度。

關於帝王廟祭祀元世祖與罷祀元世祖的問題，趙克生已有深入研究。祭祀元世祖，是明初確立自身正統來源的需要。明中期以後，民族矛盾加劇、邊患漸重，造成"華夷之辨"的意識重新抬頭。蒙古族政權被從正統王朝中移除。④ 嘉靖年間罷祀元世祖，蓋是因此。

基於道德評判的正統史觀成爲官方意識，使評判正統與評判功德不再截然兩分。這在明中期帝王廟的碑文中也有表現。趙克生參考蕭端蒙《京師新建帝王廟碑》指出，"崇德報功"等語，代替了洪武朝吳訥碑文中的"祀歷代帝王，重一統也"，説明正統性在嘉靖朝已經不再是問題。⑤ 其實，昭示歷史上的正統序列依然是帝王廟的主要功能，只不過強調功德成了言説正統的一種方法。王立道擬寫的碑文也有類似綫索。他稱頌三皇五帝、三代開國君主"功德胡可勝紀也"；並認爲漢、唐、宋、元君主"雖未可以方古帝王，而其克亂除禍，

① 《明太祖實錄》卷八六，洪武六年十一月癸丑，臺灣"中央研究院"歷史語言研究所1962年版，第1527頁。

② 王劍英：《明中都》，中華書局1992年版，第91~94頁。

③ 《明太祖實錄》卷二一八，洪武二十五年六月戊辰，臺灣"中央研究院"歷史語言研究所1962年版，第3210頁。

④ 趙克生：《明朝嘉靖時期國家祭禮改制》，社會科學文獻出版社2006年版，第130~141頁。另可參見張琅：《歷代帝王祭祀中的帝王意象與帝統意識——從明代帝王廟祀的祭祀思維談起》，臺灣《東華人文學報》第10期，2007年。

⑤ 趙克生：《明朝嘉靖時期國家祭禮改制》，社會科學文獻出版社2006年版，第130頁。

濟世安民，抑亦不可謂其功德之淺淺已"①。歷數各帝，皆是褒揚功德。他還將《禮記·祭法》的五條聖王標準擺在碑文中。嘉靖二十四年（1545），陳棐説元世祖無功德於中國，建議撤銷元世祖，也是强調帝王廟崇德報功之意義。其實，就是質疑元朝統治中原的正當性。評判正統與評判功德已經混爲一談。蕭、王二人名爲稱頌功德，實則還是在言説正統。

總之，正統史觀的依據由推演五德變爲評判功德之後，"居正統"與"有功德"一體兩面，不可分離。選擇某位帝王進入先代帝王廟祀譜，必然要評定他與所屬王朝的功德業績、歷史地位。元世祖因"有功於夷狄而非有功於中國"被罷祀，體現了明朝君臣在功德評判與祀譜編製中的主觀性。

（五）帝王廟祀譜與明朝的史學編纂、史學思想

正統史觀與現實中的史學編纂也有關係。帝王廟對於漢高祖的安排就是明顯一例。據表 2-13，明朝幾次調整帝王廟祀譜，都没有變動漢高祖。漢高祖與三皇、五帝、四王一樣，在歷次祀譜中穩定出現。這與明初君臣對待漢朝與漢高祖的態度有關。謝貴安指出，明太祖基於自己的身世而對漢高祖"高度認同"，並且掀起了"《漢書》經典化和劉邦神聖化"的運動。這在明朝的政策導向、史學研究、文風轉向等方面產生了影響。② 所以，漢高祖在帝王廟中的穩固地位，與明初當政者重視漢史密不可分。

明朝的帝王廟祀譜延續北宋乾德祀譜第一等而來。明朝人眼中的正統脉絡對應着北宋朝廷崇德報功的聖帝明王。乾德祀譜第一等止於李唐。那麽，李唐之後的哪些政權能進入帝王廟，還需要明朝廷做出甄選。

在李唐與明之間，明朝廷只選取了宋、元兩代作爲正統王朝。

視元朝爲正統王朝，是明初建立政權合法性、穩定統治秩序的必要措施。趙克生、劉浦江已有詳細闡釋。③ 劉浦江還指出，編纂於明前中期的《元史》《元史續編》《資治通鑑節要續編》，都認可元朝的正統地位。史學編纂的態度，與明朝官方的正統史觀相吻合。

承認宋朝的正統地位，有政治需要和儒學影響兩方面的因素。首先，明初

---

① 王立道：《具茨文集》卷五《碑·擬奉勅撰新建歷代帝王廟碑》，《景印文淵閣四庫全書》第 1277 册，第 818 頁下欄。

② 謝貴安：《明代的〈漢書〉經典化與劉邦神聖化的現象、原因與影響》，《長江大學學報》（社會科學版）2008 年第 2 期。

③ 趙克生：《元世祖與入祀明朝歷代帝王廟》，《歷史檔案》2005 年第 1 期；劉浦江：《元明革命的民族主義想象》，《中國史研究》2014 年第 3 期。

北伐，以"驅除胡虜，恢復中華"爲旗號。那麼，元朝的正統地位來自之前的漢族王朝，明朝建國才算是"恢復中華"。明太祖將宋元鼎革追述爲："自宋運告終，帝命真人於沙漠，入中國爲天下主。"①所以，明朝官方以宋、元更迭爲正統傳遞的脉絡。另一方面，宋朝的正統地位是儒家道統傳承所決定的。元末明初的楊維楨在主張元之正統得自宋朝的同時，還提道："道統者，治統之所在也。"②北宋周敦頤、二程、南宋朱熹是儒家道統的傳遞者。楊維楨的正統思想在明朝士大夫中產生了深遠影響。③ 所以，承認宋朝的正統地位，是政治、學術兩方面的結果。

與此相應，明代的宋史研究也出現了一個高潮。據學者考察，有明一代，"宋史研究空前高漲"，先後產生宋史一百多種，④ 明朝洪武至正德年間，是明朝"宋史研究的濫觴與發展期"，其中以官修著述（《續資治通鑑綱目》等）影響重大。官方與私人著述都熱衷於總結兩宋政治得失，⑤ 與宋人喜歡徵引漢唐舊章、參考漢唐制度一樣。這也是官方的正統史觀與史學編纂、史學研究互動的結果。

二、清朝祀譜編製標準的變遷

明亡後，清朝廷接手了國都的帝王廟，並繼續發揮它的作用。當政者評論功德的主觀性促成了康乾時期帝王廟祀譜的大幅擴展。清朝廷對於帝王廟祀譜的設計，成爲先代帝王祭祀最終格局的重要組成部分。

帝王廟祀譜在清代的變動，集中在順治至乾隆時期。

（一）順治朝對於帝王廟的延續與調整

清初延續了明朝的帝王廟祭禮。順治元年（1644）五月，清軍進入北京。當月，"令官吏軍民爲明帝發喪"；"禮部、太常寺具帝禮以葬"⑥。六月丁卯

---

① 《明太祖實錄》卷二九，洪武元年正月乙亥，臺灣"中央研究院"歷史語言研究所1962年版，第478頁。
② 楊維楨：《正統辨》，陶宗儀：《輟耕録》卷三，《景印文淵閣四庫全書》第1040册，第444頁上欄。
③ 張偉：《楊維楨生平事蹟及學術成就考述》，《浙江學刊》2001年第1期。
④ 吳漫：《明代前期宋史研究考論》，《遼寧大學學報》（哲學社會科學版）2014年第1期。
⑤ 吳漫：《明人宋史著述考論》，《南都學壇》（人文社會科學版）2012年第5期。
⑥ 《清史稿》卷四《世祖本紀一》，中華書局1976年版，第86頁。

(十一)日，清朝廷定議遷都北京。① 癸未(二十七日)，"遣大學士馮銓祭故明太祖及諸帝"。祝文曰：

> 茲者，流寇李自成顛覆明室。國祚已終。予驅除逆寇，定鼎燕都。惟明乘一代之運以有天下，歷數轉移如四時遞禪，非獨有明爲然，乃天地之定數也。至於宗廟之主，遷置別所，自古以來厥有成例。第念曾爲一代天下主。罔宜輕褻。茲以移置之故，遣官祀告，遷於別所。②

這是將明太廟挪作清太廟之前，遷走明帝神主時的祭禮。文中説，明朝被李自成顛覆亡國；清廷"驅除逆寇"，定都北京成爲天下主；遷移亡國政權的宗廟是古來慣例，因此，遷走原廟主。第二日，"以故明太祖神牌入歷代帝王廟"③。明太祖被供入帝王廟中。

將明太祖供奉進先代帝王祀譜，意味着明朝進入了"先代"行列。祭祀明太廟的祝文，一則表示明已經亡國，二則宣示"歷數轉移"，清朝已取得統治地位。將勝朝開國君主列入帝王廟，意味着新的當權朝廷取得了正統地位。明亡於"流寇"，而清"驅除逆寇"，接續了明朝的正統地位，未使統治權落入"流寇"之手，拯救了正統傳續中的一次危機。這與明太祖將元世祖供入帝王廟，自稱取天下於群雄之手而非得自元朝，異曲同工。

1. 增加北方民族政權的君主

清朝廷增祀遼、金、元三代君主，與明嘉靖年間罷祀元世祖，正好相對。時間在順治二年(1645)。按照禮部的説法，北宋曾向遼"納貢"，南宋曾向金"稱侄"，"當日宋之天下，遼、金分統南北之天下也。今帝王廟祀，似不得獨遺"④。與此同時，恢復元世祖，增加元太祖；一併爲遼太祖、金太祖、世宗、元太祖、世祖、明太祖設配享之臣。此時祀譜中的君主有 21 人。

有觀點認爲，清朝廷以北方民族的身份入主中原，故而增祀遼、金、元君

---

① 《清史稿》卷四《世祖本紀一》，中華書局 1976 年版，第 87 頁。

② 《清世祖章皇帝實錄》卷五，順治元年六月癸未，中華書局 1985 年版，第 65 頁上欄。

③ 《清世祖章皇帝實錄》卷五，順治元年六月甲申，中華書局 1985 年版，第 65 頁上欄。

④ 《清世祖章皇帝實錄》卷一五，順治二年三月甲申，中華書局 1985 年版，第 130 頁下欄。

主，體現了多民族"共同造就正統歷史"的觀念。持此論者較多。①

清朝廷此舉，是在中原王朝的正統歷史中尋找北方民族的成分。姚念慈從清太宗時的正統觀念出發，結合清初政治形勢分析這個問題。他指出，以遼、金、元三代爲正統，"實爲皇太極所發明，這是滿族統治者正統論的濫觴"；隨着滿族勢力的擴大，清太宗爲增強本民族的自信心，追認女真金人爲先祖；以遼、金、元爲正統的觀念因此發端，同時也有兼顧蒙古諸部的意向。"入關前夕，清當局仍奉此爲圭臬。"所以清朝廷安排帝王廟，"特尊金、元兩朝"(指金、元兩朝各有兩位君主入祀)。此舉"無疑是遵從多爾袞爲首的滿洲貴族的意志"。② 據此，清初第一次擴展祀譜，與清朝高層的政治策略、民族策略都有關係。清朝廷孜孜以求，要將北方民族政權匯入漢族的正統脉絡。

民族背景是内在因素，但需借功德評判來説明祀譜的合理性。此後，清世祖親祭帝王廟時提到："古來聖帝明王皆大有功德於民者，所以累代相因，崇祀不替。"所以，遼、金、元君主入祀帝王廟的公開理由就是其功德堪當正統。

2. 增祀漢族守成君主，裁撤遼、金、元君主

順治晚期，調整了帝王廟祀譜。順治十七年(1660)，山東道監察御史顧如華上疏稱，帝王廟中 21 帝"皆係開創之主不及守成賢君"，希望增祀商中宗、高宗、周成王、康王、漢文帝、宋仁宗、明孝宗 7 位守成君主。清世祖批復禮部，涉及三點要求：第一，增加顧如華所説的 7 人入祀；第二，裁撤宋代的配享名臣兩人；第三，以遼太祖、金太祖、元太祖"原未混一天下，且其行事亦不及諸帝王"爲由，從祀譜中撤銷。③ 這個調整顯然與清初的做法相違背。

這次調整，改變了之前重視北方民族政權的態度，對於漢族王朝有所偏重。一方面，帝王廟的入祀標準被擴寬，不再限於開國君主。另一方面，從祭祀對象的民族屬性來看，順治初年增祀的北方民族君主，被撤銷了多半。而新入祀的"守成賢君"，全部出自漢人統治的王朝。此前"雙綫條"的選擇方法又

---

① 常建華：《國家認同：清史研究的新視角》，《清史研究》2010 年第 4 期；王秀玲：《清朝歷代帝王祭祀與民族國家認同》，《前沿》2015 年第 5 期；鄧濤：《明清帝王民族觀和歷史觀的異同——從歷代帝王廟帝王祭祀角度出發》，《煙臺大學學報》(哲學社會科學版) 2017 年第 4 期。

② 姚念慈：《康熙盛世與帝王心術：評"自古得天下之正莫如我朝"》，生活·讀書·新知三聯書店 2015 年版，第 205 頁。

③ 《清世祖章皇帝實錄》卷一三六，順治十七年六月己丑，中華書局 1985 年版，第 1051 頁上欄。

變成了"單綫條"。同時並立的政權，只保留漢族政權。

　　但是，這項調整維持的時間不長。隨着清世祖離世（順治十八年正月），帝王廟恢復原狀（二月）。① 除了被撤銷的宋臣沒有被恢復外，守成之君 7 人被罷祀，遼、金、元三朝太祖重新入祀。在清朝廷出身滿族的背景下，"單綫條"的選擇方法最終被拋棄（後文詳論）。

　　更改與反復，與當時的政治形勢、最高統治者的個人意向有關。常建華認爲，顧如華在順治十七年的建議雖然以"是否統一中國"爲標準，但實際上，"或許是對於攝政王多爾袞時期行政的某種糾正"②。姚念慈指出，顧如華的提議，"直承元末楊維楨《正統論》，意在不推翻清初重開創的前提下，突出歷代中原王朝的統緒；在大一統的框架中爭正統，而尤在尊宋、尊明"③。他指出，清世祖的施政取向是"調和華夷，尊崇中原傳統"；調整後的帝王廟，"商、周、漢各有三帝，宋、明各有二帝，而金、元各僅一帝"；這種改變，"符合朝廷漢士大夫的意願"，但在清世祖去世後就被統治集團高層推翻。姚念慈認爲，帝王廟的恢復反映了"狹隘落後的民族征服者的偏見"④。順治末期調整帝王廟祀譜，是清世祖與漢族政治勢力對清初政策的逆反，但因清世祖離世而失敗。

（二）康熙末期祀譜的擴展與功德評議的減弱

　　在祀譜編製中削弱功德評判的作用，始於康熙六十年（1721）。彼時，清聖祖計劃增祀帝王廟。⑤ 諭令內容主要有五項：其一，"書生輩但知譏評往事"，對先代帝王"刻意指摘，論列短長，全無公是公非"。清聖祖對此不滿。其二，帝王廟祀譜，"每朝不過一二位"，數量少，"皆因書生妄論而定，甚未允當"。其三，"況前代帝王，曾爲天下主。後世之人，俱分屬臣子"，不能"輕肆議論，定其崇祀與不崇祀"。其四，指明"後之君天下者，

---

　　① 《清聖祖仁皇帝實錄》卷一，順治十八年二月乙巳，中華書局 1985 年版，第 50 頁下欄~51 頁上欄。

　　② 常建華：《國家認同：清史研究的新視角》，《清史研究》2010 年第 4 期。

　　③ 姚念慈：《康熙盛世與帝王心術：評"自古得天下之正莫如我朝"》，生活·讀書·新知三聯書店 2015 年版，第 207 頁。

　　④ 姚念慈：《康熙盛世與帝王心術：評"自古得天下之正莫如我朝"》，生活·讀書·新知三聯書店 2015 年版，第 207~208 頁。

　　⑤ 光緒朝官修的《欽定大清會典事例》將此諭時間記爲康熙六十一年（《續修四庫全書》第 804 册，第 801 頁上欄）。但據《實錄》所載，此諭時間爲康熙六十年四月。

繼其統緒”，應當祭祀前代帝王。其五，具體的增祀意見："凡曾在位，除無道、被弑、亡國之主外，應盡入廟崇祀。"①次年年底，禮部議增祀帝王143 位，增加從祀名臣 40 位。② 該建議在清世宗上臺後便得以實施。增祀前後的情況，見表 2-15。

表 2-15　康雍之際帝王廟增祀前後的祀譜對比

先代	三皇	五帝	夏	商	周	漢	唐	宋	遼	金	元	明	小計
增祀前	三皇	五帝	夏禹	商湯	周武王	漢高祖、光武帝	唐太宗	宋太祖	遼太祖	金太祖、世宗	元太祖、世祖	明太祖	21
增祀後	三皇	五帝	夏14王	商26王	周32王	漢21帝	唐15帝	宋14帝	遼6帝	金5帝	元11帝	明12帝	164

説明：表中信息出自清乾隆年間《欽定大清會典則例》卷八二、光緒朝《欽定大清會典事例》卷四三三。

這次調整一則表明當政者承襲順治末年最終確定的正統史觀，二則傳達出了皇權不容評議的强硬態度。諭令宣揚了"皇權不可侵犯，不可被任意評論"的管制思想。諭令的前三點基本上是一個意思：不允許妄議、妄評先代帝王。因此，帝王廟祀譜的編訂，也不應添入過多的評判色彩。從清聖祖的提議來看，"無道、被弑、亡國"三種君主被排除，其餘君主皆可入祀帝王廟。只祭祀開國君主的慣例被打破。功德評判在祀譜編製中的作用也不斷減小。

這次增祀並非偶然事件。姚念慈認爲，這是"清代統治者爭正統之一大關節"。他結合康熙五十六年《面諭》，來講禁止評論先代君主的原因：清聖祖"以康熙本朝的成就論證清得天下最正"，其成就又來自皇帝本人的勤勉；"因此，他必然要嚴禁對自己及本朝有所譏評"，"進而剝奪士大夫對前代帝王

———————————

① 《清聖祖仁皇帝實録》卷二九二，康熙六十年四月丙申，中華書局 1985 年版，第838 頁上欄。

② 《清世宗憲皇帝實録》卷二，康熙六十一年十二月壬戌，中華書局 1985 年版，第54 頁上欄~55 頁上欄。

的妄評"。① 姚念慈還結合康熙年間的滿漢矛盾，分析清聖祖封禁歷史評論、重排祀譜的思想來源。增祀後的祀譜，同樣是維護清朝正統地位的工具。② 按照他的觀點，康熙晚期增祀先代帝王，是要鞏固清初以來的正統地位，回擊否定清初正統的輿論。同時，清朝廷借"禁止評議歷史"來達到"禁止評議當代"的目標，起到思想管控的作用。

康熙末年的這次增祀是在維持順治年間正統史觀不變的基礎上進行的一次人選擴張。三皇、五帝、三代、漢、唐、宋、遼、金、元、明仍是清朝之前的正統序列。同時，大批先代君主進入祀譜，削弱了功德評判在帝王廟選擇祭祀對象中的作用。

(三)乾隆年間祀譜的擴展與正統序列的調整

康熙年間擴展帝王廟祀譜，卻並沒有突破原有的政權序列。對原有朝代範圍的突破出現在乾隆年間。當政者對祀譜編製的主觀影響不斷放大。

乾隆四十九年(1784)，清高宗更議帝王廟祀譜。③ 他認爲，康雍之際禮部提交的增祀計畫與清聖祖本意不符。不符之處主要有二：其一，當時的"會議疏"(即呈報皇帝的增祀方案)"聲明偏安、亡、弒不入祀典。而仍入遼、金二朝，不入東西晉、元魏、前後五代，未免意有偏向"，祭祀遼、金君主，而不涉及漢族偏居政權，留下了清朝廷"區分南北，意存軒輊"的口實。其二，按照清聖祖的要求，不祭明朝萬曆、泰昌、天啟三帝，而將崇禎帝入祀。但彼時朝臣仍將東漢桓、靈二帝入祀。"從前定議，未將東漢全局詳審論斷，轉使昏闇之君，濫叨廟食。"④東漢實亡於桓、靈。祭祀他們，與不祭萬曆、泰昌、天啟三帝的做法相抵牾。這兩條，一是先代政權的民族屬性問題，一是先代君主的功德評判問題。

在批評了上次調整的失誤後，清高宗對帝王廟的功能、編訂祀譜的原則做了要求："夫自古帝王統緒相傳，易代以後，饗祀廟庭，原以報功崇德，至於

① 姚念慈：《康熙盛世與帝王心術：評"自古得天下之正莫如我朝"》，生活·讀書·新知三聯書店 2015 年版，第 209 頁。

② 姚念慈：《康熙盛世與帝王心術：評"自古得天下之正莫如我朝"》，生活·讀書·新知三聯書店 2015 年版，第 224 頁。

③ 早在乾隆元年(1736)，清朝廷便曾增祀明建文帝入廟，但帝王廟祀譜並沒有超出原有的先代政權範圍。

④ 《清高宗純皇帝實錄》卷一二一〇，乾隆四十九年七月乙卯，中華書局 1986 年版，第 218 頁上欄~220 頁上欄。

嚴篡竊之防，戒守成之主，或予或奪，要必衷於至當，而無所容心於其間。方協彰癉之義。"①在他看來，帝王廟有以史爲鑒、穩定統治秩序的作用。因此，設計祀譜也要"衷於至當"，妥善處理。

現將乾隆四十九年增祀後的祀譜與增祀前的情況做對比。詳情如表 2-16 所示。清初帝王廟祀譜中的政權序列被突破。兩晉、南北朝、五代君主入廟享祀。

表 2-16　康熙、乾隆年間兩次增祀帝王廟後的祀譜對比

先代	三皇	五帝	夏	商	周	漢	晉	劉宋	蕭齊	元魏	陳	唐	後唐	後周	宋	遼	金	元	明	小計
康熙	3	5	14	26	32	21	/	/	/	/	/	15	/	/	14	6	5	11	12	164
乾隆	3	5	14	26	32	19	7	3	1	8	2	16	1	1	14	6	6	11	13	188

關於這次增祀，學界已有充分討論。胡戟認爲，這樣設計有利於彌合民族感情創傷，溝通各族情感，安定社會，穩固統治。② 常建華認爲，這次增祀"是在建立多民族共同創造中國歷史的觀念"，"事實上形成了中國治統的多元一體格局"。③ 黃愛平指出，乾隆朝構建了"一脉相承、後先相繼的完整統緒"，使清朝成爲該統緒的繼承者，"對包括歷史上各少數民族王朝在內的歷朝歷代帝王的奉祀，既表明了清統治者以正統自居的立場和不分華夷、天下一家的觀念，也反映出一代王朝對自古相傳的中華統緒的認同和接續"。④ 闡發類似觀點的成果還有很多。⑤

---

① 《清高宗純皇帝實録》卷一二一○，乾隆四十九年七月乙卯，中華書局 1986 年版，第 219 頁下欄~220 頁上欄。

② 胡戟：《禮儀志》，中華文化通志編委會編、孫長江主編：《中華文化通志·教化與禮儀典》，上海人民出版社 1998 年版，第 296 頁。

③ 常建華：《國家認同：清史研究的新視角》，《清史研究》2010 年第 4 期。

④ 黃愛平：《清代的帝王廟祭與國家政治文化認同》，《清史研究》2011 年第 1 期。

⑤ 陸益軍：《清朝歷代帝王廟史觀透析》，《歷史教學問題》2014 年第 3 期；王秀玲：《清朝歷代帝王祭祀與民族國家認同》，《前沿》2015 年第 5 期；鄧濤：《明清帝王民族觀和歷史觀的異同——從歷代帝王廟帝王祭祀角度出發》，《煙臺大學學報》(哲學社會科學版) 2017 年第 4 期。

以上諸説無疑都是正確的，此外，姚念慈指出，清高宗有意爲康熙朝的禮制遮掩失誤，方才設計了新祀譜。他通過考證《永憲録》《清實録》發現，康熙末年朝臣的規劃，完全得到清聖祖的同意，且在其離世前已經議定，故而清世宗上臺後得以馬上實施，所以，並不存在朝臣對旨意理解不當的問題。① 換言之，清高宗批評的朝臣失誤，實則是清聖祖未能慮及的問題。爲回護先君，清高宗歸咎於康熙末年朝臣，並增祀西晉、東晉、南北朝、五代的君主，使帝王廟展現的正統史觀不存在前後抵牾。② 本書認爲，姚説立論扎實，與康乾時期的祀譜變動相符合。

乾隆年間擴展祀譜中的先代政權，重要因素之一是消弭民族偏見的潛在危險。按姚念慈的觀點來看，之前的帝王廟祀譜中，只有漢族大一統王朝與北方民族政權遼、金、元，而遼、金都屬於偏居政權，因清統治集團的"民族屬性"入祀帝王廟。漢族偏居政權卻被排斥在帝王廟之外。這就是歷史評價上的"不平等"。康熙末年的增祀方案並没有超出原有的政權範圍，所以，它依然"區分南北，意存軒輊"。這就留下了被人詬病"重北輕南""輕漢"的隱患。爲此，之前"凡曾在位，除無道、被弑、亡國之主外，應盡入廟崇祀"的要求，被清高宗重點發揮。新祀譜涉及三皇、五帝、三代、兩漢、蜀漢、兩晉、南朝宋、南朝齊、南朝陳、元魏、李唐、後唐、後周、兩宋、遼、金、元、明諸代。新增的南北朝、五代政權，多是"半壁江山"的漢族政權，與遼、金並列。這就抵消了"重北輕南"的負面影響。乾隆五十年《御制祭歷代帝王廟禮成恭記》中提道："夫天下者，天下人之天下也，非南北中外所得私。舜東夷，文王西夷，豈可以東西别之乎?"③此時，政權方位、華夷界限都不是判定正統的標準。這個新祀譜在清朝廷論證自身正統的話語中更加"衷於至當"。

爲彌合民族偏見而編製的新祀譜，只能包羅更多的先代政權。乾隆四十九年增祀之後，帝王廟中共計先代帝王188人。從祀名臣79人没有改變。此後至清亡，帝王祀譜再未變動，只在同治四年(1865)時增加先代名臣2人。

祀譜只是祭祀對象的名單。將這份名單具象地展現在禮儀空間中，仍能發現設計者的態度偏向。在帝王廟正殿的佈局中，北方民族政權仍被有意無意地

　　① 姚念慈:《康熙盛世與帝王心術: 評"自古得天下之正莫如我朝"》，生活·讀書·新知三聯書店2015年版，第195~198頁。
　　② 姚念慈:《康熙盛世與帝王心術: 評"自古得天下之正莫如我朝"》，生活·讀書·新知三聯書店2015年版，第224頁。
　　③ 于敏中等編纂:《日下舊聞考》卷五一《城市·内城西城二》，北京古籍出版社1981年版，第820頁。

凸顯出來。

三、宗廟與帝王廟：呈現祀譜的共性與差異

帝王廟中的神位安排與當政皇室的宗廟有相似之處。大量先代帝王擺脫地域界限，"聚集"到當政朝廷的國都。當政者參照供奉"血緣祖先"的原則來安排"政治祖先"在帝王廟中的位置。先代帝王的神主佈局規則與宗廟十分相似，但也有明顯的不同之處。

（一）明朝帝王廟的時代順序與宗廟的昭穆規則

宗廟中皇室先祖的位次，以班輩、個人爲單位，按"左昭右穆"的規則排列。嚴格地講，昭、穆代表皇室世系的輩分排行，不容差錯。即便祧遷神主，被祧遷之主的擺放以及剩下神主的位置依然是"昭歸昭，穆歸穆"，不能錯亂原有的方位。帝王廟參照宗廟設計，是明初首創時便定下的原則。下面詳細來看。

1. 以每個先代君主的時代先後爲序

洪武六年初建時，帝王廟形制"略如宗廟"，"同堂異室，爲正殿五間以爲五室"。① 張璉提道："太廟與帝王廟都爲同一格局，成爲歷史上首度太廟與帝王廟同制的特殊景象。"②具體情況如圖 2-1 所示。先代君主名號後的數字，代表時代先後排序。

又西一室	西一室	中一室	東一室	又東一室
漢高祖 7 唐高祖 9 宋太祖 11 元世祖 12	夏禹 3 商湯 4 周文王 5	三皇 1	五帝 2	周武王 6 漢光武 8 唐太宗 10

圖 2-1 洪武六年帝王廟佈局圖

---

① 《明太祖實錄》卷八四，洪武六年八月乙酉，臺灣"中央研究院"歷史語言研究所 1962 年版，第 1501 頁。

② 張璉：《歷代帝王祭祀中的帝王意象與帝統意識——從明代帝王廟祀的祭祀思維談起》，臺灣《東華人文學報》第 10 期，2007 年。

　　先代帝王的年代早晚與宗廟中的“左昭右穆”類似，但他們的位置頗有趣味。如圖 2-1 所示，三皇、五帝明顯是兩個“獨立單位”。夏禹、商湯、周文王三人是另一獨立單位。周文王居西一室，此後的帝王按照年代順序，先東後西，依次排列：周武王居東室，漢高祖居西室，漢光武居東室，唐高祖居西室，唐太宗居東室，宋太祖居西室。最後元世祖“從之”於西室。這與在宗廟神主區分昭、穆的情況類似。昭、穆之分代表着祖先的世系先後。歷代帝王廟的東、西室之分，代表了時代的早晚。

　　但這種排列比較混亂，也與宗廟的昭穆制度不完全相同。中間三室爲“獨立單元”，以王朝爲單位排列。剩下的帝王按各自的時代早晚，依次分居東、西兩端，不以王朝爲單位，而以具體個人爲單位。即便是同一朝代的帝王，也會分處兩側。周文王與周武王、漢高祖與東漢光武帝、唐高祖與唐太宗，便是如此。所以，整體佈局上的排列標準並不一致。這説明，帝王廟首創之時，是以先代政權爲單位還是以先代君主個人爲單位進行排列，標準還不統一。

　　2. 以先代政權時段先後爲序

　　這種情況在洪武七年被改變。罷祀周文王、唐高祖，增加隋文帝之後，每個朝代都只有一人入祀。此時帝王廟諸室佈局如圖 2-2 所示。

又西一室	西一室	中一室	東一室	又東一室
唐太宗、宋太祖、元世祖	夏禹、商湯、周武王	三皇	五帝	漢高祖、漢光武、隋文帝

圖 2-2　洪武七年後帝王廟佈局圖

　　正殿五室全是獨立單元。明之前的歷史被分爲五段；以三皇爲中心，其餘四個時段先東後西依次排列。最東一室代表兩漢、隋，最西一室代表唐、宋、元。同代或在時間上順承的君主，不用都按照先後順序交叉排列在兩端。

　　隨着祭祀對象的調整，各室中的王朝又有變動。但劃分時段，以室爲單位，先東後西的規則沒有改變。

　　各室內部獨立排列。從洪武二十一年後南京帝王廟的佈局來看，最東一室中，漢高祖居中，漢光武居東，唐太宗居西，三人按照時代先後區分位次。所以，每室內的諸帝自行排列，如圖 2-3。

圖 2-3　洪武二十一年後帝王廟佈局圖

説明：該圖截取自《大明會典》卷 91，《續修四庫全
書》第 790 册，第 601 頁。

嘉靖二十四年後帝王廟又有微調，見圖 2-4。

又西一室	西一室	中一室	東一室	又東一室
唐、宋 2 帝	三代 3 王	三皇	五帝	兩漢 2 帝

圖 2-4　嘉靖二十四年後帝王廟佈局圖

　　綜上，洪武七年之後，明朝帝王廟的佈局規則是：將三皇、五帝、三王、
兩漢、唐、宋、元諸代劃分爲五個時段，分配到五室中；按照各室的時代先
後，以三皇爲中心，先東後西依次排列；每室之内的帝王再自行排列，以年代
早者爲尊。

　　明朝廷對於"政治祖先"的管理，沒有完全按照血緣祖先的昭穆原則來辦。
整體上看，排列是以朝代或涵括幾個朝代的時段爲單位，而不是以個人爲單
位。清朝大幅擴展歷代帝王廟的祭祀對象，也是如此。同一朝代的帝王分處異
室的情況沒有再出現過。

（二）清朝帝王廟的大、小政權與宗廟的帝、后位次

　　由於祀譜人選的增多，清朝帝王廟正殿的安排比明朝更爲複雜。

　　光緒朝官修的《欽定大清會典圖》中，收錄有乾隆四十九年後"景德崇聖
殿"（帝王廟正殿）的佈局圖。該圖十分詳細，但文字過小，不易識別。① 現比

---

　　① 昆岡等修，劉啟端等纂：《欽定大清會典圖》卷一五《歷代帝王廟位次圖》，《續修
四庫全書》第 795 册，第 178 頁上欄。

照原圖作示意圖，見圖 2-5。

西三龕			西二龕						西一龕		中一龕	東一龕	東二龕	東三龕				
明帝十五位	金帝六位	元帝十一位	陳帝二位	元魏帝八位	漢帝十九位	齊帝一位	晉帝七位	劉宋帝三位	商王二十六位	夏王十四位	三皇	五帝	周王三十二位	宋帝十四位	後周帝一位	唐帝十六位	後唐帝一位	遼帝六位
			右	左		右	中	左							右	中	左	
右	中	左	右		中			左	右	左				右		中		左

圖 2-5　清代帝王廟正殿佈局示意圖

　　清朝乾隆以後的祀譜人選比明朝多了 160 餘位，正殿佈局的大原則仍與明朝相通，而且進一步細化。

　　清朝的帝王廟依舊是將各個王朝劃分爲幾個大時段，以三皇爲中心，先東後西分配。從整體上看，以正中一龕的三皇爲始，五帝居東一龕，夏王、商王居西一龕。再次的周王向東居東二龕。西二龕以漢帝爲始，以陳帝爲終。再向後是東三龕，以李唐諸帝爲始，以宋帝爲終。最後是西三龕，以金帝爲始，以明帝爲終。

　　因祀譜人選較多，各龕內部進一步細分，依舊按照中、東、西的順序排列。在各龕內部標注的"中""左""右"是該朝君主在龕位中的位置。"左"代表中位的東方；"右"代表中位的西方。西二龕、東三龕容納朝代較多，在分"中""左""右"三個單位後，於各單位內部繼續細分。下面具體來看。

　　中一龕、東一龕分居三皇、五帝。西一龕中，夏 14 王居左(東)位，商 26 王居右(西)位，共 38 人。東二龕中，爲周王 32 人。

　　西二龕中，居漢、晉、劉宋、蕭齊、元魏、陳 6 朝帝王 40 人。漢 19 帝，包括蜀漢昭烈帝，年代最早，居中位。漢之後爲晉。晉 7 帝居漢帝之左(東)。左(東)位內部又分爲左、中、右三部分。晉帝年代最早，居中。晉之後爲劉宋。劉宋 3 帝居晉帝之左(東)。劉宋之後爲蕭齊。蕭齊君主居晉帝之右(西)。西二龕的右(西)位放置元魏、陳君主。元魏早於陳，故元魏諸帝居右位之左

(東)，陳帝居右(西)。

東三龕中，居李唐、後唐、後周、遼、趙宋 5 朝帝王 38 人。李唐 16 帝年代最早，居中位。中位又劃分了左、中、右三部分。李唐諸帝居中。後唐 2 帝居李唐之左(東)。後周世宗又晚於後唐，居李唐之右(西)。東三龕中位之外，遼與趙宋大體同時，但立國於趙宋之前，故遼諸帝居左(東)位，趙宋諸帝居右(西)位。

西三龕中，居金、元、明三代帝王 32 人。金 6 帝年代最早，居西三龕中位。元朝諸帝次之，居西三龕左(東)位。明朝諸帝年代最晚，居該龕右(西)位。

所以，正殿中先代帝王的佈局以時代早晚爲主要標準。在整體上，以三皇爲始，居中一龕。剩下六龕先東後西交叉排列。各龕內部，又以朝代先後爲序，分三個單元或兩個單元，按照"中、左(東)、右(西)"或"左(東)、右(西)"的順序排列。容納朝代較多的，單元內部進一步細分，仍舊是以朝代先後爲標準，按照"中、左、右"或"左、右"的順序排列。

這種排列方法與宗廟中帝后神位的設置十分相似。這裏就近與清朝宗廟相比較。

在清朝宗廟的神位安排中，可以見到類似的空間呈現。據清《太廟中殿告祭位次圖》《奉先殿位次圖》，太廟與奉先殿后殿供奉的祖先位次一致，都是以"列聖"(即皇帝)爲單位，一帝一室，按照昭、穆先左(東)後右(西)排列。室內部再排列"列后"。以其中的左二室爲例。室正中爲清聖祖。第一任(孝誠仁)皇后居清聖祖之左(東)；第二任(孝昭仁)皇后居清聖祖之右(西)；第三任(孝懿仁)皇后再居第一任皇后之左(東)；清世宗母再居第二任皇后之右(西)。①

帝王廟同一龕內的大、小政權，正是參照這種"以后從帝"的規則排列。宗廟中，每室內部是帝后、夫妻關係，尊卑有別。帝王廟中，各龕乃至各龕內部細分的各單元，是年代先後關係，有早晚之分，更兼顧大、小王朝的比較。性質雖不同，原理是相通的。

(三)清朝的設計偏向：凸顯北方民族政權

帝王廟的矯揉之處，就是在時代早晚的框架下，凸顯大王朝與北方民族政

---

① 昆岡等修，劉啟端等纂：《欽定大清會典圖》卷九《太廟中殿告祭位次圖》《奉先殿位次圖》，《續修四庫全書》第 795 冊，第 103 頁上欄、109 頁下欄。

權的地位。

以西二龕中的情況爲例。參見圖 2-5，漢之後，晉朝年代最早。元魏立國於 386 年，初稱"代國"，398 年改稱"魏"。劉宋代晉是 420 年。蕭齊代劉宋是 479 年。這兩代立國都比元魏晚，卻與晉同處於西二龕的左位，如配享般分立於晉帝兩側。這是爲何？當然，可以解釋爲：東晉、劉宋、蕭齊三朝是禪讓傳承的，而且宋、齊都與北魏對峙；如此，晉、宋、齊應被放在一起。但照此説法，陳朝二帝也應放在西二龕左位，爲何又與元魏同處於西二龕右位？這種佈置，似乎有意區分南北朝，而又不刻意硬做分別。

另外可以發現，龕位中有明顯的正位、附位(次位)之分。

北方民族政權的地位被有意地凸顯，主要表現在以下三點。

首先，西二龕中，漢帝爲首，居中位。左(東)位、右(西)位明顯是以晉朝諸帝、元魏諸帝爲尊。與元魏同時的劉宋、蕭齊以及後來的陳朝君主相當於是附位。

其次，東三龕中，李唐爲首，居中位，遼、宋分居左(東)、右(西)位。曾與遼對峙的後唐、後周君主相當於是附位。

再次，西三龕中，金朝諸帝爲首，居中位。元帝、明帝分居左(東)、右(西)位。金、元在帝王廟中的尊卑位置還呼應着蒙古諸部對清朝的臣屬關係。

南北對峙時期的政權特點，有助於北方民族政權在龕位中佔據優勢。乾隆年間新添入的 7 個政權中，元魏屬於北方民族政權。剩下的 6 個漢族政權中，除了晉朝佔據了西二龕的一個正位，其餘 5 個政權都在附位上。中國古代的分裂時期，多存在北方民族政權與漢族政權的對立。而且，北魏、遼朝國祚較長，與之對峙的漢族政權往往幾經更迭。反映在正殿佈局中，也只能是北方民族政權居正位。在正殿佈局上，對北方民族政權的偏袒與正殿的空間調配結合在一起。

綜上，清朝帝王廟正殿以有限的龕位，安排下了一百八十多位先代君主。正殿佈局的大原則是，以時代早晚爲標準，以三皇爲首，居中一龕，剩下六龕先東後西交叉排列；具體到各龕內部，仍是以朝代先後爲序，分三個單元或兩個單元，按照"中、東、西"或"東、西"的順序排列；容納朝代較多的，單元內部還可再分，仍以朝代先後爲標準排列。此外，涉及南北朝、五代這兩個分裂時期，北方民族政權被安排在龕位的顯著位置上，與之並立的政權則被安排在附屬位置。

所以，清高宗在祀譜編製上打破了"區分南北，意存軒輊"的固有觀念。但在祀譜的空間呈現上，"重北輕南"的特點仍有所體現。

四、"征服王朝論"與明、清祀譜的差異

祭祀先代帝王的禮制被金、元、清政權延續、發展。北方民族政權在接納中原禮儀制度的同時，也繼承、利用了先代帝王這種"政治符號"。金、元、清政權祭祀先代帝王的禮制設計與實踐，可以反駁"征服王朝論"的一些立場。

"征服王朝論"是美國學者魏特夫（Karl A. Wittfogel）於 20 世紀中期提出的學説，在海外中國史研究領域中頗爲流行。其主要立場是：對於傳統的中國社會來説，北方民族政權（遼、金、元、清）統治時期相當於"外族征服時期"。他反對漢文化"融化"北方民族政權的觀點。① 與海外學界不同，國内學者對此理論多持質疑、批評態度。② 先代帝王祭禮的變遷，恰可作爲"征服王朝論"的反証。

金、元、清三朝都有祭祀先代帝王的禮儀。③ 這説明，它們對中原漢族王朝的歷史主動進行"國家認同""政治認同"。④ 金、元、清三朝與漢族王朝在祭禮形式上有所差異，但在祭祀動機上没有區别。不同民族政權延續先代帝王祭祀，傳承共有的"政治符號"，在共同地域上構造了多元一體的歷史格局。北方民族政權没有"自外於"漢族歷史，而是積極匯入中原王朝的正統序列中。"征服王朝"的"外族"立場無從談起。

遼、金、元、清四代中，遼朝未曾設計過先代帝王祭禮。但遼朝依然奉行漢族正統觀念。遼滅後晉，接受後晉的"傳國璽"。遼統治階層以此爲由，將自己列入五德相生的譜系中，宣示歷運合法性，甚至與北宋爭奪正統地位。劉浦江對此已有詳細考論。⑤ 傳國璽、五德歷運，都屬於中國傳統政治文化的範疇。中華歷史文化的形成是多元融合的過程。各民族政權積極融入中原王朝的正統脉絡，維繫中國歷史脉絡與政治文明的傳承發展。

---

① 魏特夫：《中國社會史——遼（907~1125）：總論》，王承禮主編：《遼金契丹女真史譯文集》，吉林文史出版社 1990 年版，第 1~57 頁。

② 參見張博泉：《中華一體的歷史軌跡》，遼寧人民出版社 1994 年版；宋德金：《評"征服王朝論"》，《社會科學戰綫》2010 年第 11 期。

③ 金朝有常祀先代帝王的制度。元朝有告祭先代帝王的行爲，還在特定地域爲古帝王立專廟。國都與地方的三皇廟祭禮，祭祀醫家祖師，也是以上古聖王爲祭祀對象。清朝除了常祀先代陵寢、歷代帝王廟之外，還建立了固定的告祭制度。此外還沿用了聖師之祭、先醫之祭，都以聖帝明王爲祭祀對象。

④ 常建華：《國家認同：清史研究的新視角》，《清史研究》2010 年第 4 期。

⑤ 劉浦江：《德運之爭與遼金王朝的正統性問題》，《中國社會科學》2004 年第 2 期。

　　在先代帝王祭祀的沿革中，民族因素的顯現是很晚的事。前文已有論述，從先代帝王祀譜來看，北方民族政權主動向中原王朝的正統歷史靠攏。而且，漢族政權的祀譜同樣不排斥北方民族政權。雙方在祀譜編製上的一些差別，不全是由民族因素造成的。本書以明、清兩朝先代帝王祀譜爲例，進行説明。

　　明朝不祭遼、金君主，是選擇"政治符號"的慣例使然，並非是民族因素造成的。民族因素顯現是明朝後期的事。明朝先代陵寢祀譜中，始終沒有遼、金君主；明朝中期還在帝王廟中罷祀元世祖。前文已論，明朝之前，編製先代陵寢祀譜以五德終始説爲依據。在分裂時期的並立政權中，只有一方被視作正統。正統歷史是"單綫條"的。例如，唐、北宋都以北朝爲正統，而不將南朝君主放入祀譜。第二章已論，北宋的先代陵寢祀譜是明、清先代陵寢祀譜的基礎。雖然明朝的正統史觀已經改變，不再囿於五德推演的窠臼。但在編訂祀譜時，依舊在並立格局中只選一方。所以，先代陵寢祀譜中有兩宋君主，帝王廟中有宋太祖，而與兩宋並列的遼、金君主則沒有出現。但明朝的先代陵寢祀譜依然保留了北魏君主。因爲北魏的正統地位早已固定。所以，漢族王朝的祀譜並不排斥少數民族政權。總之，明朝不祭遼、金君主，與其説是民族因素使然，不如説是"單綫條"的選人慣例造成的。

　　明中期以後，民族因素在祀譜編製中的作用開始顯現。這以民族矛盾激化、北方邊患加重爲背景。① 之前金朝的先代帝王祀譜全是中原王朝的君主，不包含對於北方民族的偏重。明中期在帝王廟中罷祀元世祖，清初增祀遼、金、元君主。這才是民族因素顯現的產物。而且，北宋時期就有學者提出，北魏因其未能完成統一而不宜居正統。② 但這是著眼於政權功業而言，並非計較其民族屬性。明朝的先代陵寢祀譜中依然有北魏君主。

　　清朝禮制的創新，在於突破了"單綫條"的選擇慣例。這樣做，一是基於清統治者自身的民族屬性，二是與正統史觀的改變有關。與兩宋並列的遼、金進入正統行列，由清朝廷的滿族背景所決定。正統脉絡變成了"雙綫條"。顧如華在順治十七年建議裁撤遼、金君主與元太祖，理由是"原未混一天下"，實際上就是恢復"單綫條"的敘述模式。在清朝廷由北方民族建立的大背景下，這種嘗試必然失敗。另一方面，五德推演讓位於功德評判，使得當政朝廷在選

---

① 參見劉浦江：《元明革命的民族主義想象》，《中國史研究》2014 年第 3 期。
② 歐陽修撰，李逸安點校：《歐陽修全集》卷一六《後魏論》，中華書局 2001 年版，第 284 頁。

擇上的主觀性被放大。清朝廷在此基礎上調整了言說正統歷史的基調，不再"單綫條"地選擇"政治符號"，不再將版圖統一作爲正統的必然條件而使得帝王廟祀譜中的政權數量增多。

至於清朝帝王廟的祭祀對象繁多，也並非禮制沿革史中的特例。全部網盡正統王朝君主的方法，在北宋乾德祀譜中已經出現。因此，在祀譜中儘量多地排列"政治符號"，並不是清朝的首創。而且，祭祀對象數量多，與清朝處於帝制時代最末端有關。在民國初期，還有人建議在帝王廟中增祀清朝君主。因此，對於禮制演變，不能片面、靜態地看待，要聯繫禮制沿革的前後脈絡。

所以，明、清祀譜的差異並不全是民族因素造成的。設計先代帝王祀譜的慣例、正統史觀與編製祀譜的規則，對此都有影響。

總之，各民族政權被共有的"政治符號"凝聚在一起，傳承共同的正統史觀與政治信仰，維繫中國歷史脈絡的延續。

本章結語

先代帝王常祀制度的發展歷程、先代帝王祀譜的人選構成，是本章的兩個主要內容。下文分別進行總結。

第一個部分，常祀先代帝王的制度，上起秦朝，下至清朝。從隋朝開始，先代帝王祭祀成爲獨立的常祀項目並延續發展。服務於當政朝廷的統治合法性，是先代帝王祭祀的一貫功能。在這個前提下，功能重點有昭示正統與崇德報功的差別。唐、宋時期，功能重點發生偏轉：從踐行儒經的報功之義，變成了昭示正統的來源。

常祀制度的發展歷程分爲四個階段。

首先，隋之前，先代帝王在當政朝廷的祀典中尚不是一個獨立項目，也沒有獨立祀譜。因史料所限，一些問題無法詳究。第一，秦漢時期，當政朝廷祭祀先代帝王還存在祭屬、禳災、求福的動機。這與先秦時期對於異國先君的看法有連續性。第二，祭祀先代帝王以崇德報功或昭示正統的行爲，在隋之前都已經出現。第三，隋之前出現的幾種常祀制度，相互之間沒有因襲關係。這正說明，常祀先代帝王尚未形成固定規制。以祭祀聖賢爲突破口，上古聖王進入了當政朝廷常祀項目的設計範圍內。

其次，隋、唐時期先代帝王祭祀成爲獨立的常祀項目，有了獨立的祀譜。

隋朝祀譜與唐顯慶、開元祀譜，以踐行《祭法》的報功之義爲主要目的。它們之間存在明顯的承襲關係。只施行了五年的天寶祀譜，首次梳理了當政朝廷之前的正統序列，昭示當政朝廷的合法性來源。與此同時，祀譜的編製與現實問題緊密相聯。開元祀譜、天寶祀譜的編製，既受到了唐初"五經正義"的影響，也與開元、天寶年間的政治有關。尤其是天寶祀譜，是唐朝廷將道教引入國家祀典的成果之一。

再次，宋、金、明、清四代常祀先代陵寢，編製先代陵寢祀譜。從北宋初年起，在各地的先代陵寢祭祀先代帝王成爲定制。北宋的先代陵寢祀譜共有五份。其中，乾德祀譜通過劃分等級，將唐開元祀譜與天寶祀譜糅合起來，兼顧了昭示正統與崇德報功兩方面功能。開寶、大中祥符、政和祀譜都在這個框架內編製。其中細節的調整，可以從北宋的正統史觀、學界的評判議論以及國土疆域、與其他禮制項目的互動等方面進行解釋。正統史觀的理據依然是五德終始說。基於道德評判的正統史觀已經出現，但對祀譜編製還沒有影響。金朝祀譜在一定程度上繼承了北宋制度，但不得不根據自身的疆域略作調整。

北宋的先代陵寢祀譜在先代帝王祭祀沿革史上佔有承前啓後的地位。明、清的先代陵寢祀譜大致以此爲基礎，但都不再區分等級。從明朝起，五德終始理論被基於道德評判的正統史觀代替。但先代陵寢祀譜的編製依然受到北宋的影響。宋以前的先代帝王，基本不出北宋祀譜的範圍。除此之外，民族因素在明、清祀譜的編製中都有顯現。這是宋朝時還沒有的一個特點。

最後，明、清兩朝在先代帝王陵寢祀譜之外，還有國都帝王廟祀譜。帝王廟以昭示正統爲目的。因正統史觀的變遷，評判先代政權的功德成爲祀譜的編製標準。民族因素和當政者的主觀性對祀譜編製的影響在明朝中期開始顯現。

帝王廟的設置過程説明，它與前代禮制之間有承襲關係。第一，明初牛諒設計的常祀方案，雖然複雜繁瑣，卻是雜糅唐、宋制度而來的。第二，明太祖否決牛諒方案而設置帝王廟，繼承、擴展了元朝的國都三皇廟。第三，帝王廟祀譜的最初人選是承接北宋乾德祀譜第一等而來的。這些都説明，帝王廟並不全是明太祖的"創造"，而是在以往制度的基礎上承襲、發展而來的。

明、清帝王廟祀譜對於遼、金、元君主的調整，説明民族因素的影響開始顯現。明朝罷祀元世祖，是在民族矛盾加劇的背景下強調"華夷之辨"。清初年增祀遼、金、元君主，將之與漢族大一統王朝並列，是因自身民族屬性而強調歷史上的"華夷一家"，同爲正統。關於康乾時期祀譜的大幅擴展，本書認同姚念慈的觀點。擴展分兩步：其一，出於爲杜絕評議君權的需要，康熙末年在繼承順治年間正統史觀的基礎上，增祀各朝"無道、亡國、被弑"外的君主。

這就突破了帝王廟只祭開國君主的慣例。其二，爲消弭祀譜中"重北輕南""輕漢"的潛在隱患，乾隆年間增祀南北朝、五代君主，突破原有的政權範圍。這樣一來，"半壁江山"的漢族政權與同樣"半壁江山"的北方民族政權，在帝王廟祀譜中地位相當。一種有意彌縫民族矛盾的祀譜，必然會包攬更多朝代。

儘管帝王廟祀譜已經"南北平等"，但在祀譜的空間呈現上，設計者仍然有所傾向。在帝王廟正殿的龕位安排中，北方民族政權的君主會被凸顯出來，放在顯要的位置上。而乾隆年間新添入的漢族政權君主，多被安排在附屬位置上。

帝王廟在國家祀典中的地位，"後來居上"。帝王廟的地位與受重視程度都比先代陵寢要高。一方面，這種現象與祀譜編製的依據有關。明初設置帝王廟時，官方正統史觀的依據由五德推演轉變爲評論功德。如果説，推演歷運還需照顧到五行的内在規律，那麽評判功德則更依賴當政者的主觀態度。清朝康乾時期，統治者有意杜絶史事評議，又使功德評判的作用減弱，增强了禮制設計者的主觀能動性。另一方面，在國都設總廟，使先代帝王擺脱了陵寢、地域的限制，"聚集"到了當政朝廷身邊。這種"具象"的形式既方便了對於歷史脉絡的凸顯，又便於統治者隨時調整，更符合當政朝廷的要求。① 但必須説明的是，這種"方便"是以正統史觀的理論基礎發生改變爲前提的。這就是帝王廟與先代陵寢"此升彼降"的主要原因。

第二個部分，先代帝王祀譜的變遷有相對穩定的一面。歷朝的祀譜編製有共性規律可循。所有的祀譜都由三部分人選構成，如表 2-17 所示。

首先，祀譜中的"穩定人選"。

從隋朝到清朝，總有一些先代帝王能夠進入祀譜。他們是堯、舜、四王（禹、湯、周文王、武王）、漢高祖。這個序列在北宋時擴展爲三皇五帝以及三代、兩漢、李唐的開國君主。在金、明的先代帝王祀譜中，這個序列已經固定。

"穩定人選"在禮儀功能的偏轉、正統史觀的改變中醞釀產生。這個序列也是漸次形成的。先看"起點"。隋朝祀譜與唐顯慶、開元祀譜以堯、帝嚳爲始。這是在《禮記·祭法》聖王名單裏選取的。北宋的先代陵寢祀譜由唐天寶祀譜發展而來，用於昭示正統。天寶祀譜的道教歷史觀被抛棄。儒經中的三皇五帝成爲正統歷史的開端。此後直至清朝，其帝王廟、先代陵寢祀譜都以三皇五帝爲始。

---

① 另可參見廖宜方的論述，氏著：《王權的祭典：傳統中國的帝王崇拜》，臺大出版中心 2020 年版，第 385 頁。

表 2-17　各種先代帝王祀譜的人選匯總

先代時段	人選	隋	唐顯慶	唐開元	唐天寶	宋建隆	宋乾德前二等	金泰和	明初帝王廟	清初帝王廟	明初陵寢	清初陵寢
夏前	三皇				●		●		●	●	●	●
	五帝	堯、舜	堯、舜	帝嚳、堯、舜	●	帝嚳、堯、舜	●	●	●	●	●	●
夏	禹	●	●	●	●	●	大康	大康	●	●		
商	湯	●	●	●	●	●	大戊、武丁	大甲、大戊、武丁	●	●	大戊、武丁	大戊、武丁
周	文王			●	●	●	●	成、康、宣	●	●	成、康	成、康
	武王	●	●	●	●	●	●	●	●	●	●	●
秦	始皇				●		（三）					
西漢	高祖			●	●	●	●	文、景、宣	●	●	文、景、宣	文、宣
東漢	光武			●	●		●	明、章	●	●	明、章	●
曹魏	武帝						●					
晉	武帝				●		●					●
元魏	道武				●		（三）					
	孝文										●	●

續表

先代時段	人選	隋	唐顯慶	唐開元	唐天寶	宋建隆	宋乾德前二等	金泰和	明初帝王廟	清初帝王廟	明初陵寢	清初陵寢
北周	文帝				●		●					
隋	文帝				●		●				●	
唐	高祖						●				憲、宣	憲、宣
唐	太宗					●	●	●	●	●	●	●
後周	世宗							●	●		太、真、仁、孝、理宗	太、真、仁宗
宋	太祖								●	●		
遼	太祖									●		●
金	太祖									●		●
金	世宗									●		●
元	太祖									●		●
元	世祖								●	●	●	●
明	太祖									●		宣、孝、世宗

說明：（1）"穩定人選"用灰色背景標識；（2）只選關鍵祀譜；（3）北宋乾德祀譜是明、清首份統理了正統脈絡。秦始皇、北魏孝文帝居第三等；（4）"入選"一列中的先代帝王，在各祀譜中出現的，用"●"代表，不再重複寫全名。

　　再看"穩定人選"的"終點"。隋、唐的報功祀譜都止於漢高祖。隋朝廷突破《祭法》的聖王範圍，將漢高祖與上古聖王並列。這是魏晉以來長期思想積澱的結果。在北宋的先代陵寢祀譜中，第一等的人選是聖王。而三代與宋之間，惟漢、唐國祚長久，功德卓越。故三代、兩漢、李唐的開國君主並列於最高等級。明朝的帝王廟祀譜反復調整過多次，但一直都有兩漢、李唐的位置。此時，評判正統的標準變成評議功德業績。換言之，編製祀譜的標準發生轉變。選擇正統王朝的標準與崇德報功的標準已無分別。

　　由上可知，"穩定人選"的形成與《祭法》的報功之義密切相關。易言之，《祭法》作爲儒經依據，對先代帝王祭祀的發展有持續性影響。

　　其次，祀譜中的"必增人選"。

　　隨着時代的推移，必然有一些帝王進入祀譜中。先代帝王這個群體，本就隨着歷史演進而不斷擴展。伴隨王朝更迭，正統序列上出現的空白必須補齊。所以，歷朝編製先代帝王祀譜時都有"必增人選"。

　　最後，祀譜中的"不固定人選"。

　　當政朝廷會因現實需要而增刪人選。這就涉及禮制設計的主觀性。"不固定人選"大幅增減，在清朝才出現。歷朝增加的人選，參見本章的梳理。現將歷朝刪減的人選列表如 2-18 所示。

表 2-18　歷朝刪減祀譜人選的情況

祀譜	時間	在之前祀譜中刪除的人選	備註
先代陵寢祀譜	北宋開寶年間	魏太祖、後梁太祖	魏文帝仍在祀譜中
	北宋政和年間	黃帝、東漢明帝、章帝、晉武帝、北魏孝文帝	東漢光武帝仍在祀譜內；這 5 人並非都在政和年間被刪減。因史料所限，具體時間不能確定
	明洪武四年	北魏孝文帝、隋高祖、宋理宗	
	萬曆朝《大明會典》	周宣王、東漢明帝、章帝	又添入北魏孝文帝、隋高祖、宋理宗
	清乾隆二十六年	明世宗	

續表

祀譜	時間	在之前祀譜中刪除的人選	備注
國都帝王廟祀譜	明洪武六年十一月	周文王、唐高祖	周武王、唐太宗仍在祀譜内
	明洪武二十一年	隋高祖	
	明嘉靖二十四年	元世祖	
	清順治十七年	遼太祖、金太祖、元太祖	添入商中宗、高宗、周成王、康王、漢文帝、宋仁宗、明孝宗(次年恢復原貌，祀譜中共計21人)
	清乾隆四十九年	東漢桓、靈二帝	同時增加了7個政權23人(此前祀譜中已有一百六十多人)

説明：隋開皇祀譜、唐顯慶、開元、天寶祀譜，都没有對之前祀譜做過删減。此處不列。

　　清朝之前，如果祀譜的功能側重點不變，則相鄰祀譜間的人選調整十分有限。例如，北宋在先代陵寢祀譜中删去魏武帝、東漢明帝、章帝，但祀譜的政權序列中仍有東漢、曹魏。北宋還因爲史評欠佳删去晉武帝，但對整個王朝序列没有太大影響。删去黄帝，是因爲黄帝被北宋皇室追認爲始祖。明朝在帝王廟、先代陵寢祀譜中撤銷元世祖，是民族矛盾激化的結果。如果祀譜的功能重點發生改變，則祀譜人選的調整力度會很大。唐天寶祀譜與開元祀譜相比、北宋乾德祀譜與建隆祀譜相比，人數差距很大。祀譜的功能重點也有改變。總之，先代帝王祀譜的功能重點不改變，相鄰祀譜的人選增删幅度就不會太大。

　　而到了清朝，在不改變功能的前提下，增删幅度擴大。帝王廟祀譜中的君主，從明朝的十幾位，到清初的二十幾位，到康乾時期變成了一百六十、一百八十多位。到此時，當政朝廷主觀性對於先代帝王祀譜的影響才凸顯出來。

　　綜上，先代帝王祀譜的發展具有繼承性、連續性。這是中國古代禮儀制度演變過程中的内在穩定性所決定的，也是崇德報功的傳統觀念不斷延續的結果。當政朝廷的主觀性被放大，是清朝才有的事。不能只注重主觀因素，而忽視了禮制演變中相對穩定的一面。有學者認爲，先代帝王祭祀的演變動力主要來自當政君主。① 從本書的考察來看，這個觀點是不正確的。

---

① 張璉：《歷代帝王祭祀中的帝王意象與帝統意識——從明代帝王廟祀的祭祀思維談起》，臺灣《東華人文學報》第10期，2007年。

第三章　有司具儀：常祀與因祀的儀式變遷

　　祭必有儀。編製祀譜，是當政朝廷選擇祭祀對象。而先代陵寢前的簠簋尊爵、帝王廟中的俎豆馨香，行禮人員的周旋揖讓、恭呈敬獻，才是連接當政朝廷與先代帝王的必要步驟。

　　叩首、揖拜等儀節動作，同樣傳達着禮制設計者的預期目標。朱進東對"政治符號"進行分類並指出，以"人的動作、表情等爲信息載體"的"體語符號系統"，能夠反映"政治訊息發送者"的真實意圖。① 所以，祭祀先代帝王的具體儀節，也傳遞着當政朝廷的特定話語。

　　就祭祀先代帝王的儀式而言，常祀與逢事告祭(簡稱"因祀")的儀式有着不同的發展綫索。常祀先代帝王的儀式主要有兩類，分別由地方官吏與朝廷中央執行：一是祭祀各地的先代陵寢(或在特定地點施祭)，二是祭祀國都的歷代帝王廟。從隋朝起，常祀先代帝王的制度出現並獨立發展。因此，明朝人丘濬將隋朝作爲先代帝王祭祀沿革的分界點。② 因祀隨之成爲附屬性項目，但仍然存在於國家禮典中。所以，本章分祭陵、祭廟、因祀三個層面，簡述祭祀先代帝王的儀式變遷。

　　本章的考察路徑分縱向、橫向兩種：縱向上，歷時性梳理祭祀儀式的因革，觀察祭祀儀式的歷史變遷；橫向上，通過比較同時代不同祭祀項目的儀式，觀察先代帝王祭祀在祀典中的特殊性。

---

　　① 朱進東：《論政治符號的界定、功用及系統》，《江海學刊》1998 年第 5 期。
　　② 丘濬：《大學衍義補》卷六二《秩祭祀·內外群祀之禮》，《景印文淵閣四庫全書》第 712 冊，第 720 頁下欄。

第一節　祭祀先代陵寢的禮儀程式

常祀先代陵寢的儀式，由陵寢屬地的地方官吏負責執行。

嚴格地講，祭祀先代陵寢的儀程只保留在明、清兩代的禮書中。具體來看：唐《開元禮》"有司享先代帝王"的儀程，並不全是在先代陵寢行禮。除了漢高祖享祀於長陵，其餘帝王的祭祀地點都不是陵寢。① 唐天寶祀譜在"肇跡之處"施祭，具體儀程不見於記載。北宋祭祀先代帝王是在陵寢處施祭。但《開寶通禮》已佚，詳情不明；《太常因革禮》卷八十《享先代帝王陵廟》以條理史事、政令爲主，未記具體儀程；②《政和五禮新儀·序例》中的"神位""冊祝"記錄了先代陵寢祀譜人選、地點與祝文寫法，③ 但該書卷一百三十一《諸州享歷代帝王儀》已佚。南宋初期曾編《中興禮書》，其中卷一百六十八《先代陵廟》已佚。金代《大金集禮》中未收錄祭祀先代陵寢的儀程。所以，只有明、清兩代禮書中先代陵寢的祭祀儀式，尚可參考。

即便如此，本書將考察時代上延到唐、宋時期。一方面，唐《開元禮》規定的祭祀地點雖不完全是陵寢，但其儀程也由朝廷規定、由地方官吏執行；另一方面，北宋祭祀先代陵寢的具體步驟雖然不詳，但仍有綫索可尋。

一、先代陵寢祭儀在不同時代的變化

比較唐、宋、明、清的祭陵儀程，可以發現四個問題。

第一，朝廷禮書編寫儀程的標準不同。這與先代陵寢祭禮的地位有關。

唐、宋禮書單獨編寫先代帝王祭祀的儀式，沒有將之與其他祭禮關聯。《開元禮》卷五十專門記載祭祀先代帝王的儀程與祝文。雷聞根據祝文指出："先代帝王雖由各州長官主祭，但卻都是以皇帝的名義來進行的，州官只是代

---

① 廖宜方稱之爲"象徵王朝的代表地點"。參見廖宜方：《中國中古先代帝王祭祀的形成、演變與意涵——以其人選與地點爲主軸的探討》，臺灣《"中央研究院"歷史語言研究所集刊》第 87 本第 3 分，2016 年。

② 歐陽修等編：《太常因革禮》卷八〇《享先代帝王陵廟（置陵户祠廟附）》，《續修四庫全書》第 821 册，第 570 頁下欄~573 頁上欄。

③ 鄭居中等撰：《政和五禮新儀》卷三《序例·神位下》，《景印文淵閣四庫全書》第 647 册，第 143 頁上欄~144 頁上欄；同書卷四《序例·册祝》，《景印文淵閣四庫全書》第 647 册，第 146 頁下欄~147 頁上欄。

表皇帝行禮而已。"①地方官吏是在代替中央執行朝廷的中祀項目。與此類似，北宋的先代陵寢祭祀也是由地方代替朝廷執行。乾德年間，"定先代帝王配享儀，下諸州以時薦祭"②。根據《政和五禮新儀》的目録，《諸州享歷代帝王儀》一卷包括"時日""齋戒""陳設""省饌""行事"等條，與其他吉禮項目没有區別。③ 所以，按照《開元禮》與《政和五禮新儀》的規定，地方官吏代表朝廷祭祀先代帝王，執行中央的祀典儀式。

而明、清朝廷的禮書則規定，祭祀先代陵寢要套用其他項目的儀程。這與國都帝王廟的出現有關。不論是明朝《禮部志稿》《大清通禮》，還是清代的幾部官修《會典》，國都帝王廟是朝廷祀典的中祀項目。而先代陵寢祭禮的地位隨之降低，變爲"有司祀典"，即地方祀典的項目。地位降低後，明、清禮書没有專門設計祭陵的儀式程式，而是命令地方參照其他項目辦理。

明朝地方參照當地祭禮執行，而清朝要求地方參照中央的告祭儀式辦理。明朝《禮部志稿》規定，地方祭祀先代陵寢，採用祭祀社稷的儀程。④《大清通禮》則要求，地方按照朝廷的"慶典遣官禮"執行。⑤ 這不是地方各種祭禮間的相互套用，而是直接仿照朝廷的儀程。從參照對象上看，清朝祭祀先代陵寢的規格比明朝要高。

第二，不同時期的祭祀延續着基本的儀式步驟。

不同朝代的祭祀儀程有很大共性。這與中國古代禮儀制度的内在延續性分不開。這也不是先代帝王祭祀特有的現象，而是所有祭禮項目的共性特點。基本的儀式脈絡是：迎神，奠幣，初獻，讀祝，亞獻，終獻，飲福受胙，送神，望瘞（或望燎）。唐、明、清三朝的儀式主綫基本如此。具體環節偶有調整、增減，但整體程式没有重大變化。可以説，這個主綫從唐至清一以貫之。與之相應，行禮人員與司禮人員的設置也有延續性。同時，表示莊重、虔誠的齋戒、盥洗、省牲等步驟，也一直保留着。

---

① 雷聞：《郊廟之外——隋唐國家祭祀與宗教》，生活·讀書·新知三聯書店 2009 年版，第 79~80 頁。

② 《宋史》卷一〇五《禮志八》，中華書局 1975 年版，第 2560 頁。

③ 鄭居中等：《政和五禮新儀·目録四》，《景印文淵閣四庫全書》卷 647 册，第 115 頁上欄。

④ 林堯俞等纂修，俞汝楫等編撰：《禮部志稿》卷三〇《祠祭司職掌》，《景印文淵閣四庫全書》第 597 册，第 567 頁上欄。

⑤ 來保、李玉鳴等：《大清通禮》卷九《歷代帝王·直省所在專祭》，《景印文淵閣四庫全書》第 655 册，第 170 頁下欄。

第三，不同時期的儀程要素存在差異。

現將不同朝代禮書中的行禮時間、主祭人員、齋戒天數、祭祀用牲與主要禮器等信息，列表對比如表 3-1 所示。

表 3-1　唐、明、清地方常祀先代帝王的儀程要素

具體事項	唐《開元禮》	明《禮部志稿》	清《大清通禮》
行禮時間	三年一祭於仲春	春秋仲月	春秋仲月
主祭人員	享官由當地長官擔任	布政司官或府、州、縣官	守土正官
司禮人員	贊唱者、贊禮者、各類執事	通贊、贊引、各類執事	通贊、引贊、各類執事
齋戒天數	散齋三日，致齋二日	散齋兩日，致齋一日	不明
用牲	太牢(牛、羊、豕各一)	少牢(羊、豕各一)	少牢(羊、豕各一)
主要禮器	帛一、簠簋各二、籩豆各十	帛一、簠簋各二、籩豆各四	帛一、簠簋各二、籩豆各十

齋戒時間縮短，用牲規格降低，都與先代陵寢的地位下降有關。牲用少牢，不是明朝才有的變化，在北宋已然如此。"乾德中，定先代帝王配享儀，下諸州以時薦祭，牲用羊豕，政和議禮局遂爲定制。"①所以，北宋便用少牢祭祀先代陵寢。明、清時期，先代陵寢不再是朝廷的中祀項目，改屬地方"有司祀典"。祭牲規格也沒有再提升。

第四，縱向比較三朝的儀程步驟，可知拜禮的規格在逐步提高。

前文提到的儀程主綫是基本脉絡。具體差異見表 3-2。

表 3-2　唐、明、清地方官吏常祀儀式的對比

儀程環節	唐《開元禮》	明《禮部志稿》	清《大清通禮》
正獻前，迎神	享官就位，再拜	獻官、陪祭官皆四拜	上香；三跪九叩
奠幣(奠帛)	初獻官奠幣於正位；奠幣於配座(配享者)	獻官奠帛，以帛授執事者以奠	司帛奠帛；三叩

---

① 《宋史》卷一〇五《禮志八》，中華書局 1975 年版，第 2560 頁。

續表

儀程環節	唐《開元禮》	明《禮部志稿》	清《大清通禮》
初獻與讀祝	初獻官獻爵於正位； "祝"讀祝，初獻官再拜； 初獻官獻爵於配座； "祝"讀祝，初獻官再拜 初獻官祭酒，受胙，飲福	獻官獻爵，以爵授執事者以奠； 獻官俯伏，興，平身； 獻官就讀祝位，"讀祝者"讀祝； 獻官俯伏，興，平身	司爵奠爵； 司祝讀祝，三叩； 遣官三叩
亞獻	亞獻官獻爵於正位，再拜； 亞獻官獻爵於配座，再拜 亞獻官飲福	獻官獻爵，以爵授執事者以奠； 獻官俯伏，興，平身	司爵奠爵
終獻	終獻官獻爵於正位，再拜； 終獻官獻爵於配座，再拜 終獻官飲福	獻官獻爵，以爵授執事者以奠； 獻官俯伏，興，平身	司爵奠爵； 遣官三跪九叩
飲福受胙		獻官飲福受胙； 獻官、陪祭官皆兩拜	
送神、望瘞（或送燎）	望瘞	獻官、陪祭官皆四拜； 望瘞	送燎

説明：（1）文中人員的稱謂，皆按照禮書原文書寫。（2）根據《大清通禮》，直省專祭帝王陵寢，"行禮儀注與慶典遣官禮同"。而"逢朝廷有大慶典"的"遣官行禮儀注"與"時巡遣官祭告禮"同。故而，原文中施祭官員的稱謂是"遣官"。

　　在主要步驟不變的前提下，唐、明、清的儀式差異表現在四個方面。
　　首先，獻官的數量不同。同樣是三獻，唐朝分別設置三個獻官，明、清則只有主祭一人。這不是先代帝王祭祀獨有的變化，而是各種祭禮隨時代演進而出現的共性變化。

其次，飲福受胙的環節不同。在唐《開元禮》中，初獻官、亞獻官、終獻官在各自行禮結束後飲福，初獻官還要受胙。在明《禮部志稿》中，獻官只有一人，在終獻後飲福。清朝飲福的環節不明。同樣，這個變化是各項祭禮的共性特點，而非爲特定的祭祀對象專門改變。

再次，明、清時期獻官的儀節動作被分化、轉移出去。司禮人員代替主祭人員執行具體的步驟。奠帛、奠爵、讀祝，皆是如此。與前兩條相同，這種變化也不是先代帝王祭祀所獨有的。

最後，拜禮級別提高。唐朝以再拜爲主。明朝在迎神、送神環節中都是"四拜"禮，在三獻中是"俯伏"、兩拜。清朝在迎神、送神環節中都是三跪九叩，在三獻中是"三叩"。在明朝，"四拜"是"百官見東宫、親王禮"。在"四拜"禮之上，明朝還有"五拜三叩"、乃至"八拜"禮。① 而清朝"三跪九叩"相當於最高規格的拜禮。所以，清朝的拜禮規格高於明朝。

總體上看，隨着時代的推移，獻官數量減少，三獻官的身份集中起來。在周旋揖讓的儀式動作上，獻官的儀節動作在減少。司禮人員代替獻官操作，儀節動作不斷增加。拜禮的規格不斷提高。這些變化不是先代帝王祭祀所特有的，而是各種祭禮隨時代演進而共有的變化。

二、横向比較看先代陵寢的特性

比較同時代在祀典中地位相當的不同祭禮，有助於了解先代帝王祭祀的特殊性。

下文只從唐《開元禮》、明《禮部志稿》、清《大清通禮》中選擇同級別的祭禮，與地方祭祀先代帝王的儀節要素進行比較，如表 3-3、表 3-4、表 3-5。

表 3-3　唐《開元禮》中先代帝王祭禮與同級別祭禮的比較

同級別祭禮項目	獻官齋戒	是否用樂	用牲	迎神、送神的拜禮	三獻中的拜禮
二仲釋奠齊太公（國都）	散齋三日，致齋二日	用樂、舞	牛、羊、豕	再拜	再拜
諸太子廟時享（國都）	散齋二日，致齋一日	用樂	牛、羊、豕	再拜	再拜

---

① 曾亦：《拜禮研究》，上海古籍出版社 2019 年版，第 240~246 頁。

續表

同級別祭禮項目	獻官齋戒	是否用樂	用牲	迎神、送神的拜禮	三獻中的拜禮
祭五嶽四鎮（地方）	散齋三日，致齋二日	不用樂	牛、羊、豕	再拜	再拜
享先代帝王（地方）	散齋三日，致齋二日	不用樂	牛、羊、豕	再拜	再拜

説明：（1）表中信息出自《大唐開元禮》卷五五《仲春仲秋釋奠於齊太公》、卷三五《祭五嶽四鎮》、卷七四《諸太子廟時享》、卷五〇《有司享先代帝王》。（2）表中 4 種祭禮都屬於《開元禮》的中祀項目。

表 3-4　明《禮部志稿》中先代陵寢祭禮與同級別祭禮的比較

同級別祭禮項目	獻官齋戒	是否用樂	用牲	迎神、送神的拜禮	三獻中的拜禮
府州縣祭厲	三日	不用樂	羊、豕	四拜	俯伏，三獻完成後才讀祭文
府州縣祭社稷	散齋二日，致齋一日	不用樂	羊、豕	四拜	俯伏
有司祭嶽鎮海瀆	散齋二日，致齋一日	不用樂	羊、豕	四拜	俯伏
有司祭帝王陵廟	散齋二日，致齋一日	不用樂	羊、豕	四拜	俯伏

説明：（1）表中信息出自《禮部志稿》卷三〇《有司祀典下》。（2）表中 4 種祭禮都屬於明朝各級地方的"有司祀典"。

表 3-5　清《大清通禮》中先代陵寢祭禮與同級別祭禮的比較

同級別祭禮項目	獻官齋戒	是否用樂	用牲	迎神、送神的拜禮	三獻中的拜禮
直省府州縣祭關帝	不明	用樂	牛、羊、豕	三跪九叩	三叩

續表

同級別祭禮項目	獻官齋戒	是否用樂	用牲	迎神、送神的拜禮	三獻中的拜禮
直省府州縣廟祀先師	致齋二日	用樂	牛、羊、豕	三跪九叩	三叩
直省府州縣祭社稷	致齋三日	不用樂	羊、豕	三跪九叩	三叩
祭賢良祠	不明	不用樂	羊、豕	一跪三叩	讀祝後，俯伏
先代陵寢	不明	不用樂	羊、豕	三跪九叩	三叩

説明：（1）表中信息出自《大清通禮》卷一五《直省府州縣祭關帝廟》、卷一五《直省府州縣廟祀先師》、卷六《直省府州縣祭社稷》、卷一五《祭直省賢良祠》、卷九《時巡祭告先代帝王陵寢》）。（2）表中 5 種祭禮，都屬於清朝各級地方的"有司祀典"。

在人鬼祭禮中，先代帝王祭祀的儀節等級難以一概而論。在唐代，祭祀先代帝王與釋奠齊太公，在獻官的齋戒時間上高於諸太子廟。但是，在國都舉行的釋奠齊太公之禮，在用樂環節上優於先代帝王祭祀。先代帝王祭祀與分散在各地舉行的五嶽四鎮祭祀一樣，不用樂。在明代，府、州、縣官吏祭厲，是將厲作爲城隍的附位："設城隍於壇上"，"設無祀鬼神於壇下左右"，"命本處城隍，以主此祭"。① 三獻與讀祝程式十分簡潔。祭祀先代陵寢的儀式與地方祭社稷、祭嶽鎮海瀆一樣，行禮步驟比祭厲繁瑣。在清代，地方祭祀賢良祠的拜禮規格低於先代陵寢。但關帝、先師的拜禮規格與先代陵寢相同。

先代帝王、至聖先師、武廟主神，都屬於人鬼祭祀，在拜禮級別上等同。宗廟之外，這三種人鬼的級別最高。當政朝廷對王朝正統、儒學道統、軍事武功的重視，是高規格拜禮的主要原因。

先代陵寢地位的下降，在清朝地方的祭禮中也有表現。在用樂、用牲兩個方面，先代陵寢祭儀都次於先師、關帝。先代帝王、關帝、先師屬於朝廷中祀項目。在地方祭禮中，三者的拜禮級別相同。但地方祭祀先師、關帝都用樂，且用牛、羊、豕，優於先代陵寢。之所以如此，還是因爲先代帝王祭禮的分化。國都所祭之孔子、關帝，與各級地方官吏所祭之孔子、關帝，並無二致。

---

① 林堯俞等纂修，俞汝楫等編撰：《禮部志稿》卷三〇《有司祀典下·祭厲》，《景印文淵閣四庫全書》第 597 册，第 568 頁上欄、569 頁下欄。

然而在先代帝王祭禮中，佔據朝廷中祀的是歷代帝王廟，是一批"政治符號"的集合體。分佈於各地的先代陵寢，在當地是單個的"政治符號"，起不到國都帝王廟的作用。正是因此，各地祭祀先代陵寢的儀節遠高於賢良祠，卻在用樂、用牲上低於先師、關帝。

第二節　祭祀國都帝王廟的禮儀程式

從明朝起，國都帝王廟成爲先代帝王祭禮的主要部分。它在明、清兩朝屬於中祀項目。與地方"有司祀典"中的先代陵寢相比，帝王廟在祀典中的地位"後來居上"。因帝王廟位處國都，便於當政朝廷措置，且其禮儀功能顯重，頗受君臣重視。所以常祀帝王廟的禮儀，除了遣官行禮的儀式外，還有皇帝親祭的儀式。

一、帝王廟的建置沿革

帝王廟初設於明都南京，後於明中期改設於北京。明亡後，清朝承襲北京舊址不改，一直延續了下去。

明太祖時期，帝王廟的建置曾有變動，而且還被大祀殿所囊括。明朝廷一度計劃以中立府（鳳陽府）爲都，並於洪武二年（1369）開工建設。洪武六年八月，帝王廟初建於南京。十一月，"命建歷代帝王廟於中立府皇城西"①。明太祖在規劃建設新都時一併要將昭示正統的工具搬過去。已有學者考察過中立府的帝王廟建置。② 但此事後來作罷。從洪武後期起，帝王廟的祭祀對象進入大祀殿的合祀中。③ 洪武二十一年（1388），大祀殿增設壇、壝。其中就有歷代帝王壇。歷代帝王廟及其他嶽鎮海瀆諸祀，原爲每年春、秋兩祭。因大祀殿的合祀在春季，故而帝王廟"秋祭於本廟"④，仲春的祭祀停止。明朝廷遷都

---

① 《明太祖實錄》卷八六，洪武六年十一月癸丑，臺灣"中央研究院"歷史語言研究所1962年版，第1527頁。

② 王劍英：《明中都》，中華書局1992年版，第91~94頁。

③ 洪武十一年（1378），大祀殿建成。此前，冬至祭天於圜丘，夏至祭地於方丘。大祀殿建於圜丘舊址，"每歲正月中旬擇日合祭"（參見《明太祖實錄》卷一二〇，洪武十一年十月乙丑，臺灣"中央研究院"歷史語言研究所1962年版，第1956頁）。

④ 申時行等修，趙用賢等纂：《大明會典》卷九一《群祀·歷代帝王》，《續修四庫全書》第790冊，第596頁下欄。

北京後，仍在北京的大祀殿合祀群神時祭祀歷代帝王壇。同時，南京的帝王廟"遣南京太常寺官行禮"①。遷都後，皇帝或皇太子於八月（仲秋）"遣官祭歷代帝王"②，就是祭南京的帝王廟。

明嘉靖年間，帝王廟重建於北京。嘉靖九年（1530），天、地合祀改爲天、地分祀。天神從祀於圜丘，地祇從祀於方丘。帝王廟屬於人鬼，兩不歸屬。虞道南提議："今以仍歸本廟爲當，再行南京太常寺加添春祭，庶不失我祖宗敬禮前代帝王之意。"這就是說，南京的帝王廟在繼續秋祭的同時，恢復春祭。此建議被批准。但不久，明世宗下令在北京立廟。③ 地點在"阜成門内北"。帝王廟正殿名爲"景德崇聖之殿"。④ 嘉靖十一年（1532），製定皇帝親祭儀。⑤ 此後，帝王廟之祭專在北京。

在分祀天、地之前，明世宗已注意到了帝王廟的問題。嘉靖八年（1529）二月，他將頻發的災害歸因於京師没有帝王廟。他在批覆大學士楊一清的奏陳時提道："今山川百神之祀"，"及歷代帝王者"，"皆是命官行禮"；"我《皇明祖訓》有云，皆天子親祀，今已不及矣"。他還特地指出："其歷代帝王廟，京師固無，而山川壇則有也。此等事議難説。其致災之由，於此不無耳，卿其復思之。"⑥查《明史》，嘉靖七年八月，"免河南被災税糧"；九月，"振嘉興、湖州災"。⑦ 次年二月，"振襄陽饑"，"旱，躬禱於南郊"，"禱於社稷"。⑧ 也就是說，明世宗將嘉靖七年、八年頻出的災害，歸因於京師没有帝王廟，皇帝未能親行祭禮。所以，在京師另建帝王廟，明世宗或許在此時便有打算。

---

① 《明史》卷五〇《禮志四》，中華書局 1974 年版，第 1293 頁。

② 《明太宗實錄》卷二四〇，永樂十九年八月丙午，臺灣"中央研究院"歷史語言研究所 1962 年版，第 2286 頁；《明太宗實錄》卷二五〇，永樂二十年八月甲午，臺灣"中央研究院"歷史語言研究所 1962 年版，第 2339 頁。

③ 王圻：《續文獻通考》卷一一四《宗廟考》，《續修四庫全書》第 764 册，第 193 頁上欄。另可參見趙克生：《明朝嘉靖時期國家祭禮改制》，社會科學文獻出版社 2006 年版，第 129~130 頁。

④ 王圻：《續文獻通考》卷一一四《宗廟考》，《續修四庫全書》第 764 册，第 194 頁下欄。

⑤ 申時行等修，趙用賢等纂：《大明會典》卷九一《群祀一·歷代帝王》，《續修四庫全書》第 790 册，第 599 頁下欄。

⑥ 《明世宗實錄》卷九八，嘉靖八年二月乙未，臺灣"中央研究院"歷史語言研究所 1962 年版，第 2330~2331 頁。

⑦ 《明史》卷一七《世宗本紀一》，中華書局 1974 年版，第 222 頁。

⑧ 《明史》卷一七《世宗本紀一》，中華書局 1974 年版，第 222 頁。

在北京重建帝王廟，成爲嘉靖年間禮制改革的一部分。重建的帝王廟在今北京阜成門內大街一帶。王立道奉命撰寫碑文，簡述帝王廟的沿革，並借復立帝王廟稱頌皇帝："夫禮曰：作者之謂聖，述者之謂明。明聖者，述作之謂。我皇上修太祖之秩祀，述也。廟於京師，作也"；"所謂明且聖者，茲其在乎"。① 重立帝王廟於北京，以祖述洪武禮製作爲旗號，渲染了嘉靖年間禮制改革的正當性。

帝王廟特有的高級建築規格，出現於清乾隆年間。此前，帝王廟"頂瓦用青色琉璃，簷瓦綠色琉璃"。乾隆二十七年（1762），禮部尚書上奏稱，文廟大成殿"前奉特旨改用黃色琉璃"；帝王廟的祭祀對象，"皆以聖人在天子位，亦應用王者之制"。因此他提議："其正殿覆瓦，請改純黃"。此議被清高宗採納，"改蓋黃瓦，以崇典禮"②。帝王廟因其祭祀對象的特殊地位，在建築規格上也被抬高。

二、皇帝親祭的儀程變化

（一）縱向比較看儀程的演變

明、清兩朝，皇帝親祭帝王廟的儀程有三種。一是洪武年間明太祖親祭儀程，見於《明太祖實錄》；二是嘉靖年間明世宗更定的親祭儀，見於《明世祖實錄》與萬曆朝官修《大明會典》；三是清朝的皇帝親祭儀程，見於《大清通禮》。現將這三種儀程的主要步驟比較如表 3-6 所示。

表 3-6　明、清皇帝親祭帝王廟的儀式對比

儀式步驟	明洪武朝親祭儀	明嘉靖朝親祭儀	清朝親祭儀
迎神	奏樂； 皇帝、陪祀官皆再拜	奏樂，皇帝上香； 皇帝、陪祀官皆再拜	奏樂，皇帝於中室上香； 餘下六室由司香上香； 皇帝、王公百官行二跪六拜

① 王立道：《具茨文集》卷五《碑·擬奉勅撰新建歷代帝王廟碑》，《景印文淵閣四庫全書》第 1277 冊，第 819 頁上欄。

② 《清高宗純皇帝實錄》卷六五五，乾隆二十七年二月庚寅，中華書局 1986 年版，第 334 頁下欄。

續表

儀式步驟	明洪武朝親祭儀	明嘉靖朝親祭儀	清朝親祭儀
奠帛、初獻、讀祝	奏樂； 皇帝依次在各室前奠帛、獻爵； 各室獻爵後，讀祝官取祝； 依次重複上儀結束後，皇帝再拜	奏樂； 皇帝詣神位前，執事官奠帛、奠爵； 讀祝官取祝； 皇帝、傳贊、陪祀官俯伏，興，平身	奏樂； 正殿，司帛奠帛、司爵奠爵； 兩廡上香，執事生奠帛爵； 司祝讀祝； 皇帝、群臣三拜
亞獻	奏樂； 各室執事者各以爵受酒，奠神位前； 皇帝再拜	奏樂； 皇帝詣神位前，執事官奠帛、奠爵	奏樂； 正殿司爵獻爵； 兩廡獻爵
終獻	奏樂； 各室執事者各以爵受酒，奠神位前； 皇帝再拜	奏樂； 皇帝詣神位前，執事官奠帛、奠爵	奏樂； 正殿司爵獻爵； 兩廡獻爵
飲福受胙	皇帝飲福受胙； 在位官再拜	皇帝飲福受胙； 皇帝、傳贊、陪祭官兩拜	皇帝受福酒、受福胙； 皇帝三拜； 皇帝、群臣二跪六拜
徹豆	奏樂； 執事官各詣神位前徹豆	奏樂； 執事官於各神位前徹饌	奏樂； 徹饌
送神	奏樂； 皇帝、在位官皆再拜	奏樂； 皇帝、傳贊、陪祭官兩拜；	奏樂； 皇帝、群臣二跪六拜
望瘞（或送燎）	奏樂； 皇帝詣望瘞位，實土半坎	執事官送燎	執事官送燎

說明：表中信息出自《明太祖實錄》卷九二，洪武七年八月甲午；明申時行修《大明會典》卷九一；《大清通禮》卷九。

縱向比較可知：在儀程主綫基本不變的前提下，明太祖朝、世宗朝與清代皇帝親祭儀的差異，主要有兩個方面。

其一，從明到清，跪拜儀節的規格提高。明太祖在迎神、送神以及三獻環節中，都是"再拜"禮。明世宗的親祭儀減少了拜禮次數，只在迎神、飲福受胙、送神環節中行"再拜"禮。根據《大清通禮》，皇帝親祭，在迎神、飲福受胙、送神環節中行"二跪六拜"禮。前文提到，明朝官方拜禮，在"再拜"之上還有"四拜""五拜三叩"。清朝拜禮在"二跪六拜"之上有"三跪九拜"。所以，清朝抬高了帝王廟的拜禮級別。

其二，作爲主祭者的皇帝，在跪拜之外的儀節動作，逐步減少。像奠帛、奠爵這些與神位接觸的儀節，皇帝的參與不斷減少。據表 3-6 可知，明太祖在奠帛與初獻中都是親力親爲。亞獻、終獻，則由執事官操作。送神後，明太祖參與望瘞，並"實土半坎"，即親自參與掩埋祭品。在明世宗朝的親祭儀中，皇帝參與迎神上香。奠帛與初獻，皇帝至神位前，具體儀節由執事官負責操作。[①] 送神後焚燒祭品祝文的環節（即送燎），皇帝不再參加。到清朝，皇帝直接行禮的動作只有上香與接受福酒、接受福胙。在整個過程中，皇帝作爲主祭人員所要履行的儀節，大多分散給了執事官。

（二）橫向比較看帝王廟的地位

同時代內不同祭禮的橫向比較，有助於了解皇帝親祭帝王廟儀式的特殊性。

明、清時期，帝王廟屬於朝廷的中祀項目。表 3-7 選擇明、清祭禮有兩個考慮：一是屬於中祀的人鬼項目，二是有皇帝親祭的儀式。

表 3-7　明、清皇帝親祭的中祀儀式對比

同級別祭禮項目	是否用樂	用牲	迎神、送神的拜禮	三獻中的拜禮
明皇帝親祭先農	用樂	牛、羊、豕	四拜	俯伏、再拜

①　明嘉靖朝的皇帝親祭儀，分別見於《明世宗實錄》卷一四一與申時行修《大明會典》卷九一。但是，奠帛、初獻環節中，皇帝是依次在正殿各室前站立，還是只在正殿中室前站立？兩部文獻都没有明説。詳見《明世宗實錄》卷一四一，嘉靖十一年八月戊子，臺灣"中央研究院"歷史語言研究所 1962 年版，第 3290～3291 頁；申時行等修，趙用賢等纂：《大明會典》卷九一《群祀一·歷代帝王》，《續修四庫全書》第 790 册，第 600 頁上欄。

續表

同級別祭禮項目	是否用樂	用牲	迎神、送神的拜禮	三獻中的拜禮
明皇帝親祭帝王廟	用樂	牛、羊、豕	再拜	俯伏、再拜
清皇帝親享先農	用樂	牛、羊、豕	三跪九拜	三拜，飲福時二跪六拜
清皇帝釋奠先師	用樂	牛、羊、豕	二跪六拜	三拜
清皇帝親祭帝王廟	用樂	牛、羊、豕	二跪六拜	三拜

　　説明：表中信息出自《禮部志稿》卷二九《先農》(萬曆朝《大明會典》卷九二《群祀二·先農》)，萬曆朝《大明會典》卷九一《群祀一·歷代帝王》，《大清通禮》卷八《吉禮·先農》、卷一五《吉禮·先師》、卷九《歷代帝王》。

　　從拜禮級別上來看，皇帝親祭先農比親祭帝王廟的規格高。嘉靖年間皇帝親祭先農行"四拜"禮，清朝皇帝行"三跪九拜"禮。雖然都是中祀項目，但皇帝親祭帝王廟的儀式規格略低。清朝皇帝親祭帝王廟與釋奠先師的拜禮儀節相當。這與前文第一節的觀點相照應。先師孔子與帝王廟中的先代帝王享受的拜禮級別相同。總之，從拜禮級別來看，在中祀的人鬼項目中，帝王廟與先師都不及先農受重視。

三、遣官祭廟的儀程變化

(一)縱向比較看儀程的演變

　　對於帝王廟的常祀多是由官員行禮，皇帝親祭畢竟是少數。明朝的遣祭儀製定於洪武年間，見於《明太祖實録》與萬曆朝官修《大明會典》中。① 根據《大清通禮》、乾隆朝《大清會典》來看，清朝的遣祭儀參照皇帝親祭儀辦理。② 現對兩套儀程進行比較，如表 3-8 所示。

----

　　① 《明太祖實録》卷一八九，洪武二十一年三月乙酉，臺灣"中央研究院"歷史語言研究所 1962 年版，第 2849~2850 頁；申時行等修，趙用賢等纂：《大明會典》卷九一《群祀一·歷代帝王》，《續修四庫全書》第 790 册，第 596 頁下欄~598 頁下欄。
　　② 來保、李玉鳴等：《大清通禮》卷九《吉禮·歷代帝王》，《景印文淵閣四庫全書》第 655 册，第 164 頁下欄；允祹等：《大清會典》卷四五《禮部·祠祭清吏司·中祀二》，《景印文淵閣四庫全書》第 619 册，第 384 頁。

表 3-8　明、清遣官祭帝王廟的儀式對比

儀式步驟	明朝遣祭儀	清朝遣祭儀
迎神	奏樂； 獻官、陪祭官四拜	奏樂 上香，"出入殿左門"； 承祭官、分獻官、陪祀官三跪九叩
奠帛、初獻、讀祝	奏樂； 中室前，執事官以帛授獻官，獻官奠帛 中室前，執事官以爵授獻官，獻官奠爵； 其餘四室，依次行禮； 讀祝；獻官俯伏，興，平身	奏樂； 正殿，司帛奠帛、司爵奠爵； 兩廡上香，執事生奠帛爵； 司祝讀祝； 獻官三拜
亞獻	奏樂； 執事官各以爵獻於神位前	奏樂； 正殿司爵獻爵； 兩廡獻爵
終獻	奏樂； 執事官各以爵獻於神位前	奏樂； 正殿司爵獻爵； 兩廡獻爵
飲福受胙	獻官飲福受胙，兩拜	不飲福受胙
徹饌	奏樂，執事官徹饌	奏樂；徹饌
送神	奏樂，獻官四拜	奏樂； 承祭官、分獻官、陪祀官三跪九叩
送燎	奏樂，執事官送燎	贊引乙太常寺贊禮郎祝帛送燎，避立西旁，東面

說明：根據乾隆朝《大清會典》《大清通禮》的記載，參照皇帝親祭儀整理清代的遣祭儀。凡是兩部禮書中特殊標記的內容，加下劃綫標識。

縱向比較，可以得出兩個結論。

其一，清朝遣官的拜禮級別比明朝高。這與前文中的結論一致。

其二，在皇帝不親祭時，獻官的拜禮級別要提升。明朝皇帝親祭時，皇帝與陪祀人員行"再拜"禮。皇帝遣官祭祀，獻官行"四拜"禮。清朝皇帝親祭時，陪祀人員與皇帝一樣"二跪六拜"。皇帝不到場，獻官需"三跪九叩"。此外，

《大清通禮》對於獻官在景德門(帝王廟外正門建築)、帝王廟正殿的出入路綫有嚴格規定："承祭官(王公)入景德左門(領侍衛內大臣、尚書等入右門)，升左階，位於階上(領侍衛內大臣尚書等位階下)，北面迎神"；上香時，"出入殿左門"；送燎時，"避立西旁，東面"。① 這些規定，都是要避開皇帝行禮時的路徑。祭祀儀式用類似"避諱"的方式，凸顯皇帝的最高權威。所以，皇帝在場與不在場的禮儀差別，反映出君尊臣卑的等級秩序。

　　清朝取消了遣官儀中"飲福受胙"的環節，更是凸顯了當政君主的獨尊地位。清朝比明朝更重視帝王廟昭示正統的作用。同樣遣官行禮，在釋奠先師禮中，遣官有"飲福受胙"的步驟。② 根據《大清通禮》，如果皇帝不親祭帝王廟，遣官"不飲福受胙"。換言之，接受先代帝王的"賜福"，是當政皇帝才有的權力。只能説，明朝禮典的考慮還沒嚴苛到這一步。帝王廟梳理正統王朝的沿革脉絡，昭示現政權合法地位的歷史來源。而先代帝王的"賜福"，就是對當政朝廷皇權正當的肯定與助力。所以，飲福受胙只能由皇帝來做。在先代與本朝之間的正統脉絡衔接起來時，當政君主不可替代的地位被凸顯出來。

(二)橫向比較看帝王廟的特性

　　遣官祭帝王廟的儀式，也可進行橫向比較。現將相關的祭禮儀式進行對比，如表3-9所示。

表 3-9　明、清遣官祭祀的中祀儀式對比

同級別祭禮項目	是否用樂	用牲	迎神、送神的拜禮	三獻中的拜禮	有無飲福受胙
明遣官祭先農	用樂	牛、羊、豕	四拜	俯伏、再拜	有
明遣官釋奠先師	用樂	牛、羊、豕	四拜	俯伏、再拜	有
明遣官祭帝王廟	用樂	牛、羊、豕	四拜	俯伏、再拜	有
清遣官祭先農	用樂	牛、羊、豕	三跪九拜	三拜，飲福時二跪六拜	無

---

　　① 來保、李玉鳴等：《大清通禮》卷九《吉禮・歷代帝王》，《景印文淵閣四庫全書》第655册，第164頁下欄。

　　② 來保、李玉鳴等：《大清通禮》卷一一《吉禮・先師》，《景印文淵閣四庫全書》第655册，第184頁下欄~185頁上欄。

續表

同級別祭禮項目	是否用樂	用牲	迎神、送神的拜禮	三獻中的拜禮	有無飲福受胙
清遣官釋奠先師	用樂	牛、羊、豕	三跪九拜	三叩	有
清遣官祭關帝	用樂	牛、羊、豕	三跪九叩	三叩	無
清遣官祭帝王廟	用樂	牛、羊、豕	三跪九叩	三叩(未明寫)	無

說明：表中信息出自明《禮部志稿》卷二九《群祀·先農》、卷二九《群祀·先師孔子》，萬曆朝《大明會典》九一《群祀·歷代帝王》，《大清通禮》卷八《吉禮·先農》、卷一一《吉禮·先師》、卷一五《吉禮·關帝廟》、卷九《吉禮·歷代帝王》。

　　清朝在遣官儀中取消"飲福受胙"，並不只是帝王廟的改變。明朝遣官祭先農、釋奠先師、祭帝王廟的儀式中，都有"飲福受胙"。清朝遣官祭先農、關帝、帝王廟的儀式，取消了"飲福受胙"的環節。同時，也並非所有的中祀項目都將之取消。清朝遣官釋奠先師的儀式仍保留了這個環節。所以，在遣官儀中取消"飲福受胙"，是一個複雜問題。前文已論，祭祀先農的拜禮級別比中祀的其他人鬼都高。帝王廟與關帝廟分別代表了正統脉絡與軍事武功。或許因其地位特殊，取消了遣官"飲福受胙"的環節。筆者囿於學力所限，暫時不能做出合理、全面的解釋。但可以肯定的是，"飲福受胙"環節的有無傳達着尊君卑臣的政治理念，強調當政君主接受鬼神饋贈的不可替代性。

第三節　因祀先代帝王的史事與儀式

　　除了常祀制度，臨時性的逢事告祭也是祭祀先代帝王的重要方式。而且，隋朝之前有很多逢事告祭先代帝王的史事。當時，常祀先代帝王的制度尚不佔優勢。隋朝以後，對於先代帝王的因祀依然存在，且不斷發展，逐步形成了"逢事告祭"的固定儀軌。

一、出巡告祭與逢事告祭的史事沿革

　　非常祀的告祭先代帝王，主要分出巡告祭與逢事告祭兩種。籠統地說，後者包括前者。隋之前祭祀先代帝王史事，多是皇帝在出巡時告祭途經的先代帝王陵墓、祠廟。明朝人丘濬指出，除了北魏太和十六年的堯、舜、禹、周、孔

常祀，隋之前祭祀先代帝王的其他活動，"皆因所至而祀也，未有常典"①。另外，當政朝廷遇到重要事項，也會告祭先代帝王。出巡告祭與逢事告祭，在隋朝以前都已存在。

（一）隋以前臨時性祭祀先代帝王的史事

首先，從秦至隋，當政皇帝在出巡途中告祭先代帝王的史事，如表 3-10 所示。

表 3-10　隋之前"因所至而祀"的史事簡表

時間	祭祀對象	出巡信息
秦始皇三十七年	舜、禹	至雲夢、會稽
西漢元封元年	黃帝	至橋山
西漢元封五年	舜	望祀於九嶷
曹魏黃初二年	光武帝	校獵，至原陵
北魏天興三年	堯、舜	幸涿鹿
北魏神瑞二年	黃帝、舜	幸涿鹿
北魏泰常七年	黃帝、堯	東巡
北魏神䴥元年	黃帝、堯、舜	東巡
北魏和平元年	黃帝	東巡
北魏太和十九年	漢高祖	幸小沛
北魏太和二十一年	堯、禹、舜、漢帝(諸陵)、周文王、武王	至龍門、蒲阪、長安

説明：以上信息出自《史記・秦始皇本紀》，《漢書・武帝紀》《郊祀志》，《後漢書・肅宗孝章帝紀》《孝安帝紀》，《三國志・魏書・文帝紀》以及《魏書》中的《太祖紀》《太宗紀》《世祖紀上》《禮志一》《高祖紀下》。

現對表 3-10 羅列諸事做簡要分析。

關於秦皇、漢武出巡途中的告祭活動，學界普遍認可"爭取神權統一"的觀點。根據楊華的研究，先秦時期，神靈信仰有很強的區域性與地域性。秦始

① 丘濬：《大學衍義補》卷六二《秩祭祀・內外群祀之禮》，《景印文淵閣四庫全書》第 712 册，第 720 頁下欄。

皇、漢武帝的封禪、巡遊活動，目的在於争取東方神祇的認同，從而"實現全國神權的統一"①。秦始皇祭舜、禹，漢武帝祭舜，就出現在這種尋求認同的過程中。

秦皇、漢武出巡的告祭活動，還有"宣示統治權力"説。李磊通過考察《越絶書》《淮南子》《漢書》發現，秦始皇晚期，征討南越失敗，東南邊疆出現危機。東南部的閩越、東海外越有可能"與南越戰局聯動，進而瓦解秦王朝在南方、東南方統治"②。秦始皇前往會稽，正是出於這種擔心。而祭祀大禹，正是强化對於當地統治的手段。照此觀點，漢武帝望祭虞舜，在元鼎六年（前111）漢軍攻滅南越國後不久。九嶷山的位置恰在漢朝與南越國邊境，而且南越國境内流傳有對虞舜的信仰。③ 所以，漢武帝南巡時望祭虞舜，是對南越國故地的主權宣示，是借南越故民的虞舜信仰來彰顯統治權。

東漢皇帝東巡途中告祭帝堯，不是祭祀先代帝王的活動。清人秦蕙田將之列入先代帝王祭祀的史事中。④ 而實際上，堯對於漢代君主而言，不是先代帝王、異族祖先。"漢家堯後"的觀念在西漢已經流行。很多學者對此進行過討論。顧頡剛先生認爲這個説法是劉歆、王莽僞造的，他們爲了闡述漢、新禪代的正當性，而將堯與漢室編造爲祖裔關係。⑤ 他闡明了漢、新之際對五德終始説的運用，卻忽略了漢昭帝年間眭弘援引過"漢家堯後"的史實。冷德熙依據《漢書·眭弘傳》認爲，此説即出自眭弘。⑥ 楊權則認爲，此説是作爲一個受

① 楊華：《秦漢帝國的神權統一——出土簡帛與〈封禪書〉、〈郊祀志〉的對比考察》，《歷史研究》2011 年第 5 期。

② 李磊：《吳越邊疆與皇帝權威——秦始皇三十七年東巡會稽史事鉤沉》，《學術月刊》2016 年第 10 期。

③ 據《漢書》顏注引文穎曰："九嶷山半在蒼梧，半在零陵。"另還引如淳："舜葬九嶷。九嶷在蒼梧馮乘縣，故或云舜葬蒼梧也。"（《漢書》卷六《武帝紀》，中華書局 1962 年版，第 196 頁）顏師古贊同文穎之説。《漢書·地理志》載，零陵郡也是元鼎六年置。其轄縣中有："營道（九疑山在南）。"（《漢書》卷二八上《地理志上》，中華書局 1962 年版，第 1596 頁）"蒼梧郡（武帝元鼎六年開）。"（《漢書》卷二八下《地理志下》，中華書局 1962 年版，第 1629 頁）它是兼併南越國之後所設的。如淳之説在地域考證中或許有誤，但可表明，原南越國境内流傳有對虞舜的信仰。

④ 秦蕙田：《五禮通考》卷一一六《吉禮·祀先代帝王》，《景印文淵閣四庫全書》第 137 册，第 769 頁上欄。

⑤ 參見顧頡剛：《五德終始説下的政治和歷史》，《古史辨》第 5 册，上海古籍出版社 1982 年版。

⑥ 冷德熙：《超越神話——緯書政治神話研究》，東方出版社 1996 年版，第 94 頁。

衆廣泛的觀念爲眭弘所援引。他將"漢家堯後"説的源頭限定在公元前 86 年至前 78 年之間的讖緯文獻中。楊權指出，"漢家堯後"説消解了漢統治者"紹休聖緒"與劉邦"起於巷間"之間的矛盾，使西漢皇室變成聖王後裔，具備了紹述聖統的血統資格，夯實了漢家王朝的合法性地位。① 據此，"漢家堯後"説在西漢中後期已然流行。漢皇室看待堯，與王莽看待黄帝、虞舜一樣。東漢明帝、章帝、和帝、安帝出巡途中所祭之人鬼，以漢朝先帝、諸侯王、賢臣爲主。除堯外，再未祭祀過其他前代君主。所以，東漢君主在出巡時没有告祭過先代帝王。秦蕙田對此未及細審。

北魏君主，尤其是孝文帝告祭先代帝王的行爲，是在漢化背景下出現的。拓跋氏雖屬於北方遊牧民族，但他們標榜自己的先祖是"昌意少子"，北魏王朝承襲土德歷運。② 這當然是其向漢文化靠攏的措施。自道武帝起，北魏君主出巡時凡遇漢族聖王的祠廟，均會致祭。這也是漢化心理的一種反映。

靠攏漢族文化，融入中原王朝的正統脉絡，表現在孝文帝的告祭對象中。如表 3-10 所示，遣祭"漢帝諸陵"，使孝文帝巡幸長安時的祭祀規模大幅擴展。同時祭祀一朝帝陵，在此前幾乎没有先例。而且，北魏統一北方之前，長安還曾是前趙(匈奴族)、前秦(氐族)、後秦(羌族)政權的國都。三代帝陵亦分佈附近。但這些帝陵並不在孝文帝的告祭之列。

孝文帝改制的漢化思路，造成了這種現象。③ 康樂認爲，孝文帝在正統觀念上偏向於漢族王朝正統，排斥少數民族政權的歷史；他將北魏歷運改爲水德，越過數個北方民族政權而承接晉朝的金德，便是因此。④ 由此推測，孝文

---

① 楊權：《"漢家堯後"説考論》，《史學月刊》2006 年第 6 期。

② 《魏書·序紀》載："昌意少子，受封北土，國有大鮮卑山，因以爲號"，"黄帝以土德王，北俗謂土爲托，謂后爲跋，故以爲氏"(《魏書》卷一《序紀》，中華書局 1974 年版，第 1 頁)。《魏書·太祖紀》又載：天興元年，政權初立，"尚書崔玄伯等奏從土德"(《魏書》卷二《太祖紀》，中華書局 1974 年版，第 34 頁)。

③ 廖宜方：《王權的祀典：傳統中國的帝王崇拜》，臺大出版中心 2020 年版，第 84 頁。

④ 康樂：《從西郊到南郊——拓跋魏的國家祭典與孝文帝的"禮制改革"》，《"中研院"第二屆國際漢學會議論文集(民俗與文化組)》，臺灣"中央研究院"1989 年版，第 158～161 頁。北魏前期製定的五德歷運、中期更改的歷運，如下表所示：

北魏以前政權	漢	曹魏	司馬晉	前趙(匈奴)	慕容燕(鮮卑)	前秦(氐)	北魏
北魏前期排定的歷運	火	土	金	水	木	火	土
更改後的歷運	火	土	金	非正統	非正統	非正統	水

帝在長安遣祭西漢帝陵，而没有涉及其他民族的短期政權，也是這種觀念使然。

隋之前，當政朝廷還會因特殊事項而告祭先代帝王。

目前見到的這類告祭活動都出現在北朝，共有三種。其一，因建國而告祭。北齊立國時，曾告祭上古帝王與儒、道祖師。"詔分遣使致祭於五嶽四瀆，其堯祠、舜廟，下及孔父、老君等，載於祀典者，咸秩罔遺。"①這是新政權確立後的告祭，以宣示新政權的誕生爲目的。其二，因重修先代帝陵而告祭。北魏延興四年(474)，長安官吏在祭祀周文王、武王廟，挖瘞坎掩埋祭牲時，發現了之前行禮時埋在那的玉器。"四月，詔東陽王丕祭文、武二廟。"②其三，因朝廷施工而告祭當地的先代帝陵。太和二十年(496)五月，北魏朝廷"初營方澤於河陰"。"方澤"，是祭祀地祇的場所。"河陰"，大致位於今河南孟津縣，在洛陽以北。祭地祇於國都之北，正是漢族政權的傳統禮制。孝文帝爲此，"遣使者以太牢祭漢光武及明、章三帝陵"③。北魏朝廷在河陰動工，便要告祭三陵，以尋求認可、護佑。相關史事比較零散，不便總結規律。

(二)隋之後臨時性祭祀先代帝王的活動

隋朝之後，出巡告祭與逢事告祭這兩種告祭禮儀，都在逐步發展。

1. 皇帝出巡告祭的變遷

以皇帝出巡綫路劃定告祭先代帝王的距離範圍，最早見於唐朝開元年間的規定。不在規定範圍之内的先代帝王，不告祭。之前秦皇、漢武望祭虞舜，皆不受距離遠近的限制。據宋人追述，"按《開元禮儀鑒》云：車駕行幸，路次有名山大川，去三十里內則祭之；前代帝王，二十里內則祭之；名臣，十里內則祭之"④。據此可知，先代帝王的告祭範圍不如名山大川遠。也就是說，當時先代帝王在祀典中的地位，尚不及名山大川重要。根據目前的史料，這是對出

---

① 王欽若等編：《宋本册府元龜》卷一九三《閏位部·崇祀》，中華書局 1989 年版，第 536 頁。

② 《魏書》卷一〇八之一《禮志一》，中華書局 1974 年版，第 2740 頁。

③ 《魏書》卷七下《高祖紀下》，中華書局 1974 年版，第 179 頁。

④ 劉琳等校點：《宋會要輯稿》禮一四《群祀》引《續會要》，上海古籍出版社 2014 年版，第 753 頁。

巡途中告祭範圍的首次規定。

北宋在此基礎上，還依據祭祀對象區分告祭方式。以宋真宗"東封西祀"爲例。東上泰山與西祀汾陰，皇帝在途中告祭的先代帝王，都在事前規劃過。① 而且，"請除名山、大川、先代帝王功德赫奕者遣官外，餘委本州祭告"②。因祭祀對象的不同，告祭方式也有差別。功德顯著者，皇帝遣官告祭；無顯著功德者，當地官府祭祀。

關於皇帝出巡致祭的規定，以清朝禮典最爲詳細。

出巡告祭的範圍，不同先代帝王的不同祭祀禮遇，在乾隆朝《大清會典》中有明確規定。凡皇帝巡幸地方，"古昔帝王功德隆重者、先聖先師，皆親詣行禮"③。當地境內的"先賢名臣忠烈祠墓"，則由皇帝遣官致祭。具體來看，不是巡幸地的所有先代帝陵都由皇帝施祭。以皇帝所經之地，附近三十里之內的先代陵寢爲祭祀對象，由皇帝派遣隨行的"三品以上"官員施祭。三十里之內的"功德隆重之君"，才由皇帝行禮。④ 所以，祭祀對象的歷史評價不同，主祭的人員也不同。

光緒朝《會典》的規定更詳細。一方面，在皇帝外出親征，"所過地方，凡遇名山大川、風雨之神、前代帝王陵廟、聖賢祠墓及故將之有功疆圉者"，禮部官員亦奏請皇帝遣官致祭。⑤ 另一方面，皇帝巡幸致祭的要求與乾隆朝《會典》基本一致。但光緒朝《會典》進一步細化。它將不同路綫中告祭的嶽鎮海瀆、先代陵寢名錄全部列出。皇帝出巡途中可能告祭的先代陵寢，共計 18 處。詳情如表 3-11 所示。

---

① 劉琳等校點：《宋會要輯稿》禮一四《群祀》引《續會要》，上海古籍出版社 2014 年版，第 753 頁。

② 《續資治通鑒長編》卷六八，大中祥符元年四月丙辰條，中華書局 1979 年版，第 1536 頁。

③ 允祹：《大清會典》卷二五《禮部·儀制清吏司·巡幸》，《景印文淵閣四庫全書》第 619 册，第 204 頁下欄。

④ 允祹：《大清會典》卷四五《禮部·祠祭清吏司·中祀二》，《景印文淵閣四庫全書》第 619 册，第 384 頁下欄。以距離皇帝"御路"三十里爲祭祀範圍，最早見於康熙四十二年(1703)皇帝西巡時的命令。參見《欽定大清會典則例》卷八二，《景印文淵閣四庫全書》第 622 册，第 561 頁下欄。

⑤ 昆岡等修，吳樹梅等纂：《欽定大清會典》卷三五《祠祭清吏司》，《續修四庫全書》第 794 册，第 336 頁上欄。

表 3-11　光緒朝《會典》中出巡致祭的先代帝王

出巡路綫	先代帝王陵寢
巡幸盛京	遼太祖陵（奏請遣官致祭）
東巡	少昊金天氏陵
西巡	周文王、武王、成王、康王、漢高祖、宣帝、唐高祖、太宗、宣宗、金太祖、世宗陵
河南	周文王廟①、漢光武帝、周世宗陵
南巡	夏禹王陵、明太祖陵

説明：表中信息出自光緒朝《大清會典》卷三五。

明確路綫，明確告祭對象，規範、妥善地安排皇帝出巡的告祭事務。其背後的禮制意圖，是在儀式上鞏固先代、本朝之間的正統傳承，在皇帝的出巡活動中彰顯這種傳承關係並宣示對聖帝明王的尊崇。清朝告祭先代陵寢的儀程，在本章第一節中已有論述，此處不再贅述。

2. 當政朝廷逢事告祭的變遷

隋、唐時期，告祭先代帝王成爲部分國家典禮的附屬對象，但使用次數比較少。雷聞認爲，在唐朝，"對於先代帝王的臨時性祭祀很多，特別是在南郊、籍田、即位、改元、上尊號等的敕文中，往往有命州縣祭祀先代帝王的詔命"②。文中引用《册府元龜》卷85《帝王部・赦宥》爲據，沒有詳述。通過翻檢《唐大詔令集》可知，不是所有此類事件都會告祭先代帝王。比如，皇帝即位或改元時告祭，共出現 5 次③；册尊號時告祭，2 次④；南郊行禮後告祭，5 次⑤。此

---

①　河南的周文王廟，或許是元朝至順元年在湯陰縣北"故羑里城"的周文王祠。

②　雷聞：《郊廟之外：隋唐國家祭祀與宗教》，生活・讀書・新知三聯書店 2009 年版，第 80 頁。

③　宋敏求編：《唐大詔令集》卷二《帝王・即位赦上・肅宗即位赦》，商務印書館 1959 年版，第 8 頁；同書卷三《帝王・改元赦上・改元光宅詔》，第 15～17 頁；同書卷四《帝王・改元中・改元上元赦》《去上元年號赦》《改元天寶赦》，第 21～24 頁。

④　宋敏求編：《唐大詔令集》卷九《帝王・册尊號赦上・天寶七載册尊號赦》，商務印書館 1959 年版，第 52～53 頁；同書卷十《長慶元年册尊號赦》，第 60～62 頁。

⑤　宋敏求編：《唐大詔令集》卷六八《典禮・南郊二・開元十一年南郊赦》，商務印書館 1959 年版，第 380 頁；同書卷六九《典禮・南郊三・廣德二年南郊赦》，第 385 頁；同書卷七〇《典禮・南郊四・貞元九年南郊大赦天下》《元和二年南郊赦》《寶曆元年正月南郊赦》，第 390～392，396 頁。

外，祭后土、行籍田禮、祭九宮壇時的告祭，目前只能見到個案。① 而且，以上詔令往往將"聖帝明王"與"五嶽四瀆""名山大川""忠臣烈士（或忠臣義士）"並列，由所在地方的長官致祭。以"聖帝明王"來指稱告祭對象，是指唐朝顯慶、開元祀譜而言。總之，當政朝廷遇到何種事項才告祭先代帝王，還沒有一個固定的模式。

北宋也有逢要事告祭先代帝王的規定。北宋早期，遇到吉、嘉、軍、凶大小事項14種皆需告祭各類神祇。但先代帝王並不在其中。② 北宋中後期，先代帝王、忠臣烈士"載於祀典者"，進入逢要事則告祭的範圍內。咸平二年（999）的《郊祀赦書》中，先代帝王進入告祭之列。神宗時，鄧潤甫提道："熙寧令，前代帝王陵寢並禁樵採。遇郊祀則敕吏致祭，其德意可謂遠矣。"③這説明，郊祀時告祭先代帝王，在北宋成爲固定制度。元朝馬端林在《文獻通考》中提到，南宋建炎元年（1127）以後，凡遇郊祀則祭祀先代帝王。④ 馬氏於此處或有失誤。這項制度在北宋時已經形成。

在郊祀之外，告祭先代帝王被擴大到其他事項上。據《宋會要輯稿》，咸平二年之後的東封、西祀、"聖祖降臨"與"恭謝天書"，宗廟禘祫、享明堂、立太子、皇帝即位時，都會告祭先代帝王、忠臣烈士，此後成爲制度。

宋朝還會通過告祭特定的先代帝王來比功古昔。這不是慣例制度，往往是個別當政君主一時興起的措施。比如，宋真宗封禪行禮前七天，於泰山下望祭曾經舉行過封禪禮的帝王，⑤ 有"無懷至光武十五帝，又唐高宗、玄宗"。祭祀儀程"並依祭先代帝王禮"⑥。這種做法，有比功於前代聖主的意味包含其

---

① 宋敏求編：《唐大詔令集》卷六五《典禮·后土·后土赦書》，商務印書館1959年版，第373~374頁；同書卷七四《開元二十三年籍田敕》《親祭九宮壇大赦天下敕》，第416~417頁。

② 劉琳等校點：《宋會要輯稿》禮一四《群祀》，上海古籍出版社2014年版，第744頁。"自祖宗以來，登位、改名、上尊號、改元、立皇后、太子、皇子生、納降、獻俘、親征、籍田、朝陵、肆赦、河平、大喪、上謚、山陵、園陵、祔廟"，則需要同時向天地、宗廟、諸陵（北宋皇家陵寢）告祭，社稷、嶽瀆、山川、宮觀以及"在京十里內神祠"也在告祭之列。

③ 《續資治通鑒長編》卷二八〇，熙寧十年二月乙未條，中華書局1979年版，第6864頁。

④ 馬端臨：《文獻通考》卷一〇三《宗廟考十三·祀先代帝王賢士（修陵墓附）》，中華書局1986年版，第942頁。

⑤ 《續資治通鑒長編》卷六九，大中祥符元年六月丙申條，中華書局1979年版，第1549頁。

⑥ 劉琳等校點：《宋會要輯稿》禮二二《封禪》，上海古籍出版社2014年版，第1121頁。

中。再如，宋徽宗鑄造九鼎，受賀於大慶殿，"於鑄鼎之地作寶慶宮，置殿以祠黃帝、夏禹、周成王、周公旦、召公奭"①。鑄鼎告祭，顯然是宋徽宗自誇國運、比肩聖王的行爲。真宗、徽宗的這些告祭活動都以誇示自己的政績爲目標。

元朝沒有編製過先代帝王祀譜，沒有常祀先代帝王之禮。但從《元典章》來看，元朝廷遇有重要事項會告祭先代帝王。凡告祭先代帝王，基本都是"嶽鎮海瀆，名山大川，聖帝明王忠臣烈士載在祀典者"各項並列。"聖帝明王"由所在地方的長官負責祭祀。現將告祭事例分類如表 3-12 所示。

表 3-12　《元典章》中告祭先代帝王的史事分類

事由分類	時間	告祭所奉的詔書名稱（《元典章》編號）
皇帝即位	庚申年（1320）四月	名稱不詳（聖 218）
	至元三十一年（1294）四月	名稱不詳（聖 221）
	大德十一年（1307）五月	登寶位詔書（聖 224）
	至大四年（1311）三月十八日	登寶位詔書（聖 229）
	延祐七年（1320）三月□日	登寶位詔書（聖 231）
上尊號	至大二年（1309）二月	上尊號詔書（聖 226）
南郊行禮	至大四年（1311）正月初五日	祀南郊詔書（聖 227）
册立太子	延祐四年（1317）閏正月□日	建儲詔書（聖 230）

説明：出自《元典章·聖政卷之二·典章三·崇祭祀》。

《元典章》中逢事告祭先代帝王的事例大致分這四類，以皇帝即位時的告祭居多。表 3-12 第一個"庚申年"爲延祐七年（1320）。該年元仁宗去世。三月，英宗即位。"夏四月庚戌，有事於太廟，告即位。"②所以，這次祭祀與"延祐七年三月□日"詔（聖 231）都屬於英宗即位前後的告祭措施。第二個"至元三十一年四月"是元成宗即位的時間。"夏四月，皇孫至上都。甲午，即皇帝位。"③所以，這條也是皇帝即位時的告祭措施。

① 徐乾學：《資治通鑒後編》卷九六《宋紀九十六》，崇寧四年九月乙未條，《景印文淵閣四庫全書》第 343 册，第 765 頁上欄。
② 《元史》卷二七《英宗本紀一》，中華書局 1976 年版，第 601 頁。
③ 《元史》卷一七《世祖本紀十四》，中華書局 1976 年版，第 376 頁。

表 3-12 所列只是事例，不能算制度性措施。其中，只有皇帝即位時的告祭比較多。其餘三種都只是個案。而且，同樣是册立太子，大德九年（1305）元成宗册立太子時的告祭，只提到"嶽鎮海瀆，名山大川，凡載在祀典者"，没有告祭先代帝王。① 而仁宗於延祐四年（1317）册立太子時，則告祭先代帝王。所以，在元朝的國家祀典中，先代帝王没有達到嶽鎮海瀆的地位。

在明朝，逢事告祭先代帝王有制度規定。據《禮部志稿》，嶽鎮海瀆與先代帝王陵寢，"凡遇登極必遣官分投祭告"②。皇帝即位時，要告祭先代帝王。其餘事項，没有提及。此外，明太祖在洪武三年告祭各地的先代陵寢，是以宣告明朝統治權爲目標的禮儀活動。而且，這是明朝建立先代陵寢祀典的先聲。對這 36 處陵寢，明太祖親自撰寫祝文。祝文以"君生上古""帝生前世"，或者"朕生後世，爲民草野之間"開篇，絲毫不避諱出身問題。這些辭句，表現了出身底層的政治家"平視"先代的豪邁態度。③ 同時，從祝文的内容來看，他對三皇最爲重視，其次是堯、舜。第二章已有論述，明朝的先代陵寢祀譜並不分等，祭祀措施没有差别。所以，在祝文中區分先代帝王的等級，只是明太祖的個人行爲。

清朝逢事告祭先代帝王的活動，分兩個方面來講。

一方面，是清初在新征服地區的告祭。這與明洪武三年的告祭一樣。清朝廷爲安撫新征服的地區，會頒發"恩詔"，開列"合行恩例"（新政權給予當地的優惠政策）。順治元年十月皇帝在北京即位後不久頒佈的詔書，以及頒發給"陝西等處""河南、江北、江南等處""浙東、福建""廣東"的恩詔，都要求修護、祭祀當地的先代陵寢。④ 從基層民衆信仰的角度來看，每個地域的帝王陵寢、名賢墳塚，都是當地的神祇，是當地信仰的組成部分。保護、祭祀措

---

① 陳高華等點校：《元典章·聖政卷之二·典章三·崇祭祀》，天津古籍出版社、中華書局 2011 年版，第 110 頁。

② 林堯俞等纂修，俞汝楫等編撰：《禮部志稿》卷三〇《有司祀典上》，《景印文淵閣四庫全書》第 597 册，第 561 頁下欄。

③ 《明太祖實録》卷五九，洪武三年十二月庚午，第 1159~1160 頁。廖宜方書中也有論述，參見《王權的祭典：傳統中國的帝王崇拜》，臺大出版中心 2020 年版，第 366 頁。

④ 《清世祖章皇帝實録》卷九，順治元年十月甲子，中華書局 1985 年版，第 95 頁下欄；同書卷一五，順治二年四月丁卯，第 137 頁上欄；同書卷一七，順治二年六月己卯，第 155 頁下欄；同書卷三〇，順治四年二月癸未，第 250 頁上欄；同書卷三三，順治四年七月甲子，第 273 頁上欄。

施對於穩定基層社會秩序、安撫民情，有着積極作用。從官方的角度來看，新政權保護、祭祀各地神祇，意味着前一政權對於各地神祇的責任、義務已經轉交給了新政權。新政權通過保護、祭祀這些神祇，在地方上彰顯自己的統治權。

另一方面，是清朝禮典對逢事告祭的規定。遇到何種事項才告祭先代帝王，在清朝禮書中有明確要求。而且，告祭事項的範圍也被擴大。

逢事告祭的總原則是："遇國家大慶，舉行典禮"，中央遣官攜帶祭文、香帛到先代陵寢施祭。這是乾隆朝《大清會典》的規定。另外，皇帝親征，"凱旋"之後，也要"分遣各官致祭嶽鎮海瀆、前代帝王陵寢、先師闕里"。① 光緒朝《會典》記載的規定最爲詳細。

> 凡因事祇告，授受大典、登極、恭上尊號、加上徽號、册立皇太子，均先期遣官祇告天地、太廟、奉先殿、社稷，並致祭嶽鎮海瀆、歷代帝王陵寢、先師闕里……
>
> 列聖列后升祔太廟，升配南郊、北郊，均祇告天地、太廟、社稷，並致祭歷代帝王陵、先師闕里……
>
> 親征、命將，均祇告天地、太廟、社稷，並致祭太歲、礮神、道路之神、旗纛之神……凱旋如之，並祇告奉先殿、陵寢，釋奠先師廟，並致祭嶽鎮海瀆、歷代帝王陵寢、先師闕里……
>
> 皇太后聖壽大慶、皇帝萬壽聖節大慶，均遣官祇告天地、太廟、社稷，並致祭嶽鎮海瀆、歷代帝王陵寢、先師闕里。②

以上諸事共分三類。一是嘉禮方面，涉及皇帝(登極、皇位授受、爲皇帝上尊號)、皇后與太后(上徽號)、皇太子(册立)的重要禮典；二是吉禮方面，涉及皇帝、皇后與太后死後供入宗廟，配享南北郊；三是軍禮方面，戰争獲勝、軍隊凱旋。皇帝與皇太后年齡的逢十慶典，也會告祭先代帝王。據此，與皇帝、皇后、太后、太子有關的重要慶典，過世帝、后升祔太廟或配享郊祭，

---

① 允裪：《大清會典》卷四五《禮部·祠祭清吏司·中祀二》，《景印文淵閣四庫全書》第 619 册，第 385 頁上欄；同書卷三五《禮部·儀制清吏司·軍禮·親征》，《景印文淵閣四庫全書》第 619 册，第 276 頁下欄。

② 昆岡等修，吳樹梅等纂：《欽定大清會典》卷三五《祠祭清吏司》，《續修四庫全書》第 794 册，第 332~333 頁上欄。

國家在軍事上獲得勝利，才告祭先代帝王。當然，上面的記載也不能涵蓋所有告祭先代帝王的情況。比如，乾隆十五年册立皇后時，也曾遣祭先代陵寢。①所以，《會典》的規定也不是一成不變的。

這是在當政朝廷與先代之間溝通正統脈絡的一種方式。遇到與最高統治者相關的重要嘉禮、吉禮、軍禮儀式，則告祭先代帝王。這代表着，當政君主將正統傳承中的、尤其是確保正統脈絡延續的重要事項，通報、告知給先代帝王。

在朝廷的"恩例"中，先代陵寢比名賢墳墓更受重視。象徵意義的區別是主要原因。祭祀忠臣、賢士雖然有勸忠、勸善的意義，但其影響範圍以當地爲主。而先代帝王的陵寢是以往王朝統治權的象徵，顯示了過往歷史中統治權的交接脈絡。這是超出地域範圍，與當政朝廷統治地位直接相關的。康熙五十二年(1713)，清朝廷因清聖祖六十壽慶而準備"赦詔"(即"恩詔")。清聖祖認爲此事"關係甚大"。爲此，他遍閱"歷年所下詔"，標記應用條款，詔書中"款同而字句異者"，也一併標出。由此可見他的重視程度。他還特意指出，"祭祀古帝王陵寢等款應列於前"②。這說明，先代帝王在國家祀典中已佔有重要地位，不再像唐、元時那樣，偶爾出現在告祭行列中。對於先代陵寢的關注，背後是對正統脈絡的重視與維護。

二、因祀儀式：以清朝爲例

重點考察清朝的告祭儀程，以歷代史料的豐富程度爲依據。如前文所述，清代的禮典規定較之往代更爲詳細。爲避免陷入儀式考證的困局中，筆者以清朝的告祭爲分析對象。

(一)皇帝出巡告祭的儀式

皇帝出巡途中告祭先代陵寢，在清朝演變出多種形式。從乾隆年間起，除了傳統的告祭儀式，又出現了皇帝對於先代陵寢的"拈香"禮、"奠酒"禮。易言之，清朝皇帝在出巡途中告祭先代陵寢，有三種儀式。

一是皇帝親祭先代陵寢。皇帝在出巡途中親祭途經的先代陵寢，專有一套

---

① 《欽定大清會典則例》卷八二《禮部・祠祭清吏司・中祀二》，《景印文淵閣四庫全書》第 622 册，第 567 頁下欄。

② 《清聖祖仁皇帝實錄》卷二五四，康熙五十二年三月己丑，中華書局 1985 年版，第 510 頁下欄。

儀式。"日出前三刻"，皇帝著龍袍袞服，從行宮出發。① 不陪祭的扈從官員、守土官員於行宮處跪送。陪祭的守土官於先代陵寢處跪迎。祭祀儀式參照國都帝王廟的皇帝親祭儀辦理，但"廟中不設樂舞，不飲福受胙"。② 皇帝行"二跪六拜"禮。如該帝陵曾受過皇帝的"三跪九拜"，則禮部向皇帝呈交祭儀時需"夾片聲明"，即附帶説明。告祭儀式不奏樂。

二是皇帝"親詣拈香"。就史料所見，乾隆二十一年(1756)皇帝東巡時在少昊陵"拈香"(即上香)，是對於先代陵寢的首次拈香禮。③ 儀程仿照皇帝"親詣嶽神廟拈香"之儀，行"二跪六拜"禮。不需贊禮人員引導，比祭祀儀式相對簡單。乾隆三十六年(1771)，清高宗再次東巡山東時，先遣官致祭少昊陵，而後皇帝著"行服"，前往拈香行禮，行"三跪九拜"禮。④ 乾隆四十九年(1784)，對先代陵寢的拈香禮又改爲"二跪六拜"。⑤

三是皇帝"親詣奠酒"。就史料所見，乾隆二十七年(1762)清高宗到明太祖陵"奠酒"，是對於先代陵寢的首次奠酒禮。⑥ 而且，清高宗奠酒之前，已經遣官致祭過。乾隆三十年(1765)時，仍舊是先遣官致祭，而後皇帝親往明孝陵行奠酒禮。皇帝著"行服"，三次奠酒，行三拜禮。

皇帝在出巡途中除了親自行禮，還會遣官代祭。遣官祭祀先代陵寢的儀程，在前文第一節中已經提及。與上面的皇帝拈香、奠酒相對應，皇帝也會遣官行拈香、奠酒禮。

(二)逢事遣祭的"閱祝文、香、帛遣祭官"儀

根據《大清通禮》，各地方官吏祭祀先代陵寢，仿照"慶典遣官禮"的儀注

---

① 皇帝出巡途中祭祀先代帝陵著龍袍、袞服，最早見於乾隆十三年清高宗東巡祭祀少昊陵的儀程，參見《欽定大清會典則例》卷八二《禮部·祠祭清吏司·中祀二》，《景印文淵閣四庫全書》第 622 冊，第 562 頁下欄。

② 允祹：《大清會典》卷四五《禮部·祠祭清吏司·中祀二》，《景印文淵閣四庫全書》第 619 冊，第 384 頁下欄~385 頁上欄。

③ 昆岡等修，劉啟端等纂：《欽定大清會典事例》卷四三四《禮部·中祀·巡幸祭帝王陵廟》，《續修四庫全書》第 804 冊，第 812 頁上欄。

④ 昆岡等修，劉啟端等纂：《欽定大清會典事例》卷四三四《禮部·中祀·巡幸祭帝王陵廟》，《續修四庫全書》第 804 冊，第 812 頁下欄。

⑤ 昆岡等修，劉啟端等纂：《欽定大清會典事例》卷四三四《禮部·中祀·巡幸祭帝王陵廟》，《續修四庫全書》第 804 冊，第 813 頁下欄。

⑥ 昆岡等修，劉啟端等纂：《欽定大清會典事例》卷四三四《禮部·中祀·巡幸祭帝王陵廟》，《續修四庫全書》第 804 冊，第 812 頁上欄。

辦理。"慶典遣官禮"又是仿照"時巡遣官祭告禮"的儀注辦理。具體的儀式步驟，本章第一節已經梳理。遣官祭祀帝王廟的儀程，見於本章第二節。這些不必再講。

在遣官出行之前，朝廷還要舉行頒發祝文、香、帛的儀式。《大清通禮》稱之爲"閱祝文、香帛遣祭官"之儀。清前期，這套儀程存在明顯的變化過程。爲行文方便，先將主要的變化簡述如下。

其一，執行告祭任務的人員發生變化。順治八年（1651），清世祖親政，遣官七人告祭先代陵寢。遣官爲"各部院侍郎以下、四品以上堂官"。① 康熙二十年（1681）平定三藩之亂後，朝廷遣祭先代陵寢。在之前幾次告祭的基礎上，對於各路承祭官，從禮部、太常寺另外派遣筆帖式一名，專門負責"典守祭文香帛"。易言之，朝廷外派的行禮人員增多。康熙四十八年（1709）册立皇太子，朝廷改遣八人祭祀先代陵寢，調整了原來七路的告祭任務。

其二，頒發給遣祭官的物品，也有變化。順治八年時規定，遣官施祭的祭文由內院撰寫。祭祀所用香、帛由太常寺提供。祭品、祭器由當地提供。承祭官由兵部發給堪合文憑，到後取吉日行禮。康熙二十年，在增派筆帖式的同時，還增加"黃繖二、御仗二、龍旗二、牌二"。② 從康熙二十七年（1688）孝莊文皇后升祔太廟起，按照康熙二十年的規制辦理。易言之，中央頒發的行禮物品除了祭文、香、帛之外，還增加了儀仗設施。

其三，閱視祭文、香、帛的儀節規格逐漸提高。康熙四十二年（1703），清朝廷因皇帝壽誕遣祭先代陵寢，在康熙二十年的基礎上，又增加了一些步驟。遣官告祭之前，"陳祭文香帛於午門外"，禮部堂官進行審閱。審閱後，將祭文香帛"安奉龍亭"，"舁部"，即抬到禮部，授予承祭官、筆帖式。③ 康熙四十八年，清朝廷改遣八路人馬祭祀先代陵寢。"禮部堂官於午門外敬閱"而後授予承祭官、筆帖式的儀式，被保留下來。④ 其餘步驟與康熙十四年一樣。康熙六十一年（1722），清世宗登極，遣祭先代陵寢比照康熙五十二年行

① 《欽定大清會典則例》卷八二《禮部・祠祭清吏司・中祀二》，《景印文淵閣四庫全書》第 622 册，第 564 頁下欄。

② 《欽定大清會典則例》卷八二《禮部・祠祭清吏司・中祀二》，《景印文淵閣四庫全書》第 622 册，第 565 頁下欄。

③ 《欽定大清會典則例》卷八二《禮部・祠祭清吏司・中祀二》，《景印文淵閣四庫全書》第 622 册，第 566 頁上欄。

④ 《欽定大清會典則例》卷八二《禮部・祠祭清吏司・中祀二》，《景印文淵閣四庫全書》第 622 册，第 566 頁下欄。

禮。但是，禮部堂官在午門外閱香帛的步驟，被改爲皇帝"御中和殿親閱祭文、香、帛"。皇帝直接參與，提升了儀式的規格。

以上沿革情況，參見表 3-13 所示。

表 3-13　清順治至雍正年間遣祭與閱祝文、香、帛儀式的沿革

時間	遣祭事由	承祭官數	備注	遣祭事由	承祭官數	備注	遣祭事由	承祭官數	備注
順治八年	皇帝親政	7							
康熙六年	先帝配享南北郊	7	與順治八年同						
康熙十四年	册立皇太子	7	與康熙六年同						
康熙二十年				戰爭告捷	7	在康熙六年基礎上，增加隨行人員、儀仗			
康熙二十七年				太后升祔太廟	7	與康熙二十年同			
康熙三十四年				天災地震	7	與康熙二十年同			
康熙三十六年				戰爭告捷	7	與康熙二十年同			
康熙四十二年							皇帝壽誕	7	在康熙二十年基礎上，增加禮部堂官閱祭文的儀式

續表

時間	遣祭事由	承祭官數	備注	遣祭事由	承祭官數	備注	遣祭事由	承祭官數	備注
康熙四十八年	册立皇太子	8	在康熙十四年基礎上，增加禮部堂官閱祭文的儀式						
康熙五十二年							皇帝壽誕	應爲8	與康熙四十二年同
康熙五十七年	皇太后升祔太廟	8	與康熙四十八年同						
康熙六十一年							皇帝登極	應爲8	皇帝於中和殿親閱祭文、香帛，其餘步驟與康熙五十二年同
雍正元年	先帝升祔太廟、配享南北郊	應爲8	與康熙六年同						
雍正十三年							皇帝登極	8	皇帝於中和殿親閱祭文香帛，其餘步驟與康熙六十一年同。

説明：表中信息出自清乾隆朝《欽定大清會典則例》卷八二。

　　據表 3-13，這 14 次遣祭，前後之間有明顯的承襲關係。後者的儀式仿照前一次或者之前某次辦理。遣祭事由，是比照辦理的一項標準，主要分三類情況。從總體上看，皇帝親政，册立皇太子，先帝、太后升祔太廟或配享南北郊成禮後的遣祭，可歸於一類。因戰爭取勝、天災而舉行的告祭，可歸於一類。因皇帝壽誕、皇帝登極而舉行的告祭，可歸於一類。三類內部有明顯的承襲關係。但分類也不是絶對的。雍正元年與雍正十三年，清朝廷爲清聖祖、清世宗上謚號，禮成後均遣祭先代陵寢。但兩次都没提參考對象。① 歷次遣祭中，有三次比較關鍵。

一是順治八年（1651）。這是清朝廷首次逢事告祭先代陵寢。

二是康熙二十年（1681），平三藩後告祭先代陵寢。朝廷增添了隨同承祭官前往的行禮人員，增加了器物、儀仗，以示莊重。

三是康熙四十二年（1703），因皇帝壽誕告祭。遣祭前增加了檢閲祭文、香帛的步驟。雍正年間，這項工作由皇帝直接參與，儀式規格提高。

乾隆年間告祭先代帝陵的次數較多，且以"皇太后聖壽大慶""皇帝萬壽聖節大慶"居多。據《清實録》，因皇太后誕辰"加上徽號"而告祭，共有六次。表3-13 中，雍正十三年，清高宗登極遣祭先代陵寢，仿照康熙六十一年（1722）清世宗登極的辦法處理。遣祭前，皇帝在中和殿閲祭文、香帛。從乾隆二年（1737）"先帝升祔太廟"的遣祭開始，閲祭文、香帛，改由禮部堂官在禮部大堂中進行。皇帝不再直接參與。此外，"一切事宜均與遣祭禮同"②。此後的歷次告祭，基本固定在這套程式内運行。

（三）清朝遣官告祭方案的變動

一個遣官需要告祭哪些先代帝王，由當政朝廷根據先代陵寢的分佈設計。在遣官的任務分配上，起決定作用的是行政區劃。清前期，遣官方案出現過多次調整。每次調整都與先代陵寢的分佈、行政區劃的調整密切相關。

第一，順治年間至康熙前期的七分方案。

先代陵寢祀譜中的所有帝陵分七路告祭，首見於順治八年（1651）。清朝廷因皇帝親政遣官告祭先代陵寢。當時，告祭先代陵寢的事務由外派的承祭官七人負責。③ 任務分配情況如表3-14 所示。

---

① 昆岡等修，劉啟端等纂：《欽定大清會典事例》卷四三四《禮部·中祀·因事遣官祭帝王陵寢》，《續修四庫全書》第804 册，第817 頁上欄、下欄。

② 《欽定大清會典則例》卷八二《禮部·祠祭清吏司·中祀二》，《景印文淵閣四庫全書》第622 册，第567 頁上欄。

③ 《欽定大清會典則例》卷八二《禮部·祠祭清吏司·中祀二》，《景印文淵閣四庫全書》第622 册，第564 頁下欄～565 頁下欄。

表 3-14　順治八年遣祭先代陵寢的七分方案

序號	同遣一官的先代陵寢	計數	地域
1	黃帝軒轅氏、周文王、武王、成王、康王、漢高祖、文帝、宣帝、後魏文帝、唐高祖、太宗、憲宗、宣宗陵	13	陝西省
2	少昊金天氏、帝堯陵	2	山東省
3	太昊伏羲氏、商高宗、漢光武帝、周世宗、宋太祖、太宗、真宗、仁宗陵	8	河南省中部
4	炎帝神農氏、帝舜、明太祖陵	3	湖廣、江南省
5	夏王禹陵	1	浙江省
6	女媧氏、顓頊高陽氏、帝嚳高辛氏、商王湯、商中宗、金太祖、世宗、元太祖(望祭)、世祖(望祭)、明宣宗、孝宗、世宗陵	12	山西、直隸、河南省北部
7	遼太祖陵	1	奉天

説明：表中信息出自《欽定大清會典則例》卷八二。所屬省份按照順治年間名稱書寫。

　　據表 3-14 可知，同處一省或鄰近省份的先代陵寢共遣一官。這是一項設計規則，目的是簡省旅途，方便施祭。其中，湖廣省的炎帝、帝舜與江南省明太祖由同一個承祭官負責。順治年間的江南省相當於今天江蘇、安徽兩地，所以湖廣與江南兩省相鄰。這樣一來，位於今江蘇的明太祖陵與位於今湖南的炎帝、舜帝陵，雖然路途遙遠，但由同一人告祭。另外，河南中部的先代陵寢較多，河南北部的顓頊、帝嚳、商中宗等陵與直隸、山西境內的陵寢合併到一處，共同遣官。

　　第二，康熙後期的八分方案與變動原因。

　　七分方案一直沿用到康熙後期。參見表 3-13，從順治八年到康熙四十二年的七次告祭，都是遣官七人。也就是説，這套分配方案沿用了五十多年。① 康熙四十八年(1709)，清朝廷因復立太子而告祭先代陵寢。這一次，調整了原

---

　　①　《欽定大清會典則例》卷八二《禮部‧祠祭清吏司‧中祀二》，《景印文淵閣四庫全書》第 622 冊，第 565 頁下欄~566 頁上欄。

有的遣官方案，分八處派人告祭行禮。① 詳情如表 3-15 所示。

表 3-15　康熙四十八年遣祭先代陵寢的八分方案

序號	同遣一官的先代陵寢	計數	地域
1	太昊伏羲氏、商高宗、漢光武帝、周世宗、宋太祖、太宗、真宗、仁宗陵	8	河南省中部
2	顓頊高陽氏、帝嚳高辛氏、商中宗、金太祖、世宗、元太祖(望祭)、世祖(望祭)、明宣宗、孝宗、世宗陵	10	直隸省、河南省北部
3	炎帝神農氏、帝舜陵	2	湖南省
4	女媧氏、商王湯陵	2	山西省
5	黃帝軒轅氏、周文王、武王、成王、康王、漢高祖、文帝、宣帝、後魏文帝、唐高祖、太宗、憲宗、宣宗陵	13	陝西省
6	少昊金天氏、帝堯陵	2	山東省
7	夏王禹、明太祖陵	2	浙江、江蘇省
8	遼太祖陵	1	奉天

說明：表中信息出自《欽定大清會典則例》卷八二。所屬省份按照康熙年間的名稱書寫。該方案中與順治年間制度相比沒有變動的，加陰影表示。

　　兩種方案相比，奉天、山東、陝西省境內的先代陵寢、河南省中部的先代陵寢分別遣一官致祭，沒有變動。明顯的地域調整有兩處。

　　其一是明太祖陵與炎帝陵、帝舜陵被分開。其背後的變動，是原江南省、湖廣省都被分割。順治年間的七分方案中，江南省與湖廣省相鄰。故三陵只遣一官行禮。但從順治末年開始，清朝廷陸續調整行政區劃。江南省被一分爲

---

① 《欽定大清會典則例》卷八二《禮部‧祠祭清吏司‧中祀二》，《景印文淵閣四庫全書》第 622 冊，第 566 頁。

二，後來成爲安徽省與江蘇省。湖廣省也分出了湖北、湖南。這樣一來，炎帝、帝舜陵與明太祖陵不再處於臨近省份，中間隔着安徽與湖北。遣祭方案隨之更改。康熙四十八年調整方案時，炎帝陵、帝舜陵遣官一人。明太祖陵與它們分開，轉而與其南部臨省浙江的夏禹陵共遣一官。

其二是山西省的女媧、商湯陵，也與直隸、河南省内的各陵分開。這個變化不涉及行政區劃調整，應該只是出於行程便利的考慮。直隸省内的金太祖、世宗陵在房山，明宣宗、孝宗、世宗陵在昌平，望祭元太祖、世祖的位置在宛平。這個地方距離國都不是太遠。顓頊、帝嚳、商中宗陵在河南滑縣、内黄，屬於河南省北部，北接直隸。在順治年間的方案中，該遣官在直隸、河南之外還需前往山西，同樣是路途周折。康熙年間調整方案，將山西的女媧、商湯陵專遣一官，減輕遣祭官的任務負擔。

第三，乾隆年間的五分方案。

五分方案進一步整合相近地域的先代陵寢，減少遣祭官人數，增加各路遣祭官的祭祀任務。

被派出去的五路官員，不僅要告祭先代陵寢，還要祭祀相關地域的嶽鎮海瀆。這個變化最早出現在乾隆二十六年（1761）。兩年前（1759），"回部蕩平"①，禮部奏請告祭嶽鎮海瀆、歷代帝王陵寢、先師孔子闕里②。當時，嶽鎮海瀆等項共遣九人告祭；先代陵寢與孔子闕里，分"太昊伏羲處等陵""炎帝神農氏等陵""女媧氏等陵""黄帝軒轅氏等陵""少昊金天氏等陵、孔子闕里""顓頊高陽氏等陵""夏禹王等陵""遼太祖陵"共八處，分遣八人告祭。③ 這八處與康熙年間的八分方案一致。④ 而且從中可以發現，乾隆二十四年的時候，清朝廷對於遣祭嶽鎮海瀆與先代陵寢，還是分別安排。

時隔兩年，清朝廷因皇太后壽誕遣官告祭，就換了另外一套方案。詳情如表 3-16 所示。

---

① 昆岡等修，劉啟端等纂：《欽定大清會典事例》卷四三四《禮部·祠祭清吏司·中祀·因事遣官祭帝王陵寢》，《續修四庫全書》第 804 册，第 818 頁上欄。

② 《清高宗純皇帝實錄》卷六〇一，乾隆二十四年十一月丁卯，中華書局 1986 年版，第 742 頁上欄。

③ 《清高宗純皇帝實錄》卷六〇一，乾隆二十四年十一月丁卯，中華書局 1986 年版，第 742 頁上欄。

④ 康熙四十八年分 8 路告祭的先代帝陵名録中，每一路開頭的（即年代最早的）帝陵，正好和此處的"某某等陵"一致。

表 3-16　乾隆二十六年遣祭先代陵寢的五分方案

序號	先代帝陵(數量)	同時遣祭的嶽鎮海瀆等項	承祭官數
1	遼太祖陵(1)	長白山神、北鎮、北海神廟	1
2	黃帝軒轅氏、周文王、武王、成王、康王、漢高祖、文帝、宣帝、後魏孝文帝、唐高祖、太宗、憲宗、宣宗陵(13)	西嶽、西鎮、江瀆	1
3	少昊金天氏、帝堯陶唐氏、夏禹王、明太祖陵(4)	東嶽、東鎮、東海、南鎮、先師闕里	1
4	太昊伏羲氏、炎帝神農氏、顓頊高陽氏、帝嚳高辛氏、帝舜有虞氏、商中宗、高宗、漢光武帝、周世宗、宋太祖、太宗、真宗、仁宗陵(13)	中嶽、南嶽、淮瀆、濟瀆	1
5	女媧氏、商湯王、金太祖、世宗、元太祖、世祖、明宣宗、孝宗、世宗陵(9)	北嶽、中鎮、河瀆、西海	1
6		南海	1

　　説明：表中信息出自光緒朝修《欽定大清會典事例》卷四三四。遣祭的先代陵寢共40處。

　　負責告祭的遣官依舊由中央指派。"照例開列各部院侍郎以下、四品堂官以上職名，欽點差往。"[1]這與順治時期一樣，從中央官員中遴選遣官。

　　遣官的任務比之前擴大了很多。總體上看，今東北地區遣官一人，陝西地區遣官一人，山東、江蘇、浙江(華東地區)共遣官一人，河南地區遣官一人，山西、河北(華北地區)遣官一人。承祭官需要告祭該區域內的先代帝王、嶽鎮海瀆等項。

　　這套方案也有過零星變化。乾隆四十一年(1776)，在告祭名録中去掉了明世宗。倡議者爲尹嘉銓。停止告祭的原因，是明世宗"不視朝政二十餘載"，

　　① 昆岡等修，劉啟端等纂：《欽定大清會典事例》卷四三四《禮部·祠祭清吏司·中祀·因事遣官祭帝王陵寢》，《續修四庫全書》第804冊，第818頁下欄。

"寵任奸佞、誅戮忠良"。① 他還建議停止明宣宗的常祀，這樣一來，在先代陵寢祀譜中的明朝君主只有明太祖、孝宗兩人，"與祭告金元兩陵之例相符"②。有關部門討論此議，暫停了明世宗定陵的祭祀，保留明宣宗。乾隆五十年(1785)，清高宗修繕明朝陵寢，重申明亡於萬曆、天啟的"昏庸失德"，恢復了明世宗陵的常祀。③ 通過恢復明世宗在祀譜的位置，"以昭大公"，顯示清朝廷在對待勝朝君主上的公正。

第四，嘉慶元年的九分方案，各省自行告祭先代陵寢。

從嘉慶元年(1796)起，告祭行禮的官員不再由中央派遣，而是委任當地官員。該年，清朝廷因授受大典(清高宗禪位，仁宗即位)告祭先代陵寢。"應遣官員，謹查明應祭處所，各於本省副都統、總兵內擬派，就近致祭。"④也就是說，由各省派遣本省的武官前往當地的先代陵寢施祭。這種變化，是清中後期中央財政緊張在禮制設計上的反映。

被指派的官員只祭祀先代陵寢，不涉及其他項目。具體方案與承祭官的來源，如表 3-17 所示。

表 3-17　嘉慶元年遣祭先代陵寢的九分方案

序號	先代帝陵(數量)	承祭官
1	太昊伏羲氏、顓頊高陽氏、帝嚳高辛氏、商中宗、高宗、漢光武帝、周世宗、宋太祖、太宗、真宗、仁宗陵(11)	南陽鎮總兵
2	炎帝神農氏、帝舜有虞氏(2)	荊州副都統
3	黃帝軒轅氏、周文王、武王、成王、康王、漢高祖、文帝、宣帝、後魏孝文帝、唐高祖、太宗、憲宗、宣宗陵(13)	西安副都統

① 昆岡等修，劉啟端等纂：《欽定大清會典事例》卷四三四《禮部·祠祭清吏司·中祀·因事遣官祭帝王陵寢》，《續修四庫全書》第 804 冊，第 819 頁上欄。

② 昆岡等修，劉啟端等纂：《欽定大清會典事例》卷四三四《禮部·祠祭清吏司·中祀·因事遣官祭帝王陵寢》，《續修四庫全書》第 804 冊，第 819 頁上欄。

③ 《清高宗純皇帝實錄》卷一二二六，乾隆五十年三月甲寅，中華書局 1986 年版，第 434 頁。

④ 昆岡等修，劉啟端等纂：《欽定大清會典事例》卷四三四《禮部·祠祭清吏司·中祀·因事遣官祭帝王陵寢》，《續修四庫全書》第 804 冊，第 819 頁下欄。

續表

序號	先代帝陵（數量）	承祭官
4	少昊金天氏、帝堯陶唐氏陵（2）	青州副都統
5	女媧氏、商湯王陵（2）	太原鎮總兵
6	夏王禹陵（1）	杭州副都統
7	遼太祖陵（1）	錦州副都統
8	金太祖、世宗、元太祖、世祖、明宣宗、孝宗陵（6）	宣化鎮總兵
9	明太祖陵（1）	江寧副都統

　　説明：表中信息出自光緒朝修《欽定大清會典事例》卷四三四。遣祭的先代帝陵共39處。其中缺少明世宗，或許是沒有恢復明世宗陵的告祭。

　　據此可知，所有先代陵寢都由屬地的副都統或總兵官告祭。朝廷不再從中央外派遣官。

　　在祭祀用品上，中央朝廷仍舊提供祭文、香、帛等物，但也不再專門委派官員護送，而是由郵驛轉交。"祭文、香帛等項，禮部照例備辦，由驛發交祇領。"①此外，因朝廷不再遣官行禮，故而需要負責行禮的地方官員在告祭結束後回復禮部，再由禮部向皇帝上報結果。

　　綜上，順治、康熙年間遣祭官數量的變化，與行政區劃的調整有直接關係。乾嘉時期遣祭方案的變動，也都以先代陵寢的分佈特點爲基礎。

　　除以上四種方案，光緒朝修《大清會典》卷三五還有一套方案。從告祭任務的分配來看，該方案與乾隆二十六年五分方案一致。先代帝陵與相關地域的嶽鎮海瀆、先師闕里，由同一遣官告祭，共分六路（先代陵寢共有五路）；只是在遼太祖陵一路中，增加了松花江神。在行禮人員的來源上，朝廷不再遣官，"皆派各該省副都統、總兵官就近致祭"。在祭祀用品上，"祭文香帛，均由驛發交。祭品由地方官豫備"②。對行禮人員和用品的安排，都與嘉慶元年的方案一致。可以説，這是乾隆二十六年與嘉慶元年兩種方案的糅合品。

---

　　①　昆岡等修，劉啟端等纂：《欽定大清會典事例》卷四三四《禮部·祠祭清吏司·中祀·因事遣官祭帝王陵寢》，《續修四庫全書》第804冊，第819頁下欄。
　　②　昆岡等修，吳樹梅等纂：《欽定大清會典》卷三五《祠祭清吏司》，《續修四庫全書》第794冊，第333頁上欄。

但該方案出現於何時？行用了幾次？光緒朝《會典》中都沒有說明。本書認爲，這可能是《會典》編纂者出現了失誤，誤將兩套方案糅合在了一起。因爲其中存在明顯的矛盾、衝突。參見表 3-16，在乾隆二十六年的五分方案中，"遣官一員"的祭祀項目不只限於一省之内。少昊、帝堯、夏禹、明太祖陵，同歸一官告祭，但分處山東、江蘇、浙江三省。這就與"皆派各該省副都統、總兵官就近致祭"相衝突。所以，光緒《會典》的編纂者摘編文獻時，於此處或有疏漏。這是將乾隆二十六年與嘉慶元年兩套方案混淆在一起的結果。

本章結語

祭祀先代帝王的儀式，是銜接當政朝廷與先代帝王的橋樑。根據政治學研究者的分類，祭禮儀式中的儀節動作也發揮着"政治符號"的作用，傳遞着特定的政治内涵。因此，先代帝王祭祀儀式的演變，也承載着不同時期禮制設計者的考量。

首先，先代陵寢在國家祀典中的地位變化，也影響了祭陵儀式的設計。從唐朝起，先代帝王祭祀如能進入祀典，必居中祀。國都帝王廟出現後，位列中祀。而先代陵寢的常祀轉歸地方的"有司祀典"，不再由中央負責。因此，唐宋與明清的朝廷禮書中，對於先代陵寢祭儀的編寫方式不同。與此同時，國都的帝王廟是一批"政治符號"的集合體。而分散各地的先代陵寢對於當地來說只是獨立的"政治符號"，起不到帝王廟的作用。所以，在中央祀典中，帝王廟與先師、關帝的祭祀儀式沒有明顯的高下之分。但在地方祀典中，獨立的先代陵寢則不及先師、關帝的儀式隆重。因此，先代陵寢因其墓主的"帝王"身份享有高級拜禮，卻因不使用樂舞，遜色於各地的先師、關帝祭禮。

其次，在國都帝王廟的祭祀儀式中，清朝的儀節等級比明朝高，且有意凸顯君臣差別。清朝的拜禮規格高於明朝。同屬中祀的人鬼項目中，帝王廟與先師、關帝在拜禮規格上大致相同，但它們都遜色於先農。清朝祭祀帝王廟的儀式中，皇帝親祭與遣官祭祀的差別比明朝大。設計者用類似"避諱"的方式，凸顯皇帝的最高權威，展示君臣等級秩序。同時，清朝規定"飲福受胙"環節只能由皇帝行禮。這就是在銜接先代與當朝之間的正統脉絡時，彰示君權的神聖性和不可替代性。

再次，因祀先代帝王主要分兩類：皇帝出巡告祭與朝廷逢事告祭。先代帝王常祀出現後，因祀先代帝王淪爲附屬性的禮儀項目，但仍在不斷發展，逐步形成了比較固定的操作模式。這套體系到清朝時已經十分成熟、明確。皇帝出巡告祭的距離範圍與祭祀對象被劃定。遇到何種事項才告祭先代帝王也有明確規定。另外，唐、元時期，先代帝王在告祭對象中時有時無，遠不如告祭嶽鎮海瀆頻繁。宋、明、清三代，尤其是清朝的情況說明，先代帝王在國家祀典中的地位已經固定。這種轉變的背後，是當政者對於正統脉絡的重視與維護。

復次，因祀制度的設計也受到現實因素的影響。清朝皇帝在发往各地的"恩詔"中，會將告祭、修繕先代陵寢擺在顯要位置上；康雍時期，統治者漸次增加遣祭行禮人數，增加遣祭物品；而且，皇帝親自參與遣祭前"閱祝文、香帛"的禮儀。這些變化說明，先代帝王祭祀的禮儀作用不斷受到重視。清前期屢次調整告祭先代陵寢的遣官人數，說明先代陵寢的分佈與行政區劃的變動，是設計遣官方案必須要考慮的問題。

最後，需要注意的是，儘管祭祀先代帝王的儀程設計經歷過複雜的變化，但祭祀行禮時的儀節主綫——迎神、奠幣、初獻、讀祝、亞獻、終獻、飲福、送神、望瘞等環節，基本上爲歷代禮典所沿用。這深刻反映了中國古代禮制文明的内在連續性。

第四章　祭祀勝朝：對於被征服者的祭禮

　　當政朝廷認定的前一代正統王朝，本書通稱爲"勝朝"。①

　　每逢王朝更迭，如何處理前一代政權的政治遺產，都是新政權面臨的重要問題。除了疆土、財富、臣民，新政權還會格外關注前一代政權的"人"和"鬼"——末帝、舊宗室和宗廟、陵寢。實際上，處置方法以是否承認前一代政權的正統地位爲前提。在兩漢至五代，如果前一代政權被新政權認定爲正統王朝，新、舊政權間有正統地位的承遞關係，那麼勝朝末帝或舊宗室會被新政權授予爵位，成爲二王三恪中的"二王後"之一，在名義上享有國賓的禮遇。②反之，如果新政權認爲前一代政權不是正統王朝，那麼前一代的末帝、舊宗室和宗廟、陵寢就會遭到打擊和破壞。

　　勝朝帝王是先代帝王群體中最特殊的部分。按照魏侯瑋（Howard J. Wechsler）"政治祖先"的觀點來看，勝朝帝王是當政君主最近的"政治祖先"。當政朝廷祭祀他們，代表了新舊政權之間統治地位的交接，有利於新政權與勝朝遺民間的溝通和認同，穩定王朝更迭之際的秩序。

　　祭祀勝朝帝王禮制變遷的複雜特點，表現在以下幾個方面。其一，祭祀勝朝帝王的淵源很早。《尚書》中商人不遷"夏社"，延續夏禹的祭祀，就是祭祀勝朝帝王。其二，史料記載以唐朝爲分界點由少變多。在唐朝之前，新政權祭

---

　　①　"緒論"的概念界定中對此已有詳細說明。"勝朝"類似於《周禮》中的"勝國"。帝制時期，以"勝國"一詞代指前一個正統王朝，見於元、明、清時期的史學討論中。洪麗珠有專文考察"勝國"在這個時期的涵義變遷。參見洪麗珠：《義隨世變——元人的"勝國"運用》，《文史》2018 年第 1 輯。本書爲行文方便，用"勝朝"專門指稱當政朝廷認定的前一代正統王朝。這種用法，以唐人的文例和今人研究成果爲依據，詳見"緒論"部分。

　　②　關於册立二王三恪，各代正史都有記載，另可參見《通典》等"十通"與秦蕙田《五禮通考》中的梳理。杜佑撰，王文錦等點校：《通典》卷七四《禮三十四·沿革三十四·三恪二王後》，中華書局 1988 年版，第 2025~2030 頁；秦蕙田：《五禮通考》卷二二五《三恪二王後》，《景印文淵閣四庫全書》第 141 册，第 114~132 頁。

祀勝朝帝王的記載非常有限。但在唐代，祭祀勝朝帝王已經成爲當政朝廷的常
祀項目，有關禮儀制度的記載也逐漸豐富起來。史料多寡的變化是禮制變遷在
史籍中的表現。其三，祭祀勝朝帝王的禮儀又長期獨立於先代帝王祭祀之外。
它們是兩個系統、兩種制度。受儒家經典、禮制傳統的影響，勝朝的皇室後裔
往往被新政權待以國賓之位，自奉先祀。當政朝廷對其祭祖事務不干涉、不管
理。因此，唐之前的王朝祀典中很少出現勝朝帝王。但在唐以後，國賓獨立祭
祖的傳統被打破。當政朝廷不斷調整祀典，將勝朝帝王納入王朝祀典，使之成
爲自己的常祀對象。

　　古今學者對此制度的關注還有欠缺。這要從圍繞兩種制度的研究來看：一
是二王三恪制度，二是當政朝廷祭祀前朝往代君主的先代帝王祭禮（祭祀對象
不限於前一代王朝）。杜佑《通典》等“十通”、清人秦蕙田《五禮通考》都爲這
兩項制度彙集史料，梳理沿革。現當代學界也有重要成果問世。然而，圍繞二
王三恪的研究並不關注他們的祭祖事務；① 考察先代帝王祭禮的成果又不留意
勝朝帝王在禮制設計中的特殊性。②

　　筆者擬從勝朝宗廟、勝朝帝陵、先代帝王祀譜三個方面著手，對祭祀勝朝
帝王的禮制變遷做一個系統考察。同時應該注意到，古代王朝的禮儀制度本身
具有整體性和系統性，如果拋開二王三恪制度去單純考察祭祀勝朝帝王的禮
制，得出的結論必然是不完整的。所以，對於吉禮（祭祀）與賓禮（二王三恪）
的觀察應該在研究中結合起來。

第一節　唐之前政權對於勝朝帝王的常祀

　　在唐朝之前，勝朝君主很少成爲當政朝廷的常祀對象。秦統一後立“周天
子祠”；西漢建國後立南山巫祭“南山秦中”（秦二世）；王莽立國後改長安漢高
祖廟爲“文祖廟”，並短暫地維持過長安地區的漢朝皇帝廟祀。此外，王朝祀
典中很少出現勝朝帝王。

---

　　① 　謝元魯：《隋唐五代的特殊貴族——二王三恪》，《中國史研究》1994 年第 2 期；吕
博：《唐代德運之爭與正統問題——以“二王三恪”爲綫索》，《中國史研究》2012 年第 4 期；
孫正軍：《二王三恪所見周唐革命》，《中國史研究》2012 年第 4 期，等等。
　　② 　趙克生的《元世祖與入祀明朝歷代帝王廟》（《歷史檔案》2005 年第 1 期）是少有的
專論祭祀勝朝帝王的成果。

秦朝處置周朝君主的祭祀，見載者有二。其一，秦統一前夕，東周君亡國。"秦不絕其祀，以陽人地賜周君，奉其祭祀。"①這是保留了周亡國時的末代君主，由其自奉先祀。其二，秦統一後"太祝常主，以歲時奉祠"的神祠中，有湖縣的周天子祠。② 據此可知，秦令周室後裔自修祭祀，又在中央管理的常祀中另立項目。但因史料所限，該祠的具體對象不明（詳見第二章第一節的論述）。

西漢前期曾設南山巫，祠秦二世，亦屬常祀。但西漢後期以殷、周爲"二王"，南山巫之祠也在西漢後期被廢除。此處不再詳論。

新莽對於西漢君主的祭祀，與秦有相似之處。一方面，王莽封漢末帝孺子嬰爲定安公，"立漢祖宗之廟於其國"，"與周後並，行其正朔、服色。世世以事其祖宗"③。但王莽隨即將他監控起來，變相苛待。④ 更始時期，有人在長安找到他並策劃復辟。⑤ 所以，定安公接觸不到封國内的漢宗廟。另一方面，王莽維持了長安地區漢朝皇帝廟的常祀。始建國元年（9），王莽將漢高祖廟改爲"文祖廟"。顏師古注曰："欲法舜受終於文祖。"這是王莽把自己"親受金策於漢高皇帝之靈"，與堯舜禪讓相類比的結果。⑥ 同時，漢朝諸帝，"其園寢廟在京師者，勿罷，祠薦如故"⑦。顧頡剛先生指出，王莽祭祀漢皇帝廟，不僅能安撫劉姓舊宗室，還能昭示新朝的正當性。⑧ 總之，王莽綜合利用西漢的"人"與"鬼"爲新生政權的合法性張目。

新莽的措施似乎繁瑣，但與西漢祭祀漢皇帝的制度並不衝突，而且具有鞏固新朝統治的作用。其一，西漢君主在國都與定安國兩地皆有廟祀，與西漢舊制或許有關。西漢諸帝有立廟國都者，有立廟帝陵者，還有幾位在國都與各郡國都被設廟。該狀態持續到西漢後期方被改變。⑨ 定安國與長安均有廟祀，與

---

① 《史記》卷五《秦本紀》，中華書局 1959 年版，第 219 頁。

② 《史記》卷二八《封禪書》，中華書局 1959 年版，第 1375~1377 頁。

③ 《漢書》卷九九中《王莽傳中》，中華書局 1962 年版，第 4100 頁。

④ 《漢書》卷九九中《王莽傳中》，中華書局 1962 年版，第 4101 頁。

⑤ 《後漢書》卷一一《劉玄列傳》，中華書局 1965 年版，第 473 頁。

⑥ 《史記·五帝本紀》中講，堯禪位於舜，"舜受終於文祖。文祖者，堯大祖也"。見《史記》卷一《五帝本紀》，中華書局 1959 年版，第 22 頁。

⑦ 《漢書》卷九九中《王莽傳中》，中華書局 1962 年版，第 4108 頁。

⑧ 顧頡剛：《五德終始説下的政治和歷史》，《古史辨》第 5 册，上海古籍出版社 1982 年版，第 605~606，612 頁。

⑨ 王柏中：《神靈世界：秩序的構建與儀式的象徵：兩漢國家祭祀制度研究》，民族出版社 2005 年版，第 105~110 頁。

西漢舊例相比，並不突兀。其二，保留國都舊廟，與政治形勢相關。誠如顧頡剛先生所言，這不僅取決於漢新禪代的輿論需求，還要歸因於舊宗室的巨大隱患。龐大的舊宗室是嚴重的政治隱患。延續西漢皇帝廟祀，能夠穩定政權交替之際的局面。

　　也是因此，西漢君主之祭的式微與新莽對舊宗室的打擊相伴隨。孫建在次年(10)十一月上奏，歷數舊宗室反抗新朝的諸多事端，反對維持西漢皇帝廟的常祀，並主張取消對劉姓舊宗室的優待。新朝借此機會擴大貶斥舊宗室的範圍，同時罷祀漢皇帝廟。劉姓諸侯中除擁護新朝者，皆被免爵。漢高祖、漢元帝之外，"漢氏諸廟在京師者皆罷"①。漢高祖由之前專享"文祖廟"的祭祀，轉而"享食明堂"。第二章第一節已論，明堂是王莽祭祀自家祖先的地方。②漢高祖作爲"新室賓"配享其中，禮遇下降。漢元帝則因元后王政君的關係而幸免罷祀。始建國五年(13)二月，元后去世，王莽爲之立廟長安。"元帝配食，坐於床下。"③漢元帝的地位同樣下降。

　　西漢皇帝廟還遭到王莽的毀壞。首先，是搗毀後用作皇室墓地。地皇二年(21)二月，"莽壞漢孝武、孝昭廟，分葬子孫其中"④。其次，在這一年，王莽因在夢中受漢高祖譴責，對漢高祖廟施以厭勝之法，還令武官、士兵屯聚廟中。⑤ 之前以崇奉"文祖廟"來標榜正當性的策略，轉而讓位於敵對性質的厭勝之術。

　　秦、西漢、新莽常祀勝朝帝王的禮制，大致如此。唐之前，册封"二王"後裔的各個政權，均不干涉國賓的祭祖事務。秦與新莽屬於特例。

第二節　唐之前勝朝後裔祭祖的經史綫索

　　上文已述，唐之前施行過二王三恪制度的政權中，只有新莽將勝朝帝王納入過自己的常祀。在唐朝之前，勝朝君主很少成爲當政朝廷的常祀對象。這與勝朝後裔的國賓身份有關。

---

① 《漢書》卷九九中《王莽傳中》，中華書局 1962 年版，第 4119 頁。
② 《漢書》卷九九中《王莽傳中》，中華書局 1962 年版，第 4107~4108 頁。
③ 《漢書》卷九九中《王莽傳中》，中華書局 1962 年版，第 4132 頁。
④ 《漢書》卷九九下《王莽傳下》，中華書局 1962 年版，第 4166 頁。
⑤ 《漢書》卷九九下《王莽傳下》，中華書局 1962 年版，第 4169 頁。

　　從漢魏開始，當政朝廷會爲前幾朝的皇室後裔封爵，史稱"三恪二王後"或"二王三恪"。① "二王"代表與現政權銜接的前兩個正統王朝。勝朝必居其一。"二王"後裔接受爵位，在封國内行使原有的正朔、禮樂制度。在理論上，他們是現政權的賓客，與統治者保持禮儀平衡。因此，國賓祭祖獨立於當政朝廷的祀典之外。

　　這套制度的理論淵源，見於儒家經典與漢代學人的著述。各代更迭之際，新生政權都會援引經典，規劃對待勝朝後裔的禮制。

一、經史中的勝朝後裔與二王三恪制度

　　分封國賓的依據散見於儒家經典中，多是儒經中的唐虞、周初古史。《通典》與《五禮通考》在考辨二王三恪源流時，已搜羅了有關的儒經内容。例如，《尚書·益稷》講："虞賓在位，群后德讓。"②虞賓是帝堯之子丹朱。虞舜接受堯的禪位後，待丹朱以賓客之禮。據《禮記·樂記》載，周武王克商後，封夏後裔於杞國，封殷商後裔於宋國。③《左傳》"僖公二十四年"中有："宋，先代之後也，於周爲客。"④《詩·周頌·有客》中的"客"指的就是殷商宗室微子啟。⑤ 他被周武王封於宋國。據此可知，堯舜禪讓與周封夏商後裔，是二王三恪制度主要的儒經依據。

　　進入帝制時代，新建立的政權經常打着尊經崇儒、禮敬勝朝的旗號，處置勝朝末帝及舊宗室。歷代册立二王三恪的詔書在引用儒經作爲封爵理據時，基本不出上面的範圍。周武王封夏、殷後裔的舊説最常被提及。例如，曹魏分封漢獻帝爲山陽公，稱之爲："此舜事堯之義也。"⑥南朝陳封蕭梁末帝爲江陰王

---

　　① 杜佑撰，王文錦等點校：《通典》卷七四《禮三十四·沿革三十四·三恪二王後》，中華書局 1988 年版，第 2025~2030 頁；秦蕙田：《五禮通考》卷二二五《三恪二王後》，《景印文淵閣四庫全書》第 141 册，第 114~132 頁。

　　② 孔安國傳，孔穎達疏：《尚書正義》卷五，阮元校刻：《十三經注疏》，中華書局 1980 年版，第 144 頁上欄。

　　③ 鄭玄箋，孔穎達疏：《禮記正義》卷三九，阮元校刻：《十三經注疏》，中華書局 1980 年版，第 1542 頁下欄。

　　④ 杜預注，孔穎達疏：《春秋左傳正義》卷一五，阮元校刻：《十三經注疏》，中華書局 1980 年版，第 1818 頁下欄。

　　⑤ 鄭玄箋，孔穎達疏：《毛詩正義》卷一九·三，阮元校刻：《十三經注疏》，中華書局 1980 年版，第 597 頁上欄。

　　⑥ 《三國志》卷三《魏書三·明帝紀》引《獻帝傳》，中華書局 1959 年版，第 102 頁。

的詔書講："《禮》陳杞、宋,《詩》詠二客。弗臣之重, 歷代斯敦。"①這是援引
周初古史。五代後梁初, 有司以"《詩》稱有客,《書》載虞賓"爲由, 建議册立
李唐宗室以示"推恩"②。總之, 這些儒經理據在政權禪代之際被反復追引。

　　漢以後爲勝朝末帝或舊宗室封爵的史事, 也成了後起政權模仿的依據。比
如, 東晉尋立三恪的詔書中有:"杞宋啟土, 光於周典。宗姬侯衛, 垂美漢
册。"③所謂"宗姬侯衛", 是指姬周後裔被漢朝封爲"衛侯"。北齊皇建年間下
詔議立二王三恪, 詔書中稱:"昔武王克殷, 先封兩代, 漢、魏、二晉, 無廢
茲典。"④這是追溯漢晉時期的制度延續。唐封隋末帝爲酅國公的詔書中有:
"鳴條克罰, 杞用夏郊。牧野降休, 宋承殷祀。爰及魏晉禪代相仍, 山陽賜號
於當塗, 陳留受封於典午。"⑤這段文字追述了杞國、宋國、山陽公(禪位的漢
獻帝)、陳留王(禪位的曹魏末帝)受封的史事。⑥後晉册立二王三恪的敕令也
有追溯:"周以杞、宋封夏、殷之後爲二王後, 兼封舜之後爲三恪。唐以周、
隋之後封公爲二王後, 又封魏之後爲三恪。"⑦北宋封後周末帝的詔書提到:
"夏、商之居杞、宋, 周、隋之啓介、酅。"⑧這是援引夏、商後裔受封的舊
史, 以及北周、楊隋末帝在禪位後受封的史事。據此, 册封"二王三恪"的詔
書不僅援引經典中的古史舊説, 還追述漢唐間的制度沿革。

　　在反復地引經述史中, 二王三恪制度成爲王朝更迭之際的一項"故事"、
禮制傳統。當然, 保障政局平穩等現實的考量對此也有推動。

　　除了儒經理據、現實政治的因素, 這項禮制傳統的形成還有更深層的思
想淵源。日本學者高木智見認爲, 先秦時期, "國家和血族的存續與祖先祭
祀的存續是同義的"。在這種"血族意識"的支配下, 執政者有義務維持其他
家族血脈的延續, 避免其他家族的祖先因絕祀而成爲"厲", 從而防止社會
秩序受到"厲"的滋擾。⑨《禮記·曾子問》中講:"君去其國, 大宰取群廟之

　①　《陳書》卷二《高祖本紀下》, 中華書局 1972 年版, 第 32 頁。
　②　《舊五代史》卷四《梁書四·太祖紀四》, 中華書局 1976 年版, 第 66 頁。
　③　《晉書》卷七《成帝紀》, 中華書局 1974 年版, 第 180 頁。
　④　《北齊書》卷六《孝昭帝紀》, 中華書局 1972 年版, 第 82 頁。
　⑤　王溥:《唐會要》卷二四《二王三恪》, 中華書局 1985 年版, 第 461 頁。
　⑥　"當塗", 即"當塗高", 代指曹魏政權。"典午", 代指司馬晉政權。
　⑦　王溥:《五代會要》卷五《二王三恪》, 中華書局 1985 年版, 第 66 頁。
　⑧　《宋大詔令集》卷一五六《政事九·國賓》, 中華書局 1962 年版, 第 588 頁。
　⑨　[日]高木智見:《先秦社會與思想:試論中國文化的核心》, 何曉毅譯, 上海古籍
出版社 2011 年版, 第 119~128 頁。引文見第 123 頁。

主以從，禮也。"①君主外出，不能廢止對祖先的祭祀。據《左傳》記載，出奔在外的君主、公子經常被妥善接待，蓋源於此。保留亡國的宗室後裔，由他們延續祖先祭祀，便是這種意識的遺留。

二、勝朝後裔獨立祭祖的依據與綫索

(一)"通三統"理論與歷代封爵命令

勝朝後裔被授予國賓的身份後，享有禮儀獨立的特權。這在儒經中也有淵源。例如，孔子說夏禮"杞不足征也"，殷禮"宋不足征也"，便是批評"夏、商之後不能行先王之禮"②。《左傳》"襄公十年"有："諸侯宋、魯，於是觀禮。"宋國作爲殷商後裔，保留有商代天子的禮樂制度。魯國因周公的功勳，亦獲准行使天子禮樂。③ 但在帝制時代，國賓享有禮儀獨立的特權，直接依據則是董仲舒的"通三統"的理論。

這套出自公羊學的理論，用於標榜現政權的合法性，宣揚"新王改制"。④關於"二王"後裔與"通三統"之間的關係，蔣慶指出："通三統必存二王後，若王者不存二王後，不封百里使統其正朔，服其服色，存其法度，行其禮樂，即如不使其他二統存在，如何三統可通？故王者存二王後是其通三統的前提條件。"⑤換言之，現政權爲一"統"；現政權之外的"二統"，要通過前兩朝後裔和各自的舊制度展現出來。⑥ 所以，分封"二王"後裔，允許他們禮儀獨立，就成了"通三統"不可缺失的環節。

基於這種思路，"二王"後裔的禮儀特權被有關著述反復強調。《春秋繁露·三代改制質文》中講：王者改制的同時，"下存二王之後以大國，使服其

① 鄭玄箋，孔穎達疏：《禮記正義》卷一八，阮元校刻：《十三經注疏》，中華書局1980年版，第1393頁中欄。

② 何晏集解，邢昺疏：《論語注疏》卷三，阮元校刻：《十三經注疏》，中華書局1980年版，第2466頁下欄。

③ 杜預注，孔穎達疏：《春秋左傳正義》卷三一，阮元校刻：《十三經注疏》，中華書局1980年版，第1947頁中欄。

④ 參見劉家和：《論漢代春秋公羊學的大一統思想》，《史學理論研究》1995年第2期；葛志毅：《〈公羊傳〉大一統釋義發微》，《管子學刊》1998年第4期；黃樸民：《公羊"三統"說與何休"〈春秋〉王魯"論》，《管子學刊》1998年第4期。

⑤ 蔣慶：《公羊學引論》，遼寧教育出版社1995年版，第300~301頁。

⑥ 蔣慶：《公羊學引論》，遼寧教育出版社1995年版，第300~301頁。

服，行其禮樂，稱客而朝"①。《白虎通·三正》講：王者"存二王之後"，"明天下非一家之有，謹敬謙讓之至也。故封之百里，使得服其正色，用其禮樂，永事先祖"。②《公羊傳》"隱公三年"何休注："王者存二王之後，使統其正朔，服其服色，行其禮樂，所以尊先聖，通三統"；又有："宋稱公者，殷後也。王者封二王後，地方百里，爵稱公，客待之而不臣也。"③"二王"後裔有禮儀獨立的特權，那麼他們在理論上可以用舊禮祭祖，不受當政朝廷干預。

為勝朝末帝封爵時特許其禮儀獨立並延續勝朝祭禮，也是政權更迭時的一項慣例。王莽封西漢末帝為定安公，"立漢祖宗之廟於其國，與周後並，行其正朔、服色，世世以事其祖宗"④。曹魏封漢獻帝為山陽公，"以天子車服郊祀天地，宗廟、祖、臘皆如漢制"⑤。劉宋封晉恭帝為零陵王，"行晉正朔，郊祀天地禮樂制度皆用晉典"⑥。南齊封宋順帝為汝陰王，"待以不臣之禮，行宋正朔"⑦。蕭梁封齊和帝為巴陵王，"行齊正朔，郊祀天地禮樂制度，皆用齊典"⑧。陳封梁敬帝為江陰王，"行梁正朔，車旗服色，一依前準"⑨。北齊封東魏末帝為中山王，"載天子旌旗，行魏正朔""於中山國立魏宗廟"⑩。隋封北周靜帝為介國公，"為隋室賓。旌旗車服禮樂，一如其舊"⑪。唐與五代冊立勝朝末帝或舊宗室為國賓時，也有這類要求(後文詳述)。

但是，勝朝末帝的實際境遇同這些字面要求明顯不符。帝制時代，首個經禪讓立國的政權是新莽。前文已論，西漢末帝名義上被封為定安公，"行其正朔、服色，世世以事其祖宗"⑫，但實際上，他被監控起來，從未離開過長安。類似的事情在南北朝頻繁上演。曹魏末帝的情況另作別論，有史料顯示，陳留

---

①　蘇輿：《春秋繁露義正》卷七，中華書局 1992 年版，第 198 頁。

②　陳立：《白虎通疏證》卷八，中華書局 1994 年版，第 366 頁。

③　何休注，徐彥疏：《春秋公羊傳注疏》卷二，阮元校刻：《十三經注疏》，中華書局 1980 年版，第 2203 頁中欄、2204 頁中欄。

④　《漢書》卷九九中《王莽傳中》，中華書局 1962 年版，第 4100 頁。

⑤　《後漢書》卷九《孝獻帝紀》，中華書局 1965 年版，第 390 頁。

⑥　《宋書》卷三《武帝本紀下》，中華書局 1974 年版，第 52 頁。

⑦　《宋書》卷一〇《順帝本紀》，中華書局 1974 年版，第 199 頁。

⑧　《梁書》卷二《武帝本紀中》，中華書局 1973 年版，第 34 頁。

⑨　《陳書》卷二《高祖本紀下》，中華書局 1972 年版，第 32 頁。

⑩　《魏書》卷一二《孝靜紀》，中華書局 1974 年版，第 312~313 頁。

⑪　《隋書》卷一《高祖紀上》，中華書局 1973 年版，第 13 頁。

⑫　《漢書》卷九九中《王莽傳中》，中華書局 1962 年版，第 4100 頁。

王禪位後確實保存着天子儀仗。① 南北朝的末代帝王在禪位之後,都受到嚴密監管,不赴封國,並且很快遇害。清代史學家趙翼評論説:

> 自劉裕篡大位而即戕故君,以後齊、梁、陳、隋、北齊、後周亦無不皆然……當曹魏假稱禪讓以移國統,猶仿唐、虞盛事,以文其奸。及此例一開(按:指殺禪位的勝朝末帝),後人即以此例爲例,而並忘此例之所由仿,但謂此乃權臣易代之法,益變本而加厲焉。②

殺害禪位之主成爲"權臣易代之法",爲南北朝各代政權因襲。晉恭帝禪位後的天子禮儀,《晉書》稱之爲:"有其文而不備其禮。"③北周末帝退位後的優待,也是"有其文,事竟不行"④。王朝更迭之際的監管與迫害,使禪位之君的禮儀特權成爲空文。

然而,這並不意味着上述政權沒有落實"通三統"的要求。因爲當政朝廷會在舊宗室中找人承襲勝朝末帝的爵位,延續國賓身份。相比較末帝而言,新選立的國賓對當政朝廷的威脅已經很小。劉宋時期,荀伯子建議朝廷應當"褒崇所承",將零陵王的位次列於陳留王(曹魏宗室)之前。⑤ 據《通典》,此事發生在元嘉五年。⑥ 此時的零陵王是晉恭帝死後的繼任者。這説明,"二王"後

---

① 曹魏末帝及其後裔被晉朝封爲陳留王,與山陽公(漢獻帝及其後裔的封爵)在晉朝同爲國賓。陳留王禪位後的天子禮儀,保留有明確的證據。西晉永安元年(304)七月,晉惠帝因兵亂至鄴,衣食匱乏,狼狽不堪。其法駕儀仗,由陳留王與鎮守鄴城的成都王司馬穎供給。"穎府有九錫之儀,陳留王送貂蟬、文衣、鶡尾。"(《晉書》卷四《惠帝紀》)"貂蟬",是貂毛與附蟬的合稱。《晉書·輿服志》中講,皇帝的近侍及武官服"武冠","侍中、常侍則加金璫,附蟬爲飾,插以貂毛","鶡尾",是武官服"武冠"時的飾品。《後漢書·輿服志下》有:武冠,"加雙鶡尾,豎左右爲鶡冠";"五官、左右、虎賁、羽林五中郎將,羽林右監,皆冠鶡冠"。據《宋書·禮志》,劉宋皇帝校獵時的鹵簿中也有:"直衛鈒戟虎賁,旄頭文衣,鶡尾,以次列階。"葉煒指出:"兩晉'左右侍臣'的標誌之一爲武冠。"(參見氏著:《從武冠、貂蟬略論中古侍臣之演變》,榮新江主編:《唐研究》第 13 卷,北京大學出版社 2007 年版,第 159 頁)由此看來,陳留王能爲晉惠帝提供皇帝近侍的衣冠裝飾,正是他自身具備皇帝儀仗的表現。
② 趙翼撰,王樹民校證:《廿二史劄記校證》,中華書局 1984 年版,第 144 頁。
③ 《晉書》卷一〇《恭帝紀》,中華書局 1974 年版,第 269 頁。
④ 《周書》卷八《静帝紀》,中華書局 1971 年版,第 136 頁。
⑤ 《宋書》卷六〇《列傳二十·荀伯子》,中華書局 1974 年版,第 1628~1629 頁。
⑥ 杜佑撰,王文錦等點校:《通典》卷七四《禮三十四·沿革三四·三恪二王後》,中華書局 1988 年版,第 2028 頁。

裔的禮儀地位還是被嚴肅對待的。再如，蕭梁以汝陰王（劉宋後裔）、巴陵王（蕭齊後裔）爲國賓。梁官品中有汝陰王、巴陵王兩個王國的職官。① 陳朝襲用梁官制。隋朝，"二王後，置國官，與諸王同"②。這也説明，即便勝朝末帝的禮遇是虛文，但其繼任者仍能得到制度上的保障。

爲繼任國賓封爵的詔書與爲勝朝末帝封爵的詔書一樣，都會提到延續勝朝祭祀的事。比如宋順帝遇害後，南齊另立劉宋宗室爲汝陰王"奉宋後"③。齊和帝遇害後，蕭梁另立蕭齊宗室爲巴陵王"以奉齊祀"④。梁敬帝遇害後，陳朝另封蕭梁宗室爲江陰王。⑤ 西魏恭帝遇害後，北周另封西魏宗室爲韓國公"以紹魏後"⑥。北周靜帝遇害後，隋另立北周宗室爲介國公，"爲隋室賓"⑦。命他們"奉某朝後"或"奉某朝祀"，便是命他們延續勝朝君主的祭祀。

從漢魏開始，尤其是五禮成爲國家禮制的基本框架後，分封"二王"後裔屬於賓禮的範疇。⑧ 勝朝後裔延續勝朝帝王之祀，雖非賓禮中明確規定的内容，卻是他們成爲國賓後的必然之舉。儒經中也有支持這種制度的記載。⑨

（二）"二王"與"三恪"在禮儀上的差别

雖然"二王""三恪"往往連稱，但居恪位者没有國賓的身份，也没有禮儀上的特權。東漢鄭玄以周朝古史爲例，對兩者加以辨析："所存二王之後者，命使郊天，以天子之禮祭其始祖，受命之王自行其正朔服色。恪者，敬也，敬

---

① 《隋書》卷二六《百官志上》，中華書局 1973 年版，第 733~735 頁。
② 《隋書》卷二八《百官志下》，中華書局 1973 年版，第 782 頁。
③ 《南史》卷四《齊本紀上》，中華書局 1975 年版，第 111 頁。
④ 《梁書》卷二《武帝本紀中》，中華書局 1973 年版，第 37 頁。
⑤ 《陳書》卷二《高祖本紀下》，中華書局 1972 年版，第 36~37 頁。
⑥ 《北史》卷九《周本紀上》，中華書局 1974 年版，第 335 頁。
⑦ 《周書》卷一〇《虞國公仲附子興傳》，中華書局 1971 年版，第 161 頁。
⑧ 參見朱溢：《中古中國賓禮的構造及其演進——從〈政和五禮新儀〉的賓禮製定談起》，《中華文史論叢》2015 年第 2 期。
⑨ 從儒經的相關内容來看，具有國賓身份的勝朝後裔享有禮儀獨立的特權，那麼他們即可使用勝朝禮制祭祖，不受當政朝廷干預。對於祭祀勝朝帝王，儒家經典雖無明確規定，但自有一套説法。《禮記·郊特牲》講："天子存二代之後，猶尊賢也。"這是説，新生政權要保留前兩朝的舊宗室。再者，"神不歆非類，民不祀非族"。既然勝朝後裔存在，便自會延續祖先的祭祀。《王制》中又有："天子、諸侯祭因國之在其地而無主後者。"後裔滅絶、無人主祭的古帝王才是統治者的祭祀對象。所以，勝朝帝王應由勝朝後裔自行祭祀。

其先聖而封其後，與諸侯無殊異，何得比夏、殷之後？"①禮儀獨立和"不臣"身份是"二王"後裔的特權，居恪位的舊宗室無此待遇。

不獨經學上有如此説法，實際史事中也是如此。西晉以漢、魏爲二王。原在曹魏時期居於"二王"後裔之一的姬周宗室，"於大晉爲三恪之數，應降稱侯，祭祀制度宜與五等公侯同"②。也就是説，姬周宗室轉居恪位之後，便與晉朝分封的其他諸侯没有區别了。南朝齊立國後，以晉、劉宋爲二王；曹魏後裔陳留王已居恪位，遂"省陳留國"。③ 五代時期，前兩代政權的宗廟享有四仲享廟之禮。後周以後晉、後漢爲二王，便將後唐的廟享禮取消（後文詳論）。據此，雖然"二王三恪"時常連稱，但居恪位的舊宗室没有保留舊禮的特權。

三、隋代國賓獨立祭祖的佐證

本章第一節已述，漢、唐之間，凡册立過二王三恪的朝代，基本不將勝朝帝王作爲自己的常祀對象。只有新莽例外。享有國賓身份的"二王"後裔的祭祖活動，也都不見於史料記載。筆者認爲，當政朝廷承認"二王"後裔的禮儀獨立性，不干涉其祭祖事務，是史料匱乏的主要原因。

"二王"後裔祭祖在史籍中著墨極少，與國賓所享有的禮儀特權有關。相關史料的豐富，是從唐代開始的。目前没有史料能夠證明，國賓獨立祭祖在隋朝已經發生改變。

而且，隋開皇十四年（594）閏十月詔可以從側面佐證國賓祭祖的獨立性。其文如下：

> 齊、梁、陳往皆創業一方，綿歷年代。既宗祀廢絶，祭奠無主，興言矜念，良以愴然。莒國公蕭琮及高仁英、陳叔寶等，宜令以時修其祭祀。所須器物，有司給之。④

據此可知，隋文帝令亡國的蕭、高、陳三家重修祭祀，並由隋朝廷提供祭祀所

① 鄭玄注，孔穎達疏：《禮記正義》卷二五，阮元校刻：《十三經注疏》，中華書局1980年版，第1448頁中欄、下欄。

② 杜佑撰，王文錦等點校：《通典》卷七四《禮三十四・沿革三十四・賓禮一》，中華書局1988年版，第2027頁。

③ 《南史》卷四《齊本紀上》，中華書局1975年版，第111頁。

④ 《隋書》卷二《高祖紀下》，中華書局1973年版，第39頁。

須的器物。宋人尹起莘在《資治通鑑綱目發明》中，借此詔爲依據批評隋文帝。他認爲，一方面，三家"若封以一邑，俾食數十里之賦，則不必官給器物，自可修其世祀"；另一方面，此詔"不及宇文氏"，"能念齊、梁、陳而不能念周"，足見隋文帝"忌克少恩"。①

筆者認爲，尹氏的批評忽略了二王三恪制度的適用範圍。此詔中的"齊"指北齊。北周滅北齊後，誅殺其宗室，"其後不從戮者散配西土，皆死邊"②。高仁英是北齊武成帝之子，被發配到蜀地。蕭琮爲西梁末帝，其祖受西魏扶植在江陵立國。西梁先後是西魏、北周、隋的附屬國，最終被隋兼併。陳叔寶是陳末帝，亡國後被俘往長安。隋承北周立國，封北周末帝爲介國公。對於隋來説，北齊、西梁、陳三個政權與北周是不能等同的。同樣，高仁英、蕭琮、陳叔寶三人與介國公也是不能等同的。

尹氏的偏失之處，就是混淆了這三人與國賓的差別。一方面，北周末帝遇害後，族人宇文洛被封爲介國公③，一直生活到唐代④。但是，隋文帝清除北周宗室在《資治通鑑》中被記載爲："虞慶則勸隋主盡滅宇文氏。"⑤尹氏説北周宗室"自介公(指北周末帝)殞滅之後竟無所聞"，應是受此影響，忽略了宇文洛的存在。另一方面，在封地內"自修世祀"、獨立祭祖，是"二王"後裔的特權。隋朝廷向他們提供祭祀所用器物，就是否定其禮儀獨立性，在其祭祖時彰顯隋朝廷的存在與權威。

有綫索表明，唐初統治者還在自己與國賓之間拿捏禮儀平衡。《隋唐嘉話》記載，唐太宗曾想送些櫻桃給酅國公(隋後裔)，"稱奉則以尊，言賜又以卑"，還向虞世南詢問措辭。⑥ 這説明，唐初仍然尊重國賓的禮儀特權。所以，開皇十四年詔"不及宇文氏"，正説明隋文帝承認介國公的禮儀獨立地位，不干預其祭祖事務。

從史料來看，國賓祭祖的禮儀獨立性在唐代受到了干預。因此，本書將隋

① 朱熹撰，清聖祖批：《御批資治通鑑綱目》卷三六上，《景印文淵閣四庫全書》第690 冊，第 784 頁。

② 《北齊書》卷一二《武成十二王》，中華書局 1972 年版，第 165 頁。

③ 《隋書》卷一《高祖紀上》，中華書局 1973 年版，第 15 頁。

④ 唐初詔書還提到過他。參見王涇：《大唐郊祀錄》卷一〇《附見》，《續修四庫全書》第 821 冊，第 348 頁下欄。文中作"宇文氏落"。

⑤ 司馬光編著：《資治通鑑》卷一七五《陳紀九·宣帝太建十三年》，胡三省音注，中華書局 1956 年版，第 5436 頁。

⑥ 劉餗：《隋唐嘉話》卷中，中華書局 1979 年版，第 15 頁。

朝作爲國賓獨立祭祖的最後一代。從唐代起，祭祀勝朝帝王不再因勝朝後裔的國賓身份和禮儀獨立的特權而獨立於中央祀典之外。勝朝宗廟的制度最早發生變化。

第三節　勝朝宗廟的禮制變遷

爲勝朝重立宗廟，或稱爲勝朝"遷廟"，也是政權禪代時的一項慣例。如前所述，新莽與北齊受禪立國，分別在西漢末帝、東魏末帝的封國内爲勝朝重立宗廟。① 西晉朝臣對曹魏宗廟中配享功臣的態度是"今主遷廟，臣宜從饗""宜歸之陳留國，使修常祀"②，可見曹魏宗廟也隨着曹魏末帝遷往陳留國。南朝宋順帝禪位後獲封汝陰王，蕭齊"遷汝陰廟"③。唐、五代、北宋依然爲勝朝重立宗廟(後文詳述)。

最遲在唐初，勝朝宗廟的地點已經從國賓的封國轉移到當政朝廷的都城。而且祭禮方式發生改變，當政朝廷開始介入勝朝宗廟的祭祀，並將之納入國家的常祀項目進行管理。總之，從唐代起，勝朝宗廟不再是勝朝後裔獨立祭祖之處。

勝朝宗廟祭禮的主要内容是：每年四仲月，前兩朝宗廟由封爵的"二王"後裔(或被指定的勝朝後裔)主祭，由當政朝廷提供祭祀所需之物。這項制度明見於五代，屬於國家常祀，歸朝廷管理。但有史料能證明，它創始於唐朝。爲勝朝重立宗廟，裁定廟數，是這項制度的前提步驟。

一、裁定勝朝廟數的方法變遷

對於勝朝廟數的裁定，首見於五代時期。天子以外各級貴族、官員祭祖的代數，往往由當政朝廷規定，依等級高低而有差別。④《禮記·王制》中也有

① 《漢書》卷九九中《王莽傳中》，中華書局 1962 年版，第 4100 頁；《魏書》卷一二《孝静紀》，中華書局 1974 年版，第 313 頁。
② 杜佑撰，王文錦等點校：《通典》卷五〇《禮十·沿革十·吉禮九·功臣配享》，中華書局 1988 年版，第 1409 頁。
③ 《南齊書》卷五三《良政列傳·虞愿》，中華書局 1972 年版，第 917 頁。
④ 參見杜佑撰，王文錦等點校：《通典》卷四八《禮八·沿革八·吉禮七·諸侯大夫士宗廟》，中華書局 1988 年版，第 1335~1344 頁。

天子七廟、諸侯五廟、大夫三廟的區分。① 但是，國賓的身份特殊。東漢至隋，史籍中沒有關於勝朝廟數的記載。五代後晉爲後唐遷廟時，太常禮院提出："引武德年故事，祀隋三帝。今請立近朝莊宗、明宗、閔帝三廟，庶合前規。"②到這裏才出現了明確的記載。

據此可以推測唐朝對於勝朝宗廟的裁定。所謂"武德年故事"，未在唐代史料中找到確切信息。③ 隋朝宗廟初定爲四廟，後曾動議改立七廟，但應該沒有實施。④ 從後晉太常禮院的奏議來看，隋亡後，唐廷爲隋朝保留了三廟。

爲行文方便，現將五代各政權册立的二王三恪羅列如表 4-1 所示。

表 4-1　五代時期的二王三恪

朝代	"二王"後裔(國賓)	恪位	備注
後梁	萊國公(李唐後裔)、鄘國公(隋後裔)	介國公(北周後裔)	／
後唐	鄘國公(隋後裔)、介國公(北周後裔)	史籍未載	若因襲李唐舊制，恪位應爲元魏宗室
後晉	郇國公(後唐後裔)、鄘國公(隋後裔)	介國公(北周後裔)	以後唐、隋兩代宗室爲二王後
後漢	"唐、晉兩朝，求訪子孫"(後唐、後晉)⑤	史籍未載	具體封爵不明
後周	"晉、漢之胄爲二王後"(後晉、後漢)⑥	史籍未載	具體封爵不明

説明：以上信息來自《五代會要》《舊五代史》《新五代史》《册府元龜》。因史料的客觀情況，未能將所有信息落實清楚。《五代會要》只提到後梁、後晉兩代。清《五禮通考·二王三恪》《續通志·禮略·三恪二王後》《續通典·三恪二王後》，只講後梁、後晉二代的情況以及後漢的郇國公。

---

① 鄭玄注，孔穎達疏：《禮記正義》卷一二，阮元校刻：《十三經注疏》，中華書局 1980 年版，第 1335 頁。

② 王溥：《五代會要》卷三《廟制度》，中華書局 1985 年版，第 30 頁。

③ 《舊唐書》有"五廟"之語。天寶十二載，"封韓公、介、鄘公等，依舊五廟"。校勘記："'五'疑'立'字之誤。"參見《舊唐書》卷二四《禮儀志四》，中華書局 1975 年版，第 916、937 頁。

④ 陳戍國：《中國禮制史》(隋唐五代卷)，湖南教育出版社 1998 年版，第 9 頁。

⑤ 見於《舊五代史》卷一〇一《漢書·隱帝紀上》中的"乾佑元年正月癸巳制"。

⑥ 見於《舊五代史》卷一一〇《周書·太祖紀一》中的"廣順元年春正月丁卯即位制"。

結合表 4-1，將五代政權裁定勝朝廟數的情況，介紹如下。

後梁爲李唐保留三廟。李唐建國時初立四廟，後幾經調整，最終定爲"九代十一室"之制。唐末，朱溫迫使唐帝遷都洛陽。開平元年（907），朱溫建立後梁，定都開封，以洛陽爲西都。次年三月，後梁封李唐宗室爲萊國公，要求他"合留三廟，於西都選地位建立廟宇，以備四仲祀祭"①。後梁爲李唐保留三廟，應是因循"武德年故事"而來的。

後唐視後梁爲僞朝，稱自己是"中興唐祚"，以北周、隋兩代的宗室後裔爲國賓。兩家宗廟的廟數當沿用李唐舊制，仍是沿用"武德年故事"。

後晉爲後唐重立宗廟，將"武德年故事"與後唐宗廟的舊制相結合，爲之保留了"唐高祖、太宗及莊宗、明宗、閔帝五帝之廟"②。後唐莊宗建國時，定宗廟爲七廟：直系先祖三、李唐先帝四（唐高祖、太宗、懿宗、昭宗），"將朱耶三世與唐室四廟連敍昭穆"。後唐莊宗、明宗死後祔廟，皆祧遷直系先祖。直系三廟數量不變。③ 朱耶，是後唐皇帝原本的姓氏。姓李，是李唐的賞賜。後唐統治者有意假託李唐，自詡正統。後晉高祖在保留"莊宗、明宗、閔帝三廟"的基礎上，認爲"然則丕緒洪源，皆尊唐室"，又添加唐高祖、太宗二廟，承認後唐與李唐之間的承襲關係。也就是說，後晉爲後唐重立的宗廟，是保留李唐二廟加後唐直系三廟。所以，後唐宗廟的原有制度在很大程度上被保留了。

後漢、後周、北宋對勝朝宗廟的廟數不做增減。樓勁認爲，後漢至北宋的"勝朝宗廟之制"，"皆現成地搬用了勝朝的廟制，而與唐初有選擇地留存隋廟的做法相當不同"。後漢將後晉亡國時的五廟原數保留。④ 後周裁定後漢廟制時，出現過議論。後周甫立國（951），宗正寺即上奏："請以晉、漢故事，遷漢七廟神主入昇平宮，行仲享之禮，以漢宗子爲三獻。"⑤此議獲准施行。而在當年二月，太常禮院的再次建議與後周太祖的批覆如下：

---

① 《舊五代史》卷四《梁書·太祖紀四》，中華書局 1976 年版，第 60 頁。

② 王溥：《五代會要》卷三《廟制度》，中華書局 1985 年版，第 30 頁。

③ 《新五代史》卷五《唐本紀·莊宗下》，中華書局 1974 年版，第 45 頁；《舊五代史》卷一四二《禮志上》，中華書局 1976 年版，第 1896~1897 頁。引文見《舊五代史》卷一四二《禮志上》，中華書局 1976 年版，第 1897 頁。

④ 樓勁：《宋初禮制沿革及其與唐制的關係——兼論"宋承唐制"說之興》，《中國史研究》2008 年第 2 期，第 59 頁注釋 7。樓勁認爲，後晉亡國時的五廟，就是後晉原有的四廟，因後晉高祖升祔而形成的。但他關於後周爲後漢保留五廟的觀點，有待辨析。

⑤ 《舊五代史》卷一一〇《周書·太祖紀一》，中華書局 1976 年版，第 1465 頁。

“准勅遷漢廟入昇平宮。其唐、晉兩朝，皆五廟遷移。今漢七廟，未審總移，爲復只移五廟？”勅：“宜准前勅，並移於昇平宮。”①

太常禮院想爲後漢定五廟的依據，是後唐、後晉在亡國後皆被保留五廟。接連兩代勝朝的廟數爲五，便使後周的太常禮院想就近取法，將後漢七廟裁爲五廟。皇帝命令：“宜准前勅，並移於昇平宮。”也就是説，太常禮院的建議没有被批准。後漢七廟皆被保留。②

現在可將李唐、五代裁定勝朝廟數的方法總結如下：李唐、後梁、後唐都爲勝朝立三廟，即使用“武德年故事”。後晉沿用“武德故事”的同時，在很大程度上保留了勝朝宗廟的原有制度，可視爲過渡環節。後漢、後周徑直保存勝朝亡國時的宗廟之數。

保留勝朝原有制度、廟數的行爲出現在五代中期。這緣於當政朝廷禮敬勝朝的態度。五代中，後唐、後晉、後漢、後周的創建者都出自“代北集團”，一脉相承。③ 後晉保留後唐宗廟的舊制，後漢、後周直接保留勝朝宗廟的原有廟數，是肯定勝朝正統地位、強化自身與勝朝關聯在禮制設計中的表現。

議定勝朝廟數後，便開始佈置祭祀事務。

二、唐與五代的勝朝宗廟之祭

有關唐代的史料中，並没有勝朝宗廟祭禮的明確記載。但有證據能説明，這項制度在唐代已經形成。五代只是因循舊禮而已。

(一)唐代的勝朝宗廟制度

勝朝宗廟之祭的基本內容至遲在中晚唐已經形成。可追溯的證據綫索主要有二。

1. 用品官給、國賓主祭

勝朝宗廟由身爲國賓的勝朝後裔主祭，祭祀用品由唐朝廷提供。

規定國賓祭祖時的器物、用度由朝廷提供，最早見於開元年間。唐開元三年(715)二月敕提道：

---

① 王溥：《五代會要》卷三《廟制度》，中華書局 1985 年版，第 30 頁。
② 樓勁先生文中稱後周存後漢五廟，恐誤。據上面的引文可知，後漢七廟皆被保留。
③ 參見樊文禮《唐末五代的代北集團》(中國文聯出版社 2000 年版)中的論述。

　　二王後每年四時享廟，牲及祭服、祭器，並官給。及帷幄几案有闕，
亦官給。主客司四時省問，子孫准同正三品蔭。隋後每年給絹三百疋、米
粟三百石。周後每年賜絹二百疋、粟二百石，並春秋支給。①

北周、楊隋兩代的宗廟仍然由介國公、酅國公(北周、楊隋後裔)每年四時定
期主祭，但他們祭廟所需的用牲、祭服、器具等用品由朝廷提供。此事已爲學
者所留意，用來説明唐朝廷爲"二王"後裔提供了"豐厚的物質待遇"②。但結
合本書的脉絡就能發現，國賓的禮儀獨立地位從此喪失。

　　唐朝廷通過提供祭品、祭器、祭服，瓦解了國賓的禮儀獨立性。祭祖所
須，無外乎祭品、祭器、祭服。儒家經典對這些祭祀用品都有説法。將祭品細
分，又有酒齊、牲肉、粢盛、籩豆之實諸項。據《周禮》，天子祭祖所用皆由
各類職官負責。《禮記・王制》講："祭器未成，不造燕器。"③這句經文反映了
祭祀用具的重要地位。根據《禮記・祭義》，天子、諸侯親耕籍田，且"必有養
獸之官"；祭祖的"醴酪齊(粢)盛""犧牷祭牲"皆出其中。④《禮記・月令》中
講，后妃於季春時躬事蠶桑，"以共(供)郊廟之服"⑤。祭祀用品一向頗受重
視，且基本上是自行籌備。唐以前，國賓祭祖的實情難詳。但在"通三統"的
理念下，國賓與當政朝廷保持禮儀上的平衡，依靠封地自行籌辦，應爲理想狀
態。開元三年的這個敕令，無疑是對傳統的一次顛覆。

　　唐朝廷通過頒賜祭祀用度，介入國賓的祭祖禮，彰顯唐朝廷的在場與權
威。這屬於唐代官賜喪祭的範疇，也符合"官立廟堂，私家廟祀"⑥的制度。
唐初冊立隋末帝爲酅國公的詔書中有："行隋正朔，車旗服色一依舊章。"⑦介
國公、酅國公在接受優待的同時，原有的禮儀獨立地位也被朝廷的賞賜所瓦
解。只從朝廷優恤亡國者的角度來看，隋開皇十四年詔與開元三年敕的内容相

　　① 王溥：《唐會要》卷二四《二王三恪》，中華書局 1955 年版，第 462 頁。
　　② 謝元魯：《隋唐五代的特殊貴族——二王三恪》，《中國史研究》1994 年第 2 期。
　　③ 鄭玄注，孔穎達疏：《禮記正義》卷一三，阮元校刻：《十三經注疏》，中華書局
1980 年版，第 1347 頁。
　　④ 鄭玄注，孔穎達疏：《禮記正義》卷四八，阮元校刻：《十三經注疏》，中華書局
1980 年版，第 1597 頁。
　　⑤ 鄭玄注，孔穎達疏：《禮記正義》卷一五，阮元校刻：《十三經注疏》，中華書局
1980 年版，第 1363 頁。
　　⑥ 參見游自勇：《禮展奉先之敬——唐代長安的私家廟祀》，榮新江主編：《唐研究》
第 15 卷，北京大學出版社 2009 年版，第 446~448 頁。
　　⑦ 王溥：《唐會要》卷二四《二王三恪》，中華書局 1955 年版，第 461 頁。

似。兩者的根本差別，就在於頒賜對象的不同。隋文帝向北齊、西梁、陳三代舊宗室施恩的同時，彰顯本朝的統治權；沒有向介國公頒賜祭祀用品，並非有意迴避，而是承認他的國賓地位，不干涉其祭祖事務。總之，開元三年，唐朝廷將彰顯統治權的觸角，延伸到"二王"後裔的祭祖禮中。"二王"後裔的禮儀獨立地位被取消。

但需要注意，此時的勝朝宗廟是否已經進入唐朝廷的常祀？是否已經屬於國家祀典中的内容？史無明載。

2. 常祀項目、比照中祀辦理

祭祀勝朝宗廟屬於唐朝的常祀項目，其綫索最早見於《大唐郊祀録》。《郊祀録》卷10《附見》在"諸太子廟"之後，列有"三皇五帝廟"及"酅公廟""介公廟"在長安的位置，以及貞觀初年爲酅國公、介國公營建廟宇的詔書。此外再無相關信息。

> 鄔(酅)公廟，隋朝楊氏，在通軌坊。介公廟，後周宇文氏，在懷貞坊。
>
> 貞觀初詔曰：介國公宇文氏落(宇文氏洛)、鄔(酅)國公楊行恭(基)，二王之後，禮數宜隆，寢廟未修，廩餼多缺。非所以追崇先代，式敬國賓，今可令有司量置國官，營修廟宇。①

酅公廟、介公廟是唐朝爲隋、北周兩代重立的宗廟。《郊祀録》於唐德宗貞元九年(793)由王涇修成、奏上。該書《凡例》的三祀名録中並没有酅、介二公廟與三皇五帝廟。諸太子廟屬於中祀項目。三皇五帝廟設於天寶六載(747)，"祭請用少牢，仍以春秋二時致享"，在玄宗時屬於常祀，但不在三祀之列。② 酅、介二公廟的祀典地位及其祭祀方式，都不清楚。

筆者認爲，《郊祀録》中的酅、介二公廟與《唐六典》中的"隋文帝、周武帝廟"類似。③ 下面對"隋文帝、周武帝廟"的情況略作論述。

---

① 王涇：《大唐郊祀録》卷一〇《附見》，《續修四庫全書》第821册，第348頁下欄。其中誤字的修正，參見同書卷末。

② 王溥：《唐会要》卷二二《前代帝王》，中華書局1955年版，第430頁。

③ 關於《唐六典》的實踐問題，古來就有不同的意見。或認爲只是唐朝的設計，或認爲確實頒行過。目前學界傾向於認同，《唐六典》的内容曾經行用過。參見嚴耕望：《略論唐六典之性質與施行問題》，臺灣《"中央研究院"歷史語言研究所集刊》第24本，1953年，第69~76頁；吳麗娛主編：《禮與中國古代社會·隋唐五代宋元卷》，中國社會科學出版社2016年版，第84~89頁。因史料所限，該祭禮的具體情況如何，也不得而知。

東漢至隋各代，勝朝帝王皆非當政者的常祀對象。開元后期，《唐六典》編成。祠部郎中、員外郎負責的"祠祀享祭"中，出現了北周武帝和隋文帝。

> 凡三年一享帝嚳氏於頓丘……享漢高祖於長陵，蕭何配焉。皆以仲春之月。四時仲月，享隱、章懷、懿德、節湣、惠莊、惠文、惠宣七太子廟，令其子孫主祭。有司給牲牢、樂縣，太常博士相禮焉。四仲月，享隋文帝、周武帝廟，酅公、介公主祭。①

"隋文帝、周武帝廟"獨立於先代帝王祀譜之外，列於先代帝王祭祀、七太子廟祭祀之後。其中，帝嚳等人及配享之臣、祭祀地點、行禮時間和《開元禮》卷50《有司享先代帝王》一致。"隋文帝、周武帝廟"不在其中。行禮時間與"諸太子廟"同爲四仲月。行禮人也相同：太子廟由其子孫主祭，"隋文帝、周武帝廟"由酅國公、介國公（隋、北周後裔）主祭。

"隋文帝、周武帝廟"是唐朝廷爲隋文帝、周武帝所立的專廟，旨在昭示唐王朝正統地位的由來。② 唐朝廷數次調整二王三恪。神龍元年（705）定北周、隋爲"二王"，是《唐六典》成書前最近的一次。但該廟設置的具體時間不見於記載。唐朝廷在天寶九載（750）改封姬周、劉漢爲"二王"。該年十一月，"其周武王、漢高祖同置一廟並官吏"③。"立周武王、漢高祖廟於京城，司置官吏。"④以此類比，"隋文帝、周武帝廟"也是專設一廟，並不是楊隋、北周亡國後的宗廟。

但是，"隋文帝、周武帝廟"在唐朝祀典中的地位，不見於明載。《開元禮》並無收録。《唐六典》卷四的三祀名録中也沒有。而"諸太子廟"的地位可以確定，屬於中祀。因此筆者推測："隋文帝、周武帝廟"雖屬常祀，卻不入三祀之列，比照中祀的"諸太子廟"行禮。

綜上所述，《郊祀録》對酅公廟、介公廟的記載與《唐六典》中的"隋文帝、周武帝廟"相似，酅公廟、介公廟在唐朝祀典中的地位也應與之相仿，即屬於

---

① 李林甫等撰，陳仲夫點校：《唐六典》卷四，中華書局1992年版，第123頁。
② 參見呂博：《唐代德運之爭與正統問題——以"二王三恪"爲綫索》，《中國史研究》2012年第4期。
③ 《舊唐書》卷二四《禮儀志四》，中華書局1975年版，第916頁。
④ 《舊唐書》卷九《玄宗本紀下》，中華書局1975年版，第224頁。

常祀項目，但不入三祀之列，按照中祀規格辦理。

從開元三年起，鄶、介二國公祭廟所須都由唐廷提供。所以，最遲德宗年間《郊祀録》編纂時，隋、北周的宗廟已經進入了唐廷常祀。基本的運作方式，就是由朝廷提供用度，由鄶國公、介國公四時主祭。

這就是唐朝的勝朝宗廟祭禮。它屬於國家常祀，比照中祀行禮。據學者研究，唐朝廷爲某人立廟，由立廟對象的後裔主祭，屬於"官立廟堂，私家廟祀"的範疇。① 唐亡後，勝朝宗廟的祭禮被五代沿用下去。而且，它在五代祀典中的地位，也與唐朝的情況相接續。

(二)五代的勝朝宗廟制度

有關五代時期勝朝宗廟制度的沿革，則有比較明確的記載。五代完全沿襲了唐代祭祀勝朝宗廟的各項規定，即勝朝後裔主祭，祭祀用品官給，屬於當政朝廷的常祀項目，比照中祀辦理。以下依次來看：

其一，後梁於立國的次年規劃李唐宗廟的祭禮。"萊國公李禔合留三廟，於西都選地位建立廟宇，以備四仲祀祭，命度支供給，以遵彝典。"②後梁的西都洛陽，也是唐朝亡國前的國都。"遵彝典"，即遵循唐代舊制。

其二，後唐的勝朝宗廟之禮未見記載。但後唐自稱"中興唐祚"應該會沿用李唐舊制。

其三，後晉的勝朝宗廟之禮，亦是由後唐宗室後裔主祭，由後晉朝廷提供祭祀用品，比照中祀辦理。後晉封後唐宗室李從益爲郇國公，"奉唐之祀。服色、旌旗一依舊制。以西京至德宮爲廟，牲、幣、器、祭服，悉從官給"③。這個命令雖然給了郇國公"服色依舊制"的特權，但祭廟所用的祭服仍由後晉朝廷提供。易言之，在祭祀勝朝君主的祭禮中，除了主祭人是勝朝宗室，當政朝廷不允許非本朝因素的存在。太常禮院還針對後唐宗廟擬定了"唐廟制度"：

　　請以至德宮正殿，隔爲五室，三分之，南去地四尺，以石爲堷。中容

---

① 參見游自勇：《禮展奉先之敬——唐代長安的私家廟祀》，榮新江主編：《唐研究》第15卷，北京大學出版社2009年版，第446~448頁。

② 《舊五代史》卷四《梁書·太祖紀四》，中華書局1976年版，第60頁。

③ 《五代會要》卷五《二王三恪》，中華書局1985年版，第66頁。

二主，廟之南一屋三門，門戟二十有四。東西一屋一門，門無棨戟。廟中床爐盤帳、燭亭香寶、籩盛酒爵、罍洗鐏坫、位席祭服，率如常制。四仲之祭，一羊一豚，如其中祀。幣帛牲牢之類，光禄主之。祠祝之文，不進不署。神廚之具，鴻臚督之。五帝五后凡十主，未遷者六，未立者四，未諡者三。高祖、太宗與其后，暨莊宗、明宗凡六主，在青化里之寢宮。祭前二日，以殿中傘扇二十，迎置新廟，以行享禮。莊宗、明宗、閔帝三后及魯國孔夫人神主四座，請修制祔廟，及三后請定諡法。①

這段文字涉及廟室佈局、祭祀時間、祭器、祭品、祭服、神主諡號，以及相應的負責機構等諸項事宜。"四仲之祭，一羊一豚，如其中祀。"據此，郇國公的祭祖事務由後晉朝廷比照中祀辦理備辦，郇國公本人只負責主祭行禮。

其四，後漢以後唐、後晉爲"二王"。勝朝宗廟之禮亦未見記載。但後周在設計勝朝宗廟時，有司建議"依晉、漢故事"，可知後漢亦有此禮。

其五，後周的勝朝宗廟之禮與後晉基本一致。有司建議："以晉、漢之胄爲二王後，其唐五廟仲祀合廢"；"請依晉、漢故事，遷漢七廟神主入昇平宮，行仲享之禮，以漢宗子爲三獻"②。後唐已不居二王之位，故"唐五廟仲祀合廢"。③ 後周太常禮院又擬定過漢七廟的管理制度。"其法服、神廚、齋院、祭器、祭服、饌料，皆依中祀，例用少牢"，"每仲享以漢宗子爲三獻"。④ 後漢宗室後裔充任主祭而已。

綜上，通行於五代的勝朝宗廟之祭，屬於國家常祀，比照中祀行禮，承襲自唐朝舊制。而且，至遲在唐朝，勝朝宗廟已由勝朝後裔的封國轉移至當朝的國都。勝朝宗廟已非勝朝後裔獨立祭祖之處，轉而進入國家祀典之中。

---

① 《五代會要》卷三《廟制度》，中華書局 1985 年版，第 30 頁。
② 《舊五代史》卷一一〇《周書·太祖紀一》，中華書局 1976 年版，第 1464～1465 頁。
③ 根據後周太祖廣順元年（951）十一月詔，"唐朝五廟"，令後唐宗室李重玉"爲主"。李重玉"新除右監門將軍"。他是否獲得過三恪的封號，史無明載。後周詔令中要求，"其緣陵緣廟法物，除合留外，所有金銀器物，充遷葬故淑妃王氏及許王從益外"，剩下的交付李重玉及幾個僧尼；同時，"令重玉以時祀陵廟，務在豐潔"。據此，李重玉祭祖所須不再由後周官方備辦。所以，李重玉主祭後唐五廟，與此時晉、漢之廟已經不同，參見《舊五代史》卷一一二《周書·太祖紀三》，中華書局 1976 年版，第 1478～1479 頁。
④ 《五代會要》卷三《廟制度》，中華書局 1985 年版，第 30 頁。

三、北宋的勝朝宗廟之祭

北宋前期依然沿用勝朝宗廟的舊禮。北宋祀典中的"周六廟"便指代後周禪國後的宗廟。後周立國時，定宗廟爲四廟之制。後周太祖、世宗去世後相繼升祔，形成六廟。北宋立國後保留周廟現狀，遷往西都洛陽。這就是周六廟。北宋時期的周六廟祭禮有明顯的變遷過程，主要表現在三個方面。

(一)周六廟主祭人的變遷

北宋初期，周六廟先是由後周宗室主祭，後改爲朝廷遣官主祭。北宋建國後，宋太祖沿用五代慣例，遷周六廟於西京洛陽。"以時差官祭饗"，"仍命周宗正卿郭玘行禮"①。後周恭帝禪位後被封爲鄭王，居住在開封，兩年後出居房州。② 房州在今湖北房縣一帶。所以，鄭王接觸不到洛陽周六廟的祭祀事務。周六廟的主祭人是"周宗正卿郭玘"。這與後周令"漢宗子"主祭漢七廟一樣，都是委任舊宗室行禮。西京周六廟建成時，奉遷神主的也是他，彼時任職光禄少卿。③ 但在乾德四年(966)，"光禄少卿郭玘坐贓棄市"④。那麼，郭玘死後，負責主祭周六廟的是誰？

景德四年(1007)的一次祭禮衝突，包含着重要綫索。該年二月，宋真宗巡幸西京，"詔吏部尚書張齊賢致祭周六廟，祝文特進書"。太常禮院上言："留司選二月十五日遣官仲享周六廟。今奉敕，時祭亦在其日。今請以十五日先行時祭，別擇吉辰行仲饗禮。"⑤留司，指管理西京事務的機構。因周六廟原有的仲享禮與皇帝遣官致祭在日期上出現了衝突，太常禮院計劃另擇日期再行仲享，爲皇帝的遣官祭祀讓位。所以，此時的周六廟由西京留司遣官施祭，不

---

① 《宋史》卷一一九《禮志二十二》，中華書局 1977 年版，第 2796 頁。

② 關於周恭帝禪位後居地的考辨，參見仝相卿：《宋初周恭帝遷居考》，姜錫東、李華瑞主編：《宋史研究論叢》第 10 輯，河北大學出版社 2009 年版，第 30~36 頁。

③ 劉琳等校點：《宋會要輯稿》崇儒七《存先代後》，上海古籍出版社 2014 年版，第 2922 頁。

④ 《宋史》卷二《太祖本紀二》，中華書局 1977 年版，第 24 頁。

⑤ 劉琳等校點：《宋會要輯稿》崇儒七《存先代後》，上海古籍出版社 2014 年版，第 2923 頁。另可參見徐松輯：《宋會要輯稿》崇儒七之六九，中華書局 1957 年版，第 2323 頁上欄。筆者認爲，此處的"時祭"或是"致祭"之誤。太常禮院的建議，應該是：先舉辦皇帝命令的告祭，再另擇期舉行"仲享"。另外，原文中前爲"仲享"，後爲"仲饗"，一字兩寫，或許是輯錄者的筆誤。

再由後周的宗室後裔承擔主祭任務。

　　恰巧的是，宋朝廷直接遣官主祭周六廟，與國賓的空缺相對應。鄭王（周恭帝）於開寶六年（973）去世後，爵位沒有延續。也就是説，北宋只保留了勝朝末帝本人的國賓地位，沒有再選擇勝朝宗室後裔承襲這個身份。宋仁宗晚年無嗣，著作郎何鬲建議：“考求唐、周之苗裔，以備二王之後，授以爵命，封縣立廟，世世承襲，永爲國賓”；在他看來，皇帝無嗣的原因就是：“奈何絶人之世，滅人之祀，而妨繼嗣之福也。”①此論正是針對國賓缺位而發。太常禮院對何鬲的上疏進行討論，並做出回應：“本朝因周六廟，春秋遣官祭享，及修飾陵寢。至於唐之子孫，亦屢推恩，寘之仕籍。”②

　　這個言論反映了北宋朝廷祭祀勝朝帝王的邏輯：當政朝廷直接祭祀勝朝宗廟，延續勝朝帝王的祭祀，維持了勝朝這一“統”的延續，不需要勝朝後裔擔任勝朝宗廟的主祭，即不需要國賓。對應到禮制建設中，北宋自行遣官祭祀周六廟，不再選立後周宗室爲國賓。與此相呼應，何鬲上疏的要點是：相較於“通三統”的觀念、分封“二王”後裔的慣例，北宋朝廷已經突破了傳統，干擾了“三統並列”延續的正常秩序。受此影響，宋仁宗才沒有子嗣。易言之，皇帝無嗣是由國賓缺失所造成的。

　　這種越俎代庖、突破傳統的行爲在政局平穩時或許沒有阻力。但若遭遇政治險情，恢復傳統就成了必然選擇。嘉祐四年（1059），“或上言：‘皇嗣未生，蓋以國家未如古禮封二王後’”③。西漢成帝因無嗣而求封殷後的事再度上演。但何鬲的建議沒有被全部採納。太常禮院認爲，選立國賓，“尊賢不過二代，以其近己而易法”；但“五代草創”，不符合“明德可法”的要求；唐朝則“世數已遠，於經不合”。最終北宋朝廷以“今之制度，與古不同”爲由，只立後周柴姓一家，封爲崇義公。④ 選立國賓的詔書提道：“俾廟寢有奉，享祀不輟，庶幾乎《春秋》通三統、厚先代之制矣。宜令有司取柴譜系，於諸房中推最長一

----

① 劉琳等校點：《宋會要輯稿》崇儒七《存先代後》，上海古籍出版社 2014 年版，第2925 頁。

② 劉琳等校點：《宋會要輯稿》崇儒七《存先代後》，上海古籍出版社 2014 年版，第2925 頁。

③ 司馬光：《涑水記聞》卷一〇“重禮周後柴氏”條，中華書局 1989 年版，第 190～191 頁。

④ 劉琳等校點：《宋會要輯稿》崇儒七《存先代後》，上海古籍出版社 2014 年版，第2925 頁。

人，令歲時親奉周室祀事。"①這説明北宋朝廷向傳統妥協，恢復舊禮。

此後，周六廟便由擔任國賓的後周宗室主祭。太常禮院在前期動議中已經提道：

> 若參酌中制，宜訪求周之子孫，如孔子後衍聖公之比，授一京官，爵以公號，使專奉廟享，歲時存問，賜之粟、帛、牲、器以祭。每遇時祀，並從官給，其廟宇亦加嚴飾。②

封爵之後，北宋朝廷"又以六廟在西京，而歲時祭饗無器服之數，令有司以三品服一、四品服二及所當用祭器給之"③。頒賜祭器、祭服的具體時間，據《宋史‧仁宗本紀四》記載，是嘉祐六年（1061）三月，"戊申，給西京周廟祭享器服"④。《續資治通鑒長編》的記載與此相同。⑤ 總之，這些命令符合唐代、五代時期的勝朝宗廟祭禮的操作方法，即由國賓主祭，由當政朝廷提供祭祀用度。

由當政朝廷提供祭祀用品，由勝朝後裔主祭的勝朝宗廟祭禮，至遲在嘉祐六年恢復。據《兩朝國史志》，仁宗、英宗時期的鴻臚寺職掌，有"享拜周六廟、三陵"一項。⑥ 而到了《神宗正史‧職官志》中，改爲："定崇義公封襲。嵩、慶、懿陵廟，則命官以時致享。"⑦此亦見於神宗元豐改制後的鴻臚寺職權。⑧ 祭祀周六廟已不在其中。

---

① 劉琳等校點：《宋會要輯稿》崇儒七《存先代後》，上海古籍出版社 2014 年版，第 2924 頁。

② 劉琳等校點：《宋會要輯稿》崇儒七《存先代後》，上海古籍出版社 2014 年版，第 2925 頁。

③ 《宋史》卷一一九《禮志二十二》，中華書局 1977 年版，第 2797 頁。

④ 《宋史》卷一二《仁宗本紀四》，中華書局 1977 年版，第 247 頁。

⑤ 李燾：《續資治通鑒長編》卷一九三，嘉祐六年三月戊申，中華書局 1995 年版，第 4664 頁。

⑥ 劉琳等校點：《宋會要輯稿》職官二五《鴻臚寺》，上海古籍出版社 2014 年版，第 3681 頁。

⑦ 劉琳等校點：《宋會要輯稿》職官二五《鴻臚寺》，上海古籍出版社 2014 年版，第 3681 頁。

⑧ 參見《宋史》卷一六五《職官志五》，中華書局 1977 年版，第 3903 頁。

(二)周六廟在北宋祀典中的地位變遷

周六廟在北宋祀典中的地位，因爲北宋祀典的複雜情況無法有一個準確判斷。目前只能找到如下綫索。

第一，宋真宗時期。據《太常因革禮》卷一一，大中祥符二年(1009)更定《正辭録》中的祝詞寫法時，周六廟與先農、先蠶等項的祝詞，"稱皇帝某敢昭薦於某神，並進御書"，其後才是 19 位歷代帝王及禡牙、蚩尤等"亦進御書"①。這説明，周六廟中的後周君主不僅獨立於先代帝王祀譜之外，而且在祀典中的地位也比先代帝王更優越一些。

第二，《宋史·禮志一》記載有一套"凡祀典皆領於太常"的三祀制度，行用時間存在爭議。朱溢認爲，這是宋神宗熙寧四年(1071)更定祀典後的制度。② 陳文龍通過考察其中各種祭祀項目的出現時間及其祀典地位調整時間，認爲這套三祀制度存在於天聖六年至慶曆元年之間(1028—1041)。筆者暫取陳文龍的觀點。

這套制度規定："其諸州奉祀，則五郊迎氣日祭嶽、鎮、海、瀆，春秋二仲享先代帝王及周六廟，並如中祀。"③朱溢關於這套制度裏中央和地方分界的看法是正確的。他認爲："朝廷以祭祀的執行機構爲界，將太常舉行的常祀列入三祀制的範圍，地方政府舉行的常祀只是參照中祀和小祀的標準進行。"④所以，在宋仁宗天聖六年至慶曆元年這段時間裏，周六廟與先代帝王的祭祀事務都由當地官方按照中祀的規格辦理。

第三，《宋會要輯稿》禮一四所記載的"國朝凡大中小祠歲一百七"一段中，"中祠十一：風師、雨師、海瀆、五鎮、先農、先蠶、五龍、周六廟、先代帝王、至聖文宣王、昭烈武成王"⑤。周六廟與先代帝王並列於中祀。而且後文

① 歐陽修等：《太常因革禮》卷一一《總例十一·祝詞》，《續修四庫全書》第 821 册，第 393 頁上欄。
② 朱溢：《事邦國之神祇：唐至北宋吉禮變遷研究》，上海古籍出版社 2014 年版，第 58、75~78 頁。
③ 《宋史》卷九八《禮志一》，中華書局 1977 年版，第 2425 頁。
④ 朱溢：《事邦國之神祇：唐至北宋吉禮變遷研究》，上海古籍出版社 2014 年版，第 58、75~78 頁。引文見第 76 頁。
⑤ 劉琳等校點：《宋會要輯稿》禮一四《群祀》，上海古籍出版社 2014 年版，第 743 頁。

記載它是四仲行禮，多於先代帝王的二仲。①

　　關於《宋會要輯稿》這套三祀制度的使用時間，目前也存在爭議。朱溢認爲是宋太祖至英宗時期。② 而陳文龍通過考證這段文字後面的行禮用日規定，指出這套制度行用於宋神宗"熙寧六年正月至元豐二年十月"。③ 筆者選用陳説。在熙寧六年至元豐二年這段時間裏，周六廟位列中祀，與先代帝王並列，且是一年四祭，優於先代帝王。

　　第四，北宋後期徽宗朝的《政和五禮新儀》中，周六廟沒有再出現在三祀名録裏。但此時，先代帝王祭祀屬於中祀項目，而且先代帝王祀譜中包含有後周的嵩、慶、懿三陵。

　　綜合以上信息，可對周六廟、後周君主在北宋祀典中的地位有一個大致認識。

　　其一，在北宋末期的《政和五禮新儀》之前，周六廟在祀典中與先代帝王是兩個彼此獨立的項目。後周君主並未包含進先代帝王祀譜中。

　　其二，至遲到宋神宗元豐二年（1079），周六廟在祀典中的地位比先代帝王還略顯優越。這表現在宋真宗時期的祝詞用語和宋神宗時期的行禮頻率上。

　　其三，在《政和五禮新儀》中，周六廟（不入三祀）的地位低於先代帝王（中祀）。而且，後周君主的陵寢進入了先代帝王祀譜。第二章已論，北宋乾德年間以後的先代帝王祀譜同時具有昭示正統來源與崇德報功的雙重作用。所以，後周君主在北宋祀典中具有的雙重身份被區分開。先代帝王祀譜中的後周君主，是北宋朝廷的諸多"政治祖先"中的一部分。周六廟由崇義公主祭，是"國賓之祖"。從兩者在祀典中的地位來看，"政治祖先"（中祀）高於"國賓之祖"（不入三祀）。與之前周六廟優越於先代帝王相比，北宋朝廷自身的政治需要被凸顯出來。

（三）周六廟祭祀頻率的減少

　　常祀勝朝宗廟的時間，由唐與五代的四仲行禮逐漸變爲宋仁宗天聖六年至

---

① 劉琳等校點：《宋會要輯稿》禮一四《群祀》，上海古籍出版社 2014 年版，第 743 頁。

② 朱溢：《事邦國之神祇：唐至北宋吉禮變遷研究》，上海古籍出版社 2014 年版，第 58、67~74 頁。

③ 陳文龍：《〈宋史·禮志一〉所載大中小祀制度源自〈天聖令·祠令〉説——附論北宋前中期若干大中小祀制度的系年》，羅家祥主編：《華中國學》第 2 卷，華中科技大學出版社 2014 年版，第 159 頁。

慶曆元年的二仲施祭。在宋神宗熙寧六年至元豐二年的三祀名録中，周六廟爲四仲行禮。① 前文提到，太常禮院討論何鬲上疏時，提到過"本朝因周六廟，春秋遣官祭享"。所以，四仲致享周六廟在仁宗時已經改爲二仲行禮。祭祀規格降低，或許也在"妨繼嗣之福"的顧慮内。因此册立崇義公后，祭祀頻率隨之增多，在祀典中的地位也有所提升。

（四）北宋對崇義公的監管

復立的後周宗室，實際地位並不高。册立崇義公是北宋統治者向禮制傳統做出的妥協。而在實際上，妥協是有限度的。這在宋廷對崇義公的管控上，有十分明晰的表現。即便《宋大詔令集》將册立崇義公、宣義郎的詔書編入"國賓"一類中，② 但崇義公的身份、在祭祀勝朝帝王中的地位，與傳統意義上的國賓相比，已差之甚遠。

崇義公的首要任務，是代替宋朝廷主祭後周君主。概括起來，宋朝廷對崇義公祭祖的要求主要有三：首先，崇義公的任務是"專奉廟饗"。後周帝陵也需其"歲時親行祭享"。其次，負責後周六廟、三陵的日常管理。最後，廟、陵所需祭品、祭器、祭服，皆由官方提供。表面上看，這是宋朝廷提供的優厚待遇。實際上，這與唐、五代的此類措施一樣，當政朝廷通過對勝朝後裔的祭祖事務進行管理，在勝朝帝王享祭之時强調自身的存在，凸顯自己的權威，以國家權力干預到"私"的領域中。

宋朝廷對崇義公的嚴格管控，有三個方面的表現。

第一，崇義公在祭祀後周君主時必須嚴格執行朝廷的儀程，否則會受到嚴厲處分。

熙寧四年（1071）十二月，首任崇義公柴詠因司馬光彈劾而丢失爵位。罷爵的直接原因是柴詠在祭祀上出了問題。

> 權判西京留司御史臺司馬光言："比部員外郎、崇義公、分司西京柴詠，管勾周陵，祭祀不遵依式，無肅恭之心。周本郭姓，世宗以后侄爲郭氏後……國家若欲存周後，恐宜封郭氏子孫。若以郭氏絶後，須取於柴

---

① 劉琳等校點：《宋會要輯稿》禮一四《群祀》，上海古籍出版社 2014 年版，第 743 頁。

② 《宋大詔令集》卷一五六《政事九·國賓》，中華書局 1962 年版，第 588~589 頁。

氏，雖不得如微子之賢，竊謂其宜擇人爲之。而詠本出班行，不知典故，性識庸猥，加之老病，侮慢憲章，簡忽祭祀，豈可承周後，作賓皇家？欲乞朝廷考詳典禮，別選人封崇義公，以奉周祀。"①

司馬光以柴詠管理周陵祭祀出現失誤爲由，主張撤其爵位，另擇人選。柴詠的具體過失，文中沒有明確指出。但從"不遵依式，無肅恭之心""侮慢憲章，簡忽祭祀"來看，柴詠被處分是因爲沒有遵循宋朝廷對於祭禮的要求。②犯有過失而被褫奪爵位的勝朝後裔，此前並非沒有。但因祭祖禮儀出現問題而被剝去爵位的，柴詠是首例。這也説明，祭祀勝朝帝王已非勝朝後裔的私禮，而是進入了當政朝廷的管理範圍。勝朝後裔只是充任當政朝廷的行禮官而已。

司馬光建議廢黜柴詠的另一個理由，是質疑國賓的選立範圍。他認爲，爲後周一代選立後人應尋訪後周太祖郭威的後代，而非周世宗柴榮的子孫，即便要在柴氏子孫中選，柴咏因此過失，也不宜再繼續擔任。③ 經宋神宗與王安石商議，選立範圍沒有改變。"宋受天下於世宗，柴氏也"；"（柴榮）雖受天下於郭氏，然豈可以天下之故易其姓氏所出"④。柴詠致仕，由其子柴若訥襲封崇義公。據此可知，周陵祭祀中出現的"不遵依式""侮慢憲章"等問題，是柴詠被免爵的主要原因。國賓的選立範圍，並不是柴詠被罷爵的關鍵因素。

第二，崇義公的官階、職權被設置了"上限"。這是爲了限制崇義公的實際權力與地位，也造成了爵位傳承中的一個特殊現象。

北宋設"上限"的行爲可與唐代的措施做比較。這樣更容易理解。開元十五年(727)閏九月，唐朝廷命令："二王後爲賓者，會賜同京官正三品。其夫

---

① 李燾：《續資治通鑑長編》卷二二八，熙寧四年十二月乙亥，中華書局 1995 年版，第 5560 頁。

② 文中"祭祀不遵依式"一句，在《宋史》卷一一九《禮志二十二》中作"祭祀不以儀式"，《續資治通鑑長編》的點校者認爲，"不遵依式"中的"依"疑爲"儀"之誤。參見《續資治通鑑長編》卷 228"校勘記"二五，中華書局 1995 年版，第 5563 頁。

③ 後漢隱帝發動政變時，開封內郭威族人盡被屠滅，因此才有柴榮在郭威身後即位的安排。柴榮本爲郭威皇后柴氏的侄子，被她收爲養子。這就是司馬光提到的"世宗以后侄爲郭氏後"。

④ 李燾：《續資治通鑑長編》卷二二八，熙寧四年十二月乙亥，中華書局 1995 年版，第 5560 頁。

人亦同。"①賜予"同京官正三品"，相當於爲他們設置身份、地位的"下限"，保障國賓的待遇不會低於這個標準。

與唐朝不同，宋朝廷對崇義公是設置"上限"。嘉祐四年尋立崇義公的詔書中提道："如至知州資序，即別與差遣。卻取以次近親，令襲爵授官，永爲定式。"②易言之，崇義公的實際官職被規定了"上限"。如果他的官職具備了出任知州的資格，那麼崇義公的爵位就要轉授給近支親屬，他本人不再享有這個爵位。當然，實際官職與封授爵位是有區別的。本書暫不細究。這種規定一方面能夠保證崇義公專職祭祀，另一方面也使其官職、地位永遠不會過高。

這項規定在南宋時被執行過。也就是說，兩宋朝廷對崇義公的壓制態度一直沒有改變。當時北土失守，後周三陵的祭祀已無從提起。但祭祀後周宗廟依然是崇義公的首要職責。紹興二十六年(1156)，崇義公柴叔夏的官職達到了"知州資序"。衢州(崇義公居地)長官遂上奏中央，請求依據嘉祐四年的詔令另立其子柴國器爲崇義公，"主奉烝嘗"③。此議被批准執行。

崇義公是世襲爵位，但與傳統意義上的"父死子繼""兄終弟及"不同，達到官職"上限"也成爲爵位流轉的一個前提。所以，崇義公就是一個專祀後周君主的官職。如不能正常執行祭祀任務，這個爵位便需轉移。

第三，宋朝廷對崇義公的管控力度，在南宋時期有所削減。

這表現在崇義公的"添差"事務上。添差，是指正員以外的額外差遣。④南宋紹興、乾道年間，崇義公柴叔夏、柴國器皆有添差。但因他們是"承襲周廟祭祀人"，均"不厘務"。而到了淳熙年間，柴國器"添差權通判平江府"時，開始"厘務"。早在淳熙元年(1174)時，便有人以"雖宗室戚裏添差，亦不許厘務"爲由，希望對崇義公加以限制。⑤而到淳熙八年時，柴國器"通判嚴州""通判衢州"，依然處理政務。⑥這與南宋"添差通判"演變爲地方官僚實體的

---

① 王溥：《唐會要》卷二四《二王三恪》，中華書局 1955 年版，第 462 頁。

② 劉琳等校點：《宋會要輯稿》崇儒七《存先代後》，上海古籍出版社 2014 年版，第 2924 頁。

③ 劉琳等校點：《宋會要輯稿》崇儒七《存先代後》，上海古籍出版社 2014 年版，第 2928 頁。

④ 李勇先：《宋代添差官制度研究》，天地出版社 2000 年版，第 1 頁。

⑤ 劉琳等校點：《宋會要輯稿》崇儒七《存先代後》，上海古籍出版社 2014 年版，第 2928 頁。

⑥ 劉琳等校點：《宋會要輯稿》崇儒七《存先代後》，上海古籍出版社 2014 年版，第 2928 頁。

趨勢相吻合。① 這説明，通過限制接觸政務來確保周六廟祭祀的做法，逐漸放鬆。與此相對，宋朝廷對祭祀後周君主的重視程度或許也在下降。具體情況，尚有待於史料的進一步挖掘。

綜上，國賓祭祀勝朝宗廟，在北宋有一個“失而復立”的過程。北宋撇開後周宗室自行祭祀後周宗廟的時間，有九十餘年。宋仁宗無嗣，引發了北宋君臣對於破壞國賓傳統的恐懼。封後周宗室爲崇義公，是北宋朝廷向傳統的妥協。復立的後周宗室雖然仍稱“國賓”，但已沒有之前“二王”後裔的地位。北宋朝廷通過設置任職資歷的上限，將崇義公的實際官職定格在了“知州”的級別上，限制了他的實際權力與地位。此外，柴詠因祭祀“不遵依式”而丢失爵位，表明崇義公只是宋朝廷祭祀勝朝帝王的“行禮官”而已。到南宋時，朝廷對崇義公職權的限制有所放鬆。

四、勝朝宗廟的消亡

勝朝宗廟之禮的消亡，與二王三恪制度的消亡相伴隨。二王三恪制度在宋以後就消失了。② 管見所及，金、元兩朝都未實行過勝朝宗廟之祭。勝朝宗廟之禮的重要環節之一，是受封國賓之位的勝朝後裔負責主祭。所以，二王三恪制度終結，則勝朝宗廟也必然消失。

但是，與册立國賓相似的制度並没有完全消失。洪武三年(1370)，北伐的明軍俘獲元順帝之孫，送至南京後封爲崇禮侯。明太祖採取了比較寬厚的政策：免去了獻俘禮；准許元皇孫身著本族服飾朝見皇帝與太子，其母朝見皇后；朝見畢，“俱賜以中國衣服並第宅。寵優廩餼”③。另外，封侯之誥提道：“昔帝王之有天下，必封其前代子孫，使作賓王家，其來尚矣”；“朕念帝王之後，爰稽古制，錫以侯封”④。雖然二王三恪制度已經消亡，但保存前代子孫的禮制傳統依然延續着。

當政朝廷祭祀勝朝宗廟的舊禮，卻没有再恢復。洪武三年九月，明朝廷向崇禮侯提供祭祀用牲：“賜崇禮侯買的里八刺馬、羊、豕各一，俾祭其祖。”⑤

---

① 賈玉英：《略論宋代地方添差官的演變》，《鄭州大學學報》(哲學社會科學版)2017年第 5 期。

② 謝元魯：《隋唐五代的特殊貴族——二王三恪》，《中國史研究》1994 年第 2 期。

③ 佚名：《秘閣元龜政要》卷六，洪武三年六月乙亥，明抄本，第 48 頁 a。

④ 佚名：《秘閣元龜政要》卷六，洪武三年六月乙亥，明抄本，第 48 頁 a。

⑤ 《明太祖實録》卷五六，洪武三年九月戊申，臺灣“中央研究院”歷史語言研究所1962 年版，第 1098 頁。

但沒有爲元朝重立宗廟的記載。而且，賞賜祭牲的記載也只此一次。明朝廷於
洪武七年將崇禮侯送回北元后，再未册立勝朝後裔爲國賓。清朝也未曾爲明朝
重立宗廟。所以，宋亡以後，勝朝宗廟就在國家祀典中消失了。

第四節　勝朝陵寢的禮制變遷

　　將勝朝帝陵列入國家常祀，是當政朝廷祭祀勝朝帝王的又一項設計，始於
五代末。

　　此前歷代對勝朝帝陵多是設置守陵人員、禁止樵採、提供保護，並無中央
主導的常祀禮制。

　　劉宋武帝受禪後令："晉世帝后及藩王諸陵守衛，宜便置格。"① 蕭齊取
代劉宋後要求"宋帝后蕃王諸陵，宜有守衛"，"有司奏帝陵各置長一人，兵有
差；王陵五人；妃嬪三人"。② 武德初年，唐朝廷爲死於江都的隋煬帝與舊宗
室"爲塋空，置陵廟，以故宮人守之"③。據《唐六典》，"周文帝、隋文帝陵各
置二十人，周、隋諸帝陵各置十人"④。唐太和年間，鄖國公還主動奏請，希
望隋帝陵能與北周帝陵一樣，"每陵每月合給看守丁三人"⑤。對勝朝帝陵的
處置，大體如此。⑥ 但這種慣例在後周時被打破。

---

①　《宋書》卷三《武帝本紀下》，中華書局 1974 年版，第 56 頁。
②　《南齊書》卷二《高帝本紀下》，中華書局 1972 年版，第 33 頁。
③　《新唐書》卷一《高祖本紀》，中華書局 1975 年版，第 11 頁。
④　李林甫等撰，陳仲夫點校：《唐六典》卷三《尚書户部》，中華書局 1992 年版，第
78 頁。
⑤　王溥：《唐會要》卷二四《二王三恪》，中華書局 1955 年版，第 463 頁。據此，太
和四年時，唐朝廷曾爲介國公的北周帝陵設置看守丁。但與之前相比，具體的守陵人數已
有變動："每陵每月"提供三人。吳樹國認爲，此時的諸陵之間没有區别；"每陵每月"提供
看守三人，實際上依然符合"先代帝王陵給陵户二十人的標準"。他認爲，按照唐前期的二
十人分四番（《唐六典》所載周文帝、隋文帝的陵户設置），則每番五人負責三個月；同時，
五人自己尚需參與生產，"又分爲上下半月，這樣實際每月是兩個半人，人不可能分成半
個，進而爲三人"。參見吳樹國：《禮制規範視域下唐代陵户的設置》，《求是學刊》2016 年
第 6 期。
⑥　還可參見王子今《兩漢"守塚"制度》（《南都學壇》2020 年第 3 期）中的梳理。

一、後周對勝朝陵寢的朝拜禮

後周太祖提供給後漢帝陵的禮儀待遇，突破了以往的慣例。後周承後漢禪讓而來。廣順元年(951)正月，後周太祖在即位時要求：“近代帝王陵寢，合禁樵採。唐莊宗、明宗、晉高祖，各置守陵十户，以近陵人户充。漢高祖皇帝陵署職員及守宮人，時日薦饗，並守陵人户等，一切如故。仍以晉、漢之胄爲二王後，委中書門下處分云。”①後漢高祖劉知遠的睿陵可以維持亡國前的禮儀制度，這遠遠優越於後唐、後晉帝陵的待遇。當月，後周太祖還特許睿陵保留“二仲差官朝拜”的舊禮。

> 宗正寺言：“漢朝諸陵，二仲差官朝拜。今鼎命歸周，不合管系。伏准赦書，睿陵宮人職員、時日薦享如舊。二仲合差官朝拜。”勑：“睿陵如舊，餘准令式處分。”②

所謂的“漢朝諸陵”，是説後漢高祖劉知遠曾追謚四代先祖爲帝，各定陵號。他自己的是睿陵。後漢存在時，“二仲差官朝拜”各陵。陵墓不存者，還要“遥申朝拜”，類似於望祭。③ 後周宗正寺指出，後漢已經滅亡，新建立的後周無需維持勝朝帝陵的朝拜禮；但因爲睿陵被要求保留原有待遇，故而請示皇帝，是否仍行朝拜禮。

朝拜，是當政皇帝施予自家帝陵的祭禮。其淵源可追溯至東漢的上陵禮，由皇帝親至祖陵行禮；從東晉開始，皇帝差遣朝臣行禮的情況增多;④ 唐天寶年間更定祭禮名稱：“親巡陵改爲朝拜。有司行事爲拜陵。”⑤“親巡陵”，就是皇帝親往行禮，叫作“朝拜”。但從史料來看，此後“有司行事”也常稱“朝

---

① 《舊五代史》卷一一〇《周書·太祖紀一》，中華書局 1976 年版，第 1460 頁。

② 王欽若等編：《宋本册府元龜》卷一七四《帝王部·修廢》，中華書局 1989 年版，第 412 頁。

③ 《五代會要》卷一《追謚皇帝》，中華書局 1985 年版，第 9 頁。

④ 杜佑撰，王文錦等點校：《通典》卷五二《禮十二·沿革十二·吉禮十一·上陵》，中華書局 1988 年版，第 1446~1452 頁。

⑤ 杜佑撰，王文錦等點校：《通典》卷五二《禮十二·沿革十二·吉禮十一·上陵》，中華書局 1988 年版，第 1446~1452 頁；引文見該書卷四七《禮七·沿革七·吉禮六·天子宗廟》，中華書局 1988 年版，第 1317 頁。

拜"。兩名的使用似無嚴格區分，五代至北宋也是如此。① 唐代，公卿巡陵朝拜已成常制。引文中的"時日薦饗"，也承襲自唐代帝陵的上食禮。② 所以，後漢亡國，睿陵依然享有當朝帝陵才有的祭禮。

這種超規格的禮遇和後周立國之初的局勢有關。一方面，郭威建立後周是經過勝朝禪讓的，這與後唐、後晉、後漢建國都不同。郭威在後漢創業中頗有功績。後漢隱帝發動政變，屠滅衆輔臣，導致郭威起兵。隱帝死後，郭威在表面上維持着後漢政局：議立新帝；請李太后(高祖皇后，隱帝母)臨朝；帶兵北抗契丹。此後就是澶州兵變，軍隊擁立郭威爲帝，李太后交權禪位。③ 後周是經過勝朝禪讓的，採取禮敬勝朝帝陵的措施理所應當。後漢睿陵享有優厚的禮遇能夠穩定漢周更迭之際的政治秩序。

另一方面，微妙的政治勢力與人際因素也發揮了作用。後漢隱帝發動政變，聯合過李家的外戚力量。④ 參與誅殺輔臣的李業，是李太后之弟。郭威起兵後，李太后又以"郭威本吾家人"爲由，勸隱帝停戰。⑤ 最終，李太后在漢周禪代的過程中擔當"授權"的角色，被郭威事奉如母，獲尊號"昭聖皇太后"。既然她是郭威名義上的太后，那麼後漢高祖的象徵地位也隨之提高。新莽時期，漢元帝因元后之故被新莽保留祭祀，與此略有相似。保留睿陵的朝拜禮對穩定時局的意義，就可以理解了。

---

① 例如，《唐會要》卷二〇《公卿巡陵》有"每年二月八日，差公卿等朝拜諸陵"(《唐會要》卷二〇，中華書局 1955 年版，第 403 頁)。該書卷二五《輟朝》有"(貞元)十五年正月丁亥，不視事，以公卿等朝拜諸陵故也"；又有："至十六年二月，公卿拜陵。發日。遂不親視事。迄今因循行之。"(《唐會要》卷二五，中華書局 1955 年版，第 474 頁)後唐清泰二年正月，宗正寺奏："北京、應州、曹州諸陵，望差本州府長官朝拜；雍、坤、和、徽四陵，差太常宗正卿朝拜。"(《舊五代史》卷四七《唐書‧末帝紀中》，中華書局 1976 年版，第643 頁)據《宋大詔令集》卷一三一記載，宣和二年二月，應當"命官享獻陵寢，巡行禁地，朝拜陵墳"(《宋大詔令集》卷一三一《典禮十六‧明堂八‧二月月令》，中華書局 1962 年版，第 459 頁)。另外，皇帝親自行禮還是會稱"朝拜"。例如，《宋大詔令集》收錄的景德三年八月《上陵詔》，有"朕以來年春朝拜諸陵"(《宋大詔令集》卷一四三《典禮二十八‧陵寢》，中華書局 1962 年版，第 521 頁)。

② 關於唐代巡陵與陵寢上食，參見吳麗娛：《唐宋之際的禮儀新秩序——以唐代的公卿巡陵和陵廟薦食爲中心》，榮新江主編：《唐研究》第 11 卷，北京大學出版社 2005 年版，第 233~268 頁。

③ 《舊五代史》卷一一〇《周書‧太祖紀一》，中華書局 1976 年版，第 1457 頁。

④ 參見趙雨樂：《五代的后妃與政治——宋元變革期宮廷權力的考察》，盧向前主編：《唐宋變革論》，黃山書社 2006 年版，第 343~344 頁。

⑤ 《新五代史》卷一八《漢家人傳》，中華書局 1974 年版，第 192 頁。

二、北宋祭祀勝朝陵寢的禮制變遷

北宋對於後周陵寢的祭祀，在禮制設計上出現過幾次變動。由最初的朝拜禮，到取消朝拜禮比照先代帝王常祀行禮，再到最終進入先代帝王祀譜中。

(一)禮制設計的變化

1. 從朝拜禮到先代帝王常祀

北宋建國時因循後周舊例，朝拜勝朝帝陵。宋太祖即位時要求："其周朝嵩、慶二陵及六廟，宜令有司以時差官朝拜、祭饗，永爲定式。仍命周宗正卿郭玘行禮。"①嵩陵是後周太祖陵；慶陵是周世宗陵。乾德四年(966)還下詔重申："周嵩、慶二陵，有司以時朝拜，著於令。"②宋初向後周陵寢施朝拜禮，應無可置疑。在立國之初，勝朝帝陵享受當朝帝陵的祭禮，能夠收攬舊朝人心，保障政局平穩過渡。

而在政權鞏固之後，繼續維持超規格的禮遇就沒有必要了。後周立國僅十年，未及於此做出調整。北宋則不然。淳化三年(992)，太常禮院建議廢除後周帝陵的朝拜禮：

> 周嵩、慶、懿三陵，自建隆元年後，每歲差官朝拜。今檢詳禮經，並無遣官拜前朝諸陵之文。惟《開寶禮》先代帝王，春秋二時，州長吏攝三獻官祭享。其周三陵合准《通禮》故事，不行朝拜之禮。③

據此，懿陵(周世宗符皇后墓)也有朝拜禮。到此時，北宋建國已32年，政局穩固，已無必要再對勝朝帝陵崇以殊禮。所以，太常禮院以"朝拜前朝諸陵"沒有依據爲由，建議廢除。撤銷朝拜的建議得到批准。

撤銷朝拜禮後，後周帝陵比照先代帝王常祀施祭。《開寶通禮》頒行於開寶六年(973)，今已佚失。其中關於祭祀先代帝王的規定無從考察。在開寶四年(971)，宋廷曾將先代陵寢祀譜劃分爲兩個等級。但是，目前沒有找到開寶

---

① 《宋史》卷一一九《禮志二十二》，中華書局1975年版，第2796頁。

② 歐陽修等：《太常因革禮》卷八〇《新禮十三》，《續修四庫全書》第821冊，第572頁上欄。

③ 歐陽修等：《太常因革禮》卷八〇《新禮十三》，《續修四庫全書》第821冊，第572頁上欄。

祀譜在祭祀時間上的規定。據第二章的論述可知，乾德、開寶、大中祥符三份祀譜之間有明顯的承襲關係，開寶、大中祥符祀譜的第二等人選，是將乾德祀譜第二、三等整合起來的。現將三份祀譜進行比較，如表4-2。

表 4-2　北宋前期先代陵寢祭禮的時間要求

乾德祀譜		開寶祀譜		大中祥符祀譜	
等級	祭祀頻率	等級	祭祀頻率	等級	祭祀頻率
第一等	每年二仲祭祀	第一等	失載	第一等	每年二仲祭祀
第二等	一年一祭於仲春	第二等	失載	第二等	一年一祭於仲春
第三等	三年一祭於仲春				

據此可知，開寶祀譜第一等的祭祀時間很可能與前後兩份祀譜相同。太常禮院在淳化三年提到的“《通禮》故事”，或可參考乾德祀譜。後周三陵“春秋二時，州長吏攝三獻官祭享”，對應乾德祀譜的第一等級。

但這只是比照先代帝王常祀施祭，並不表示後周三陵已經進入先代帝王祀譜。此後，關於後周三陵的祭禮設計，缺少記載。

在北宋後期的《政和五禮新儀》中，先代帝王祀譜囊括了後周三陵。根據該書《序例》，中祀項目“諸州享歷代帝王”的祀譜中有後周三陵。① 也就是說，至遲到北宋後期，勝朝帝王已被列入先代帝王祀譜中。

2. 主祭人的變化

與周六廟一樣，後周帝陵的主祭人變更了三次，從後周宗室，調整爲北宋遣官，再變爲崇義公。

首先，宋太祖即位時要求，“其周朝嵩、慶二陵及六廟，宜令有司以時差官朝拜、祭饗，永爲定式。仍命周宗正卿郭玘行禮”②。前文提到過，郭玘於乾德四年（966）被處死。該年七月，北宋朝廷下詔：“周嵩、慶二陵，有司以時朝拜，著於令。”③郭玘死後，朝拜後周帝陵的主祭人員也由北宋朝廷選派。

---

① 鄭居中：《政和五禮新儀》卷四《序例》，《景印文淵閣四庫全書》第647冊，第146頁下欄。

② 《宋史》卷一一九《禮志二十二》，中華書局1975年版，第2796頁。

③ 歐陽修等：《太常因革禮》卷八〇《新禮十三》，《續修四庫全書》第821冊，第572頁上欄。

其次，淳化三年（992），太常禮院建議撤銷後周帝陵的朝拜禮，轉而比照先代帝王常祀，由"州長吏攝三獻官祭享"，當地長官負責祭祀事務。這是嘉祐四年（1059）册立崇義公之前的狀態。

最後，册立崇義公的詔書要求："其河南府鄭州周室陵廟，並專委管勾。歲時親行祭享，應緣陵廟及禮料所須，皆從官給。"①與後周宗廟一樣，後周帝陵也由崇義公祭祀，由朝廷提供祭祀用度。

此後的情況須作説明。一方面，崇義公祭陵確有其事。熙寧四年，首任崇義公因司馬光彈劾而罷爵。事由是柴詠在祭陵時没有遵循北宋朝廷的要求。前文中已有詳論。這説明，崇義公確實履行着祭祀後周帝陵的任務。另一方面，北宋朝廷依然遣官祭陵。《神宗正史·職官志》中鴻臚寺卿的職掌有："嵩、慶、懿陵廟，則命官以時致享。"②此亦見於元豐改制後的鴻臚寺職權。③ 另外，《政和五禮新儀》中的《諸州享歷代帝王儀》一卷已佚；而據《宋史·禮志》載："先是，乾德中，定先代帝王配享儀，下諸州以時薦祭，牲用羊豕，政和議禮局遂爲定制。"④據此，先代帝王陵寢由諸州祭享。後周帝陵既在先代帝王祀譜之中，則亦應如此。筆者認爲，應該是崇義公與北宋官員共同到場行禮。

（二）北宋對後周帝陵的監管

就目前的史料來看，北宋朝廷對後周帝陵的監管，在册立崇義公之前有很多表現。

首先，後周帝陵的營修建造，尤其是塑像問題，需由朝廷中央研究決定。乾德六年（968）八月，宋太祖下詔："於周太祖、世宗陵寢側，各設廟宇塑像，命右贊善大夫王碩管勾修蓋。"⑤鄭王（周恭帝）去世後，北宋朝廷爲其營建順陵。到了仁宗明道二年（1033）十二月，"詔修河南府周六廟，鄭州周太祖、世宗廟，以省錢量加修飾，仍令太常禮院詳定周恭帝塑像、衣冠制度以聞"⑥。

---

① 歐陽修等：《太常因革禮》卷八〇《新禮十三》，《續修四庫全書》第 821 册，第 573 頁上欄。

② 劉琳等校點：《宋會要輯稿》職官二五《鴻臚寺》，上海古籍出版社 2014 年版，第 3681 頁。

③ 《宋史》卷一六五《職官志五》，中華書局 1975 年版，第 3903 頁。

④ 《宋史》卷一〇五《禮志八》，中華書局 1975 年版，第 2560 頁。

⑤ 《宋史》卷一一九《禮志二十二》，中華書局 1975 年版，第 2796 頁。

⑥ 劉琳等校點：《宋會要輯稿》崇儒七《存先代後》，上海古籍出版社 2014 年版，第 2923 頁。

宋初爲嵩陵、慶陵建廟塑像，由朝廷直接派員管理。仁宗爲周恭帝塑像，具體規制由太常禮院確定。所以，宋朝廷直接掌握周陵的營修建造。

其次，後周帝陵中違例的建築，亦由太常禮院監察、整改。真宗景德三年（1006）二月，太常禮院上奏："周嵩、慶二陵各設廟像外，其世宗影帳，歷代並無故事。伏請停廢。懿陵即世宗宣懿皇后陵，不當更立廟宇。"①有學者將"影帳"解釋爲"影堂"，意指垂以帳幕、供奉有逝者遺像的靈堂。② 此處所指，或許是慶陵中除了建廟設像之外另有一處供奉周世宗畫像的場所。宣懿皇后爲世宗妻，其陵中還自有廟。這兩例均被太常禮院糾劾，進行整改。

最後，後周帝陵的修繕與管理，北宋朝廷也多有關注。景德四年（1007）正月，"周朝嵩、懿陵廟，委官吏以官物修葺、致祭"③。大中祥符元年（1008）正月，宋真宗獲知"周世宗影殿陳設損壞，及無供物"後，遣專人督造後周帝陵的應用之物，並且規定了中央與當地在支應用具上的分工："春秋祭拜及逐月合用物，令本州支送；其香茶，乞自京以時供給。"④所以，北宋朝廷直接掌握後周帝陵的修繕、管理、祭品供應等事務。

北宋時期後周宗廟與帝陵祭禮的變遷，反映了兩個問題。其一，當政朝廷對勝朝後裔祭祖的管理，趨於嚴格。柴詠因"不遵依式"而丟失爵位，説明舊宗室只是充當朝廷的"行禮官"而已，沒有自主性。這符合謝元魯關於二王三恪制度式微的分析。⑤ 其二，朝廷對祭祀勝朝帝王的定位出現變化。宋朝廷因仁宗無嗣而放棄周六廟的主祭權，並恢復了勝朝廟享禮的原有地位，其後又將後周帝陵列入先代帝王祀譜。這也説明，當政朝廷開始將勝朝帝王定位到"先代帝王"的行列中。

三、宋以後的勝朝陵寢之祭

北宋以後，勝朝陵寢之禮中斷。明朝未專設勝朝陵祭，與元帝陵位置不明

---

① 劉琳等校點：《宋會要輯稿》崇儒七《存先代後》，上海古籍出版社 2014 年版，第2922 頁。

② 徐連達：《唐朝文化史》，復旦大學出版社 2003 年版，第 230 頁。據清人阮葵生《茶餘客話》的記載，宋代程頤的先人中早有使用"影帳""影堂"的事情（參見《茶餘客話》上冊，中華書局 1959 年版，第 138 頁）。

③ 劉琳等校點：《宋會要輯稿》崇儒七《存先代後》，上海古籍出版社 2014 年版，第2923 頁。

④ 劉琳等校點：《宋會要輯稿》崇儒七《存先代後》，上海古籍出版社 2014 年版，第2923 頁。

⑤ 謝元魯：《隋唐五代的特殊貴族——二王三恪》，《中國史研究》1994 年第 2 期。

有關。後文詳論。

　　明、清鼎革之際，清朝廷迅速掌管了明朝帝陵。順治元年（1644），清朝廷爲崇禎帝修陵的同時，"復詔明十二陵絜禋祀，禁樵牧，給地畝，置司香官及陵户。歲時祭品，户部設之"①。次年，清軍佔領南京，爲明孝陵（明太祖陵）置"守陵太監四人，祀田二千畝"。② 清朝廷對明代諸帝的態度，還通過對諸帝陵的不同措施來表現。順治元年十一月，"罷故明定陵守者。其十二陵仍設太監二名，量給歲時祭品"③。這就是説，明神宗的守陵、祭祀待遇被撤銷。此後到順治八年（1651）六月才恢復。④ 明孝陵的守陵太監數是其他各陵的兩倍。這與唐朝爲北周、隋的開國君主提供兩倍的守陵人户一樣。撤銷定陵的守陵户與祭祀，涉及對明神宗的歷史評價問題。這與國都帝王廟不祀明神宗，是一個道理。

　　但是，清初對明帝陵的禮待，只限於提供守陵與春秋致祭，杜絶了超出此範圍的措施。順治四年（1647）正月，頗受清朝廷重用的漢族官員沈文奎，"以擅免荒田賦，又瀆請明陵祀典，奪職"⑤。順治元年、二年，對明陵的保護、祭祀都已安排完畢。沈文奎的建議，詳情如何，不得而知。但他所建議的"明陵祀典"很可能超出了清朝廷的認可範圍，方被認定爲"瀆請"。

　　負責祭祀明帝陵的人員有過變動。順治二年規定，"每年令守陵太監致祭。其太常寺及知縣不必遣祭"⑥。就是説，守陵人員兼職祭祀，朝廷中央和地方不再遣官。康熙元年（1662）更定："每年應春秋二次，太常寺差官致祭。"⑦仍然由朝廷遣官行禮。

　　封朱明後裔爲侯，令其祭祀明陵，已經是雍正二年（1724）的事。延恩侯（乾隆年間定此爵號）朱之璉的真實身份頗爲可疑。孟森先生曾説："其實乃於

　　①　《清史稿》卷八四《禮志三》，中華書局 1976 年版，第 2529 頁。

　　②　《清史稿》卷四《世祖本紀一》，中華書局 1976 年版，第 97 頁。

　　③　《清史稿》卷四《世祖本紀一》，中華書局 1976 年版，第 92 頁。

　　④　該月辛未日，"詔故明神宗陵如十二陵，以時致祭，仍設守陵户"。參見《清史稿》卷五《世祖本紀二》，第 125 頁。

　　⑤　《清史稿》卷二三九《列傳二十六·沈文奎》，中華書局 1976 年版，第 9511 頁。

　　⑥　昆岡等修，劉啟端等纂：《欽定大清會典事例》卷四三五《禮部·中祀·直省祭帝王陵寢》，《續修四庫全書》第 804 册，第 822 頁下欄。

　　⑦　昆岡等修，劉啟端等纂：《欽定大清會典事例》卷四三五《禮部·中祀·直省祭帝王陵寢》，《續修四庫全書》第 804 册，第 822 頁下欄。

旗員中比附一人，以飾觀聽耳。"①易言之，朱之璉並非真正的朱明宗室。

關於朱明後裔的祭陵事務，清朝廷做出明確規定：

> 授爵之後，遣往江寧祭明太祖陵一次，以禮部司官一人齎祭文同往致
> 祭。祭文由翰林院撰擬。祭品由該地方官備辦。兵部給與勘合兵牌。祭畢
> 回京，往昌平州祭明十二陵一次。②

這是朱之璉第一次祭祀明帝陵。按照清朝廷的要求，他要與禮部官員一同南下
前往明孝陵行禮；所用祭文由翰林院撰擬；祭品由南京地方官員備辦。之後，
他再去昌平祭明朝帝陵。關於此後的祭陵事務："嗣後每年春秋二季，於該旗
都統處具呈，前往昌平陵致祭。至遇有應往江寧陵祭明太祖之處，禮部屆期
奏請，令其前往。應辦事宜，均照初次例行。"③延恩侯祭祀昌平的明帝陵，須
向其上司（即"該旗都統處"）事先報告；如需祭南京明孝陵，則應請示皇帝（即
"奏請"），獲得批准後，仿照首次祭祀的章程辦理。所以，朱明後裔祭祀明朝
陵寢，完全是聽從清朝廷的指令行事。

從順治元年至雍正二年，清朝廷完全掌握明陵祭祀 80 年。延恩侯血統的
模糊以及他祭祀明帝陵所遵循的要求，反襯出當政朝廷對於勝朝帝陵祭祀事務
的絕對掌控。與北宋向傳統妥協而冊立崇義公不同，清朝廷冊立延恩侯，更像
是政治裝飾。

最後，對明神宗定陵在清朝的祭祀情況，略作説明。

清初，明神宗定陵被排除在祭祀、防護之外。"順治元年，定守明朝諸帝
陵寢並祭典，因神宗與我朝有嫌，故裁之。"所謂"有嫌"，當指努爾哈赤起兵
時所稱之"七大恨"多是明神宗當政時的事情。順治八年（1651），清世祖爲表
示"寬厚"，特批明定陵"照故明十二陵例，以時致祭，仍設太監、陵戶看
守"④。姚念慈認爲，此時爲定陵提供祭祀、守陵待遇，與清世祖的"政治體

---

① 孟森：《明烈皇殉國後紀》，《明清史論著集刊》，中華書局 1959 年版，第 70 頁。

② 《欽定大清會典則例》卷八二《禮部·祠祭清吏司·中祀二》，《景印文淵閣四庫全
書》第 622 册，第 571 頁上欄。光緒朝的《欽定大清會典事例》此處記載爲"往昌平州祭十三
陵"，參見昆岡等修，劉啟端等纂：《欽定大清會典事例》卷四三五《禮部·中祀·直省祭帝
王陵寢》，《續修四庫全書》第 804 册，第 826 頁上欄。

③ 昆岡等修，劉啟端等纂：《欽定大清會典事例》卷四三五《禮部·中祀·直省祭帝
王陵寢》，《續修四庫全書》第 804 册，第 826 頁。

④ 《清世祖實錄》卷五七，順治八年六月辛未，中華書局 1985 年版，第 457 頁上欄。

制改革相配合”，顯示出了其“調和華夷，尊崇中原傳統”的施政傾向。① 但到了順治十七年（1660），有規定明帝陵“嗣後除萬曆陵不行致祭外，每年應春秋二次、太常寺差官致祭”②。定陵又恢復了此前不設祭祀的地位。

直至乾隆五十年（1785），這種情況才被改變。清高宗出巡途中祭祀明成祖長陵，又因明帝陵的嚴重損壞而下諭興修，還對明神宗定陵是否應予祭祀的問題做了解釋與規定。他指出，明末清初時，明朝君臣“惑於形家謬説，疑金代陵寢與本朝王氣相關，將房山縣金陵拆毀”；作爲對此事的回擊，“是以爾時亦將定陵享殿徹去，停其祭祀”；而且，“其事實由睿親王建議，亦非世祖意也”，將此事歸結於當時的權臣，爲清世祖開脱責任。清高宗認爲，“今國家一統已歷百數十年，勝朝陵寢，自應一體修復”，於是決定重新修建定陵的享殿，“春秋祀事如故”③。此時，清朝統治穩固，所以當政者樂意在勝朝帝陵的問題上展示寬仁。

第五節　先代帝王祀譜對勝朝帝王的排斥與接納

祭祀勝朝帝王由賓禮範疇轉入吉禮的曲折，在先代帝王祀譜的沿革中有更明顯的表現。

祭祀勝朝帝王，有獨立於先代帝王祭祀之外的制度，也有進入先代帝王祭祀中的部分。獨立於外的制度，就是第三、四節中的勝朝宗廟、勝朝帝陵之禮。融入其中的部分，就是勝朝帝王最終被先代帝王祀譜所囊括。先代帝王祭祀與勝朝宗廟、帝陵之禮不同。它本身就由當政朝廷直接行禮。從當政朝廷的角度看，勝朝帝王自然也屬於“先代帝王”的範圍內。但仔細考察史籍就能發現，勝朝帝王從獨立於先代帝王祀譜之外，到進入其中，過程並不簡單。

一、唐天寶祀譜與勝朝帝王

隋與唐初的先代帝王祀譜中，都沒有勝朝帝王。隋承北周立國。開皇年間

---

① 　姚念慈：《康熙盛世與帝王心術：評“自古得天下之正莫如我朝”》，生活·讀書·新知三聯書店 2015 年版，第 206 頁。

② 　《清世祖實録》卷一四〇，順治十七年九月丁丑，中華書局 1985 年版，第 1084 頁上欄。

③ 　《清高宗實録》卷一二二六，乾隆五十年三月甲寅，中華書局 1986 年版，第 433 頁下欄~434 頁下欄。

所設的"先代王公"祀譜中，最晚一帝爲漢高祖。唐朝廷多次調整過二王三恪。詳見表4-3。

表4-3　唐朝調整二王三恪的情況

時間	"二王"後裔	恪位	備注
唐武德元年（618）	北周、隋後裔	／	／
唐永昌元年（689）	姬周、漢後裔	舜、禹、湯後裔	／
武周聖曆二年（699）	隋、唐後裔	／	／
唐神龍元年（705）	北周、隋後裔	／	／
唐天寶八載（749）	北周、隋後裔（未變化）	元魏後裔	立元魏之後爲韓國公，居恪位
唐天寶九載（750）	姬周、漢後裔	殷後裔	／
唐天寶十二載（753）	北周、隋後裔	元魏後裔	／

唐顯慶二年（657），長孫無忌、許敬宗曾疏議先代帝王祭禮。《大唐開元禮》成書於開元二十年（732），《唐六典》成書於開元二十六年（738）。三者規定的先代帝王常祀，都止於漢高祖。彼時，唐都以北周、隋宗室後裔爲國賓。這兩代的君主，都不曾進入顯慶、開元祀譜中。

前文已論，祭祀勝朝帝王意在彰顯正統地位的承遞，而顯慶、開元祀譜都以崇德報功爲目標，故而不會囊括勝朝帝王。

將勝朝帝王列入先代帝王祀譜，始於天寶七載（748）。該年五月，唐玄宗下詔在長安設"三皇以前帝王廟"，並在各地"歷代帝王肇跡之處"立廟，"令郡縣長官，春秋二時擇日，粢盛蔬饌時果配酒脯，潔誠致祭"①。這項措施，主要是針對歷代正統王朝的開國君主。現在，將隋、唐時期先代帝王祀譜的幾次變化列如表4-4所示。

---

① 王溥：《唐會要》卷二二《前代帝王》，中華書局1955年版，第430~431頁。

表 4-4　隋、唐時期先代帝王祀譜的對比

"先代"時段	祭祀對象					備注
	隋開皇祀譜	唐顯慶祀譜	《開元禮》祀譜	《唐六典》祀譜	天寶祀譜	
夏以前	/	/	/	/	三皇以前帝王	
	/	/	帝嚳氏	帝嚳氏	三皇五帝(天寶六載立廟)	
	帝堯	唐堯	帝堯氏	唐堯		
	帝舜	虞舜	帝舜氏	虞舜		
夏	夏禹	夏禹	夏禹	夏禹	夏王禹	
殷	殷湯	殷湯	殷湯	殷湯	殷王湯	
周	周文王	周文王	周文王	周文王	周文王	/
	周武王	周武王	周武王	周武王	周武王	
秦	/	/	/	/	秦始皇帝	
西漢	漢高帝	漢高祖	漢高祖	漢高祖	漢高祖	
東漢	/	/	/	/	後漢光武皇帝	
曹魏	/	/	/	/	魏武皇帝	
晉	/	/	/	/	晉武帝	
北魏	/	/	/	/	後魏道武帝	韓國公(天寶八載立)先祖
北周	/	/	/	(周武帝)	周文帝	介國公先祖
隋	/	/	/	(隋文帝)	隋文帝	鄶國公先祖

　　説明：表中信息來自《隋書》卷七、《唐會要》卷二二、《大唐開元禮》卷五〇、《唐六典》卷四。具體稱謂依據史料原文填寫。前文已論，《唐六典》卷四中的"隋文帝、周武帝廟"與先代帝王常祀無涉，加括弧以示區分。

　　將勝朝帝王列入先代帝王祀譜，由朝廷官員施祭，天寶祀譜爲首例。這與勝朝後裔自修祭祀或是擔任勝朝宗廟的主祭都不同。唐朝廷撇開勝朝後裔，自行祭祀勝朝帝王。

　　關於天寶祀譜中祭祀對象的性質，以及天寶祀譜在昭示正統方面的意義，雷聞、吕博已有深入探討。一方面，它符合先代帝王從"聖賢"轉變爲"帝王"

的發展趨勢。① 天寶七載之前歷次祀譜甄定的人選，皆符合《禮記·祭法》的聖王標準。而天寶祀譜中祭祀對象的性質發生轉變，原有標準放寬，使非聖賢的君主亦可列於其中。另一方面，它代表了唐朝"對於歷史發展脈絡以及天命轉移秩序的認定"，目的在於"梳理和構建唐正統合法來源的歷史過程"②。也就是說，這是唐朝廷論證自身合法性的一項措施。

在此基礎上來看勝朝帝王的問題。

本書認爲，昭示正統的傳統方法在天寶年間受到了挑戰。"二王"後裔自奉先祀、"通三統"是彰顯當政朝廷合法性的傳統手段。而到了玄宗時，唐朝廷不再滿足於傳統模式，轉而另尋新法：先是爲國賓之祖(北周武帝、隋文帝)單獨立專廟，而後將前兩個正統王朝的君主列進先代帝王祀譜。祭祀前兩朝帝王不僅不再獨立於國家常祀之外，而且還被納入先代帝王常祀。當政朝廷可以自行施祭，不再假手於"二王"後裔。"通三統"中三"統"並列的"橫向"模式，被時間範圍更大、代表歷史更久、涵蓋政權更廣的"縱向"祀譜所取代。

這種改變與二王三恪的頻繁調整有關。更深層的原因，就是呂博指出的正統序列的多次變更與不同政治勢力的消長。自永昌元年(689)開始，至天寶十二載(753)，六十餘年間，二王三恪數次調整，正統王朝的歷史序列也多次被重寫。玄宗朝處於這個過程的後期。前文已論，向國賓頒賜祭祀用度，也始於玄宗朝。爲了昭示目前承認的正統序列，唐朝廷介入國賓的祭祖禮，在前兩朝帝王享祭時彰顯自身的在場。到此時，唐朝廷在新的常祀中直接祭祀前兩朝帝王，不再將國賓主祭作爲必經之路。同樣，唐朝廷在天寶九載(750)改承周、漢，立"周武王、漢高祖廟"，並設官吏，"掌開闔、灑掃、釋奠之禮"③。這與"周武帝、隋文帝廟"一樣，用於標榜當時唐朝廷承認的正統傳承序列。漢朝就成了唐朝之前最近的正統王朝。"肇跡之處"常祀中的周、漢君主仍然接受唐官員的祭祀。當政朝廷拋開了國賓自奉先祀的傳統，傾向於自己與勝朝帝王在祭祀禮儀中"直接交流"。

有趣的是，停廢天寶祀譜的常祀制度，恰好在最後一次更定"二王三恪"之後。天寶十二載(753)五月，唐朝廷恢復隋、北周、元魏宗室二王三恪的地

---

① 雷聞：《郊廟之外：隋唐國家祭祀與宗教》，生活·讀書·新知三聯書店 2009 年版，第 76、83 頁。

② 呂博：《唐代德運之爭與正統問題——以"二王三恪"爲綫索》，《中國史研究》2012 年第 4 期。

③ 《新唐書》卷四八《百官志三》，中華書局 1975 年版，第 1246 頁。

位，復封鄘、介、韓三公，"依舊立廟"。① 七月，"肇跡之處"常祀被停廢。②
也就是説，唐朝廷放棄了常祀勝朝帝王的主祭權。原因何在？

將勝朝帝王列入當政朝廷主祭的常祀，與傳統觀念、傳統禮制存在矛盾。
肯綮之處，就是勝朝後裔的存在。封勝朝後裔爲國賓，由其自奉先祀，屬於賓
禮的範疇。當政朝廷自行祭祀先代帝王，屬於吉禮的範疇。前者，主祭權屬於
勝朝後裔；後者，主祭權歸當政朝廷。統治者要直接祭祀勝朝帝王，勢必要擴
展後者的範圍。

但是，國賓自奉先祀是"通三統"的傳統模式，歷史悠久。除了有大功德
的聖賢與絶祀的厲鬼，統治者一般不施族外祭。開元年間，爲宗室立嗣紹爵的
制書提道："神且不歆非類，人亦奠祀非族"，立嗣王"以奉其祀"③。貞元年
間，德宗對建國以來的功臣施恩："有封爵廢絶，祀廟無主者，宜許子孫紹
封，以時享祀。"④這都是令子孫自修祭祀。二王後裔的國賓身份本就是唐朝廷
授予的。受傳統所限，禮制設計者對剥奪他們的主祭權"心有顧忌"。所以，
唐朝廷介入、管理國賓的祭祖禮，先是頒賜祭祀用度，後將"隋文帝、周武帝
廟"列入國家常祀，卻都未觸及國賓的主祭身份。天寶祀譜的常祀制度，就是
唐朝廷越過國賓，在常祀中直接主祭前兩朝帝王的嘗試。五年後，唐朝廷放
棄。與此類似，北宋朝廷在仁宗晚年復立國賓，不再遣官祭祀周六廟，同樣是
向傳統妥協。

此後，勝朝帝王再未進入唐朝廷主祭的常祀中。五代是否更定過先代帝王
祀譜，史無明載。但五代沿用唐朝的勝朝宗廟之禮，並且都保留了勝朝後裔的
主祭身份。

二、北宋祀譜與勝朝帝王

北宋前期，勝朝帝王依舊獨立於先代帝王祀譜之外。北宋立國不久，便編
製了先代陵寢祀譜。後周帝陵不在其中。前文已論，此時的周六廟四仲祭享，

---

① 《舊唐書》卷二四《禮儀志四》，中華書局 1975 年版，第 916 頁。校勘問題見該書
第 937 頁。

② 雷聞認爲，天寶十二載"有敕停廢"，只是停止了制度性的常祀，而其合法性與臨
時致祭不受限制。《郊祀録》中記載，《開元禮》的八位先代帝王"今並廢而不祭"，同樣也
是只停常祀。參見雷聞：《郊廟之外：隋唐國家祭祀與宗教》，生活·讀書·新知三聯書店
2009 年版，第 84~85 頁。

③ 宋敏求編：《唐大詔令集》卷三八，中華書局 1959 年版，第 175 頁。

④ 宋敏求編：《唐大詔令集》卷七〇，中華書局 1959 年版，第 391 頁。

在祀典中的地位比先代帝王還略顯優越。後周帝陵在宋初享受朝拜禮的禮遇，同樣優越於先代帝王祭祀。太宗淳化三年後，由當地官員比照先代帝王行禮。這說明，直到北宋前期，勝朝帝王依然沒有進入先代帝王祀譜。

至遲到北宋後期的《政和五禮新儀》中，後周帝陵進入了先代帝王祀譜中。北宋時，對後周宗廟與帝陵的祭祀並存。最終，後周君主以陵祭的方式進入先代帝王常祀。先代帝王祭祀轉向陵墓行禮的趨勢，對此或有推動。①

後周帝陵在先代陵寢祀譜中，位處第一等，禮遇優厚。據《政和五禮新儀·序例》，先代帝王的祝詞題寫方式有兩種，對應了先代帝王祀譜人選的兩個等級。第一種的人選有 21 位：

> 歷代帝王：女媧氏、帝太昊氏、帝神農氏、帝高陽氏、帝高辛氏、帝陶唐氏、帝有虞氏、夏王大禹、商王成湯、高宗、中宗、周文王、武王、成王、康王、漢高皇帝(永興軍)、後漢世祖光武皇帝、唐高祖神堯皇帝、嵩陵周高祖、慶陵世宗皇帝、懿陵符皇后，稱：皇帝(御書)謹遣某官臣姓名敢昭薦。②

另一種是"皇帝謹遣某官姓名敢昭薦"，對象有 17 位。③ 前者，"皇帝"二字御書，即皇帝親自題寫；官員施祭時要自稱"臣"。這種尊崇的態度，凸顯了受祭者的重要地位。

此時，先代帝王祭祀(中祀)在北宋祀典中的地位優於後周宗廟(常祀，比照中祀行禮)。易言之，後周君主在祀典中有兩種"角色"：北宋朝廷"政治祖先"的地位要高於"國賓之祖"的地位。

《政和五禮新儀》以祭陵的方式將勝朝帝王納入先代帝王常祀。這種做法，被後來的明、清兩代所承襲。

三、明清祀譜與勝朝帝王

北宋之後，勝朝帝王與先代帝王祀譜間的聯繫一度中斷。唐、宋以來，先

① 這種趨勢，參見張琬：《歷代帝王祭祀中的帝王意象與帝統意識——從明代帝王廟祀的祭祀思維談起》，臺灣《東華人文學報》第 10 期，2007 年。
② 鄭居中：《政和五禮新儀》卷四《序例》，《景印文淵閣四庫全書》第 647 冊，第 146 頁。
③ 鄭居中：《政和五禮新儀》卷四《序例》，《景印文淵閣四庫全書》第 647 冊，第 146~147 頁。

代帝王常祀逐漸固定爲中祀項目。受漢化影響，金、元兩代都祭祀華夏君主。金章宗在泰和四年（1204）規定，三皇、五帝、四王“三年一享”，而後增加了夏至唐 17 位君主，最晚一帝是唐太宗。① 元朝在國都與郡縣通祀三皇廟，用於祭祀醫家祖師。這是元朝廷將王權正統與儒學、醫學相融合的結果，② 而且還延用於明、清兩代。此外，元朝廷還在多地爲上古聖王立專廟。③ 據此可知，將勝朝帝王列入先代帝王常祀的進程，有所停滯。

明朝的先代帝王常祀包含各地的先代陵寢與國都的帝王廟兩部分。

一方面，將勝朝帝王列入先代陵寢祀譜的方法，爲明朝所沿用。洪武年間，明朝廷數次擬定“帝王陵廟”祀譜，並將元世祖列入其中。祀譜中共計先代陵寢 36 處。“帝王陵廟所在官司，以春秋仲月上旬，擇日致祭。”④但是，元帝陵沿用蒙古潛埋之俗，地點不明。⑤ 元世祖陵的具體位置不能確定。嘉靖年間，陳棐請求在歷代帝王廟中罷祀元世祖，同時提出了撤銷陵祭的建議：

> 臣考方輿圖志，自伏羲以至宋孝宗三十五陵，所□之處俱實有陵墓。惟順天府所祭元世祖陵，臣遍考賻器，絕無陵所。不知何憑祭之？臣聞胡元没，皆返葬漠北之谷，不加築爲陵，不知去我朝邊圍之外幾千百里也。今遇每祭，但權於府西廟北，掃階席幄以畢事。夫既曰祭陵，而實無陵。既非祭地，而祭於空地，以禁闕之旁而望，空祀一舊嘗竊據之胡鬼，其誰曰宜乎？況陵墓無望祭之禮，而華夷天限，隔越封疆，其何所望乎？臣以爲祭元世祖陵，義亦無據，通罷之便。⑥

陳棐以望祭空陵不符常理、元世祖陵實在明疆域之外爲由，建議裁撤元世祖陵的祭祀。據此可知，即便元世祖陵的位置不明，順天府（今北京）官員仍然執行着祭陵的制度。行禮方式類似於“望祭”，施祭地點在“府西廟北”。根據《大

---

① 《金史》卷三五《禮志八》，中華書局 1975 年版，第 818 頁；同書卷一二《章宗本紀四》，中華書局 1975 年版，第 267~268 頁。

② 范家偉：《元代三皇廟與宋金元醫學發展》，《漢學研究》第 34 卷第 3 期，2016 年9 月。

③ 《元史》卷七六《祭祀志五》，中華書局 1976 年版，第 1903 頁。

④ 《明史》卷五〇《礼志四》，中華書局 1974 年版，第 1291~1292 頁。

⑤ 楊寬：《中國古代陵寢制度史研究》，上海古籍出版社 1985 年版，第 62 頁。

⑥ 孫旬：《皇明疏鈔》卷四八《禮儀四》，《續修四庫全書》第 464 冊，第 403 頁下欄~404 頁上欄。

明會典》，北京有元世祖廟，"洪武初年建，每歲二八月中旬擇日，遣順天府官祭，嘉靖二十四年罷"①。爲元世祖立廟，應是爲了彌補無陵的缺陷，滿足祭陵的需要。前文提及明代未專門設置勝朝陵祭禮，應與元帝陵的缺失有關。到此時，先代陵寢祀譜將元世祖撤銷。

另一方面，國都帝王廟的祀譜，也將元朝君主囊括在内。在國都爲先代帝王統一立廟施祭，代表當政朝廷對正統王朝序列的最高態度。歷代帝王廟在洪武六年（1373）初建時，元世祖便位列其中，直到嘉靖年間被罷祀。明初爲確立自身合法性而祭祀元世祖，嘉靖時期因民族矛盾加劇而將之罷祀。學界對此已有深入討論。② 兹不贅述。

清朝的先代帝王祀譜沿用明制而來。

在先代陵寢方面，祀譜囊括明朝陵寢。順治八年（1651）設"帝王陵寢祀典"，共計 40 處。"各就地饗殿行之，或因陵寢築壇，惟元陵望祭。"③其中包含明帝陵四處：南京的明孝陵與昌平的宣宗、孝宗、世宗陵。

在帝王廟方面，清軍佔領北京不久，"以故明太祖神牌入歷代帝王廟"④。這同明初對待元世祖一樣，將勝朝開國帝王列入歷代帝王廟，宣告前一朝代的結束，借以昭示新舊政權合法地位的傳承。順治十七年（1660），清朝廷還曾在帝王廟中增祀明孝宗等漢族君主，將遼、金、元三朝的開國帝王罷祀。但該措施很快被撤銷。⑤ 直至康雍之際的大規模增祀之前，帝王廟的祭祀對象没有明顯調整。

所以，將勝朝帝王列入先代帝王祀譜，爲明、清兩代所因襲，且都在立國初期便已完成。

本章結語

當政朝廷祭祀勝朝帝王，是借前一朝的正統地位來昭示自身的合法性，彰

---

① 申時行等修，趙用賢等纂：《大明會典》卷九三《群祀三》，《續修四庫全書》第 790 册，第 625 頁下欄。

② 參見趙克生：《明嘉靖時期國家祭禮改制》，社會文獻出版社 2006 年版，第 127~142 頁；劉浦江：《元明革命的民族主義想象》，《中國史研究》2014 年第 3 期。

③ 《清史稿》卷八四《禮志三》，中華書局 1976 年版，第 2529 頁。

④ 《清世祖實錄》卷五，順治元年六月甲申，中華書局 1985 年版，第 65 頁上欄。

⑤ 《清史稿》卷八四《禮志三》，中華書局 1976 年版，第 2526 頁。

顯正統地位的交接。

第一，祭祀勝朝帝王的禮制具有明顯的變化軌跡。

勝朝帝王祭禮從當政朝廷不干預的狀態，逐步進入國家祀典的範圍內。受儒家經典與禮制傳統的影響，隋以前，凡冊立過二王三恪的朝代，都待勝朝後裔以國賓之位，允許他們禮儀獨立。國賓的祭祖活動獨立於國家祀典之外。當政朝廷不做干涉、不予管理。而從唐代起，當政朝廷通過調整祀典，將勝朝帝王祭禮納入國家常祀的範圍內，自行管理。祭祀勝朝帝王的禮制變遷開始於唐代，分三條路徑展開。

首先，勝朝宗廟之祭。四仲享廟的制度通行於五代，實則形成於唐朝。它在國賓自奉廟祀的基礎上因當政朝廷介入而形成：國賓主祭行禮，當政朝廷提供祭祀所須的祭服、祭品等用度。它屬於常祀項目，比照中祀行禮。國賓自奉廟祀的傳統終止。這也說明，"通三統"的傳統理念開始讓步於當政朝廷的權威。北宋前期不封後周宗室爲國賓，自行主祭周六廟，後來因皇帝無嗣而恢復了唐與五代的舊禮。但復立的國賓被設置了職權"上限"，只是充任當政朝廷的"行禮官"而已。宋亡後，勝朝宗廟之禮消失。

其次，勝朝陵寢之祭。祭祀勝朝陵寢的禮制始於五代末。後周爲了政權平穩過渡，史無前例地向勝朝帝陵施朝拜禮。北宋在政權穩固後，對此權宜之法進行糾偏。在恢復勝朝宗廟的舊制後，北宋轉而將勝朝帝陵列入先代帝王祀譜（中祀）。元朝帝陵位置不清，故而明代沒有勝朝陵祭的專禮。清代，延恩侯血統的模糊以及清朝廷對勝朝後裔祭陵的嚴格要求，反襯出當政朝廷對勝朝陵祭的絕對掌控。

最後，先代帝王祀譜囊括勝朝帝王。勝朝帝王長期獨立於先代帝王祀譜之外。唐天寶年間，先代帝王祀譜首次囊括了勝朝帝王，但因礙於傳統觀念、傳統禮制而很快作罷。直到北宋後期，勝朝帝王才以陵祭的方式進入先代帝王祀譜中。明、清在立國初沿用此法，並另設歷代帝王廟，强化了先代帝王祭祀。帝王廟祀譜同樣包含勝朝的君主。

祭禮沿革的曲折往復，集中於唐、宋兩代。矛盾的焦點在於，勝朝帝王能否成爲統治者主祭的常祀對象。曲折的主要表現是，唐天寶年間與北宋前期，當政朝廷撇開勝朝後裔，在常祀中自行主祭勝朝帝王，但最終都向傳統妥協。

禮制變遷中的曲折，是傳統觀念、傳統禮制造成的。歷代沿用"通三統"的方法來彰顯天命流轉，分封"二王"後裔，待以不臣之禮。這屬於王朝賓禮的範疇。國賓獨立祭祖，不受當政朝廷的管理。一旦傳統模式不再滿足現實需要，當政朝廷不想再假他人之手祭祀政治祖先，現實與傳統就會出現衝突。

從唐、宋時期的祀典調整來看，突破傳統的途徑有二。其一，對於勝朝後裔，取消國賓原有的禮儀獨立性，將其祭祖事務納入王朝祀典，由當政朝廷直接管理；更進一步，取消國賓身份，使勝朝後裔喪失祭祖的資格，當政朝廷代爲祭祀。這是因爲，古人的身份地位與其所能祭祀的祖先等級相掛鈎。沒有國賓的身份，沒有禮儀獨立的地位，勝朝後裔地位不夠，無法祭祀帝王一級的祖先。其二，對於當政朝廷直接控制的先代帝王常祀，擴展其祀譜範圍，將勝朝帝王納入其中。二王三恪制度的消亡，勝朝後裔的式微，學界已有討論。① 本書從禮制建設方面提供了一個參考思路。

祭禮沿革的曲折在宋代結束。北宋朝廷爲崇義公設置官職上限，刻意壓低其身份，嚴格要求其祭祖禮儀。這也説明，向傳統妥協是有限度的，完全恢復傳統已無可能。後周帝陵進入先代帝王祀譜（中祀）後，勝朝帝王在北宋祀典中的地位分屬兩項，而且先代帝王的地位反而高於勝朝宗廟。易言之，勝朝帝王作爲統治者"政治祖先"的身份，高於"國賓之祖"的身份。

明、清在建國初，通過帝王廟祀譜、先代陵寢祀譜兩個方面，充實、强化先代帝王祭禮。清代，勝朝後裔在祭祖禮中已經處於從屬地位——完全聽從朝廷的命令，無任何主動權。北宋册立崇義公，是向傳統妥協。而清朝册立延恩侯，則更像是政治裝飾。這與儒家經典中的規定已差之千里。

總之，自唐代起，當政朝廷不斷調整祀典，在祭祀勝朝帝王的禮制中凸顯自己，擠壓勝朝後裔。其目的就是强化自己與勝朝帝王的承遞關係，借前一朝的正統地位來昭示自己的合法性。這個過程與二王三恪制度消亡、勝朝後裔地位衰微的趨勢相呼應。

第二，祭祀勝朝帝王的禮制變遷，以傳統政治文化的嬗變爲歷史背景。

勝朝後裔自奉先祀的制度逐漸消亡，意味着"通三統"理念退出禮制設計。這以傳統政治文化的嬗變爲背景。劉浦江指出，宋朝時，"五德終始"説、讖緯、封禪等傳統政治學説、禮儀受到儒學復興的衝擊，漸趨衰亡。② 而正是在宋朝，二王三恪制度消亡，先代帝王祭祀的功能重點偏轉爲昭示正統。易言之，二王三恪制度與先代帝王祭祀，此消彼長，一衰一盛。

同樣是以昭示正統地位的來源爲禮儀功能，二王三恪制度與先代帝王祭祀

---

① 參見謝元魯：《隋唐五代的特殊貴族——二王三恪》，《中國史研究》1994 年第 2 期。

② 劉浦江：《"五德終始"説之終結——兼論宋代以降傳統政治文化的嬗變》，《中國社會科學》2006 年第 2 期。

的功能邏輯是不同的。現在做一個比擬。其一，分封國賓的制度、"通三統"理論，將勝朝與當政朝廷定義爲"橫向關係"，三"統"並列延續。其二，當政朝廷祭祀所有的先代帝王，不設置與自己並列的國賓，那麼當政朝廷與勝朝之間就是"縱向關係"。董仲舒的"通三統"理論產生於先秦結束不久，諸侯國並存的局面剛剛結束。這套理論就是用各政權間並列的"橫向關係"來梳理當政朝廷與勝朝的順序。從漢代開始，歷代王朝獨尊儒學，董氏之説(公羊學)影響深遠。"通三統"理論帶着先秦的思維殘留，主宰了帝制社會前半段政權交替的禮制設計思路。

　　隨着歷史演進，舊的政治經驗不再適用。帶有先秦色彩的禮儀最終被取代。包括勝朝帝王在内的所有往代君主都由當政朝廷施祭。不需要一個與當政朝廷"並列"的國賓去維繫勝朝祭祀。在禮儀設計與實踐中，勝朝與當政朝廷的關係不再是"橫向並列"，而是"縱向更迭"。歷史大勢從先秦時代進入帝制社會，是這種變化的深層背景。因此，"通三統"理論不再是政權更迭的理論解釋，也不再是王朝嬗代之際的制禮依據。與此相伴隨，二王三恪制度逐漸消亡，而先代帝王祭祀成爲昭示正統來源的禮儀制度。

第五章　中央、地方與民間：先代
帝王祭祀與皇權政治

　　歷史文化具有整體性。第二、三、四章所論述的都是歷代政權關於先代帝王祭祀的禮制設計，而王朝中央的禮制設計也需要地方行政機構去實踐。在當政朝廷的祀譜編製、儀程設計之外，對於先代帝王的祭祀活動、信仰風習廣泛存在於基層社會中。在祭祀、防護之外，當政朝廷還有破壞先代陵寢的行爲。考察以上内容，是整體把握先代帝王祭祀的必要補充。

　　作爲"政治符號"的先代帝王，會因不同"解讀"而遭遇不同待遇。首先，出於維護皇權的需要，當政朝廷會積極防護先代陵寢，維繫正統脉絡的象徵性完整。其次，同樣是爲了維護皇權，當政朝廷會破壞不利於自己的先代陵寢，打擊相關的祭祀活動。最後，在對待鬼神的態度上，基層民衆與朝廷中央的態度明顯不同。先代帝王在基層信仰中没有"政治符號"的枷鎖。國家祀典中的禮制設計屬於"大傳統"（great tradition）、精英文化。民衆的崇拜風習屬於"小傳統"（little tradition）、通俗文化。① 兩者之間既有差異，又有交融。

　　有鑑於此，本章將觀察視角從中央延伸到地方，從王朝祀典的禮制設計擴展到防護措施、破壞行爲與地方社會的祭祀活動，對先代帝王祭祀做進一步探討。

第一節　祭祀場所的防護與效果

　　防護先代陵寢，既是保障祭禮的需要，也是維護皇權的表現。一方面，祭

---

　　① 目前，"大傳統""小傳統"及兩者之間存在差異的觀點，被文化史、人類學、社會學領域普遍接納。此學説由美國人類學家雷德菲爾德（Robert Redfield）提出。參見 Robert Redfield: *Peasant Society and Culture*, Chicago: University of Chicago Press, 1956. 王銘銘:《社會人類學與中國研究》，生活·讀書·新知三聯書店 1997 年版，第 158 頁。

祀先代陵寢的儀式，需要有完善的禮儀空間作依託。另一方面，先代帝王祭祀能夠彰顯當政者的正統來源，先代陵寢是歷史脈絡上的一個個"正統符號"。正因爲如此，歷朝在設計先代陵寢祭禮的同時，還不斷地保護、修繕先代陵寢。防護先代陵寢的措施起源很早。隨着時代演進，當政朝廷的重視程度也在不斷提高。背後的目的，就是維繫正統脈絡的象徵性完整。

在先代陵寢的防護工作上，王朝中央與地方官吏既有態度差異，又有制度互動。中央頒佈防護政令，或設計防護制度後，地方的行政機構負責具體的執行、操作。而防護先代陵寢的實際效果，也不完全像中央預期的那樣理想。在特殊情況下，地方行政機構還會在防護制度上與中央進行協調。

一、歷代王朝的防護政令

從當政朝廷的角度來看，隨着朝代更迭，受保護的先代陵寢由近及遠，漸次增多。早期的護陵對象，是距離當政朝廷最近的勝朝或鄰近政權。但是，這個範圍逐漸向上古延伸，最終在隋唐時期固定下來。防護措施以設置守陵户爲主，以中央對各地的督促或直接主導修護事務爲輔。修繕費用一般都由官方財政開支。直到清朝，一套比較完備的防護制度才最終確立。

(一)西漢至南北朝的防護政令

當政朝廷爲前代君主設置守陵户、保護陵墓，起於西漢。此後，爲前代陵寢設置守陵户的制度逐漸被因襲下去。護陵對象的範圍也在逐步擴展。

1. 漢高祖十二年詔

防護先代陵寢的命令，首見於漢高祖十二年(前195)十二月。此時已是漢高祖晚年。他命令："秦始皇帝、楚隱王陳涉、魏安釐王、齊緡王、趙悼襄王皆絕無後，予守塚各十家，秦皇帝二十家，魏公子無忌五家。"①清人秦蕙田說："此爲帝王陵置守塚之始。"②關於此事，有兩個問題需要理清。

一方面，護陵對象需略作辨析。

五位君主中，"楚隱王"較爲特殊。關於其具體身份，有過不同説法。"楚隱王"後面跟"陳涉"，是連讀還是斷句，曾有爭論。《史記索隱》認爲，此"楚

---

① 《史記》卷八《高祖本紀》，中華書局1959年版，第391頁。

② 秦蕙田：《五禮通考》卷一一六《吉禮一百十六·祀先代帝王》，《景印文淵閣四庫全書》第137册，第768頁下欄。

隱王"，爲"幽王"，"名擇"，是楚王負芻之兄。① 但現代學者多將兩名連讀，以"楚隱王"爲陳涉之號。另外，司馬遷在《陳涉世家》篇末指明，漢高祖曾爲其設置守塚户，而且《漢書·高帝紀》中的此詔有"楚隱王"而無陳涉。由此可知，"楚隱王"即陳涉，無誤。這五位君主"皆絶無後"，於是漢朝廷承擔起了守護陵墓的任務。

保護陳涉的陵塚，在漢初還有獨特的政治意義。陳涉與其他幾個君主明顯不同——他是"造反"起家的。爲陳涉設置守塚户，令其與其他君主並列，蕴含了强烈的政治指向。張大可認爲："講漢朝的歷史，必然要追溯到反秦的開路先鋒陳涉；要肯定大漢政權的合法性，首先就得承認陳涉稱王的合法性。"②這是將陳涉看作諸侯王的主要原因。謝貴安也指出，陳涉在《史記》中被列入"世家"，有利於爲漢初的"布衣將相"格局尋找合理性，代表了西漢統治階層的意志。③ 保護陳涉陵墓，即肯定其歷史地位，從而完善了政權交替的歷史脉絡。

其他的守陵對象也有待商権。比如，信陵君（魏公子無忌）在守陵之列的問題，可以參見李開元的解釋。④ 他從漢高祖早年從張耳"遊"（交往）的經歷，以及張耳曾爲信陵君門客等歷史綫索入手，分析了漢高祖爲信陵君設置守塚户的心理原因。還有，先秦魏、齊、趙三國君主的選擇，暫時没有發現規律，只能説，他們都是東周晚期的君主，且均非亡國之主。⑤ 此問題尚有待於更多史料的發掘。

另一方面，關於設置守塚户的規格，不同文獻間的記載略有出入。

不同記載間的出入，暫時没有恰當的解釋，只能看作"同事異載"。在前文所引的《史記》中，六人分爲三個等級。秦始皇規格最高，其次爲楚、魏、齊、趙四王，最後是信陵君。而《漢書·高帝紀》記録此詔，稱："其與秦始皇帝守塚二十家，楚、魏、齊各十家，趙及魏公子亡忌各五家，令視其塚，復，亡與它事。"⑥據此，趙悼襄王與信陵君並列。楚漢相争時，趙王歇與漢對立，

---

① 《史記索隱》，《史記》卷八《高祖本紀》，中華書局 1959 年版，第 391 頁。

② 張大可：《司馬遷研究中值得注意的問題》，《史記研究》，甘肅人民出版社 1985 年版，第 452 頁。

③ 謝貴安：《〈史記〉"人民性"悖論》，《華中師範大學學報》（哲學社會科學版）1992 年第 6 期。

④ 李開元：《秦崩：從秦始皇到劉邦》，生活·讀書·新知三聯書店 2015 年版，第 35~39 頁。

⑤ 齊緡王之後尚有兩代齊王，齊方爲秦所滅。魏安釐王之後也有兩代魏王，魏滅國。趙悼襄王之後只有一代趙王，趙滅國。

⑥ 《漢書》卷一下《高帝紀下》，中華書局 1962 年版，第 76 頁。

並被漢軍所殺。以此來解釋漢高祖對待故趙國王陵的態度，也不妥當。魏王豹同樣被漢軍剿滅，但故魏王守塚户的規格高於故趙國。所以，這個問題暫時沒有很好的解釋。

陳涉的守塚户數，在不同文獻中也有不同記載。《史記·陳涉世家》中講："高祖時爲陳涉置守塚三十家碭，至今血食。"①碭，是陳涉葬地。據此可知陳涉的守塚户又有"三十家"一説。張大可有一番解釋："這一差異是由於高帝先爲陳勝置守塚三十家，其後頒發詔令，統一於六國諸侯改置守塚十家之故造成的。"②這種説法也有其合理性。具體原因有待於更多史料的發掘。

除以上兩方面外，漢朝廷爲他們設置守塚，也有維持祭祀的作用。按照詔書命令，數家守塚户看守一個陵墓，"復，亡與它事"。"復"，指免除賦役。所謂"封爲上公，祀爲大神"③，又言："古帝王無後者"爲"泰厲"，"古諸侯無後者"爲"公厲"④。到司馬遷時，陳涉塚仍然"血食"，即享受祭祀。漢朝廷雖然沒有明確規定祭祀事務，但守塚户必然會有施祭行爲。這是不可避免的。

2. 三國至南北朝的防護政令

三國兩晉南北朝政權對於先代陵寢的防護，多注重與自己歷運承接的政權。也就是説，勝朝，或鄰近朝代的陵寢，是當政朝廷主要的防護對象。例如，曹魏景初二年(238)，魏明帝下詔保護漢高祖、東漢光武帝的陵墓。詔書稱二帝的陵墓，"墳陵崩頹，童兒牧豎踐蹋其上"，"非大魏尊崇所承代之意也"⑤。兩陵"四面百步"之内，不得耕牧樵採。曹魏保護漢高祖、光武帝陵墓，"尊崇所承代"，借以彰顯自身的正當性。

在東晉南朝的頻繁更迭中，保護勝朝陵寢成爲常制。東晉與南朝四代皆以建康(今南京)爲都。據前朝之都，承魏晉舊制，以及固有的漢族身份，是南朝各代自詡正統的一種依據。防護勝朝陵寢也是尊崇勝朝、確保政局平穩過渡、爭取舊臣遺民的重要措施。南朝宋永初元年(420)閏八月，宋武帝受晉

① 《史記》卷四八《陳涉世家》，中華書局 1959 年版，第 1961 頁。
② 張大可：《司馬遷研究中值得注意的問題》，《史記研究》，甘肅人民出版社 1985 年版，第 452 頁。
③ 《禮記》鄭注引《春秋傳》，見鄭玄注，孔穎達疏：《禮記正義》卷四六，阮元校刻：《十三經注疏》，中華書局 1980 年版，第 1590 頁下欄。
④ 鄭玄注，孔穎達疏：《禮記正義》卷四六，阮元校刻：《十三經注疏》，中華書局 1980 年版，第 1590 頁上欄。
⑤ 《三國志》卷三《魏書三·明帝紀》裴注引《魏書》，中華書局 1959 年版，第 112 頁。

禪，命令：“晉世帝后及藩王諸陵守衛，宜便置格。”①南朝齊取代劉宋，齊高帝下詔：“宋帝后蕃王諸陵，宜有守衛。”該命令很快被落實：“有司奏帝陵各置長一人，兵有差，王陵五人，妃嬪三人。”②這是爲劉宋帝陵安排專門的守衛人員。齊建武二年(495)，齊明帝下詔：“舊國都邑，望之悵然”；晉朝帝陵保護不善；“雖年代殊往，撫事興懷。晉帝諸陵，悉加修理，並增守衛”③。蕭梁宗室被陳朝封爲江陰王。太建三年，“江陰王蕭季卿以罪免”④。此事又見於《陳書·淳于量傳》。淳于量“坐就江陰王蕭季卿買梁陵中樹，季卿坐免，量免侍中”⑤。此二人買賣蕭梁帝陵中的樹木，因而被處分。所以，對於和自己有歷運承遞關係的勝朝，南朝諸代會悉心防護它們的陵寢。

北魏因歷運設計的需要，維護東漢、曹魏、西晉陵寢。洛陽的都城史，給北魏留下了足夠的“政治符號”。孝文帝在計畫遷都時提道：“崤函帝宅，河洛王里。因茲大舉，光宅中原。”⑥洛陽是東漢、曹魏、西晉的都城，定鼎中原的象徵所在。太和十五年(491)，孝文帝將北魏德運由土德改爲水德，上承西晉的金德。493年，北魏遷都洛陽，在國都位置上繼承了東漢、曹魏、西晉的歷史統緒。太和二十年(496)五月，北魏朝廷因在洛陽以北營建“方澤”，曾告祭東漢三陵。與此同時，孝文帝還下令：“詔漢、魏、晉諸帝陵，各禁方百步不得樵蘇踐蹋。”⑦作爲三朝舊都，洛陽周邊分散着三朝的帝陵。保護這三朝帝陵與改定水德歷運、遷都洛陽相呼應。

寬泛的護陵命令，出現在北魏孝明帝時期。防護對象的時間範圍被打破。熙平元年(516)七月，“先賢列聖，道冠生民，仁風盛德，焕乎圖史……古帝諸陵，多見踐籍。可明敕所在，諸有帝王墳陵，四面各五十步勿聽耕稼”⑧。需要注意的是，此詔的對象僅限於帝王陵墓，但詔書開頭説的是“先賢列聖”“道”“仁風盛德”。由此可知，雷聞將這一時期的先代帝王祭祀看作聖賢崇拜

---

① 《宋書》卷三《武帝本紀下》，中華書局1974年版，第56頁。
② 《南齊書》卷二《高帝本紀下》，中華書局1972年版，第33頁。
③ 《南齊書》卷六《明帝本紀》，中華書局1972年版，第88頁。
④ 《陳書》卷五《宣帝本紀》，中華書局1972年版，第80頁。
⑤ 《陳書》卷一一《淳于量傳》，中華書局1972年版，第181頁。淳于量頗受陳武帝信任。他雖被免去侍中的職務，但很快，“尋復加侍中”。而蕭季卿則被徹底免爵。此亦可見當政朝廷對於勝朝後裔嚴屬的打壓態度。
⑥ 《魏書》卷一九中《任城王雲傳附子澄傳》，中華書局1974年版，第464頁。
⑦ 《魏書》卷七下《高祖紀下》，中華書局1974年版，第179頁。
⑧ 《魏書》卷九《蕭宗紀》，中華書局1974年版，第224頁。

的産物，是有道理的。該詔令强調保護陵塚、禁止耕墾，没有守陵户方面的要求。

(二)隋至宋朝的防護政令

1. 隋、唐的防護政令

隋朝防護先代陵寢的措施，見於大業二年(606)十二月詔。護陵對象没有時代範圍。隋煬帝下詔稱："前代帝王，因時創業，君民建國，禮尊南面。而歷運推移，年世永久，丘壟殘毁，樵牧相趨，塋兆堙蕪，封樹莫辨。"①這兩句話先肯定了前代帝王，尤其是"創業""建國"者的歷史地位，而後指明陵墓的實際情况——年久失修。爲此，皇帝要求："自古已來帝王陵墓，可給隨近十户，蠲其雜役，以供守視。"②雷聞指出，此處的"自古已來帝王陵墓"，"從'因時創業'一語觀之，其範圍恐怕要超過前述《開皇禮》的規定，而指歷代開國之君"③。被設置守陵户的先代陵寢，不再限定時間範圍。

防護對象也不需要再具備聖賢色彩。此詔强調先代帝王的"創業""建國""南面"，重視其實際的統治地位。雷聞指出，隋以前祭祀的先代帝王，强調的是"聖"，"帝王"色彩不濃厚；而隋代的措施，"使得先代帝王的祭祀從聖賢崇拜的性質向建立'帝王'治統的性質轉變，這是一個非常值得重視的變化"④。對北魏熙平、隋大業兩道護陵詔令的比較，可以佐證雷聞的觀點。

而且，相關詔令開始將君主與其他聖賢人物區分開。此前的大業二年五月，隋煬帝曾下詔，稱"旌表先哲，式存饗祀"，要求："其自古已來賢人君子，有能樹聲立德、佐世匡時、博利殊功、有益於人者，並宜營立祠宇，以時致祭。墳壟之處，不得侵踐。有司量爲條式，稱朕意焉。"⑤這是對"賢人君子""有益於人者"的祭祀、護塚命令。防護先代帝王陵墓的命令在當年十二月才頒佈。由此可知，隋朝廷已將先代帝王作爲一個單獨群體看待，不再將之與非帝王的聖賢們混在一起。

與此對應，北魏時將上古聖王與周公、孔子並列安排常祀，而隋朝則爲先

---

① 《隋書》卷三《煬帝紀上》，中華書局 1973 年版，第 66~67 頁。
② 《隋書》卷三《煬帝紀上》，中華書局 1973 年版，第 66~67 頁。
③ 雷聞：《郊廟之外——隋唐國家祭祀與宗教》，生活·讀書·新知三聯書店 2009 年版，第 76 頁。
④ 雷聞：《郊廟之外——隋唐國家祭祀與宗教》，生活·讀書·新知三聯書店 2009 年版，第 76 頁。
⑤ 《隋书》卷三《炀帝纪上》，中華書局 1973 年版，第 66 頁。

代帝王單獨設置常祀"先代王公"的制度。

關於唐朝防護先代陵寢的情況，學界已從律令、政書兩方面著手分析。唐朝廷爲先代帝王設置的陵户數爲20。景龍三年（709），唐紹上疏提道："又先代帝王陵户，準《式》二十人。"①雷聞認爲，"關於先代帝王陵户的數量，國家有《式》來進行規範，而這裏的《式》，很可能就是《祠部式》"②。吳樹國認爲，《新唐書》有"在令，先世帝王陵户二十"的記載；雖然這項規定具體出自令還是式難以確定，但必然存在設20户的制度。③北周與隋是李唐之前的兩代正統王朝，是"二王"。其宗室後裔被李唐奉爲國賓——介國公、酅國公。據《唐六典》，"周文帝、隋文帝陵各置二十人，周、隋諸帝陵各置十人"④。據吳樹國研究，唐後期，北周、隋兩代的所有帝陵都有20人守陵的待遇。⑤

另外，白照傑考察過唐代前期對於先代帝王陵寢、先賢陵墓"禁刍牧樵採"的政策，發現了禁域範圍廣狹的差異所體現的等級秩序。⑥

五代政權防護先代陵寢的措施，難以理清全貌。但學界已有論斷明顯存在失誤。有學者指出，後唐莊宗提供給"關內諸陵"20户守陵户的政策，表明"後唐時期尚堅持先代帝陵陵户二十户的標準"⑦。而實際上，此"關內諸陵"是指李唐的帝陵。後唐君主以"中興唐祚"爲政治旗號，並將李唐君主供奉進自己的宗廟（詳見第四章）。這與劉淵建國時標榜復興漢室，將漢高祖等人放進宗廟是一樣的。所以，後唐提供給李唐帝陵的措施，不能看作對待"先代"陵寢的措施。五代時期防護先代陵寢的有關政令，尚有待於史料的進一步補充。

　　2. 宋朝的防護政令

北宋對於守陵户的設置，與先代陵寢祀譜的分等直接相關。北宋祀譜依據祭祀對象的不同等級而提供不同的祭祀、守陵措施。早在分等的祀譜出現之

---

①　王溥：《唐会要》卷二一《諸僭号陵》，中華書局1955年版，第409頁。

②　雷聞：《郊廟之外——隋唐國家祭祀與宗教》，生活·讀書·新知三聯書店2009年版，第80頁。

③　吳樹國：《禮制規範視域下唐代陵户的設置》，《求是學刊》2016年第6期。

④　李林甫等撰，陳仲夫點校：《唐六典》卷三《尚書户部》，中華書局1992年版，第78頁。

⑤　吳樹國：《禮制規範視域下唐代陵户的設置》，《求是學刊》2016年第6期。

⑥　白照傑：《從陵墓禮遇到道教聖地——唐代"禁刍牧樵採"的禮制與權威變遷》，《世界宗教研究》2020年第4期。

⑦　吳樹國：《禮制規範視域下唐代陵户的設置》，《求是學刊》2016年第6期。

前，北宋朝廷便佈置了防護工作。建隆二年(961)，宋朝廷頒詔保護"前代聖帝明王""忠臣賢士"的陵墓。① 從乾德四年(966)開始，北宋依據先代陵寢祀譜的等級劃分來提供不同的守陵待遇。第一等設置守陵户5户，第二等設置3户，第三等設置2户，第四等由當地負責保護，不專設守陵户。到了開寶祀譜中，第一等設置守陵户7户。原有第二、三等整合在一起(詳見第二章)，提供5户。真宗年間先後頒佈《聖帝賢臣陵墓禁樵採詔》(景德元年十月)、《申禁歷代陵寢樵採詔》(天禧元年六月)申令保護政策。因祀譜分等的原則没有改變，所以，差別性的守陵措施也在繼續維持。

北宋時期維修被盗掘的先代陵寢，由官方提供財政支出。宋初開寶三年(970)九月，河南府、京兆、鳳翔府、耀州向朝廷彙報，當地的周、秦、西漢、北魏、西魏、北周、唐共27處帝陵"曾經開發"，被盗掘。② 宋太祖要求："詔每帝製造禮衣一幅、常服一襲，具棺槨重葬。仍令逐處長吏嚴潔致祭。"③對於被盗掘的先代帝王陵，主要措施有二：重新備辦服飾、棺槨安葬，要求當地長官予以祭祀。而重新備辦的服飾，由"太常禮院檢討逐朝制度，下少府監修製"，就是由太常禮院根據墓葬主人所處朝代的衣冠服飾制度來設計，並由專門負責製作禮器法物的少府監製作。"當用金寶，以假者代之"，即原墓葬的貴重物品遭到盗竊破壞後，重新下葬時代之以一些仿製品。葬服等陪葬品，"製成日，進呈後給付"。這不僅是起到監督作用，還有政治上的象徵意義。以皇帝頒賜的形式重新將這些陪葬品送進先代帝陵中，顯示了當政朝廷對先代帝王的重視與崇敬。

北宋時期，防護先代陵寢是地方官府的固定任務。記載乾德祀譜的詔書還要求："委逐處長吏及本縣令佐，常切檢校。罷任日，具有無廢闕批書曆子。"④

① 《宋大詔令集》卷一五六《政事九·襃崇先聖·前代聖后賢臣置守陵户詔》，中華書局1962年版，第584~585頁。
② 劉琳等校點：《宋會要輯稿》禮三八《修陵》，上海古籍出版社2014年版，第1604~1605頁。《宋會要輯稿》中爲28帝。但其中的"西魏文帝周太祖文帝唐高祖"一句，若是將"周太祖"與"文帝"分開，則其原文所記爲28(點校本即是如此句讀的)。但是，同詔令中的内容在《宋史》中作"西魏文帝、後周太祖、唐高祖"，總數爲27。綜合來看，應是《宋會要輯稿》將"周太祖文帝"誤當作"周太祖、文帝"，方才作總數28。
③ 劉琳等校點：《宋會要輯稿》禮三八《修陵》，上海古籍出版社2014年版，第1605頁。《宋會要輯稿》中原文中的"帝服"，應爲"常服"，參見《宋會要輯稿》禮三八《修陵》，第1605頁校勘記[二]。
④ 《宋大詔令集》卷一五六《前代帝王置守陵户祭享禁樵採詔》，中華書局1962年版，第586頁。

所謂的"無廢闕批書曆子"，指地方官按時祭祀先代陵寢，或者防護陵寢的記事本。離職卸任，便需要交接簿册。再如，宋真宗天禧元年（1017）六月，朝廷命令將掘後漢睿陵者判罪，彈劾當地官員，"遣内侍王克讓以禮治葬，知制誥劉筠祭告"，同時"因詔州縣申前代帝王陵寢樵採之禁"①。同月，朝廷命令："歷代帝王陵寢申禁樵採。犯者，所在官司並論其罪。"②易言之，先代陵寢遭到破壞，當地官員也會因保護不力而承擔罪責。

除了將防護先代陵寢的責任砸實在當地官員身上，北宋遇重要事項，也會申令防護、修繕。這主要涉及以下幾種情況：其一，皇帝即位。第三章提到，北宋自真宗朝起，皇帝即位時便告祭先代帝王。告祭的同時，朝廷一併申令保護、修繕。宋高宗即位時，軍情嚴峻，尚不忘委派各地官吏告祭"五嶽四瀆、名山大川、歷代聖帝明王、忠臣烈士載於祀典者"；同時重申保護、維修的命令；財務開支由"系省錢"，即地方財政支出。③ 宋孝宗即位時，也有同樣的命令。④ 其二，皇帝接受尊號。宋真宗"受尊號"，"詔天下宮觀陵廟，名在地志、功及生民者，並加崇飾"⑤。其三，是皇帝神主祔廟。仁宗神主升祔太廟，北宋朝廷要求："兩京前代帝王陵寢及忠臣烈士墳域載圖經者"有毁壞的，當地盡快以財政撥款修繕；同時，"無令侵佔耕墾所禁樵採地分"，重申禁止樵採墾牧。⑥ 英宗神主祔廟時，也有同樣的規定。其四，是對於特定的、被破壞的先代帝陵予以修繕。前述開寶三年的史事即屬此例。大中祥符元年（1008）正月，宋真宗"命有司制周嵩、慶、懿陵影殿帟幕"，原因是："中使自陵所還，言供帳損弊故也。"⑦南宋初，因金軍南侵而毁壞的"前代帝王及五嶽四瀆、名山大川神祠廟宇"，由州縣官府撥財政維修。⑧ 宋朝北部國土丟失大半，

① 《宋史》卷八《真宗本紀三》，中華書局 1975 年版，第 162~163 頁。

② 李燾：《續資治通鑑長編》卷七六，大中祥符四年六月癸酉，中華書局 1995 年版，第 1728 頁。

③ 劉琳等校點：《宋會要輯稿》禮二〇《諸祠廟·雜録》，上海古籍出版社 2014 年版，第 988 頁。

④ 劉琳等校點：《宋會要輯稿》禮二〇《諸祠廟·雜録》，上海古籍出版社 2014 年版，第 989 頁。

⑤ 《宋史》卷七《真宗本紀二》，中華書局 1975 年版，第 139 頁。

⑥ 劉琳等校點：《宋會要輯稿》禮三八《修陵》，上海古籍出版社 2014 年版，第 1606 頁。

⑦ 李燾：《續資治通鑑長編》卷六八，大中祥符元年正月辛未條，中華書局 1995 年版，第 1520 頁。

⑧ 劉琳等校點：《宋會要輯稿》禮二〇《諸祠廟·雜録》，上海古籍出版社 2014 年版，第 989 頁。

此命令落實效果如何，可想而知。遇有慶典或重要事項則申令防護、修繕，不僅僅是禮敬先代或對先代"施恩施惠"，還是爲了維護正統脉絡的完整。同時，借防護措施的落實，有助於在各地樹立當政朝廷的統治權威。

(三)明、清的防護政令

1. 明朝的防護政令

明朝也在建國後不久佈置了防護、修繕先代陵寢工作。經過長期動亂，各地的先代陵寢失修、損壞在所難免。明朝廷訪求先代帝王陵寢，選擇"功德昭著者"36處，編入"先代陵寢祀典"。據《明實錄》，先代帝陵在明初的保存情况，大致分三類："有素無祠宇者"，"有歲久不堪修葺者"，"有間可修葺者"（即尚可維修的）。總之，戰亂之後，先代陵寢的保存狀况並不樂觀。禮部尚書建議，不必做過多修繕。明太祖要求，能修則修，"不可葺者，令有司次第修之，勿亟勞民也"[1]。36處帝陵，"各制袞冕、服函、香幣"。明朝廷派遣中央官員(秘書監丞陶誼等)前往各地負責修繕陵寢的工作。各陵寢分別由財政撥款"白金二十五兩"，用於備辦祭祀用品。具體的修繕要求是"陵寢之發者掩瘞之，壞者完築之，廟之弊者因其舊而葺之，無廟者設壇以祭"[2]。這是明初的防護、修繕措施。

明朝廷爲先代陵寢設置守陵户。凡進入先代陵寢祀譜中的帝陵，"設陵户二人守之"。同時，"命百步内禁人樵牧"。而且，凡有陵寢"崩摧"塌壞者，"有司督近陵之民以時封培"[3] 這是洪武前期遣官巡視先代帝王陵寢時提出的要求。天順年間，明朝廷又規定，凡是被人毀壞、盜掘的先代陵寢，當地官府一方面"即時修理如舊"，另一方面，"仍令附近人民一丁看護"，[4] 免除看陵人丁的差役。

明朝對防護先代陵寢還有律令層面的規定。據《大明律》："凡歷代帝王陵寢及忠臣烈士、先聖先賢墳墓，不許於上樵採耕種及牧放牛羊等畜。違者

① 《明太祖實錄》卷一〇九，洪武九年閏九月乙巳，臺灣"中央研究院"歷史語言研究所1962年版，第1811頁。
② 《明太祖實錄》卷五九，洪武三年十二月庚午，臺灣"中央研究院"歷史語言研究所1962年版，第1159頁。
③ 《明太祖實錄》卷一〇八，洪武九年八月己酉，臺灣"中央研究院"歷史語言研究所1962年版，第1800頁。
④ 申時行等修，趙用賢纂：《大明會典》卷九三《有司祀典上·帝王陵寢》，《續修四庫全書》第790册，第629頁上欄。

杖八十。"①這是法律層面的規定。

明朝廷防護先代陵寢的對象，是有範圍的。對於未被列入祀譜的先代帝陵，明朝廷不提供官方的保護。明太祖在設計先代陵寢祀譜時就曾經規定："雖賢而在偏方，與在中原而昏愚者，俱不祭，亦不禁樵採。"②所以，祀譜之外的先代陵寢不在官方防護之列。

2. 清朝的防護政令

學界圍繞清朝防護先代陵寢已有前期成果，從差異性保護、祭祀制度、維修制度、懲罰制度、保護先代陵墓的機構與人員等方面做了宏觀的考察。③ 筆者擇清代重要的規定進行論述。

首先，中國古代最爲完善的防護先代陵寢的制度出現在清朝雍正年間。整個制度的運作方式是：各地防護，地方官吏逐級彙報造册，工部匯總，中央巡察。

這項制度在雍正七年(1729)建立起來。④ 爲表示對先代帝王的"敬禮崇奉之心"，清世宗規劃了各地防護、逐級彙報、中央監督的制度。

> 著各省督撫轉飭各屬：將境內所有古昔陵寢、祠墓勤加巡視，防護稽查，務令嚴肅潔淨，以展誠恪。若有應行修葺之處，著動用本省存公銀兩，委員料理。朕見歷代帝王皆有保護古昔陵寢之敕諭，而究無奉行之實。朕於雍正元年恩詔內，即以"修葺歷代帝王陵寢"通行申飭，亦恐有司相沿積習，視爲泛常。嗣後，著每年於歲底，令該地方官將防護無誤之處結報督撫。該督撫造册轉報工部，匯齊奏聞。儻所報不實，一經發覺，定將該督撫及地方官分别議處。⑤

---

① 劉惟謙等撰：《大明律》卷一一《祭祀》，《續修四庫全書》第 862 册，第 487 頁下欄。

② 申時行等修，趙用賢纂：《大明會典》卷九三《有司祀典上·帝王陵寢》，《續修四庫全書》第 790 册，第 628 頁下欄。

③ 陳斯亮、楊豪中、王新文：《清朝對歷代帝王陵墓的保護》，《古建園林技術》2018 年第 4 期。

④ 廖宜方認爲，曾靜在雍正七年勸岳鍾琪謀反，使清世宗認識到了基層社會中的排滿情緒。作爲應對，清世宗加强了對於先代陵寢的保護。參見氏著：《王權的祭典：傳統中國的帝王崇拜》，臺大出版中心 2020 年版，第 425～426 頁。

⑤ 《清世宗實錄》卷七九，雍正七年三月甲寅，中華書局 1985 年版，第 35 頁下欄～36 頁上欄。

這項制度主要包括兩個内容。一方面，規定開支來源。修葺陵寢使用"本省存公銀兩"，即本省財政撥款。另一方面，規定彙報制度。地方官吏於每年年底彙報一次，將"防護無誤之處"上報直管的督撫；各地督撫將情況造册上報給工部；工部匯總後直接向皇帝彙報；若發現上報不實者，會對經手的地方官員、督撫作處分。這説明，中央會有相應的巡查、監督措施。

其次，清朝在法令層面沿用了明朝律條，而且注重懲罰盗陵犯罪。《大清律例》中有："凡歷代帝王陵寢及先聖、先賢、忠臣烈士墳墓(所在有司當加護守)，不許於上樵採耕種及牧放牛羊等畜。違者杖八十。"①清朝在沿襲《大明律》的基礎上，明確規定了對盗掘陵寢的刑罰。盗掘先代陵寢的刑罰按照盗掘清貝勒、貝子墓塚處理。這裏面又分幾種不同情況。最嚴重的，"開棺槨見屍者"，盗墓賊爲首者判斬立決，"爲從"(即參與盗陵的其餘人)判絞立決；其次，"見棺者"，即將棺木盗掘出來尚未開棺，爲首者判絞立決，其餘人判絞監候；最次一等，"未至棺者"，爲首者判絞監候，其餘人"發邊遠充軍"。凡盗掘出的金銀財物都交給地方官作修葺使用，若有"玉帶、珠寶等物"，仍然放回陵寢中。② 這是清朝法律上的規定。

再次，在守陵户的設置上，清朝廷對於先代陵寢並無統一標準。這表現在三個方面。其一，明朝、金朝陵寢在清朝比較受優待。清初規定，對於昌平明朝諸陵，各設守陵太監 2 名、陵户 20 名。這是對勝朝的優禮。不久將陵户縮減爲 6 名。③ 對於房山的金朝帝陵，提供陵户 50 名。④ 其二，清朝還有特批爲某些前代君主增加陵户的情況。清聖祖在康熙二十八年(1689)祭祀禹陵時，要求當地總督："守祀人役，亦宜增添。"⑤其三，清高宗在乾隆元年(1736)明確提出了爲先代陵寢設陵户的要求。"各陵廟向來未設陵户、無人看守者，可

① 徐本、三泰等奉敕纂，劉統勳等續纂：《大清律例》卷一六《禮律·祭祀·歷代帝王陵寢》，《景印文淵閣四庫全書》第 672 册，第 620 頁上欄。
② 徐本、三泰等奉敕纂，劉統勳等續纂：《大清律例》卷二五《刑律·盗賊下·發塚》，《景印文淵閣四庫全書》第 672 册，第 757 頁下欄。
③ 《欽定大清會典則例》卷八二《禮部·祠祭清吏司·中祀二·直省防護陵寢修葺陵寢》，《景印文淵閣四庫全書》第 622 册，第 569 頁；昆岡等修，劉啟端等纂：《欽定大清會典事例》卷四三五《禮部·中祀·直省防護帝王陵寢修葺陵廟》，《續修四庫全書》第 804 册，第 827 頁下欄。
④ 《欽定大清會典則例》卷八二《禮部·祠祭清吏司·中祀二·直省防護陵寢修葺陵寢》，《景印文淵閣四庫全書》第 622 册，第 569 頁下欄。
⑤ 《清聖祖實録》卷一三九，康熙二十八年二月甲寅，中華書局 1985 年版，第 521 頁下欄。

酌設幾户，專司灑掃，永著爲例。"①由此可見，此前還存在未給先代陵寢設守陵户的情況。

最後，清朝的保護措施並不局限於先代帝王祀譜的範圍内。這與明朝顯然不同。乾隆十一年（1746），清高宗指示陝西地區的先代陵寢保護工作："陝西爲自古建都之地，陵墓最多。有不在《會典》之内者，既無圍牆，又無陵户。"②所謂"不在《會典》之内者"，就是先代陵寢祀譜之外的帝王陵。對於它們，"交於該督撫查明，酌築圍牆以禁作踐，以資保護"③。兩年後，工部參議陝西巡撫的防護規劃。保護對象不僅包括祀譜中的陝西13陵，還包括祀譜外的"周秦漢唐之陵""聖賢忠烈之墓""前代諸王妃嬪及諸臣事業未甚表著者"。④ 另外，乾隆四十一年（1776）時，清朝廷規定，平陽堯陵、東平堯陵，與先代陵寢祀譜中的濮州堯陵一樣，都受當地官府的祭祀、保護，只是不在朝廷告祭之列。⑤ 所以，相比較明朝而言，清朝對於先代帝陵的保護，不限於朝廷祀譜的規定。

二、地方的執行效力

評判地方官吏防護先代陵寢的效果，需要客觀看待導致陵寢損壞的原因。
破壞因素主要分天災、人禍兩方面。天災方面，風雹、雨雪、雷擊皆有破壞能力。"殿宇牆垣間被風雨損壞"⑥。還有水土上的侵蝕。比如，光緒五年（1879），"河南孟津縣漢光武帝陵，近被河流衝刷，淪陷堪虞。"⑦類似的因素

---

① 《欽定大清會典則例》卷一三七《工部·屯田清吏司·墳塋》，《景印文淵閣四庫全書》第624册，第324頁上欄。
② 《清高宗實録》卷二六二，乾隆十一年閏三月丁酉，中華書局1985年版，第393頁下欄。
③ 《清高宗實録》卷二六二，乾隆十一年閏三月丁酉，中華書局1985年版，第393頁下欄。
④ 《清高宗實録》卷三一八，乾隆十三年七月庚寅，中華書局1986年版，第225頁下欄~226頁上欄。
⑤ 昆岡等修，劉啟端等纂：《欽定大清會典事例》卷四三五《禮部·中祀·直省祭帝王陵廟》，《續修四庫全書》第804册，第823頁下欄。
⑥ 《清高宗實録》卷一二七六，乾隆五十二年三月丙子，中華書局1986年版，第85頁下欄。
⑦ 昆岡等修，劉啟端等纂：《欽定大清會典事例》卷四三五《禮部·中祀·直省防護帝王陵寢修葺陵廟》，《續修四庫全書》第804册，第830頁上欄。

還有很多。人爲方面，"地方官查禁不力，復不免有私行樵採"①。地方官監管不力屬於地方對中央的制度貫徹不實，私自樵採屬於民衆對於禁令的違犯。民間的盜墓行爲同樣違反朝廷的保護命令。此外，還有戰爭造成的破壞。清朝廷於同治三年（1864）修葺明孝陵，原因是太平軍佔據南京時，"明陵饗殿被焚"②。總之，不論自然還是人爲，能對先代陵寢造成毀壞的因素是多種多樣、隨時隨地的，可謂防不勝防。這是先代陵寢頻遭毀壞，防護難度較大的主要原因。

對於先代陵寢的防護、維修，很大程度上依賴於地方行政機關。歷代王朝對防護工作都很關注。而具體措施無非重申禁樵禁採的命令，督促地方官吏嚴加防護。清朝雍正年間，各地防護、逐級彙報、中央監督的制度被建立起來。在維修經費方面，由本省財政撥款。在具體操作方面，除了各地逐級上報、造冊，中央還會有糾察措施。③ 保護、修繕先代陵寢的制度化模式最終形成。

前文所述，都是朝廷中央的政令與制度設計。那麼地方的防護實效又如何呢？清朝的防護制度最爲完備，故而先從清朝談起。

地方官吏對防護工作的態度，很難有一個準確概述。有所怠慢是肯定的，中央對此也心知肚明。清世宗就提到過，"朕見歷代帝王皆有保護古昔陵寢之敕諭，而究無奉行之實"，"亦恐有司相沿積習，視爲泛常"④。其意，以往朝代維護先代陵寢的命令，並沒有被實際執行。清世宗要求，防護工作必須每年彙總，最終向他本人彙報，也是擔心地方官吏"相沿積習"，不切實履行防護職責。所以，清世宗創立新制度的起因，是地方官吏對於這項"額外開支"的工作並不積極。

而實際上，新制度出現後，防護情況也並未完全改觀。比如，清高宗於乾隆元年（1736）曾督促山東的修繕工作。此時距清世宗創建制度只隔了五六年。他提到，根據雍正朝制度，"有應行修葺者，令各該省動用存公銀兩"，而山東的少昊陵、帝堯廟的修繕工作，"迄今數載，尚未興工，殊爲怠緩"⑤。同

---

① 《清高宗實録》卷一二七六，乾隆五十二年三月丙子，中華書局1986年版，第85頁。

② 昆岡等修，劉啟端等纂：《欽定大清會典事例》卷四三五《禮部・中祀・直省防護帝王陵寢修葺陵廟》，《續修四庫全書》第804冊，第830頁上欄。

③ 《清世宗實録》卷七九，雍正七年三月甲寅，中華書局1985年版，第35頁下欄~36頁上欄。

④ 《清世宗實録》卷七九，雍正七年三月甲寅，中華書局1985年版，第36頁上欄。

⑤ 《清高宗實録》卷一二，乾隆元年二月戊辰，中華書局1985年版，第361頁下欄。

年，清高宗直接指示湖廣省修繕炎帝陵、舜帝陵。同時他還規定，其一，維修開支由該省財政支應，"其他處陵廟若有類此者，著該督撫委官察勘，動用存公銀，酌量修理"；其二，督促設置守陵户："各陵向來未設陵户、無人看守者，可酌設數户。令其專司巡察、灑掃，永著爲例。"①炎帝、帝舜陵因此各設置陵户四名。② 到乾隆十年（1745），清高宗又特地關照明崇禎帝、金太祖、金世宗陵的修繕，並稱金帝陵"近在房山，歲久榛蕪，未經修葺"③。若是原有制度執行得好，何至於近在房山的陵寢都需皇帝過問。清高宗晚年又稱，昌平的明帝陵，"數十年來地方官並未小心稽查，以致殿宇損漏，牆垣敧側之處甚多"④。可見，雖然有比較完備的制度，但因地方執行不力，疏於監管，防護效果並不如意。

針對中央的制度設計、地方官員的態度、實際的防護效果，可以得出兩點認識。

一方面，地方財政開支在防護工作上的拖延、敷衍，是防護實效不理想的主要因素。

地方財政不願過多投入，並非清朝才有的現象。比如，北宋立國初便下令修繕先代陵寢。建隆二年（961），各地爲先代帝王、忠臣賢士的陵墓設置守陵户，"墳墓有頹壞者，量加修葺"⑤。九年後（開寶三年，970），河南路、京兆府、鳳翔府、耀州向朝廷彙報，將近三十處先代陵寢被盜掘。⑥ 兩年後（972），宋太祖命令翰林學士分別撰寫"嶽瀆並歷代帝王新廟碑"。撰於開寶六年的周武王廟碑序，還追述此前的殘破景象："陵寢如故，而荒榛之路弗禁於

① 《欽定大清會典則例》卷八二《禮部・祠祭清吏司・中祀二・直省防護陵寢修葺陵寢》，《景印文淵閣四庫全書》第 622 册，第 572 頁上欄。

② 昆岡等修，劉啟端等纂：《欽定大清會典事例》卷四三五《禮部・中祀・直省防護帝王陵寢修葺陵廟》，《續修四庫全書》第 804 册，第 827 頁上欄。

③ 《欽定大清會典則例》卷八二《禮部・祠祭清吏司・中祀二・直省防護陵寢修葺陵寢》，《景印文淵閣四庫全書》第 622 册，第 572 頁上欄。

④ 《清高宗實錄》卷一二七六，乾隆五十二年三月丙子，中華書局 1986 年版，第 85 頁上欄。

⑤ 《宋大詔令集》卷一五六《前代聖后賢臣置守陵户詔》，中華書局 1962 年版，第 584~585 頁。

⑥ 劉琳等校點：《宋會要輯稿》禮三八《修陵》，上海古籍出版社 2014 年版，第 1604~1605 頁。

樵採。廟宇甚陋，而牲牢之奠無聞於俎饌。"①唐憲宗廟碑中也説："廟貌圮
毀，基地蕪没。"②這些都表明，從建隆二年中央下令保護至開寶三年近十年的
時間裏，防護、修繕工作基本處於停頓狀況。所以，清世宗稱以往朝代的修繕
"究無奉行之實"，是有一定根據的。

在財政上不願投入，不僅是地方的態度，中央高層也難免如此。北宋熙寧
改革期間，王安石解除了唐朝帝陵的保護措施，用陵地出租收税（後文中詳
述）。再如，洪武三年（1370），明太祖即曾遣官尋訪先代陵寢，並由官方出
資，"每陵以白金二十五兩"，予以維護、修廟或建壇。③ 到洪武九年（1376），
明朝廷又遣官巡視先代陵寢。禮部回復："各陵有素無祠宇者，有歲久不堪修
葺者，有間可修葺者。"④前後六年的時間，防護成效並不理想。禮部尚書還對
此提議："有廟者祭於廟，無廟祭於壇，祠宇之壞者請勿葺。"⑤所以，減少針
對先代陵寢的財政支出，不惟是地方官吏的態度，中央高層也會如此。

另一方面，防護措施的不同規劃，表現出了設計者不同的施政經驗。

在這些困難面前，實現防護的預期目標，成了對統治者施政經驗的考驗。
先代帝王祭祀具有昭示正統的作用。悉心防護先代陵寢，在象徵意義上維持正
統脈絡的完整，是歷朝中央的基本態度。針對地方的"怠慢"態度，朝廷中央
的應對方法也有不同。

宋初的"移衙近祠"與明初的"次第修之"，便是這種經驗的體現。宋太祖
曾下令："新修歷代帝王及嶽瀆祠廟，與縣鎮相近者，移治所就之。"⑥縣鎮長
官的衙署要設在當地祠廟的附近。有學者認爲，現實的行政力量與神界的祠廟
相鄰，從空間上構築了一個整合體：基層民衆對現實政權的服從，與對神靈的

① 孫崇望：《大宋新修周武王廟碑銘（並序）》，王昶：《金石萃編》卷一二四，清嘉
慶十年刊本，第21頁a。

② 《大宋新修唐憲宗皇帝廟碑銘（並序）》，《浦城縣志》卷一三，清乾隆四十七年刊
本，第12~15頁。

③ 《明太祖實錄》卷五九，洪武三年十二月庚午，臺灣"中央研究院"歷史語言研究所
1962年版，第1159頁。

④ 《明太祖實錄》卷一〇九，洪武九年閏九月乙巳，臺灣"中央研究院"歷史語言研究
所1962年版，第1811頁。

⑤ 《明太祖實錄》卷一〇九，洪武九年閏九月乙巳，臺灣"中央研究院"歷史語言研究
所1962年版，第1811頁。

⑥ 李燾：《續資治通鑒長編》卷一七，開寶九年七月丁亥，中華書局1995年版，第
374頁。

崇拜，融合在一起。① 但同時，宋太祖的規劃或許也有保護地方祠廟的考慮——借民衆對於官府的畏懼心理，就近防護、管理當地祠廟。因行政機關的存在，偷盜、樵採、耕牧的行爲必然會有所減少。再如明洪武九年巡查先代陵寢的事。禮部尚書建議，維持先代陵寢現狀，“祠宇之壞者請勿葺”，不做修復。明太祖要求：“其廟之可葺者，葺之；不可葺者，令有司次第修之，勿亟勞民也。”②所謂“次第修之”，説明他清楚地方的操作模式與實際效果，故而命令地方官吏逐漸修復，不能以此爲由過度勞動民力。

　　成長於底層的政治家，熟稔基層行政經驗，更容易考慮到地方財政的壓力與運作方式。這就是宋太祖“移衙近祠”與明太祖“次第修之”的原因。反觀清世宗設計的防護制度，若能由各地嚴格執行，效果必然很好。但實際上，先代陵寢並沒有得到很好的防護（前文已述）。乾隆年間，陝西巡撫陳宏謀向中央彙報：“向令地方官防護，每年造册報部。而其中多未築圍牆，又無守陵之户。所云防護，有名無實。”③所以，清世宗設計的制度雖然完備，但實際效力也是有限的。

三、中央與地方在防護制度上的互動

　　中央與地方在防護先代陵寢方面的互動，突出表現在特定時代、特定地域的制度變遷上。

　　從宋、明、清的先代帝王祀譜來看，先代陵寢北多南少。一方面，唐、北宋以前國祚長久、疆域遼闊的政權，大多建都於陝西、河南一帶。另一方面，針對南北朝，唐、宋朝廷的正統史觀都以北朝爲正統，將之作爲五德歷運更迭中的必經環節。南朝政權被排斥在正統脉絡之外。明、清朝廷的正統史觀雖然不再以五德推演爲基礎，但編製先代陵寢祀譜時，都明顯受到了北宋祀譜的影響。建都南方的政權在先代陵寢祀譜中並不凸顯（詳見第二章）。這是一個宏觀的特點。更具體地看，北方不同地域間的陵寢多寡，也有很大差別。

　　而這種空間分佈上的差別，又反映在朝廷的制度規劃上。現以北宋陝西路

---

　　① 廖宜方認爲，這是要減少民間祠祀活動的“流俗”氣氛，嚴肅帝王廟的氛圍。與此同時，可以讓經過官府的民衆感受到“王權的偉力”。參見氏著：《王權的祭典：傳統中國的帝王崇拜》，臺大出版中心 2020 年版，第 299~300 頁。

　　② 《明太祖實録》卷一〇九，洪武九年閏九月乙巳，臺灣“中央研究院”歷史語言研究所 1962 年版，第 1811 頁。

　　③ 《清高宗純皇帝實録》卷三一八，乾隆十三年七月庚寅，中華書局 1986 年版，第 225 頁下欄~226 頁上欄。

防護先代陵寢的開支爲例，來説明地方與中央在制度規劃上的協調與互動。

（一）北宋後期陝西路防護制度的變遷

北宋時，先代陵寢的修繕費用由官方財政支出。例如，開寶年間，京兆府的先代帝陵被破壞。朝廷"發廂軍千人"修繕，不准當地調用民力，"自今有當繕治者，以鎮兵給其役"①。真宗朝，"詔歷代帝王陵廟有隳損處，所在計度修葺"②。"詔歷代聖賢陵墓摧毀者官爲修葺，申嚴樵採之禁。"③總之，修繕事務由官方財政支應費用。

但到了北宋後期，陝西路的情況出現變化：在中央朝廷的許可下，當地防護先代陵寢的財政投入逐漸減少，趨向於全部取消。管見所及，同時代其他地區的先代陵寢防護工作，並未出現太多變動。那麼，爲什麼單單是陝西路的維修事務在變化？出現這種變化的原因又是什麼？

陝西路防護制度的調整，是分四個步驟漸次進行的。

第一，取消保護措施，開放給佃農租種。

熙寧改革時，陝西路唐朝帝陵的保護措施被解除。熙寧五年（1072），楊蟠、沈披曾建議，"請唐太宗、肅宗陵皆給爲細民田"④。《林夕野史》稱楊、沈二人建言"輕妄"，"奏議紛紛"。將唐朝陵寢的土地用於徵收租稅，便是其中一例。當時的陝西都轉運使（即陝西路最高財政長官）謝景溫表示反對，被二人讒言詆毀。主政的王安石攻訐謝景溫的過失，"罷知襄州"⑤。據此，在熙寧改革時，以往對先代陵寢禁樵禁墾的政策，轉變爲用陵取利。而且，這項措施是在王安石的支持下推行的。

用先代陵寢的土地徵税，目的是增加政府財源。漆俠先生指出，開闢税

---

① 李燾：《續資治通鑑長編》卷一二，開寶四年四月壬辰，中華書局 1995 年版，第264 頁。

② 劉琳等校點：《宋會要輯稿》禮三八《修陵》，上海古籍出版社 2014 年版，第 1605頁。

③ 李燾：《續資治通鑑長編》卷五八，景德元年十月壬午，中華書局 1995 年版，第1273 頁。

④ 李燾：《續資治通鑑長編》卷二三○，熙寧五年二月辛亥朔引《林希野史》，中華書局 1995 年版，第 5586 頁。

⑤ 李燾：《續資治通鑑長編》卷二三○，熙寧五年二月辛亥朔引《林希野史》，中華書局 1995 年版，第 5586 頁。

源，是熙寧改革充實財政的一項思想指導。① 陝西路的唐代帝陵由禁樵禁墾，轉而被用來租種收利，正是這種形勢下的產物。

第二，重新保護陵寢，維持租種現狀。

既然解禁收稅是王安石變法中的產物，那麼當改革受阻時，這個做法也必然受到影響。

王安石不再主政後，隨即有人主張廢除前令。熙寧九年（1076）十月，王安石第二次罷相，徹底離開權力中樞。改革力度減弱。次年二月，鄧潤甫上言，對之前陝西路先代陵寢的事進行抨擊。

　　嘗有興利之臣議前代帝王陵寢，許民請射耕墾。而司農可之。緣此，唐之諸陵悉見芟刈。聞昭陵木已剪伐無遺。《熙寧令》，前代帝王陵寢並禁樵採，遇郊祀則敕吏致祭，其德意可謂遠矣。小人掊克，不顧大體，使其所得猶不可爲，況其所獲至淺鮮者哉。乞下所屬依舊禁止樵採耕墾，並黜責創議之人。②

鄧潤甫批評的重點，是楊蟠等人只注重徵稅創收（即"小人掊克"），而忽略了先代陵寢的重要意義（"不顧大體"）。解除禁令對唐朝帝陵造成了很大毀壞。唐太宗陵（昭陵）受損尤巨。文中的"許民請射耕墾"，指當地官府用先代陵寢的土地征租收稅。"請射"，代表唐宋時期的"請田"制度。爲保證國家稅收，官民皆可申請、耕種政府掌握的無主土地。③ "興利之臣"便是將唐代陵寢的土地租了出去。鄧潤甫建議撤銷此前命令，重新保護先代陵寢，並黜責之前的倡議者。先代帝陵的象徵意義又受到重視。這是舊黨勢力在王安石倒臺後，對改革措施的反撲。

但是，鄧潤甫的建議並未被全部採納。"詔唐諸陵除立定依條禁止頃畝外，其餘民已請射地，許依舊耕佃，爲守陵戶。餘並禁止。"④北宋朝廷在重申護陵政策的同時規定，佃農已經耕種的土地（即"民已請射地"）維持現狀，佃農充作守陵戶。易言之，已經租出去的土地便不再回收，依舊用於收稅。這是

① 漆俠：《宋代經濟史》（上冊），上海人民出版社1987年版，第411頁。
② 李燾：《續資治通鑒長編》卷二八〇，熙寧十年二月乙未，中華書局1995年版，第6864頁。
③ 唐剛卯：《唐代請田制度初探》，《敦煌學輯刊》1985年第2期。
④ 李燾：《續資治通鑒長編》卷二八〇，熙寧十年二月乙未，中華書局1995年版，第6864頁。

一個折衷的辦法。

折衷處理，與當時的政治環境有關。王安石離開中央，但宋神宗依然把持最高權力。熙寧改革的進程雖然放緩，但原有的部分措施仍被宋神宗維持下去。直至宋哲宗上臺後開始"元祐更化"，王安石變法的原有策略才被徹底扭轉。所以，這次折衷處理，就是熙寧改革放緩，而原有措施仍在持續的一種表現。

第三，當地財政減少投入，將先代陵寢土地的稅收直接用於陵寢修繕。

既然用先代陵寢來徵收租稅，而陵寢維修又需要財政開支，那麼，圍繞先代陵寢的收入與開支就可以直接掛鈎。元豐六年(1083)正月，户部上言："永興軍提舉司奏，本路自漢以來帝王陵廟多有損闕。乞將諸陵下閑地收歲入租課，令州縣專掌，遇陵廟屋宇隳弊，許以其錢修葺。仍以一路通融支費。"①永興軍路建議，在當地財政統管的前提下，先代陵廟的修繕費用，由各州縣的陵寢租課所得支出。永興軍路的位置相當於陝西路(轉運使路)東部，大體包含今陝西地區，治所在京兆府(今陝西西安)。在此之前，外租土地只限於唐朝帝陵。而這項建議則將"漢以來帝王陵廟"統統包括在内。

這項建議被中央採納。宋神宗下詔："周漢以來帝王陵廟，久闕修治。其令州縣以陵地所入租課葺之。"②"周漢以來"陵寢皆在租地徵稅的範圍内。這裏需要注意，不是今陝西地區的所有先代陵寢，而是西周以後的。在北宋的先代帝王祀譜中，位處永興軍路的西周之前的先代帝陵，只有黃帝陵。第二章已論，因北宋中期追尊黃帝爲趙氏聖祖，黃帝陵成爲北宋皇室聖祖陵，不在先代陵寢之列。永興軍路内的先代陵寢均將陵寢附近的閒置土地租出去，並將稅收直接用到陵寢的修繕上。

第四，維修工作與開支，轉嫁到租種陵地的守陵户身上。

先代陵寢的守陵户直接承擔修繕工作，始於元祐七年(1092)。工部轉奏陝西路轉運司關於防護事務的建言。陝西路轉運司提出："乞將本路州縣應有前代帝王陵寢祠廟去處鄰近地，各行摽撥，委所屬縣分擇比近多丁之家，召募看守。"③

---

① 劉琳等校點：《宋會要輯稿》禮三八《守陵》，上海古籍出版社 2014 年版，第 1604 頁。時間爲元月十九日。

② 李燾：《續資治通鑒長編》卷三三二，元豐六年元月乙未，中華書局 1995 年版，第 8000 頁。元豐六年元月朔日爲丁丑，乙未正是第十九日，與《宋會要輯稿》禮三八《守陵》中的日期吻合。

③ 李燾：《續資治通鑒長編》卷四七八，元祐七年十月丁巳，中華書局 1995 年版，第 11382 頁。

就是用臨近先代陵寢的閒置地去招募民户，看守陵廟。

工部同意了陝西路轉運司的提議，並具體規劃了這項制度的細節：其一，用於此事的土地，須是“每陵寢比近十里内，有係官空閒地土可修處”，即當地官府掌握的閒置土地。其二，從“丁多之家”（男丁多的人户）中選募看守人户，給田一頃。其三，提供的待遇是：“與免營田地内每歲所出租課及本縣内諸般差役，永充看守。”充當看守的人户免去原有的賦役負擔，但必須一直負責看守事務。其四，看守人户的義務是：“其祠廟若小有損壞，亦責修葺。”① 所以，看守人户原有的賦役被陵廟維修任務所取代。

爲了保障賦税的徵收和陵寢的修繕，還有兩項附加條款。一是“不就給田看守及雖有承佃地土不及一頃而情願看守者，並聽從便”。對於不滿足以上條件而自願看守先代陵寢的，官方不予禁止。二是“如本家有田自合應役者，即不免諸般差役”。② 這條説明，耕種先代陵寢的土地是充當守陵户、免除賦役的前提。如應募者此前本有土地（即本來就需向國家交税），不能再以看守先代陵寢爲由享受免除賦役的優待。最後，工部還注意到了招募不到人的情況。招募不到人，就説明陵寢附近没有可以耕種的土地。這種情況下，若陵廟出現損壞，“即令合屬官依條修葺”，當地官員負責維修。

在設計防護制度時，保障税收是一個重要前提。一方面，這套制度的基本運作方式是：用先代陵寢的臨近閒散土地來招募看守人户；看守者耕種陵寢附近的土地，當地不再向他們收税，免去所有差役（在别處另有田地的部分不在免除之列）；但他們需要負責相應的維修工作。對於當地陵寢的維修開支，徹底變成了“羊毛出在羊身上”的格局。另一方面，運作邏輯的重點是，不能影響先代陵寢以外的賦役征派。兩條附加條件正是在強調這個問題：允許民衆自願看護，但不會因此免除原有的賦役。總之，不能因防護先代陵寢的某些“優惠”政策影響財政的收入。

現在對四次變化做一個匯總。

將近 20 年左右的時間裏，在陝西先代陵寢的修繕事務上，財政投入不斷縮小。熙寧改革中，保護唐朝陵寢的禁令被解除。唐朝帝陵的土地被用來租種收税，擴充財源。王安石不再主政後，宋神宗仍在維持部分改革措施。所以，

① 李燾：《續資治通鑒長編》卷四七八，元祐七年十月丁巳，中華書局 1995 年版，第 11382 頁。
② 李燾：《續資治通鑒長編》卷四七八，元祐七年十月丁巳，中華書局 1995 年版，第 11382 頁。

北宋朝廷改用折衷的做法，在重新保護先代陵寢的同時維持現狀，依舊用陵寢的土地收稅。據學者研究，熙寧、元豐時期，財政集權於中央，"賦入中歸朝廷直接調用的部分增加，造成了地方財政的巨大困難"①。所以在元豐後期，當地官府用先代陵寢土地所得的財賦，被直接投入修繕事務上。到哲宗元祐年間，陝西路用陵地招募守陵戶，用免去賦役爲條件，將修繕工作轉嫁給他們。只要能將陵寢附近的土地租出去，官方財政在陵寢防護上就不再投入。總之，陝西地區對於先代陵寢的財政投入，不斷減少。熙寧改革以來的地方財政壓力，是主要原因。

(二)陝西路的陵寢數量與軍事方位

前文提到，這類政策調整集中於陝西路，而其他地區的變化並不顯著。這是爲何？

第一個問題，陝西路的先代陵寢數量多，是長久以來歷史積澱的客觀情況。今陝西地區曾是數代王朝的建都之所。先代陵寢聚集此處。乾德祀譜中共有先代陵寢 79 處。第四等雖不是常祀對象，但需"嘗禁樵採"，也在保護之列。到北宋中後期，河南府的後漢高祖陵、鄭州的後周太祖陵、後周世宗陵也進入先代陵寢祀譜。如此一來，先代陵寢共計 82 處。整理這些先代陵寢的地域信息可知，今陝西地區，即永興軍路(陝西路東部)內的數量最多。詳情如表 5-1 所示。

表 5-1　北宋祀譜中先代陵寢的屬地統計

路	府或州	先代陵寢墓主(先代陵寢位置)	計數序號
永興軍路 (36 陵)	坊州	1 黃帝(橋山)	1
	京兆府	2 周文王(咸陽縣)	2
		3 周武王(咸陽縣)	3
		4 周成王(咸陽縣畢原)	4
		5 周康王(咸陽縣畢原)	5
		6 秦始皇(原昭應縣，後改名臨潼)	6
		7 漢高祖(長陵)	7

① 汪聖鐸：《兩宋財政史》，中華書局 1995 年版，第 79 頁。另可參見包偉民：《宋代地方財政史研究》，中國人民大學出版社 2010 年版，第 115 頁。

續表

路	府或州	先代陵寢墓主（先代陵寢位置）	計數序號
永興軍路 （36 陵）	京兆府	8 漢文帝（長安縣東）	8
		9 漢景帝（長安縣東）	9
		10 漢武帝（長安縣西）	10
		11 漢宣帝（長安縣南）	11
		12 漢元帝（長安縣）	12
		13 漢成帝（咸陽縣）	13
		14 漢平帝（咸陽縣）	14
		15 唐太宗（醴泉縣北）	15
		16 唐肅宗（醴泉縣）	16
	耀州	17 北魏孝文帝（富平縣）	17
		18 西魏文帝（富平縣）	18
		19 後周文帝（富平縣）	19
		20 隋高祖（富平縣）①	20
		21 唐代宗（富平縣）	21
		22 唐中宗（富平縣）	22
		23 唐順宗（富平縣）	23
		24 唐文宗（富平縣）	24
		25 唐懿宗（富平縣）	25
		26 唐高祖（三原縣東）	26
		27 唐敬宗（三原縣）	27
		28 唐武宗（三原縣）	28
		29 唐宣宗（雲陽縣）	29
		30 唐德宗（雲陽縣）	30
	華州	31 唐睿宗（奉先縣）	31
		32 唐玄宗（奉先縣）	32
		33 唐憲宗（奉先縣）	33

---

① 在《政和五禮新儀》卷四《序例・册祝》中，隋文帝陵的位置是秦鳳路鳳翔府。

續表

路	府或州	先代陵寢墓主(先代陵寢位置)	計數序號
永興軍路 （36 陵）	醴州	34 唐高宗（奉天縣）	34
		35 唐穆宗（奉天縣）	35
		36 唐僖宗（奉天縣）	36
京西北路 （30 陵）	淮寧府 （原陳州）	1 太昊（宛丘）	37
		2 商高宗（西華縣）	38
	河南府	3 周桓王（澠池縣）	39
		4 周靈王（河南栢亭西）	40
		5 周景王（洛陽太倉中）	41
		6 周威烈王（洛陽城西隅）	42
		7 東漢光武帝（洛陽）	43
		8 東漢明帝（洛陽）	44
		9 東漢章帝（洛陽）	45
		10 東漢和帝（慎陵，洛陽東南）	46
		11 東漢殤帝（慎陵塋中）	47
		12 東漢安帝（洛陽北）	48
		13 東漢順帝（洛陽西）	49
		14 東漢沖帝（洛陽西北，據《文獻通考》補）	50
		15 東漢質帝（洛陽東南）	51
		16 魏文帝（晉陽山）	52
		17 魏明帝（河清縣）	53
		18 魏高貴鄉公（洛陽瀍澗之濱）	54
		19 晉武帝（洛陽）	55
		20 晉惠帝（洛陽）	56
		21 唐昭宗（緱氏縣）	57
		22 後梁太祖（伊闕縣）	58
		23 後梁末帝（伊闕縣）	59
		24 後唐莊宗（新安縣）	60

續表

路	府或州	先代陵寢墓主(先代陵寢位置)	計數序號
京西北路 (30 陵)	河南府	25 後唐明宗(洛陽東北)	61
		26 後唐清泰帝(明宗陵南)	62
		27 後晉高祖(壽安縣)	63
		28 後漢高祖(河南府)	64
	鄭州	29 後周太祖(鄭州)	65
		30 後周世宗(鄭州)	66
河東路 (4 陵)	晉州	1 女媧(趙城)	67
	慶成軍路	2 商湯(寶鼎縣)	68
	平陽府	3 晉懷帝(平陽府)	69
		4 晉潛帝(平陽府)	70
河北東路 (4 陵)	開德府 (原澶州)	1 顓頊(臨河縣)	71
		2 帝嚳(濮陽，後改京東西路應天府)	72
	大名府	3 商中宗(内黄縣)	73
	德州	4 魏陳留王(平原縣)	74
河北西路 (3 陵)	相州	1 魏武帝(鄴郡)	75
		2 東魏孝静帝(鄴郡)	76
	懷州	3 東漢獻帝(禪陵在懷州修武縣、武陟縣)	77
荆湖南路 (2 陵)	衡州	1 炎帝(長沙)	78
	道州	2 虞舜(零陵)	79
京東西路(1 陵)	東平府 (原鄆州)	帝堯(後改京東西路濮州雷澤縣)	80
秦鳳路(1 陵)	鳳翔府	漢哀帝義陵(扶風縣)	81
兩浙路(1 陵)	越州	夏禹	82

　　説明：(1)《宋大詔令集》卷一五六收録的《前代帝王置守陵户祭享禁樵採詔》中，涉及了每處陵寢的具體地名。現根據《宋史·地理志》中元豐年間的行政區劃，對應到所屬的路、府(或州)中。(2)《宋大詔令集》中的名單，在第四等中缺少東漢和帝、沖帝。現依據《文獻通考》中的内容補充。

通過表 5-1 可知，永興軍路(相當於陝西轉運使路東部、原陝西路東部)的先代陵寢最多。它比第二位的京西北路還多出 6 個。原陝西路的陵寢是永興軍路與秦鳳路的總和，共 37 處。另外，黄帝陵從北宋真宗年間開始，被奉爲皇室聖祖陵，不再列於先代帝王祀譜。《政和五禮新儀》將隋高祖陵的位置記載爲秦鳳路鳳翔府，或是因區劃調整而有所變動。即便去掉這兩個，永興軍路尚有 34 陵，依然是諸路之首，占總數的 42% 比重。也就是説，全國近一半的先代陵寢防護、修繕工作，都是由永興軍路負責。

但是，京西北路的先代陵寢有 30 處，僅次於永興軍路，占總數的 37%。但目前來看，京西北路防護先代陵寢的事務並没有被頻繁調整。這是爲何？

這就涉及兩地在北宋疆域内的位置差異。

第二個問題，在北宋時，陝西地區是宋、夏兩國的交戰區域。

陝西地區位於北宋的西北邊陲，與西夏接壤，在北宋又有"陝西沿邊"之稱，[1] 而京西北路在北宋疆域中屬於腹地，不受戰爭侵擾。

宋、夏戰爭加劇了這裏的財政困境。宋神宗上臺後，意欲擴展疆域，遂重新向西夏開戰。戰爭開始於熙寧三年(1070)。陝西路地處宋、夏交界，本身就有較重的財政壓力。與之類似，河東、河北是宋遼交界。吴充曾提到過，陝西、河東、河北三路的財政"當無事之時，常苦不足"[2]。若逢交戰時期，則當地財政更加拮据。"神宗統治時期，戰爭以西綫爲主，故西綫的軍費支出尤爲突出。"[3]據考證，戰爭期間，"宋廷多方爲陝西前綫調集軍備財賦，説明了陝西軍費開支的浩大"[4]。加之前文提及的，從王安石變法開始，中央收攬財權，地方財政不斷困難。所以，熙寧改革以後，陝西地區財政已經處於緊張狀態。

綜上所述，對於北宋後期的陝西路(轉運使路)、永興軍路來説，修繕先代陵寢本就是一項開銷。在宋、夏交戰、地方財政困頓的背景下，減少對於先代陵寢的財政投入，就可以理解了。

直到清朝，中央還對陝西地區的先代陵寢防護"特事特辦"。原因就是先

① 周振鶴主編，李昌憲著：《中國行政區劃通史·宋西夏卷》，復旦大學出版社 2007 年版，第 62 頁。
② 李燾：《續資治通鑑長編》卷二一四，熙寧三年八月癸酉，中華書局 1995 年版，第 5208 頁。
③ 汪聖鐸：《兩宋財政史》，中華書局 1995 年版，第 56 頁。
④ 汪聖鐸：《兩宋財政史》，中華書局 1995 年版，第 60 頁。

代陵寢多。清高宗要求陝西巡撫考察當地的陵寢防護情況："陝西爲自古建都之地，陵墓最多。有不在《會典》之內者，既無圍牆，又無陵戶。著交於該督撫查明，酌築圍牆，以禁作踐，以資保護。"①所謂"不在《會典》之內者"，就是不在先代帝王祀譜中的陵寢。它們雖不是清朝廷的常祀、告祭對象，但也在當地保護之列。陝西巡撫回報，工部參酌規劃了護陵制度。據回奏，先代陵寢祀譜中的陵寢有 13 處在當地，"此外周、秦、漢、唐之陵，尚數十餘座"。這些陵寢"向令地方官防護，每年造冊報部"，而實際上，"所云防護，有名無實"②。重新規劃的保護方案，仍然是用陵寢附近的"隙地"（即閒置土地）來招募附近居民，"免其升科，充爲陵戶"。所謂"升科"，就是荒地開墾成普通田地之後應交的稅賦。同時，所有先代陵寢及部分陵寢的享殿、先賢祠宇，"統於每歲防護冊內造報"，全部納入上報、造冊的制度體系內。在招募守陵戶方面，各陵的"隙地"多寡不同。面積大者，"酌收租息，以充修葺圍牆及撥給並無隙地陵戶工食之用"③。當地官府對"隙地"較多的守陵戶收租，將之補貼到"隙地"狹小的陵寢中去。易言之，是在當地財政統一協調之下，用陵寢"隙地"的收入來支應當地的護陵、維修用度。這與北宋後期的措施，尤其是元豐六年的制度，非常相似。

綜上，北宋後期中央與地方不斷互動，縮減了陝西地區的防護開支。這種因地制宜、因時制宜的改變，反映了地方現實因素對於中央制度設計的影響。其中，地理因素尤爲重要。先代陵寢的分佈情況，是各政權更迭之後的客觀產物。陝西地區先代陵寢的防護工作在宋、清兩朝都被特殊對待，正是這種分佈特點造成的。而且，陝西地區作爲兩國交界的緩衝地帶，自身背負着較重的財政負擔。所以，北宋後期的情況，說明制度設計並不是由朝廷中央完全掌控。地方的行政機構會與中央進行協調、互動，甚至會主動影響中央的設計。

第二節　先代帝王祭祀與政治防範

先代帝王本身的政治屬性，使得當政朝廷在尊崇之餘還對其抱有警惕態度。這種警惕態度主要針對勝朝，或是與現實問題有密切關聯的往代政權。而上古聖王一般不會被視作政治上的"威脅"。如果對於先代帝王的"政治符號"闡釋不利於當政朝廷，那麼這種解釋必然會受到當政朝廷的否定與打擊。

警惕態度的表現，就是對於先代陵寢等祭祀場所的破壞，以及對帶有政治動機的私人祭祀行爲的高度警覺。從目的上看，這些措施都是爲了防範反叛勢力，尤其是針對亡國故地以及舊臣遺民的顛覆圖謀。

一、破壞先代陵寢的史事

(一) 項羽破壞秦帝陵與楚漢戰争中的輿論優劣

從戰國到秦、漢，古代歷史走向帝制時代。在這種時代背景下，是否踐行先秦時期"存亡繼絶"的傳統，直接影響到各派勢力在輿論上的優劣地位。

對於秦朝帝陵、君主、宗室的不當處置，成爲劉邦討伐項羽的一項理由。楚漢對峙時，劉邦曾歷數項羽的十條罪狀。其中有："懷王約入秦無暴掠，項羽燒秦宮室，掘始皇帝塚，私收其財物"，"强殺秦降王子嬰"。第一章已述，戰國後期，秦國軍隊攻佔楚國時，也曾破壞楚國王陵。項楚集團的暴虐行爲，可以視作秦、楚之間的互相報復。

秦亡後，劉邦與項羽在關中的作爲，引發了關中民衆的不同態度。漢元年(前206)十月，劉邦進入關中。秦王子嬰降。"諸將或言誅秦王"，被劉邦否決。理由有二：一是"始懷王遣我，固以能寬容"，二是"且人已服降，又殺之，不祥"。這兩條的最終指向，都是對已降秦王的人身保護。劉邦進入咸陽後，"乃封秦重寶財物府庫，還軍霸上"①。採取保護性措施，沒有騷擾性的破壞。項羽進入咸陽後，"屠燒咸陽秦宮室，所過無不殘破"，造成

---

① 《史記》卷八《高祖本紀》，中華書局1959年版，第362頁。

"秦人大失望"。① 漢軍最終依賴關中取得勝利，與秦地民衆的擁附有直接關係。②

在對待秦朝的態度上，劉漢政權有意與項楚集團表現出不同。項羽入咸陽，"殺子嬰及秦諸公子宗族"③。誅滅秦王族，是爲了防範秦國死灰復燃。但這也表示，秦王室的先祖祭祀已絶，無人奉祀。正是因此，西漢初年設置南山巫，定期祭祀秦二世，並爲秦始皇設守塚户。此外，漢政權爲義帝發喪，將義帝之死作爲項羽的罪狀之一。在消滅項羽後，漢政權又以公爵之禮安葬。對於項氏親屬，漢高祖未做殺戮，而是封侯。④ 所以，漢政權遵循"存亡繼絶"的傳統，在政治輿論上起到了積極作用。

（二）王莽破壞西漢皇帝廟與打擊劉姓宗室勢力

新莽政權初立之時，王莽對西漢皇室表現出了極大尊敬。他奉西漢末帝劉嬰爲國賓，奉元后王氏爲"新室文母太皇太后"，並延續長安的西漢皇帝廟常祀。顧頡剛先生指出，王莽祭祀漢皇帝廟，不僅能安撫劉姓宗室，還能昭示新朝的正當性。⑤ 誠如斯言，祭祀西漢皇帝，不僅取決於漢新禪代的輿論需求，還應歸因於漢朝龐大的舊宗室所形成的政治隱患。

當王莽意識到無法安撫舊宗室時，罷祀西漢皇帝，與對舊宗室的打擊一同出現。始建國二年（10）十一月，孫建批評劉姓宗室抵抗新朝，反對繼續維持西漢皇帝廟的祭祀，撤銷給予舊宗室的禮遇。於是，王莽開始大規模貶斥劉姓諸侯。同時，"漢氏諸廟在京師者皆罷"⑥。漢高祖由之前專享"文祖廟"的祭祀，轉而"享食明堂"。與此同時，漢元帝廟被"廢徹塗地"，"墮壞孝元廟，更爲文母太后起廟"⑦。此後，西漢皇帝廟還不斷遭受破壞。

① 《史記》卷八《高祖本紀》，中華書局 1959 年版，第 365 頁。
② 田余慶先生《説張楚——關於"亡秦必楚"問題的探討》（《秦漢魏晉史探微》，中華書局 2011 年版）與陳蘇鎮《〈春秋〉與"漢道"：兩漢政治與政治文化研究》（中華書局 2011 年版）已經對劉邦依靠關中、秦人完成統一的問題有充分論述。
③ 《史記》卷六《秦始皇本紀》，中華書局 1959 年版，第 275 頁。
④ 《史記》卷七《項羽本紀》，中華書局 1959 年版，第 338 頁。
⑤ 顧頡剛：《五德終始説下的政治和歷史》，《古史辨》第 5 册，上海古籍出版社 1982 年版，第 605~606、612 頁。
⑥ 《漢書》卷九九中《王莽傳中》，中華書局 1962 年版，第 4119 頁。
⑦ 《漢書》卷九八《元后傳》，中華書局 1962 年版，第 4034 頁。

一方面，是用作新莽皇室的墓地。地皇二年（21）二月，王莽妻病死。太子王臨謀反事發，被賜死。太子妻自盡。王莽另一子王安病死。當月，王莽的兩個孫子，"孫公明、公壽病死"。爲此，"莽壞漢孝武、孝昭廟，分葬子孫其中"①。漢武帝廟、昭帝廟被王莽挪作墓地使用。

另一方面，是被施以厭勝之法。還是在這一年，王莽在夢中看見"長樂宮銅人五枚起立"。長樂宮爲西漢的第一座宮殿，爲漢高祖定都長安後首居之所。殿内銅人上還有"皇帝初兼天下"的銘文。對王莽來説，此事無疑是漢室復興的預兆。不久，王莽又"感漢高廟神靈"。顏師古注解，此爲王莽夢見自己受到漢高祖的譴責。爲此，王莽"遣虎賁武士入高廟，拔劍四面提擊"，並用斧子砍壞門窗，又"桃湯、赭鞭鞭灑屋壁"，在漢高祖廟中潑灑桃湯（桃木熬成的汁液，用來驅邪），並用赭鞭（驅邪用具）抽打。此外，"徙北軍壘之兵士於高廟寢中屯居"②。在漢高祖廟中屯駐士兵，是王莽出於對漢高祖神靈的恐懼，借武官、士兵來起威懾作用。

打着"復漢"旗號的各地武裝力量是王莽施加厭勝的現實原因。地皇二年已是王莽統治的後期，各地軍事力量蜂起。他們多打着"復漢"的旗號反抗新莽，並推舉劉姓舊宗室爲領袖。"民心思漢"，是當時社會的普遍心理。毁廟、厭勝之事，是王莽寄希望於神秘力量的表現。他希望通過破壞西漢皇帝廟，來達到抵制、消滅"復漢"勢力的目標。

（三）元初對南宋帝陵的盜掘與厭勝

關於"江南釋教總統"楊璉真加發掘南宋帝陵的時間，學界有過不同説法。據考證，大致是在元至元二十一年（1284）。③ 大致情況是："發掘故宋趙氏諸陵之在錢唐、紹興者及其大臣塚墓，凡一百一所。"④"擅發宋諸陵，取其寶玉。"其間還"戕人命四"⑤。事後統計，盜墓活動以及過程中"詐掠"所得，共"鈔十一萬六千二百錠，田二萬三千畝"以及金銀、珠玉、寶器等物。⑥

---

① 《漢書》卷九九下《王莽傳下》，中華書局 1962 年版，第 4166 頁。
② 《漢書》卷九九下《王莽傳下》，中華書局 1962 年版，第 4169 頁。
③ 王昊：《楊璉真加盜發宋陵年代辨正》，《華夏文化論壇》2013 年第 1 輯。
④ 《元史》卷二〇二《釋老列傳》，中華書局 1976 年版，第 4521 頁。
⑤ 《元史》卷一七《世祖本紀十四》，中華書局 1976 年版，第 362 頁。
⑥ 《元史》卷一七《世祖本紀十四》，中華書局 1976 年版，第 362 頁。

楊璉真加盜陵，得到了元朝統治者的默許。據明初危素的描述，楊璉真加與嗣古妙高行事前曾向元世祖奏請，最終"如二僧言"。他們在獲得批准後，"遂發諸陵，取其金寶"①。《元史·世祖本紀》中則説，"初，璉真加重賂桑哥"，而後盜掘宋帝陵。② 桑哥爲總制院使，是管轄全國宗教事務的中央機構（即後來的宣政院）長官。不論具體經過誰的同意，元朝廷高層對此事是默許的。

盜陵的目的，一是斂財，二是實施鎮厭，防止南宋復起。盜掘宋陵所得的財物，被元朝廷轉作他用："以江南總攝楊璉真加發宋陵塚所收金銀寶器修天衣寺。"③到至元二十九年（1292），已經事過數年，"省臺諸臣乞正典刑，以示天下"。也就是説，在 8 年的時間裏，元朝廷並未徹底處理此事。元世祖"猶貸之死，而給還其人口、土田"。④ 這等於是對禍首寬大處理，未做實質性的追究。而且，楊璉真加等人在盜陵的過程中，"以諸帝遺骨瘞於杭之故宫，築浮屠其上，以厭之"⑤。這種行爲，與王莽破壞漢高祖廟一樣，都是希望通過厭勝之術，消弭南宋舊地的反叛勢力，避免南宋"死灰復燃"。

（四）明朝晚期對金朝帝陵的破壞與厭勝

此事不見於《明實録》，而見於清順治年間修復金朝帝陵的詔書。其中提道：

> 迨至明季國運衰微，因我朝克取遼東，誤疑金代陵寢旺氣相關，遂將陵後地脉掘斷。又因己巳年我太宗皇帝統師入關，追念金代先德，特遣王貝勒大臣往陵致祭。乃故明復將陵前石柱等拆毁，建立關帝廟，鎮壓風水。⑥

---

① 《明太祖實録》卷五三，洪武三年六月庚辰，臺灣"中央研究院"歷史語言研究所 1962 年版，第 1050~1051 頁。

② 《元史》卷一七《世祖本紀十四》，中華書局 1976 年版，第 362 頁。

③ 《元史》卷一三《世祖本紀十》，中華書局 1976 年版，第 269 頁。

④ 《元史》卷一七《世祖本紀十四》，中華書局 1976 年版，第 362 頁。

⑤ 《明太祖實録》卷五三，洪武三年六月庚辰，臺灣"中央研究院"歷史語言研究所 1962 年版，第 1051 頁。

⑥ 《清世祖實録》卷一〇六，順治十四年正月戊午，中華書局 1985 年版，第 827 頁上欄。

據此，明朝廷在遼東戰局失利後，掘斷金朝帝陵"地脉"，拆毀陵前石柱，並建關帝廟以做厭勝。在明朝廷看來，金朝帝陵與後金政權"旺氣相關"。破壞金朝帝陵，是爲了在現實中抵制後金政權的擴張。

以上是當政朝廷對於先代陵寢等祭祀建築的破壞。

二、尊崇同時的防範與打擊

禮遇先代，往往也是有限度的。例如，宋真宗曾抬高李唐皇帝的祭祀待遇，後因朝臣反對而作罷。大中祥符六年（1013），宋真宗要求"唐七聖帝殿"：依"古聖帝陵廟例"（即先代陵寢祀譜第一等），"春秋二時用中祠禮料，差官致祭"。[1] 這是祭祀李唐明君、皇后的一個祠廟，並不是唐朝陵寢。孫奭上疏反對："唐七聖帝殿"中的君主在先代陵寢祀譜中已有位置；而且北宋祀譜是分等施祭，"太宗、明皇並每年一享"（指祀譜第二等），"唐高宗、中宗、睿宗，並不在祭典"（參考乾德祀譜第四等，只保護他們陵寢，不予祭祀）。所以，宋真宗的命令與先代陵寢祀譜相違背。孫奭還提道：

> 雖已降敕命，宜依舊。緣國家時享宗廟，一日之中只於太廟一處，豈可唐朝廟貌乃得一日之中兩處致祭？[2]

按照之前的命令，每年二仲，李唐皇帝會在陵廟與"七聖帝殿"同時享祀。禮遇優於趙宋宗廟。這種過分抬高先代帝王禮遇的做法，必然遭到反對。

對於明帝陵的制度規劃，同樣限於清朝廷認可的範圍內。清朝在入關後，很快完成了防護、祭祀明朝陵寢的制度設計。順治四年（1647）正月，頗受重用的漢族官員沈文奎，"以擅免荒田賦，又瀆請明陵祀典，奪職"[3]。沈文奎建議的"明陵祀典"究竟如何，不得而知。但是，其建議必然超出了清廷的認可範圍，才會被判定爲"瀆請"。在守陵與春秋施祭之外，清朝廷杜絕更高的禮遇。

---

[1] 歐陽修等：《太常因革禮》卷八〇《新禮十三·享先代帝王陵廟（置陵户祠廟附）》，《續修四庫全書》第 821 册，第 572 頁下欄。

[2] 歐陽修等：《太常因革禮》卷八〇《新禮十三·享先代帝王陵廟（置陵户祠廟附）》，《續修四庫全書》第 821 册，第 572 頁下欄。

[3] 《清史稿》卷二三九《列傳二十六·沈文奎》，中華書局 1976 年版，第 9511 頁。

帶有政治意圖的私人祭祀行爲，也必然受到打擊。在當政朝廷看來，私人祭祀如果包含政治目，往往會對自己不利。例如明嘉靖晚期，翰林編修趙祖鵬被論死罪。"祖鵬嘗得宋朝遺牒，謂宋魏悼王之裔，因修譜以續其系。私祭宋代陵寢，而名其莊曰'護陵拱辰'。"①趙祖鵬自詡宋朝宗室後裔，私祭宋帝陵，被攻詰成不利於明朝的政治圖謀。與此類似，天啓年間，佟卜年因族人投奔後金而其本人又與明軍戰敗有關，被處死。有刑部官員提到，佟卜年"每歲必祭金世宗墓"②。彼時，後金與明朝在遼東地區處於對峙態勢。明朝廷本就認爲金朝帝陵與後金"旺氣相關"。佟卜年祭金朝帝陵，無異於輔助後金崛起。這種行爲必然是當政者的打擊對象。

先代帝王究竟是誰的"政治祖先"，至關重要。當政朝廷破壞先代陵寢，打擊帶有政治意圖的私人祭祀，是維護皇權、防範敵對勢力的措施。這與當政者防護先代陵寢來維繫正統脉絡，並不衝突。關鍵之處在於，對先代帝王的"政治符號"詮釋，是爲當政朝廷所用，還是爲地方、私人所用。當政朝廷破壞先代陵、廟，打擊帶有政治意圖的祭祀行爲，仍舊以維護皇權爲目的。

第三節　地方社會中的先代帝王祭祀

在國家祀典之外，地方社會也有祭祀先代帝王的活動。這可以從施祭主體與祭祀對象兩方面著眼。一方面，除了當政朝廷，地方官吏與基層民衆也會祭祀當地的先代君主祠廟。在與先代君主相關的地域中，這種活動尤爲盛行。另一方面，朝廷祀譜規定的先代帝王只是往代君主的一部分。很多先代君主雖不受當政朝廷尊崇，但在特定地域內卻享祀不輟。而且，即便是祀譜中的先代帝王，在祀譜規定的地點之外，也多有祠廟。上古聖王的祠廟尤其多。這就涉及先代帝王祠廟的廣泛分佈、基層民衆的崇拜風習，以及地方官吏的祭祀活動。

———————————

① 《明世宗實錄》卷五二六，嘉靖四十二年十月庚申，臺灣"中央研究院"歷史語言研究所 1962 年版，第 8578~8579 頁。
② 參見鄭天挺《清代皇室之氏族與血親》一文，見於氏著《清史探微》，北京大學出版社 1999 年版，第 13 頁。

地方社會中祭祀先代帝王活動，承載着當地長期以來的信仰傳統。雷聞在分析唐朝的先代帝王祭祀時，已經探索了唐代地方的帝王祠廟問題。① 有鑒於此，本節以宋代的祈雨文、祈晴文以及修廟或立廟的記文、碑文爲主要材料，分析宋代基層民衆、地方官吏對於先代帝王的信仰風習與祭祀活動，並將之與國家祀典中的設計做比較。

一、先代帝王祠廟的廣泛分佈

除了朝廷祀譜中規定的施祭地點，先代帝王尤其是上古聖王的祠廟在各地廣泛分佈。例如，綦崇禮的《知紹興府諸廟祈雨文》中有一篇是祭舜廟的。根據宋代祀典所載的先代帝王祀譜，宋朝廷祭祀舜的地點在荆湖南路道州舜陵，而非紹興府。但祭文中有："至神無方，廟祀於此，民所疾苦，帝宜圖之。"②"至神無方"表明，像舜這樣的上古聖王不必局限於特定地域享受祭祀。

先代帝王祠廟的分佈有一定規律性。多數建有祠廟的地點都與祭祀對象的事蹟有關。北宋祀譜規定的陵寢位置，本章第一節中已經列表。南宋的祀譜不詳，暫且不論。在朝廷祀譜之外，凡是先代帝王活動過的地域，就會出現相應的祠廟與崇拜、祭祀風習。這類事例很多。

第一，出生地。以禹爲例，北宋後期，韋驤告祭渝地塗山禹廟。文中提道："然於今血食於四方者，其祠無幾，其存於渝者，蓋其用塗山之名而載在祀典焉。"③塗山是傳説中禹的出生地，故而當地有廟。北宋祀譜中祭禹的位置在紹興府會稽。此處的"載在祀典"，必然不是朝廷祀典，而是地方官府的祀典。南宋時，蜀地石泉縣(今四川綿陽一帶)由當地官方建立了一座大禹廟。計有功爲之作記，稱："禹生石鈕，古汶山郡也。"文中詳細梳理了石泉縣的建置沿革。④ 這同樣是在出生地立廟。再如，徐州有漢高帝廟。蘇轍的祈晴文中

---

① 雷聞：《郊廟之外：隋唐國家祭祀與宗教》，生活·讀書·新知三聯書店 2009 年版，第 84~91 頁。

② 綦崇禮：《北海集》卷三六《知紹興府諸廟祈雨文·舜帝廟》，《景印文淵閣四庫全書》第 1134 册，第 753 頁下欄。

③ 韋驤：《禹廟祈雨文》，《全宋文》第 82 册，曾棗莊、劉琳主編，上海辭書出版社 2006 年版，第 91 頁。

④ 計有功：《大禹廟記》，周復俊：《全蜀藝文志》卷 37《記戊》，《景印文淵閣四庫全書》第 1381 册，第 456 頁。

有：“惟神奮自茲土，掃滅强暴。雖宅關輔，實懷故鄉”“閭里告病，其有不卹?”①漢高祖生長於豐沛，即徐州。故當地民衆遇到天災亦求漢高祖的護佑。另外，京兆府武功縣有唐太宗廟，在當地報本寺（原唐高祖故居）附近修建。武功縣爲唐太宗出生之地。倡修時間在元祐三年（1088），“龍閣游公”“率里人即報本寺北隅經始廟貌”②。游公是游師雄，從元祐二年起任陝西路轉運判官。這也是在先代帝王的出生地建立祠廟。

第二，有過重要活動的地點。張玠在夔州爲夏禹立夏皇祖廟。立廟原因是：“夏后平水之功與天地並……夔門疏鑿之力尤艱大，而廟貌獨無，何以示報本之意?”③張玠“攝郡事”，“率職之外，於修廢興闕，竊有意而未遑也”，遂立廟奉祀夏禹。再如，建都故地。北宋時，河南府緱氏縣有一處湯王廟。大中祥符年間的修廟記稱：“本廟即在偃師縣正都之邑也。”④易言之，當地因是商湯建都之地而爲之立廟。與此類似的情況，還有先代帝王曾經的居住地、活動地。南頓縣有東漢光武帝祠，“邑人奉祀甚謹”。光武帝的父親劉欽曾經擔任漢朝的南頓令。“帝嘗從父於此。既得天下，亦屢臨幸。蓋平生之所遊處，則邑之有祠，所從來久矣。”⑤光武帝曾隨其父在南頓生活，而其稱帝後又曾巡幸南頓。故而當地祠祭光武帝已久成傳統。

第三，與事蹟臨近的地區。北宋崇寧年間，李挺方作《晉州神山縣重新堯廟像記》。當地的堯廟，“其始作者與其歲月皆不可考而知也”，具體來源已經不明。但文中指出：“蓋平陽，堯故都也。縣居平陽之東，因其故都，祀者加多焉。”⑥該縣位於堯故都之東，屬於臨近地區出現的祭祀現象。

---

① 蘇轍撰，曾棗莊、馬德富校點：《欒城集》卷二六《徐州漢高帝廟祈晴文》，上海古籍出版社 1987 年版，第 551 頁。

② 趙茂曾：《修唐太宗廟記》，康海：《（正德）武功縣志》卷一《祠祀志第三》，《景印文淵閣四庫全書》第 494 册，第 12 頁下欄~13 頁上欄。

③ 張玠：《創建有夏皇祖廟記》，周復俊：《全蜀藝文志》卷三七《記戊》，《景印文淵閣四庫全書》第 1381 册，第 458 頁下欄。

④ 張宗立：《大宋國洛京河南府緱氏縣太尉鄉（缺）賈村修湯王廟碑記》，《全宋文》第 15 册，曾棗莊、劉琳主編，上海辭書出版社 2006 年版，第 342 頁。

⑤ 張耒：《張右史文集》卷四九《記·漢世祖光武皇帝廟記》，《四部叢刊》本，第 1 頁。

⑥ 李挺方：《晉州神山縣重新堯廟像記》，曾棗莊、劉琳主編：《全宋文》第 135 册，上海辭書出版社 2006 年版，第 264 頁。

　　第四，逝世地。北宋朝廷的祀譜本就要求在陵寢之處施祭，但因有關上古聖王的傳說複雜多樣，逝世地點的信息也不能完全明確。比如，南宋張栻任知靜江府(今廣西地區)事時，告祭、維修當地的舜祠。祝文中有："蒼梧之野，謂帝嘗臨，寅緣此邦，獲奉廟祀。"①有傳說稱舜南巡，崩於蒼梧。張栻認爲，當地因此形成了對於舜的祭祀。朱熹撰寫《靜江府虞帝廟碑》，詳載張栻祭祀、修祠之事。碑文中還特意提到，"葬蒼梧"之事，"無所考信"②，但舜祠對於當地的教化功能是值得重視的。

　　第五，當地需求與特定人物的事蹟相吻合，則會出現祭祀風習。比如，《尚書》載有商湯禱雨成功的事。解州聞喜縣的湯王廟，正是當地求雨的產物。據北宋早期的廟碑稱，"爰因歲旱，是建行宮，垂八十載，塊雨條風"。碑序中也有："當州頃因歲旱，是建行宮，逾八十年，□構不輟。"③在李唐末期，當地出於祈雨的需要建立了湯王廟，一直延續到宋代。

　　此外，還有純粹基於崇德報功、敬仰聖王而出現的崇拜、祭祀現象，與具體地域沒有明顯關聯。此類事例頗多，不再具體舉例。

二、基層民衆的祭祀活動

　　基層社會的祭祀風習，與王朝祀典的祭祀目標截然不同。相比較官方使用的祭文，民間祭祀的文獻信息保留較少。皮平生指出，宋代民間信仰的材料相比之前的時段而言，已經很豐富了；但"文獻的作者幾乎都是士人，而民間信仰又基本上屬於怪力亂神"，"輕易難以進入士人的著作之中"；相關材料呈現出"某種支離破碎的狀態"。④ 即便材料狀況不佳，但依然可以從中發現，基層民衆看待當地的先代帝王祠廟，並不包含太多的政治色彩，而是以祈求護佑、預期靈驗爲目標。

　　首先，官方的祭祀、修造活動本就少不了當地民衆的參與。比如，陝西路

　　①　張栻：《南軒集》卷四二《祝文·虞帝祠》《景印文淵閣四庫全書》第 1167 册，第 766 頁下欄。

　　②　朱熹：《晦庵先生朱文公文集》卷八八《碑·靜江府虞帝廟碑》，戴揚本、曾抗美校點：《朱子全書》第 24 册，上海古籍出版社、安徽教育出版社 2002 年版，第 4099 頁。

　　③　張待問：《大宋國解州聞喜縣義陽鄉南五保重建湯王廟碑銘(並序)》，曾棗莊、劉琳主編：《全宋文》第 3 册，上海辭書出版社 2006 年版，第 447、446 頁。

　　④　皮慶生：《材料、方法與問題意識——對近年來宋代民間信仰研究的思考》，《江漢論壇》2009 年第 3 期。

轉運判官游師雄在武功縣修唐太宗廟，"率里人即報本寺北隅經始廟貌"①。
會稽縣寧川的後梁宣帝祠廟，"凡至亢旱，天不我雨，邑令率其民吏，躬祭祠
下"②。基層民衆積極參與當地官方的祈祭、修廟事務。這種現象的背後，是
當地社會的共同信仰與共同面對的現實問題。

其次，功利的祈祭心理，是民衆自發祭祀的主要動力。祈福、禳災，是主
要的祭祀目的。北宋南頓縣的漢光武帝祠，由來已久，"邑人奉祀甚謹"，"豈
獨水旱疾癘之請，有賜於民，亦其功盛德尊，後世有不能忘者。故南頓之民世
祠之惟謹，蓋無足怪"③。當地民衆在面對水旱、疾疫時，都將光武帝作爲禱
祠對象。報功之祭的成分也有，但具體到民間信仰，似乎還是以滿足實際需求
爲目的。再如會稽禹陵，"守吏承詔祭饗以時，齊民畏威祈報以禮"④。單州
（今山東濟寧一帶）魚臺鳧山上有伏羲陵。北宋郭翕描述當地民衆的信仰情況：
"今人於春秋之間，無遠近，無貴賤，不辭跋涉之勞，或負戴其親以至此，禱
祠進獻，無祈而不應也。"⑤"無祈而不應"反映了伏羲信仰在當地的流行。張
玠在夔州建立夏禹廟，預計廟成之後的祭祀情況："肩袂相屬於廟庭者，雖至
於無窮可也。"⑥這種肩踵相繼的畫面，是對民間祭祀活動的預期。

基層民衆祭祀先代帝王祠廟，符合民間信仰的基本特點。賈二强指出，古
代民間信仰的基本特點之一，是"多功利性"："下層民衆的求神奉祭，往往並
不是真講信仰，而是出於一個個十分直接的利益訴求。"⑦在面臨現實災難與困
境時，祈祭先代帝王祠廟的行爲雖然不能提供科學的應對指導，但能給予民衆
一定的心理預期和慰藉。基層民衆熱衷於祭祀當地的先代帝王祠廟，正是這種

① 趙茂曾：《修唐太宗廟記》，康海：《（正德）武功縣志》卷一《祠祀志第三》，《景印
文淵閣四庫全書》第494冊，第12頁下欄~13頁上欄。
② 皮慶生：《材料、方法與問題意識——對近年來宋代民間信仰研究的思考》，《江
漢論壇》2009年第3期。
③ 張耒：《張右史文集》卷四九《記·漢世祖光武皇帝廟記》，《四部叢刊》本，第1頁
b。
④ 趙鼎臣：《竹隱畸士集》卷九《狀·越州大禹寺奏請名額狀》，《景印文淵閣四庫全
書》第1124冊，第182頁下欄。
⑤ 郭翕：《重建伏犧皇帝廟三門記》，曾棗莊、劉琳主編：《全宋文》第92冊，上海
辭書出版社2006年版，第339頁。
⑥ 張玠：《創建有夏皇祖廟記》，周復俊：《全蜀藝文志》卷三七《記戊》，《景印文淵
閣四庫全書》第1381冊，第459頁上欄。
⑦ 賈二强：《唐宋民間信仰》，福建人民出版社2002年版，第4頁。

心理的反映。

最後，與民衆祭祀活動相伴隨的，是民間自發的立廟、修繕活動。

北宋祀譜内的先代帝王陵廟，允許民間的修繕行爲，而並非完全由官方掌控。比如，陳州西華縣的商高宗廟，載在北宋祀譜。據王汾寫的碑文來看，"邑居之民，逯及旁郡，牲牢祠典，以日而至。間或歲偶旱暵、天降霆雨，虔誠致禱，旋踵以應"。商高宗陵廟在當地信衆廣泛，民間祭祀不輟。"故其輸捐貲幣、完飾頹朽者，蓋不煩號令矣。"對於商高宗陵廟，當地民衆會自發進行修繕。這篇修廟碑撰寫的契機是："邑人程氏者植百尺巨木於庭，夾以堅砥，置幡幟其上，復斷石爲爐，以借熏炳。"①由此可知，載在朝廷祀譜中的先代陵廟，許可當地民衆自發的修繕。

更多的立祠立廟、維護修繕活動，在祀譜之外的帝王祠廟上層出不窮。澠池縣本有禹廟，年久失修。北宋開寶八年，"有邑人張延義等"爲禹王廟"起立大殿四間"，建成興國觀，並重新爲夏禹塑像，"相次裝塑尊容，兼畫兩壁陪從"②。慶曆六年，懷州武德縣鄉民朱德誠，"自許愿心，創修聖王殿三間"，爲商湯廟修建殿堂。他還自撰《湯帝廟修殿記》，詳細記録了修廟過程和參與者的任務分工。③ 元豐七年，"太原郡王承進等率會其屬"，重修陵川縣湯王廟。④ 這種自發修繕的活動，與祠廟的廣泛分佈相照應。

祭祀風習與自發立祠、維修的行爲，體現了基層民衆在信仰上的"共同心理"。楊慶堃指出，巨大的災難會刺激"社區共同意識"⑤。除了應對災害時的祈祭活動，自發的立祠修廟、祈祭禱祠活動也是屢見不鮮，幾乎不受朝廷祀譜的限制。祭祀風習的背後，是當地民衆共同信仰及其面臨的共同問題。從這個角度講，基層民衆信奉的先代帝王祠廟與其他神靈没有實質區別。

---

① 王汾：《修商王高宗廟碑》，《西華縣志》卷一一，《中國地方志集成·河南府縣志輯》第 37 册影印乾隆十九年刊本，上海書店出版社 2013 年版，第 205 頁。

② 姚賓王：《禹王廟興國觀重修碑記》，曾棗莊、劉琳主編：《全宋文》第 3 册，上海辭書出版社 2006 年版，第 379 頁。

③ 朱德成：《湯帝廟修殿記》，曾棗莊、劉琳主編：《全宋文》第 29 册，上海辭書出版社 2006 年版，第 168 頁。

④ 趙執中：《重修湯王廟記》，程德炯纂修：《陵川縣志》卷二五《藝文一》，乾隆年間四十四年刻本，第 7 頁 a。

⑤ ［美］楊慶堃：《中國社會中的宗教：宗教的現代社會功能及其歷史因素之研究》，范麗珠譯，上海人民出版社 2006 年版，第 97 頁。

三、地方官吏的祭祀活動

各級地方官吏祭祀當地帝王祠廟的活動同樣豐富。"宋代州縣官府的禮神活動，仍然保有慣習的特色，他們可以自行決定祭祀的對象。"①朝廷祀譜中規定的祭祀對象暫且不論，不在祀譜內的先代帝王也能成爲地方官吏的祭祀對象。

從祭祀目的上看，除了官吏到任時會告祭當地的先代帝王祠廟外，因天災而舉行的祈祭儀式最爲常見。另外，維修、祭祀先代帝王祠廟的活動，還被一些官吏引申出了彰顯政績、弘揚教化的功用。

(一)朝廷祀譜之外的先代帝王與先代諸侯

當政朝廷祀譜之外的先代君主及政權，其正統地位必然不被當政朝廷所承認。第二章已論，自乾德四年開始，北宋的先代帝王祀譜兼顧崇德報功與昭示正統兩方面的作用。凡入祀譜者，都是宋朝廷承認的正統王朝的君主。易言之，如果某朝某代無君主進入朝廷的祀譜，則該政權不是正統。

但是，對沒有進入朝廷祀譜的先代帝王，地方官吏往往也會施祭。其墓塚也會有相應維修措施。這是地方官吏對於當地民衆固有信仰的"順從"。這類例子有很多。例如，袁説友祭祀成都昭烈帝廟的祝文中有："百世之後，英靈猶在蜀也"，"今蜀土與民，猶王土王臣。默相陰佑，敢以爲請"。② 其意，蜀地曾經的統治者會護佑現實中的蜀地民衆。再如，王藝在會稽爲官時發現，每逢天旱，當地官民就會祭祀"梁王詧"。此人是南朝梁的宗室蕭詧，梁武帝之孫。他在侯景之亂後受西魏的扶植在今湖北地區建立西梁政權。王藝認爲，當地之所以出現祭祀蕭詧的風習，是因爲梁武帝曾任命他爲會稽太守。"余疑其爲政會稽，有德及物，人爲祠之，迄今惠澤，其施博哉。"③因此，當地形成了對於蕭詧的信仰風習。北宋熙寧年間，杭州知州趙抃就吳越國王墳墓的防護事務請示中央。他計劃在錢塘建立表忠觀，命錢氏後人爲道士者居住，負責錢塘

---

① 楊俊峰：《宋代的封賜與祀典——兼論宋廷的祠祀措施》，榮新江主編：《唐研究》第 18 卷，北京大學出版社 2012 年版，第 84 頁。

② 袁説友：《東塘集》卷一六《祝文·謁漢昭烈帝廟祝文》，《景印文淵閣四庫全書》第 1154 册，第 340 頁下欄。

③ 王藝：《後梁宣帝祠記》，林表民：《赤城集》卷十，《景印文淵閣四庫全書》第1356 册，第 701 頁上欄。

地區的錢氏墓塚事務，臨安地區的錢氏墓塚則交給僧人看護；他們每歲度弟子一人，永遠負責防護墓塚的事務；當地官吏負責糾察。① 所以，當政朝廷認爲非正統的君主，其祠廟、陵塚依然受到地方的祭祀和防護。

除了非正統的先代帝王，分封到地方的諸侯王墓塚、祠廟，也是當地官吏防護、祭祀的對象。例如，謝景初爲官汾州時，尋訪到魏文侯的墓，予以保護。② 南宋任愿擔任成都府司戶參軍，爲當地重修蜀王廟的事作記。該蜀王，爲隋文帝之子蜀王楊秀。文中稱："是則王之有德於斯民甚厚，當求所以報王於無窮也"，"王以帝子之貴、神明之靈加惠茲土，德至渥矣"。③ 對於往代諸侯的墓塚，當地官府進行保護、祭祀的例子還有很多。

所以，地方官吏自行祭祀的往代君主，不受朝廷祀譜的限制。

(二)地方官吏到任告祭的慣習與案例

地方官吏到任之後告祭當地祠廟，是一種通行慣例。楊俊峰已有論述，這種慣習最早可以追溯到兩漢，並延續到唐代。④ 筆者梳理地方官吏告祭先代帝王的情況發現，告祭對象同樣不受宋朝先代帝王祀譜的約束。

先代帝王祀譜內規定的人選，自然在地方官吏到任告祭之列。例如，北宋劉敞有一篇《祭帝堯廟文》："百姓區區奉事廟貌，某也守土，敢不進見。"⑤劉敞曾知鄆州，當地後來改建置東平府，正是北宋先代帝王祀譜規定的堯陵所在地。劉敞到當地任職，告祭帝堯。黃震添差紹興府通判，作過祭祀紹興府神靈的祝文，涉及紹興府學先聖殿、社稷、城隍、禹王等項。祭禹的祝文中有："某贅丞此邦，初至告虔，敢拜祠下，仰王如天。"⑥這與劉敞告祭帝堯是一

① 蘇軾撰，儲菊人校閱：《蘇東坡全集》卷三一《文類·碑文·表忠觀碑》，中央書店1936年版，第108~109頁。

② 謝景初：《魏文侯墓碑》，《(乾隆)汾州府志》卷二八，《續修四庫全書》第692冊，第635頁。

③ 任愿：《重修隋帝子蜀王廟碑記》，曾棗莊、劉琳主編：《全宋文》第211冊，上海辭書出版社2006年版，第56、57頁。

④ 楊俊峰：《唐宋之間的國家與祠祀——以國家和南方祀神之風互動爲焦點》，上海古籍出版社2019年版，第16~22頁。

⑤ 劉敞：《祭帝堯廟文》，《公是集》卷五〇《文·祭帝堯廟文》，《景印文淵閣四庫全書》第1095冊，第840頁下欄。

⑥ 黃震：《黃氏日抄》卷九四《祝文·禹王》，《景印文淵閣四庫全書》第708冊，第1007頁上欄。

樣的。

即便不在祀譜規定的地點，官吏到任時也會告祭當地的先代帝王祠廟。南宋牟巘的《謁堯禹帝廟祝文》中講："某猥被上命，出守是邦，恭惟明祠，實在境內。視事三日，敬用典常。"①南宋時，北宋先代帝王祀譜中的帝堯陵廟已入金境。牟巘曾任浙東提刑，到任時告祭當地堯廟。南宋淳熙年間，張栻知靜江府(今廣西桂林)事。當地有舜祠。"某蒞官之初，適修常事，周祀(視)棟宇，缺壞弗稱，悚栗汗下，不敢荒寧。"張栻在到任之初"修常事"，發現舜祠毀壞遂予修葺，維修之後，"敬率官僚，俯伏以告"②。"修常事"，説明到任告祭是慣例行爲。袁説友到蜀地爲官，祭祀當地的漢高帝廟。祝文末稱："敢以告至。"③真德秀曾在潭州(今湖南一帶)任知州，作《漢高、文帝祝文》。文末稱："某叨恩假守，敢不告虔。"④所以，地方官吏到任時的告祭行爲，在地點上不受朝廷祀譜的限制。

沒有進入朝廷祀譜內的先代君主，地方官吏到任後也會告祭。比如前文提到的黃震，上任時還曾告祭越王勾踐、吳越錢王。祝文中有："某仕王之故國，拜王之靈祠"，"某亦王之遺民，幸又仕王之故土，再拜祠下，感涕如雨"⑤。再如，張栻還有祭祀蜀漢昭烈帝的祝文，其中提道："有廟以祀，典禮則宜，藩臣經從，敢不修敬。"⑥

以上祝文説明，官吏到任後告祭當地的先代帝王祠廟，是通行慣例。告祭對象不受朝廷祀譜的限制，而是遵從當地的民間信仰。

---

① 牟巘：《謁堯禹帝廟祝文》，曾棗莊、劉琳主編：《全宋文》第 356 册，上海辭書出版社 2006 年版，第 7 頁。

② 張栻：《南軒集》卷四二《祝文·虞帝祠》，《景印文淵閣四庫全書》第 1167 册，第 766 頁下欄~767 頁上欄。

③ 袁説友：《東塘集》卷一六《祝文·謁漢高帝廟祝文》，《景印文淵閣四庫全書》第 1154 册，第 340 頁下欄。

④ 真德秀：《西山文集》卷五三《祝文·漢高、文帝祝文》，《景印文淵閣四庫全書》第 1174 册，第 842 頁上欄。

⑤ 黃震：《黃氏日抄》卷九四《祝文·越王》《錢王》，《景印文淵閣四庫全書》第 708 册，第 1007 頁。

⑥ 張栻：《南軒集》卷四二《祝文·蜀漢昭烈帝祠屠陵》，《景印文淵閣四庫全書》第 1167 册，第 767 頁下欄。

(三)以禳災爲主的告祭

除了到任告祭之外，遇到自然災害而告祭帝王祠廟，最爲常見。楊慶堃指出，"非經濟性的大衆宗教儀式"中有一項是"危急關頭的公共儀式"①。地方官吏告祭先代帝王祠廟，多以應對當地的水旱災害爲主。這種祈祭活動便屬於"危急關頭的公共儀式"。

1. 朝廷鼓勵爲禳災告祭先代帝王

逢災害而行告祭之禮，是朝廷禮典規定的內容。據《宋會要輯稿》："國朝凡水旱災異，有祈報之禮。"②這裏沒有明説先代帝王祠廟也在告祭之列，但可以肯定，這種祈祭不排斥聖賢、英雄人物等人鬼祠廟。③對於特定區域發生的災害，中央會督促當地官吏祭祀境內神祠，甚至直接遣官致祭。例如，"升、洪、潤州亢旱火災"，宋真宗遣内侍"醮禱管内名山、大川、神祠有益於民者"④。"河北東西、京東、永興、秦鳳路"久雨不停，宋神宗命令"長吏擇祠廟精加祈求"⑤。這類命令有很多，卻沒有明言是否祭祀當地的先代帝王祠廟。綦崇禮知紹興府時向禹廟祈雨的祝文有："前遣屬僚，既嘗有請，恭承明詔，復趨祠下。"據此可知，地方官遇到天災時向當地的先代帝王祠廟祈祭消災，就是以朝廷的命令爲根據。

但是，與嶽鎮海瀆、山川湖澤這些自然神不同，先代帝王屬於人鬼。那麼，他們可以充當祈祭對象的理由是什麼？換言之，在地方官吏的祭祀預期中，先代帝王憑藉什麼來抑制災害？

2. 先代帝王在禳災中的"作用"

從祝文來看，祈祭先代帝王禳災的邏輯主要有五種。

①　[美]楊慶堃：《中國社會中的宗教：宗教的現代社會功能及其歷史因素之研究》，范麗珠譯，上海人民出版社2006年版，第96頁。

②　劉琳等校點：《宋會要輯稿》禮一八《祈雨》，上海古籍出版社2014年版，第949頁。

③　這段規定中，列有"子張子夏廟、信陵君廟、段干木廟、扁鵲廟、張儀廟、吳起廟、單雄信廟"，很可能都是國都附近的人物祠廟。

④　劉琳等校點：《宋會要輯稿》禮一八《祈雨》，上海古籍出版社2014年版，第952頁。

⑤　劉琳等校點：《宋會要輯稿》禮一八《祈雨》，上海古籍出版社2014年版，第956頁。

　　第一，先代帝王的事蹟符合當地的特定需求，地方官吏就會向該帝王祈請幫助。北宋張方平寫過一篇《陳州祭商高宗廟祈雨文》，追述武丁、傅説求雨成功的傳説，借以向商高宗祈雨。"王尚畀説，復作霖雨，大濟生物，迄成有年。"①其意，希望武丁再次向傅説下令，爲當地施雨。武丁有祈雨成功的事蹟，地方官便在祈雨文中著重強調這種事蹟，在現實與祭祀對象之間建立一種互通性。

　　第二，先代帝王的固有屬性（一般是與五行相關的上古聖王）與特定需求有關。這類例子很少。例如，張方平還曾在陳州太昊陵廟祈雨。伏羲"乘震司春，德施化育"，在五行序列中屬於東方神、春季神。"今方東作，旱氣作沴，百穀草木，仰待膏雨"，"伏冀慈鑒，俯垂矜祐，時降甘澤"。②"今方東作"，説明時值春季。伏羲是春季神，而且"此爲舊墟，實存命祀"，這裏又是朝廷祀譜規定的"命祀"之地。所以，這些都是地方官吏預期祈雨成功的積極因素。

　　第三，先代帝王因"連帶"關係而發揮作用。爲了達到祈祭目標，地方官吏會想方設法將祭祀對象與當地的現實需求聯繫起來。北宋晁補之在河中軍府任職時，曾因河道不通而告祭蒲縣的舜廟。祭文中稱，"禹治洪水，功施於河爲多"；"且蒲，帝之所嘗居。而帝，使禹者也。今梁絕病濟，有司圖復之"；"則禹之功猶賴，蒲之民克永事帝"。③官府意欲修繕河道，本應祈求夏禹，但因爲當地有舜廟，而舜與禹份屬君臣，故而當地官府在祭禹之外還要祭舜來求得護佑。祝文措辭頗費周章。由此也可見，當地官府爲求禳災靈驗而煞費苦心。

　　第四，雖無相應的事蹟、屬性，但在當地形成了特定的祈祭風習。或者説，當地官民賦予了某位帝王特定的"神力"。例如，會稽寧川有後梁宣帝蕭詧的祠廟。當地官民將之作爲求雨的主要對象。"凡至亢旱，天不我雨，邑令率其民吏，躬祭祠下，誠心祈禱，未嘗不應時雨降。"④蕭詧生前並無求雨靈驗

①　張方平：《樂全集》卷三五《祭文·陳州祭商高宗廟祈雨文》，《景印文淵閣四庫全書》第 1104 册，第 393 頁上欄。

②　張方平：《樂全集》卷三五《祭文·陳州祭太皡廟祈雨文》，《景印文淵閣四庫全書》第 1104 册，第 392 頁下欄。

③　晁補之：《雞肋集》卷六一《祭文·祭告舜廟文》，《景印文淵閣四庫全書》第 1118 册，第 911 頁下欄。

④　王藝：《後梁宣帝祠記》，林表民：《赤城集》卷一〇，《景印文淵閣四庫全書》第 1356 册，第 700 頁上欄。

的事蹟見於記載，也無顯著功德，甚至不是朝廷祀譜規定的祭祀對象。但在民眾屢求屢應的情況下，他便被奉爲管雨的神靈。這種情況的出現，是偶然因素累積造成的。

第五，没有特殊理由，只因當地供祀某帝王，出現需求時便向其告祭。只要當地有祠廟，需要禳災時便去祭祀。比如，紹興府的官吏在當地有旱情時便告祭夏禹。"殁食此邦，長庇斯民，忍視其急，不爲動心乎?"夏禹葬於此，享受當地民眾的祭祀，就有義務緩解旱情。"伏愿出其靈蟄，呼叱神龍，霈爲甘霖，救此災變。"①從祝文來看，夏禹的功績雖然是"平水土"，但其神靈也能夠降雨。該帝王的神靈在此地享祀，則他就有義務護佑當地的民生。當然，這是在祀譜規定的禹陵之處祈祭。

地方官吏有禳災的需要便祈祭當地的先代帝王祠廟，以這些祠廟享受當地的供奉爲一種"道德上的理由"。綦崇禮在紹興府祈雨，曾祭舜帝廟。紹興府不是宋朝祀譜規定的舜陵地點，但"至神無方，廟祀於此，民所疾苦，帝宜圖之"②。此地民眾祭舜，則舜有義務紓解此地民眾的疾苦。韋驤作祈雨文，告祭渝地塗山禹廟。"今州境旱乾，群心焦熬"，"某被命按部，官居於是，敢不敬拜祠下"。③ 歐陽修知滁州期間，告祭當地的漢高祖廟求雨。"神食於此，無窮已也"，"滁人敢慢其吏而犯吏法者有矣，未聞有敢慢神而犯威靈也……滁人畏信勤事之久而親，神宜愛之"。祝文提到，若因官吏爲政不善而招致旱災，"神宜降殃於修，而賜民以雨，使賞罰並行而兩得也"④。祝文的邏輯是，歐陽修施政不善導致天災，而漢高祖受當地供奉，也一定有護佑當地與賞善罰惡的能力。蘇轍有一篇《徐州漢高帝廟祈晴文》："惟神奮自兹土，掃滅强暴"，"驅除陰雲，導迎秋暘，神實能之"。⑤ 漢高祖於此地起家，則其神靈能夠救

---

① 綦崇禮：《北海集》卷三六《知紹興府諸廟祈雨文·禹廟》，《景印文淵閣四庫全書》第 1134 册，第 752 頁下欄~753 頁上欄。

② 綦崇禮：《北海集》卷三六《知紹興府諸廟祈雨文·舜帝廟》，《景印文淵閣四庫全書》第 1134 册，第 753 頁下欄。

③ 韋驤：《禹廟祈雨文》，曾棗莊、劉琳主編：《全宋文》第 82 册，上海辭書出版社 2006 年版，第 91 頁。

④ 歐陽修：《文忠集》卷四九《祭文·祈雨祭漢高皇帝文》，《景印文淵閣四庫全書》第 1102 册，第 374 頁。

⑤ 蘇轍撰，曾棗莊、馬德富校點：《欒城集》卷二六《徐州漢高帝廟祈晴文》，上海古籍出版社 1987 年版，第 551 頁。

濟故地民衆的困苦。歐陽修在夷陵（今湖北宜昌）任縣令時，向當地的漢景帝祠祈雨。"縣有州帖，祈雨諸祠"，説明這是上級州長官的命令。夷陵縣有漢景帝祠，故歐陽修奉命行禮。"惟神爲漢明帝，生能惠澤其民"，"而尤信於此土之人。神其降休，以答此土之民之信"。① 當地民衆信奉漢景帝，將之作爲祈雨對象，則漢景帝亦應發揮作用。

總之，此類祝文往往表露出這樣的邏輯：當地民衆供祀某帝王，則該帝王便應該爲當地排憂解困。

（四）地方官吏祭祀活動的延伸

彰顯治清民順、弘揚道德教化，是地方官吏祭祀、修繕先代帝王祠廟的延伸功能。

一些修廟碑文，實際上是在"書寫"當地官員的政績。祭祀、修繕當地祠廟，不只是地方官吏對於當地信仰的認可，還是官民融洽的體現。比如，在北宋李挺方的《晉州神山縣重新堯廟像記》中，神山縣縣令首倡修堯廟之議；當地民衆感戴官員的政績，主動請求修廟；縣令順從民衆所請，下令興修。② 圍繞修繕帝王祠廟的前期動議中，地方官吏爲政得民、民衆擁戴官府的氛圍被描繪出來。所以這類文字記録，也會被用來渲染當地的施政清明、民風淳樸。

地方官吏祭祀當地的先代帝王祠廟，還有推行教化的動機。儒經所載品行高尚的聖王方能有此作用。比如，張栻知靜江府事時祭祀、維修舜廟。朱熹撰寫《靜江府虞帝廟碑》詳細記載此事。碑文最後提到，雖然帝舜葬蒼梧的真實性無法考實（意指該地的舜廟並無確切緣由，亦非朝廷祀譜所載），但"惟是天理人倫之際，帝之所以幸教後世者"。碑上所附的詩文中有："矧是卉裳，舊惟聲教。愀然見之，興起則效。子隆於孝，臣力其忠。侯拜稽首，惟帝之功。"③這些文句不僅是在稱頌帝舜事蹟的教化作用，更是借助地方官吏的維修、祭祀措施來進行子孝臣忠的道德宣教。

---

① 歐陽修：《文忠集》卷四九《祭文·求雨祭漢景帝文》，《景印文淵閣四庫全書》第1102 册，第 372 頁下欄。

② 李挺方：《晉州神山縣重新堯廟像記》，曾棗莊、劉琳主編：《全宋文》第 135 册，上海辭書出版社 2006 年版，第 263~264 頁。

③ 朱熹：《晦庵先生朱文公文集》卷八八《碑·靜江府虞帝廟碑》，戴揚本、曾抗美校點：《朱子全書》第 24 册，上海古籍出版社、安徽教育出版社 2002 年版，第 4099 頁。

地方官吏祭祀這類聖王祠廟，能夠起到引導、教化的作用。關於人物祠廟在宣揚政治倫理上的功能，楊慶堃有過分析：那些被神化的人物（不包括儒家聖賢）在民衆信仰中，依舊是靠"超自然力量"起主要作用。"超自然因素通常非常突出以致使其政治倫理功能變得不太明顯。但正是通過對超自然權威的敬畏和尊崇，才得以使一般的道德在民間信仰中得到强化。"①根據他的觀點，地方官吏祭祀上古聖王祠廟，意味着肯定聖王所具有的神力；這種對於神力的肯定，能夠昭顯、强調這些聖王原本具備的優秀品德、業績；而對於祭祀對象品德、業績的肯定與褒崇，可以引導基層民衆踐行傳統的道德規範。

但總體上看，"書寫"政績與推行教化的事例，在先代帝王祠廟的祝文中少有體現，尤其是後者。這與先代帝王本身的性質有關。在向基層民衆宣傳教化時，能夠作爲道德示範的帝王比較少。先代帝王祠廟在這方面的作用，不如鄉賢祠更明顯。

（五）先代帝王與宋代的"賜額""封號"

地方官吏注重當地的先代帝王祠廟，便會抬高其地位。請朝廷賜碑或者編入地方祀典，都是抬高祠廟地位的方法。例如，北宋解州聞喜縣的湯王廟，並不在朝廷祀譜中。聞喜縣耆老在宋太宗北伐回師時，請求皇帝爲之賜碑銘。②張待問的那篇《重建湯王廟碑銘（並序）》便是奉命撰寫的。請皇帝賜碑銘，勢必會提升該廟的影響力。再如，南宋淳熙四年，張栻請求將靜江府的唐帝祠、虞帝祠"著之祀典，俾長吏檢校葺治"③。靜江府的舜帝祠顯然不是先代帝王祀譜中的荊湖南路舜帝陵。"著之祀典"，是將之列入地方祀典。對於這類行爲，楊俊峰認爲："'祀典'大體上是指地方官府的祀典，而納入地方祀典的神祇，一般享有地方官府春秋二時的饗祀。"④計有功爲石泉縣新立禹廟之事作

① ［美］楊慶堃：《中國社會中的宗教：宗教的現代社會功能及其歷史因素之研究》，范麗珠譯，上海人民出版社2006年版，第147頁。
② 張待問：《大宋國解州聞喜縣義陽鄉南五保重建湯王廟碑銘（並序）》，曾棗莊、劉琳主編：《全宋文》第3冊，上海辭書出版社2006年版，第446頁。
③ 馬端臨：《文獻通考》卷一〇三《宗廟考十三·祀先代帝王賢士（修陵墓附）》，中華書局1986年版，第942頁下欄。
④ 楊俊峰：《宋代的封賜與祀典——兼論宋廷的祠祀措施》，榮新江主編：《唐研究》第18卷，北京大學出版社2012年版，第83頁。

記，也提道："宜請於朝，崇載祀典。"①這同樣是載入地方祀典。抬高當地祠廟的地位，有利於在信仰和輿論層面團結、穩定當地民眾。

　　朝廷賜"廟額"或"封號"，也是宋代承認地方祠廟合法性的手段。梳理相關信息可知，被宋朝廷賜額，或加封號的先代帝王祠廟，往往不在朝廷祀譜規定的地點。而且，大多數封賜對象也不在祀譜內，如表 5-2 所示。

表 5-2　《宋會要輯稿》中獲賜額、封號的先代帝王祠廟

祠廟	地點	賜額(時間)	封號(時間)
舜帝祠	連州桂陽縣	廣仁(元豐七年，1084)	/
吳泰伯祠	長洲縣	至德(元祐七年，1092)	至德侯(崇寧元年，1102)
望帝祠(杜宇)	懷安軍金水縣	靈安(政和二年，1112)	/
徐偃王祠	衢州西安縣	感應(政和五年，1115)	靈惠慈仁王(紹興二十七年，1157)
巴王祠	忠州	功顯(紹興十一年，1141)	靈惠侯(乾道八年，1172)
閩越王祠	建寧府浦城縣	昭佑(紹興十二年，1142)	
西楚霸王祠	和州吳江縣	英惠(紹興二十六年，1156)	靈佑王(紹興三十二年，1162)
顯濟廟(孫皓)	楚州	/	靈感王(乾道四年，1168 年)

說明：表中信息出自《宋會要輯稿》禮二〇《諸祠廟》。

　　兩宋朝廷對於祀譜之外的先代帝王祠廟，才會賜額、封號。原因何在？

　　一方面，封賜對象的固有身份與封賜的爵位不對等。廖宜方已經闡釋過這個問題。② 接受封號的神祇，最高封號才是王。先代帝王祀譜中祭祀對象的身份除上古聖王之外，都比王爵高。所以，沒必要對祀譜中的先代帝王再加封號。

_____

①　計有功：《大禹廟記》，周復俊：《全蜀藝文志》卷三七《記戊》，《景印文淵閣四庫全書》第 1381 冊，第 457 頁下欄。

②　廖宜方：《王權的祭典：傳統中國的帝王崇拜》，臺大出版中心 2020 年版，第 296 頁。

另一方面，朝廷中央與基層民眾在祭祀目標上存在差異。宋朝廷編製先代帝王祀譜，一爲昭示正統，二爲崇德報功。從這個角度講，祈神禳災、求福禱祠，不是主要目的。楊俊峰認爲，像帶有"惠""濟"等字的封號，"應係祝禱靈驗後地方奏封的結果"①。據表 5-2 來看，多數祠廟正是祈福得驗而獲得封號。這與先代帝王祀譜的編製標準不符。因此，祀譜中的先代帝王不會被授予這類封號。

四、禮與俗、官與民的差異和互動

在祭祀先代帝王時，朝廷中央的目標與地方官吏、民眾的動機明顯不同，但也有交融之處。北宋的先代帝王祀譜兼顧崇德報功與昭示正統兩方面作用。而地方官吏與民眾的祭祀行爲，則需分三種情況來分析：

首先，基層民眾祭祀先代帝王祠廟有很強的功利色彩。這與當政朝廷編製先代帝王祀譜的目的顯然不同。在基層民眾的信仰風習中，先代帝王沒有太多"政治符號"的色彩，"帝王"屬性偏淡。他們更像是享祀於當地、護佑當地的神靈。

其次，在對待各地祠廟的態度上，地方官吏會順從民俗。中央對此表示認可。地方官吏到任後有告祭當地祠廟的慣例。這説明，地方行政機關對於當地已有信仰會採取認同態度。當遇到自然災害時，朝廷允許地方官吏告祭當地的先代帝王祠廟。這説明，針對地方祠廟在應對危機時的功能，中央與地方官吏的看法相同。而這種看法，正是底層通俗文化影響上層精英文化的結果。

最後，在祈祭禳災的祝文中，地方官吏會在告祭對象與現實危機之間尋找關聯。先代帝王成功應對此類危機的事蹟，就是這樣一種關聯。實在找不到，便用"道德綁架"式的語言，將當地民眾的供奉作爲祭祀對象顯靈的條件。"廟祀於此，帝宜圖之"之類的祝文辭句，像規勸，也像提醒，就是這種心理的反映。此外，地方官吏還有表達自我懺悔、自我反省的行爲。這説明，雖然祭祀動機一樣，但地方官吏的祭祀活動仍然會與基層民眾的自發祭祀甚至盲目祭祀區分開。

① 楊俊峰：《宋代的封賜與祀典——兼論宋廷的祠祀措施》，榮新江主編：《唐研究》第 18 卷，北京大學出版社 2012 年版，第 79 頁。

本章結語

在前四章的基礎上，本章著眼於祭祀禮制的外延，分析先代帝王祭祀與皇權政治的關係。

第一，朝廷中央圍繞防護祭祀場所的制度設計與地方的實踐情況。

防護先代陵寢能夠起到維護皇權的作用。對於當政朝廷來説，分散各地的先代陵寢代表正統脉絡上的一個個節點，只有悉心防護，才能維繫正統歷史脉絡的完整。防護先代陵寢的歷程有兩個變化。一是護陵對象由臨近政權(與當政朝廷歷運相承的政權)向更早擴展，最終囊括所有的正統政權。到北魏晚期、隋朝，護陵對象不再有時段限制，而是統稱"自古""自古以來""前代"。二是防護措施的制度化、體系化，在清代最終完成。此前，防護先代陵寢基本處在中央督促地方、偶或直接經營的狀態上。但是，盡管清朝的防護制度最爲完備，防護效果也有可商榷之處。

對於先代陵寢的防護，中央與地方既有差異又有互動。防護先代陵寢的實際成效，反映了中央預期與地方實踐之間的差距。相比較中央的積極態度，地方官吏在財政投入上略顯怠慢。中央與地方的互動，表現在特殊地域的制度調整上。以北宋後期陝西地區爲例，從熙寧改革起，當地的財政困境因中央收攏財權而不斷加重。陝西地區的先代陵寢過多，且處於宋夏戰爭的前沿地帶。在北宋朝廷的許可下，當地逐步減少了對於防護的財政投入。在制度調整的後期，地方財政機構主動影響、引導了中央的制度設計，最終節省了這筆開支。

第二，"政治符號"的闡釋權和對於祭祀場所的破壞。

當政朝廷牢牢把握"政治符號"的闡釋權。"政治符號"的釋義不利於當政朝廷時，就會遭到政治權力的打擊。出於維護皇權的需要，當政朝廷還會破壞先代陵寢等祭祀先代帝王的行禮場所，打擊帶有政治動機的祭祀行爲。這樣做是爲了杜絕危害皇權的反叛勢力與顛覆圖謀，防範故國遺民在舊地"死灰復燃"。總而言之，先代帝王究竟是誰的"政治祖先"，至關重要。

第三，上層禮制與基層風習之間的差異與交融。

精英文化與通俗文化之間的差異和交融在宋代有深刻表現。與中央的禮制設計不同，基層民眾將先代帝王視作"無祈不應"、興利除弊、護佑當地的神祇，祭祀富有功利性。對於祀譜之外的先代帝王祠廟，宋朝廷會"賜額""封號"，認可民間祈祭求驗的信仰慣習。如果把中央朝廷、地方官吏、民眾看作上、中、下三個層級，那麼"大傳統""小傳統"的交互，正體現在地方官吏的祭祀活動上。

地方官吏祭祀先代帝王祠廟，主要有到任告祭、遇有災害而祈祭兩種情況。而且，祭祀對象以當地現有的祠廟陵墓爲主，不受朝廷先代帝王祀譜的限制。這説明地方官吏會承認、順從當地的固有信仰。除了執行朝廷祀典的禮儀，地方官吏同樣將先代帝王視作護佑當地的神靈。但從宋代的祈祭祝文來看，地方官吏會從祭祀對象的歷史特性中選擇與現實需求的銜接點，並且會表達恭敬或自省，甚至採用"道德綁架"式的邏輯，用一些帶有道德色彩的規勸性、提示性語言。這與民衆盲目性、功利性的祭祀行爲不同。總之，代表中央皇權的地方官吏進入基層社會時，吸納了民間通俗文化的因素。

結　論

先代帝王祭祀，是當政朝廷及其臣民祭祀前朝往代君主的禮儀和活動。從行禮類別上看，它分爲常祀和因祀兩大類。從祭祀對象上看，它包括兩部分：一是基於先代帝王祀譜運行的祭禮，二是專門祭祀勝朝帝王的祭禮。從施祭主體上看，當政朝廷、地方官吏、基層民衆都會祭祀先代帝王。

從王朝禮制的層面講，祭祀先代帝王是中國古代彰顯當朝政權合法性的重大禮儀制度。在這個大背景下，踐行儒經崇德報功的要求與昭示當政朝廷正統地位的來源，是常祀先代帝王制度的兩個主要功能。中國古代政權的統治者通過祭祀先代帝王，宣示當政朝廷對於儒家經義的遵循，彰顯現政權與前代歷史的承接關係，在禮儀上展現了中國歷史和文化脉絡的連續不輟。

目前，圍繞先代帝王祭祀的研究極不平衡，缺少整體性。首先，在研究時段上，明、清之前的先代帝王祭祀很少受到學界重視，已有成果在時間上不貫通。其次，在史料梳理上，學者多圍於丘濬、秦蕙田梳理的資料框架，少有突破。再次，前一代正統王朝的君主在先代帝王群體中最爲特殊，祭祀他們的禮制變遷曲折複雜。而學界對此少有關注。最後，已有研究聚焦於古代政權中央的禮制設計，忽略了地方的制度實踐與基層社會的信仰風習。所以，圍繞先代帝王祭祀的研究還有很大的生長空間。只有放寬視野，細緻考證，才能形成整體概觀與深入見解，從而發掘先代帝王祭祀的歷史價值和文化內涵。

一、作爲"政治符號"的先代帝王

先代帝王祭祀以彰顯當政朝廷的統治合法性爲功能，爲各民族政權傳承發展。當政朝廷通過編排"政治符號"來解釋、説明政治問題。各民族政權認同共有的"政治符號"，向華夏正統歷史的脉絡靠攏，維繫了中華文明傳承發展的連續性。

第一，祭祀前朝往代的君主，編製先代帝王祀譜，是爲了服務現實政治。"政治符號"的解釋功能蘊藏在祭祀對象的歷史特性中。先代帝王的名號、陵寢、塑像、神主都是外在表象。他們生前的業績與品德，死後的史評與議論、對他們所屬政權的正僞判定，才是内在的歷史特性。先代帝王的歷史特性與祭祀動機符合，才會被選中。同類的先代帝王被編成一個"政治符號"系統，就是先代帝王祀譜。民衆通過祀譜人選的共有特性，感知禮制設計者的話語。當政朝廷對現實問題的解釋、説明，通過祀譜人選的共性特點傳達出去。

所以，編製先代帝王祀譜，就是在先代帝王中尋找與現實需求相符的歷史特性。首先，當政朝廷爲説明正統地位的獲取途徑，排列之前正統王朝的君主，形成"政治祖先"譜系。在言説正統歷史的話語中，正統地位就是按照這個譜系的先後順序傳遞給了當政朝廷。其次，當政朝廷踐行儒經崇德報功的要求，是用儒學標榜統治的合法性。按照《禮記·祭法》祭"有功烈於民者"的規定，功德卓越的聖王應該享受後世的報功之祭。民衆通過祀譜人選的顯赫功勳，感知當政者踐行儒家經義的努力。最後，在借古史爲現實張目的祭祀活動中，現實政治和往古的偉大成就相輝映。當政者的合法性與榮耀感由此增强。① 這些都是依據現實需求選擇特定的"政治符號"。

祭祀前朝往代的君主，目的是助力於現實政治。兩者的衔接點就是先代帝王的歷史特性。當政朝廷選擇同類的先代帝王編成祀譜。官民通過觀察祀譜人選的共性内涵，感知其中的政治話語。先代帝王祭祀的禮儀功能由此實現。

第二，各民族政權認同共有的"政治符號"，維繫中國歷史脉絡的傳承不輟。

唐、宋以後，不同民族政權傳承、發展先代帝王祭祀，回應了"征服王朝論"的基本立場。"征服王朝論"主張，對於傳統中國來説，北方民族政權統治時期相當於"外族征服時期"。金、元、清的先代帝王祭祀與漢族王朝相比，有同有異。② 但它們傳承共有的歷史記憶，是北方民族政權高層"國家認同""政治認同"的表現。③ 不同民族政權延續、發展先代帝王祭祀，構造了多元一體的歷史格局。北方民族政權没有自外於中華歷史脉絡。"征服王朝論"的

---

① 例如，唐朝廷頒行《大衍曆》後，在開元祀譜中增加帝嚳；北宋皇帝封禪時望祭曾經封禪的古帝王。

② 金朝有常祀先代帝王的制度。元朝有告祭先代帝王的行爲(詳見第三章)，還在地方爲古帝王立專廟的措施。國都與地方的三皇廟祭祀醫家祖師，也是以上古聖王爲祭祀對象。清朝除了常祀先代陵寢、歷代帝王廟之外，還建立了固定的告祭制度。此外還沿用了聖師之祭、先醫之祭，都以聖帝明王爲祭祀對象。

③ 關於"國家認同""政治認同"的闡述，參見常建華：《國家認同：清史研究的新視角》，《清史研究》2010 年第 4 期。

"外族"立場無從談起。

　　總體上，漢族政權的先代帝王祀譜不完全排斥北方民族；北方民族政權一樣沿用、發展漢族政權的祀譜。明中後期，民族因素對先代帝王祭祀的影響方才顯現。總之，各民族政權被共有的"政治符號"凝聚在一起，傳承共同的政治信仰，維繫中國歷史脉絡的延續。

　　第三，當政朝廷牢牢把控"政治符號"的闡釋權。

　　因爲祭祀對象的特殊身份，當政朝廷會有一種警惕態度。禮遇先代也是有限度的。如果當政朝廷在"政治符號"的解讀中"缺位"，先代帝王就可能變成敵對方的"政治祖先"。爲了防範現實中的分裂圖謀與反叛勢力，尤其是防止勝朝"死灰復燃"，當政朝廷會嚴厲破壞、打擊不利於自己的先代陵寢與祭祀活動。當政朝廷掌握闡釋權，是先代帝王祭祀發揮禮儀功能的前提。

　　既然當政朝廷掌控闡釋權，那麽，先代帝王祭祀的演變是否完全依賴於當政者的推動？

二、先代帝王祭祀與歷代的祀譜編製

　　先代帝王祀譜的變遷雖然非常複雜，但有其内在穩定的一面，有繼承性和連續性。編製祀譜是設計先代帝王常祀制度的核心，也是學界的爭訟焦點。有學者認爲，這個祭禮的演變動力主要來自當政君主，選擇祭祀對象體現了當政君主"對權位與統緒的自我詮釋"。① 還有學者從當政君主的視角和立場出發，分析他們在設計祭禮時的思想背景和心理預期。② 但筆者發現，盡管先代帝王祀譜中的祭祀對象複雜多變，但仍有規律可循。

(一)禮制沿革脉絡與禮儀功能重點的轉變

　　第一，考察先代帝王祀譜變遷的内在規律，有必要先總結常祀制度的演變歷程。從隋朝開始，先代帝王祭祀進入國家常祀並連續發展。

　　制度演變的關節之處有四：首先，從隋朝起，先代帝王祭祀成爲王朝祀典中的獨立常祀項目。初建的先代帝王祀譜延續北魏的聖賢常祀而來，踐行儒經崇德報功之義。此爲一變。其次，唐天寶年間，唐朝廷在祀譜中梳理以往的正

---

　　① 　張璉：《歷代帝王祭祀中的帝王意象與帝統意識——從明代帝王廟祀的祭祀思維談起》，臺灣《東華人文學報》第 10 期，2007 年 1 月。

　　② 　參見廖宜方《王權的祭典：傳統中國的帝王崇拜》(臺大出版中心 2020 年版)中的論述。

統王朝脈絡，用以說明自己正統地位的來源。此爲二變。這種做法首見於新莽的明堂祭禮中。雖然天寶祀譜的行用時間不長，卻被北宋朝廷所借鑒、繼承。宋以後各朝多沿用這種模式來解釋正統地位的來源。再次，從北宋起，常祀先代帝王固定於陵寢行禮。此爲三變。金、明、清諸代設計先代陵寢祀譜都以北宋的祀譜人選爲基礎。最後，從明朝起，先代帝王擺脱了地域限制，匯集到國都。此爲四變。先代帝王常祀從此分爲兩部分：國都的歷代帝王廟祭禮與各地的先代陵寢祭禮。帝王廟祭禮的地位高於先代陵寢祭禮。

第二，與禮制沿革相伴隨，先代帝王祭祀的功能重點也有偏轉。

理清這個問題，是解釋先代帝王祀譜複雜變化的關鍵。

服務於統治合法性，是先代帝王祭祀的一貫功能。在這個前提下，功能重點存在昭示正統與崇德報功的差别。祭祀功德卓越的聖帝明王，是踐行儒經報功之義、以儒治國的有力證明。所以，報功的祀譜同樣是爲統治合法性服務。

功能重點的偏轉，表現在先代帝王祀譜的變化上。初建的先代帝王祀譜發揮着聖賢之祭的功能。隋開皇、唐顯慶、開元祀譜以及宋初建隆祀譜，都在踐行《禮記·祭法》崇德報功之義。唐天寶祀譜梳理正統王朝的歷史脈絡。北宋後四份祀譜兼顧崇德報功與昭示正統的雙重作用，但整體上側重於凸顯當政朝廷正統地位的來源。明、清的先代陵寢祀譜以北宋祀譜人選爲基礎，且明、清兩朝還依靠帝王廟發揮昭示正統的作用。所以，先代帝王祭祀的功能重點在隋唐以後很快偏轉：從崇德報功轉向昭示正統。

第三，在昭示正統的功能中，判定正統的標準發生過變化。

正統史觀的變遷，導致編製祀譜的標準出現變化。易言之，即便都是用先代帝王祀譜來昭示正統歷史脈絡，編製祀譜的標準在宋以前和宋之後也不一樣。宋之後統治階層的正統史觀從推演五德歷運轉變成評判功德業績。[①] 有功德與居正統一體兩面，不可分離。

因此，先代帝王祭祀的功能重點發生過偏轉，正統史觀也有變化。在這種背景下，先代帝王祀譜的變遷反而呈現出相對穩定的一面。

(二)先代帝王祀譜中的三種人選

第一，"穩定人選"，即總會進入祀譜的先代帝王。

"穩定人選"就是在禮儀功能的偏轉、正統史觀的變化中醖釀產生的。詳

[①]　參見劉浦江：《五德終始説之終結——兼論宋代以降傳統政治文化的嬗變》，《中國社會科學》2006 年第 2 期。

見第二章的論述。他們最早是：堯、舜、禹、湯、周文王、周武王、漢高祖；到北宋時補充爲：三皇、五帝以及三代、兩漢、李唐開國君主。① 這個序列到金、明時已經固定。"穩定人選"的出現與《祭法》的崇德報功之義密不可分。儘管先代帝王祭祀的儒經依據並不豐富，但《祭法》原則對先代帝王祭祀發揮了穩定、持久的作用。

第二，"必增人選"。

隨歷史演進，有些君主必然進入祀譜。先代帝王這個群體本就隨着時代推移而不斷增多。正統脉絡因王朝更迭而出現的空環也必須補齊。所以歷朝的先代帝王祀譜都有"必增人選"。

第三，"不固定人選"。

當政朝廷出於現實需要會增減祀譜人選。編製祀譜的主觀性被放大，是清朝才有的事。清之前，祀譜的功能重點不變，則相鄰祀譜間的人選增減十分有限。而到清朝，祀譜調整與政策變化、統治者主觀性的關係愈加密切，幅度變大。總體上看，增删祀譜人選的力度到清朝才變大。此前，當政君主的主觀意識對祀譜變遷的影響相對較小。

綜上，先代帝王祀譜的變遷有規律可循。在編製祀譜的標準中，雖然現實政治的因素不斷增強，但《祭法》的崇德報功之義貫穿始終。"先代帝王祭祀的演變動力主要來自當政君主"的觀點，並不準確。

禮制沿革具有穩定的一面。《禮記·曲禮》中講："凡祭，有其廢之，莫敢舉也。有其舉之，莫敢廢也。"②各朝禮制都有各自特點，但也在延續之前的發展脉絡，借鑒以往的制度設計，沿襲之前的祀譜人選。所以，不能因爲當政者主觀作用的存在，而忽視禮制因革中的内在連續性。

三、祭祀儀程變遷的主要特徵

祭祀先代帝王的儀式主要分祭陵、祭廟和因事告祭三類。前兩類屬於常祀。歷朝儀式在具體環節上偶有調整，但基本步驟無重大變化：迎神、奠帛、三獻、飲福受胙、送神、望瘞（燎），與多數祭祀項目的儀程要素並無區別。這是中華禮儀文化的穩定性、延續性造成的。祭祀先代帝王的儀式還有以下特點。

---

① 李唐的開國君主，在唐高祖、唐太宗中或只選一人，或兩人都選，不固定。
② 鄭玄注，孔穎達疏：《禮記正義》卷五，阮元校刻：《十三經注疏》，中華書局 1980年版，第 1268 頁下欄。

第一，先代陵寢的地位下降，體現在祭陵儀式的設計上。歷代帝王廟出現後，先代陵寢進入地方"有司祀典"。這導致了兩個變化：一方面，因先代陵寢離開中央祀典，朝廷禮書改變了對祭陵儀式的編寫方法。另一方面，地方祭祀先代陵寢的規格也有所下降。據《大清通禮》，國都的帝王廟與先師、關帝的儀式沒有高下之分。而在地方祀典中，先代陵寢雖因墓主的帝王身份享有高級拜禮，卻在用樂方面遜色於先師、關帝。究其原因，地方上獨立的先代陵寢無法像帝王廟一樣發揮"政治符號"集合體的作用，故而不受重視。

第二，帝王廟在明、清兩朝屬於中祀項目。同等級的"人鬼"項目中，帝王廟與先師、關帝的拜禮級別相同，但都低於先農。清朝皇帝親祭與遣官行禮的差別被放大，凸顯了君臣等級秩序。而且清朝遣官祭祀時没有"飲福受胙"。這表明在銜接正統脉絡的關鍵儀式上，君權的神聖與獨尊地位開始被彰顯。

第三，因祀先代帝王的活動主要分兩種：皇帝出巡告祭與當政朝廷逢事告祭。隋以後，逢事告祭成爲國家禮典與重要政治活動中的附屬性禮儀項目，發展到清朝形成了一整套完善的制度。這説明先代帝王在祀典中的地位已經固定，背後的原因是統治者對正統脉絡的重視。清朝屢次調整遣官告祭先代帝王的方案，表明因祀之禮的實施也深受時代因素的影響。

四、勝朝帝王祭禮與傳統政治文化嬗變

當政朝廷認定的前一代正統王朝的君主(簡稱"勝朝帝王")，是先代帝王中比較特殊的群體。在分封二王三恪的朝代中，勝朝後裔享有國賓之位，獨立祭祖。而從唐代起，當政朝廷調整祀典，逐漸掌控了對勝朝帝王的主祭權。調整從勝朝宗廟、勝朝陵寢、先代帝王祭祀三條路徑展開。禮制變遷以傳統政治文化嬗變爲背景。

二王三恪制度與先代帝王祭祀，存在此消彼長、一衰一盛的交替態勢。它們在禮儀功能上極爲相似。二王三恪屬於賓禮，通行於魏晉、南朝、隋唐；從五代起衰敗，並在宋以後終結。① 先代帝王祭祀屬於吉禮，在隋朝才成爲獨立的常祀項目；在唐後期被停止常祀，只保留告祭;② 但在北宋，先代帝王常祀再次出現並延續發展。其禮儀功能的重點，已偏轉爲昭示當政朝廷正統地位的

① 謝元魯：《隋唐五代的特殊貴族——二王三恪》，《中國史研究》1994 年第 2 期，第 41~49 頁。
② 雷聞：《郊廟之外——隋唐國家祭祀與宗教》，生活·讀書·新知三聯書店 2009 年版，第 85 頁。

來源。而且，先代帝王祀譜逐步囊括勝朝帝王，與二王三恪的消亡相伴隨。

昭示正統來源的禮儀制度發生了轉變。傳統方法是分封前兩代宗室後裔爲國賓，允許國賓禮樂獨立，自奉先祀，從而建立"三統並列"的象征體系。董仲舒的"通三統"理論産生於先秦結束不久，而先秦各政權就是"橫向並列"的關係。所以該理論有濃厚的先秦色彩。隨時代演進，昭示正統的禮儀最終發生變化。

"通三統"不再是政權更迭之際的理論解釋和制禮依據。北宋時，傳統政治學説和禮儀受到儒學衝擊，漸趨消亡。① 本書認爲，在帝制社會前半段主導王朝更迭的"通三統"理論也在此時退出禮制設計。帶有先秦色彩的二王三恪制度也隨之消亡。所有的往代君主都由當政朝廷祭祀，不需要與朝廷"並列"的國賓去維繫勝朝帝王的祭祀。

在帝制社會後半段，先代帝王祭祀取代了二王三恪制度。但這個轉變遇到了來自儒家經典與禮制傳統的阻力。儒經中的二王三恪雖不全然明晰，但影響深遠。漢、唐間近千年的歷史，使册立勝朝後裔爲國賓的傳統根深蒂固。受此影響，祭祀勝朝帝王的禮制調整在唐、宋時期幾經波折。也因此，明、清兩朝還爲勝朝後裔封爵。但此時，先代帝王祭祀昭示正統來源的作用已不受舊傳統的撼動。

五、禮制實踐與禮俗互動

歷史文化有整體性。除了朝廷中央的禮制設計，地方官吏、基層民衆對於先代帝王也有祭祀、信仰活動。中央的制度規劃也需要地方貫徹和落實。所以，考察地方對中央政令的執行實效，分析民間的祭祀風習，探索上層禮制和下層習俗的差異與互動，是整體把握先代帝王祭祀的必要補充。

在先代陵寢的防護上，朝廷中央的理想預期和地方的執行實效之間存在偏差。當政朝廷將先代陵寢視作正統脉絡上一個個節點的代表，只有悉心防護才能維護正統脉絡的完整。但地方財政在投入上並不積極。這表現了中央制度設計與地方執行實效的不對等。在特殊地域的制度設計上，中央與地方還會進行協調、互動。

圍繞先代帝王祭祀，"大傳統"與"小傳統"的差異、交融在北宋時期有所體現。宋朝廷祭祀先代帝王，是爲統治合法性服務。基層民衆則將先代帝王視

① 劉浦江：《五德終始説之終結——兼論宋代以降傳統政治文化的嬗變》，《中國社會科學》2006 年第 2 期。

作"無祈不應"的神靈，祭祀注重功利性。地方官吏的祭祀活動則體現了上層禮制與下層風習的交互。

除了執行朝廷祀典，地方官吏也將先代帝王祠廟視作護佑當地的神祇。祭祀對象不受朝廷祀譜的限制。地方官吏是中央皇權的化身，代表皇帝出現在基層社會中。[①] 從祈祭祝文來看，他們會在先代帝王身上中尋找與現實需求相銜接的特點。若找不到，便以民眾的祭享爲由來督促、規勸。所以，祈祭祝文中常有"殁食此邦……忍視其急""神其降休，以答此土之民之信"一類帶有道德色彩的規勸性語言。[②] 如此設計，同盲目的、功利性的基層風習有了明顯區別。總之，代表中央皇權的官吏進入地方社會時，同樣會接納、順從基層民眾的信仰心理。

系統地考察先代帝王祭祀的發展歷程，有助於揭示中國禮制文化的豐富内涵。不能因爲祭祀對象是"封建君主"而否定先代帝王祭祀的歷史價值和相關研究的學術意義。首先，各民族政權認同共有的"政治符號"，沿用先代帝王祭祀，在禮制中展現了中華文明突出的連續性。其次，中國禮儀文化傳承發展的連續性、穩定性，體現在先代帝王祭祀的制度沿革與祀譜變遷上。再次，先代帝王祭祀的發展以經學理據、政治文化、民族關係、疆域格局、學術思想爲背景。複雜的時代因素造就這項禮儀制度豐富的文化内涵。最後，王朝中央的制度設計、地方官吏的禮制實踐、基層民眾的崇拜習俗，反映了"廟堂"禮制與"江湖"風習的差別和交融。

當然，本書只能展現先代帝王祭祀的部分内容。因學識所限，一些問題未及深入，比如宗教因素的影響、先代帝王祭祀中的配享與從祀名臣，等等。對這些問題的分析，在未來需要進一步補充。

---

① 李振宏：《從政治體制角度看秦至清社會的皇權專制屬性》，《中國史研究》2016年第 3 期。

② 綦崇禮：《北海集》卷三六《知紹興府諸廟祈雨文·禹廟》，《景印文淵閣四庫全書》第 1134 册，第 752 頁下欄~753 頁上欄；歐陽修：《文忠集》卷四九《祭文·求雨祭漢景帝文》，《景印文淵閣四庫全書》第 1102 册，第 372 頁下欄。

主要參考文獻

一、傳世古籍

《十三經注疏》，阮元校刻，中華書局 1980 年版。

《宋大詔令集》，中華書局 1962 年版。

《宋會要輯稿》，劉琳等校點，上海古籍出版社 2014 年版。

《元典章》，陳高華等點校，天津古籍出版社、中華書局 2011 年版。

《明太祖實錄》，臺灣"中央研究院"歷史語言研究所 1962 年版。

《明太祖實錄校勘記》，臺灣"中央研究院"歷史語言研究所 1962 年版。

《明太宗實錄》，臺灣"中央研究院"歷史語言研究所 1962 年版。

《明世宗實錄》，臺灣"中央研究院"歷史語言研究所 1962 年版。

《清世祖實錄》，中華書局 1985 年版。

《清聖祖實錄》，中華書局 1985 年版。

《清世宗實錄》，中華書局 1985 年版。

《清高宗實錄》，中華書局 1985—1986 年版。

班固：《漢書》，中華書局 1960 年版。

晁補之：《雞肋集》，《景印文淵閣四庫全書》第 1118 冊，臺灣"商務印書館"1983 年版。

陳澔：《禮記集説》，萬久富整理，鳳凰出版社 2010 年版。

陳立：《白虎通疏證》，中華書局 1994 年版。

陳夢雷：《古今圖書集成》，中華書局、巴蜀書社 1985 年版。

陳壽：《三國志》，中華書局 1959 年版。

程餘慶：《歷代名家評注史記集説》，三秦出版社 2011 年版。

杜佑：《通典》，王文錦等點校，中華書局 1988 年版。

范曄撰，李賢等注：《後漢書》，中華書局 1965 年版。

方濬師：《蕉軒隨録·續録》，中華書局 1995 年版。

房玄齡等:《晉書》,中華書局 1974 年版。

顧棟高輯:《春秋大事表》,吳樹平、李解民點校,中華書局 1993 年版。

顧炎武著,黃汝成集釋:《日知錄集釋(外七種)》,上海古籍出版社 1985 年版。

胡宏:《皇王大紀》,《景印文淵閣四庫全書》第 313 册,臺灣"商務印書館"1983 年版。

黃道周:《博物典彙》,故宮博物院編:《故宮珍本叢刊》第 503 册,海南出版社 2000 年版。

黃奭輯:《黃氏逸書考》,清道光年間黃氏刻民國二十三(1934)年補刻本。

昆岡等修,吳樹梅等纂:《欽定大清會典》,《續修四庫全書》第 794 册,上海古籍出版社 2002 年版。

昆岡等修,劉啟端等纂:《欽定大清會典圖》,《續修四庫全書》第 795～797 册,上海古籍出版社 2002 年版。

昆岡等纂,劉啟端等修:《欽定大清會典事例》,《續修四庫全書》第 798～814 册,上海古籍出版社 2002 年版。

來保、李玉鳴等:《大清通禮》,《景印文淵閣四庫全書》第 655 册,臺灣"商務印書館"1983 年版。

黎靖德編:《朱子語類》,王星賢點校,中華書局 1986 年版。

李百藥:《北齊書》,中華書局 1972 年版。

李昉等編:《文苑英華》,中華書局 1956 年版。

李昉等:《太平御覽》,中華書局 1960 年版。

李光坡:《禮記述注》,《景印文淵閣四庫全書》第 127 册,臺灣"商務印書館"1983 年版。

李林甫等:《唐六典》,陳仲夫點校,中華書局 1992 年版。

李燾:《續資治通鑒長編》,中華書局 1995 年版。

李延壽:《北史》,中華書局 1974 年版。

李延壽:《南史》,中華書局 1975 年版。

林堯俞等纂修,俞汝楫等編撰:《禮部志稿》,《景印文淵閣四庫全書》第 597～598 册,臺灣"商務印書館"1983 年版。

令狐德棻等:《周書》,中華書局 1971 年版。

劉錦藻:《清朝續文獻通考》,浙江古籍出版社 1988 年版。

劉餗:《隋唐嘉話》,中華書局 1979 年版。

劉惟謙等:《大明律》,《續修四庫全書》第 862 册,上海古籍出版社 2002

年版。

劉向集録：《戰國策》，上海古籍出版社 1985 年版。

劉昫：《舊唐書》，中華書局 1975 年版。

劉沅：《禮記恒解》，《續修四庫全書》第 105 冊，上海古籍出版社 2002
年版。

馬端臨：《文獻通考》，中華書局 1986 年版。

馬國翰輯：《玉函山房輯佚書》，長沙娜嬛館。

歐陽修、宋祁：《新唐書》，中華書局 1975 年版。

歐陽修：《歐陽修全集》，李逸安點校，中華書局 2001 年版。

歐陽修：《文忠集》，《景印文淵閣四庫全書》第 1102～1103 冊，臺灣"商
務印書館"1983 年版。

歐陽修：《新五代史》，中華書局 1974 年版。

歐陽修等編：《太常因革禮》，《續修四庫全書》第 821 冊，上海古籍出版
社 2002 年版。

乾隆十二年奉敕撰：《欽定大清會典則例》，《景印文淵閣四庫全書》第
620～625 冊，臺灣"商務印書館"1983 年版。

秦蕙田：《五禮通考》，《景印文淵閣四庫全書》第 135～142 冊，臺灣"商
務印書館"1983 年版。

丘濬：《大學衍義補》，《景印文淵閣四庫全書》第 712～713 冊，臺灣"商
務印書館"1983 年版。

阮葵生：《茶餘客話》，中華書局 1959 年版。

申時行等修，趙用賢等纂：《大明會典》，《續修四庫全書》第 789～792
冊，上海古籍出版社 2002 年版。

沈德符：《萬曆野獲編》，中華書局 1959 年版。

沈家本等編訂：《欽定大清現行新律例》，《續修四庫全書》第 864 冊，上
海古籍出版社 2002 年版。

沈約：《宋書》，中華書局 1974 年版。

司馬光：《稽古錄》，北京師範大學出版社 1988 年版。

司馬光：《涑水記聞》，中華書局 1989 年版。

司馬光編著，胡三省音注：《資治通鑒》，中華書局 1956 年版。

司馬遷：《史記》，中華書局 1959 年版。

宋濂：《元史》，中華書局 1976 年版。

宋敏求編：《唐大詔令集》，商務印書館 1959 年版。

宋訥：《西隱集》，《景印文淵閣四庫全書》第 1225 册，臺灣"商務印書館"1983 年版。

蘇輿：《春秋繁露義正》，中華書局 1992 年版。

蘇轍：《欒城集》，曾棗莊、馬德富校點，上海古籍出版社 1987 年版。

蘇轍：《蘇轍集》，陳宏天、高秀芳校點，中華書局 1990 年版。

孫希旦：《禮記集解》，沈嘯寰、王星賢點校，中華書局 1989 年版。

孫旬：《皇明疏鈔》，《續修四庫全書》第 463~464 册，上海古籍出版社 2002 年版。

孫詒讓：《周禮正義》，王文錦、陳玉霞點校，中華書局 1987 年版。

脫脫：《金史》，中華書局 1975 年版。

汪克寬：《經禮補逸》，《景印文淵閣四庫全書》第 105 册，臺灣"商務印書館"1983 年版。

王夫之：《禮記章句》，《續修四庫全書》第 98 册，上海古籍出版社 2002 年版。

王涇：《大唐郊祀錄》，《續修四庫全書》第 821 册，上海古籍出版社 2002 年版。

王明編：《太平經合校》，中華書局 1960 年版。

王明清：《揮塵錄》，中華書局 1961 年版。

王溥：《唐會要》，中華書局 1955 年版。

王溥：《五代會要》，中華書局 1985 年版。

王圻：《續文獻通考》，《續修四庫全書》第 761~767 册，上海古籍出版社 2002 年版。

王欽若等編：《宋本册府元龜》，中華書局 1989 年版。

王欽若等編纂：《册府元龜》，周勳初等校訂，鳳凰出版社 2006 年版。

王棠：《燕在閣知新錄》，《續修四庫全書》第 1146 册，上海古籍出版社 2002 年版。

王先慎：《韓非子集解》，鍾哲點校，中華書局 1998 年版。

衛湜：《禮記集説》，《景印文淵閣四庫全書》第 117~120 册，臺灣"商務印書館"1983 年版。

魏收：《魏書》，中華書局 1974 年版。

魏徵、令狐德棻：《隋書》，中華書局 1973 年版。

蕭嵩等：《大唐開元禮》，《景印文淵閣四庫全書》第 646 册，臺灣"商務印書館"1983 年版。

蕭子顯：《南齊書》，中華書局 1972 年版。

徐本、三泰等奉敕纂，劉統勳等續纂：《大清律例》，《景印文淵閣四庫全書》第 672~673 冊，臺灣"商務印書館" 1983 年版。

徐堅等：《初學記》，中華書局 1962 年版。

徐乾學：《資治通鑒後編》，《景印文淵閣四庫全書》第 342~345 冊，臺灣"商務印書館" 1983 年版。

徐松輯：《宋會要輯稿》，中華書局 1957 年版。

徐天麟：《西漢會要》，中華書局 1955 年版。

徐天麟：《東漢會要》，中華書局 1955 年版。

徐一夔等：《明集禮》，《景印文淵閣四庫全書》第 649~650 冊，臺灣"商務印書館" 1983 年版。

徐元誥：《國語集解》，王樹民、沈長雲點校，中華書局 2002 年版。

徐宗元：《帝王世紀輯存》，中華書局 1964 年版。

薛居正：《舊五代史》，中華書局 1976 年版。

姚思廉：《陳書》，中華書局 1972 年版。

姚思廉：《梁書》，中華書局 1973 年版。

佚名：《秘閣元龜政要》，明抄本。

應劭：《風俗通義校注》，王利器校注，中華書局 1981 年版。

俞樾：《春在堂隨筆》，徐明、文青校點，遼寧教育出版社 2001 年版。

允祹等：《大清會典》，《景印文淵閣四庫全書》第 619 冊，臺灣"商務印書館" 1983 年版。

曾棗莊、劉琳主編：《全宋文》，上海辭書出版社 2006 年版。

張方平：《樂全集》，《景印文淵閣四庫全書》第 1104 冊，臺灣"商務印書館" 1983 年版。

張廷玉等：《明史》，中華書局 1974 年版。

趙爾巽等：《清史稿》，中華書局 1976 年版。

趙翼：《陔余叢考》，商務印書館 1957 年版。

趙翼：《廿二史劄記校證》，王樹民校證，中華書局 1984 年版。

鄭居中等：《政和五禮新儀》，《景印文淵閣四庫全書》第 647 冊，臺灣"商務印書館" 1983 年版。

周壽昌：《漢書注校補》，中華書局 1985 年版。

朱熹：《朱子全書》，戴揚本、曾抗美校點，上海古籍出版社、安徽教育出版社 2002 年版。

朱熹撰，清聖祖批：《御批資治通鑑綱目》，《影印文淵閣四庫全書》第
689~691 册，臺灣"商務印書館"1983 年版。

二、出土文獻

北京大學出土文獻研究所編：《北京大學藏西漢竹書·三》，上海古籍出
版社 2015 年版。

曹瑋編著：《周原甲骨文》，世界圖書出版公司 2002 年版。

馬承源主編：《上海博物館藏戰國楚竹書》第 7 册，上海古籍出版社 2008
年版。

李學勤主編：《清華大學藏戰國竹簡(六)》，中西書局 2016 年版。

張頷、陶正剛、張守中著，山西省文物工作委員會編：《侯馬盟書》，三
晉出版社 2016 年版。

三、現代論著

包偉民：《宋代地方財政史研究》，中國人民大學出版社 2010 年版。

北京歷代帝王廟保護利用促進會編：《歷代帝王廟研究論文集》，香港國
際出版社 2004 年版。

曹建墩：《先秦禮制探賾》，天津人民出版社 2010 年版。

曹建墩：《中國的祭禮》，南京大學出版社 2014 年版。

曾亦、唐文明主編：《中國之爲中國：正統與異端之辯》，上海人民出版
社 2012 年版。

陳絜：《商周姓氏制度研究》，商務印書館 2007 年版。

陳來：《古代思想文化的世界：春秋時代的宗教、倫理與社會思想》，生
活·讀書·新知三聯書店 2002 年版。

陳夢家：《殷虚卜辭綜述》，中華書局 1988 年版。

陳槃：《不見於春秋大事表之春秋方國稿》，上海古籍出版社 2009 年版。

陳戍國：《中國禮制史》(六卷本)，湖南教育出版社 2001—2002 年版。

陳蘇鎮：《〈春秋〉與"漢道"：兩漢政治與政治文化研究》，中華書局 2011
年版。

陳寅恪：《隋唐制度淵源略論稿》，中華書局 1963 年版。

陳振：《宋史》，上海人民出版社 2003 年版。

程樹德：《九朝律考》，中華書局 1963 年版。

鄧曦澤：《衝突與協調——以春秋戰爭與會盟爲中心》，人民出版社 2015

年版。

鄧小南:《祖宗之法:北宋前期政治述略》,生活·讀書·新知三聯書店 2006 年版。

方光華:《俎豆馨香:中國祭祀禮俗探索》,陝西人民教育出版社 2000 年版。

馮俊傑:《古劇場與神系神廟研究》,西安交通大學出版社 2013 年版。

甘懷真:《唐代家廟禮制研究》,臺灣"商務印書館"1991 年版。

高明士:《中國傳統政治與教育》,文津出版社 2003 年版。

葛兆光:《古代中國文化講義》,復旦大學出版社 2006 年版。

顧頡剛編著:《古史辨》第 1 冊,上海古籍出版社 1982 年版。

顧頡剛編著:《古史辨》第 5 冊,上海古籍出版社 1982 年版。

韓儒林主編:《元朝史》(修訂本),人民出版社 2008 年版。

賈二强:《唐宋民間信仰》,福建人民出版社 2002 年版。

蔣慶:《公羊學引論》,遼寧教育出版社 1995 年版。

雷聞:《郊廟之外:隋唐國家祭祀與宗教》,生活·讀書·新知三聯書店 2009 年版。

冷德熙:《超越神話——緯書政治神話研究》,東方出版社 1996 年版。

李恭忠:《中山陵:一個現代政治符號的誕生》,社會科學文獻出版社 2009 年版。

李開元:《秦崩:從秦始皇到劉邦》,生活·讀書·新知三聯書店 2015 年版。

李零:《待兔軒文存·説文卷》,廣西師範大學出版社 2015 年版。

李學勤等:《出土簡帛與古史再建》,經濟科學出版社 2017 年版。

李勇先:《宋代添差官制度研究》,天地出版社 2000 年版。

李媛:《明代國家祭祀制度研究》,中國社會科學出版社 2011 年版。

梁滿倉:《魏晉南北朝五禮制度考論》,社會科學文獻出版社 2009 年版。

廖宜方:《王權的祭典:傳統中國的帝王崇拜》,臺大出版中心 2020 年版。同書簡體字版,浙江古籍出版社 2022 年版。

劉信芳:《楚系簡帛釋例》,安徽大學出版社 2011 年版。

劉浦江:《正統與華夷 中國傳統政治文化研究》,中華書局 2017 年版。

劉起釪:《續古史辨》,中國社會科學出版社 1991 年版。

劉澤華主編:《中國傳統政治哲學與社會整合》,中國社會科學出版社 2000 年版。

劉屹：《敬天與崇道——中古經教道教形成的思想史背景》，中華書局2005年版。

吕思勉、童書業編著：《古史辨》第7册（上），上海古籍出版社1982年版。

吕思勉、童書業編著：《古史辨》第7册（中），上海古籍出版社1982年版。

吕思勉、童書業編著：《古史辨》第7册（下），上海古籍出版社1982年版。

吕思勉：《吕著中國通史》，華東師範大學出版社1992年版。

吕思勉：《先秦史》，上海古籍出版社1982年版。

孟森：《明清史論著集刊》，中華書局1959年版。

南炳文、湯綱：《明史》，上海人民出版社2003年版。

皮慶生：《宋代民衆祠神信仰研究》，上海古籍出版社2008年版。

漆俠：《宋代經濟史》（上册），上海人民出版社1987年版。

漆俠：《宋代經濟史》（下册），上海人民出版社1988年版。

饒宗頤：《中國史學上之正統論》，上海遠東出版社1996年版。

任爽：《唐代禮制研究》，東北師範大學出版社2000年版。

榮真：《中國古代民間信仰研究：以三皇和城隍爲中心》，中國商務出版社2006年版。

陝西省地方誌編纂委員會編：《陝西省志》第75卷《黄帝陵志》，陝西人民出版社2005年版。

宋振豪、劉源：《甲骨學殷商史研究》，福建人民出版社2006年版。

湯勤福、王志躍：《宋史禮志辨證》，上海三聯書店2011年版。

田昌五：《古代社會形態析論》，學林出版社1986年版。

田天：《秦漢國家祭祀史稿》，生活·讀書·新知三聯書店2015年版。

汪聖鐸：《兩宋財政史》，中華書局1995年版。

王柏中：《神靈世界：秩序的構建與儀式的象徵：兩漢國家祭祀制度研究》，民族出版社2005年版。

王劍英：《明中都》，中華書局1992年版。

王潔主編：《歷代帝王廟史脈》，科學出版社2015年版。

王柯：《中國，從天下到民族國家》，政大出版社2014年版。

王明珂：《華夏邊緣：歷史記憶與族群認同》，社會科學文獻出版社2006年版。

王銘銘：《社會人類學與中國研究》，生活·讀書·新知三聯書店 1997年版。

王仲犖：《隋唐五代史》，上海人民出版社 2003 年版。

王仲犖：《魏晉南北朝史》，上海人民出版社 2003 年版。

吳麗娛主編：《禮與中國古代社會》，中國社會科學出版社 2016 年版。

辛德勇：《建元與改元：西漢新莽年號研究》，中華書局 2013 年版。

徐沖：《中古時代的歷史書寫與皇帝權力起源》，上海古籍出版社 2012年版。

許景昭：《禪讓、世襲及革命：從春秋戰國到西漢中期的君權傳承思想研究》，上海古籍出版社 2014 年版。

徐凱：《燕園明清史論稿》，遼寧民族出版社 2014 年版。

徐連達、朱子彥：《中國皇帝制度》，廣東教育出版社 1996 年版。

徐連達：《唐朝文化史》，復旦大學出版社 2003 年版。

楊伯峻：《春秋左傳注》（修訂本），中華書局 1990 年版。

楊華：《古禮新研》，商務印書館 2012 年版。

楊華：《先秦禮樂文化》，湖北教育出版社 1996 年版。

楊華等：《楚國禮儀制度研究》，湖北教育出版社 2012 年版。

楊俊峰：《唐宋之間的國家與祠祀——以國家和南方祀神之風互動爲焦點》，上海古籍出版社 2019 年版。

楊寬：《西周史》，上海人民出版社 2008 年版。

楊寬：《戰國史》，上海人民出版社 2008 年版。

楊寬：《中國古代陵寢制度史研究》，上海古籍出版社 1985 年版。

楊樹達：《漢書管窺》，上海古籍出版社 1981 年版。

楊希枚：《先秦文化史論集》，中國社會科學出版社 1995 年版。

楊英：《祈望和諧：周秦兩漢王朝祭禮的演進及其規律》，商務印書館 2009 年版。

楊志剛：《中國禮儀制度研究》，華東師範大學出版社 2001 年版。

姚念慈：《康熙盛世與帝王心術：評"自古得天下之正莫如我朝"》，生活·讀書·新知三聯書店 2015 年版。

余英時：《朱熹的歷史世界：宋代士大夫政治文化的研究》，生活·讀書·新知三聯書店 2004 年版。

詹鄞鑫：《神靈與祭祀——中國傳統宗教綜論》，江蘇古籍出版社 1992年版。

張大可：《史記研究》，甘肅人民出版社 1985 年版。

張劍光、鄒國慰：《唐五代農業思想與農業經濟研究》，上海三聯書店 2010 年版。

章太炎：《太炎文錄初編、太炎文錄續編》，《民國叢書》第 3 編 83，上海書店出版社 1991 年版。

趙克生：《明朝嘉靖時期國家祭禮改制》，社會科學文獻出版社 2006 年版。

鄭天挺：《清史探微》，北京大學出版社 1999 年版。

中華文化通志編委會編，孫長江主編，胡戟撰：《中華文化通志·教化與禮儀典·禮儀志》，上海人民出版社 1998 年版。

周振鶴主編，李昌憲著：《中國行政區劃通史·宋西夏卷》，復旦大學出版社 2007 年版。

朱溢：《事邦國之神祇：唐至北宋吉禮變遷研究》，上海古籍出版社 2014 年版。

四、學術論文

白照傑：《從陵墓禮遇到道教聖地——唐代"禁刍牧樵採"的禮制與權威變遷》，《世界宗教研究》2020 年第 4 期。

蔡宗憲：《淫祀、淫祠與祀典——漢唐間幾個祠祀概念的歷史考察》，榮新江主編：《唐研究》第 13 卷，北京大學出版社 2007 年版。

曹定雲：《周原甲骨"二王"同獵與"文王囚羑里"——兼論周原卜辭族屬》，《甲骨文與殷商史》新 3 輯，上海古籍出版社 2013 年版。

常建華：《國家認同：清史研究的新視角》，《清史研究》2010 年第 4 期。

常建華：《京師周圍：康熙帝巡幸畿甸初探》，《社會科學》2014 年第 12 期。

常建華：《祈福：康熙帝巡遊五臺山新探》，《歷史研究》2016 年第 2 期。

常建華：《新紀元：康熙帝首次南巡起因泰山巡狩說》，《文史哲》2010 年第 2 期。

常建華：《長安之旅：康熙帝西巡探討》，《社會科學》2011 年第 5 期。

陳平：《歷代帝王廟碑亭新考》，北京市文物研究所編：《北京歷史文化論叢》第 3 輯，北京燕山出版社 2009 年版。

陳平：《全國唯一的歷代帝王廟》，中國人民政治協商會議北京市西城區委員會文史資料委員會編：《阜景文化街 北京西城名街》，中國文史出版社

1999 年版。

陳宇峰、郭華瑜：《明代三都歷代帝王廟建築形制源流》，《遺產與保護研究》2018 年第 6 期。

鄧濤：《明清帝王民族觀和歷史觀的異同——從歷代帝王廟帝王祭祀角度出發》，《煙臺大學學報》（哲學社會科學版）2017 年第 4 期。

范家偉：《元代三皇廟與宋金元醫學發展》，《漢學研究》第 34 卷第 3 期，2016 年 9 月。

房姍姍：《近 20 年來魏晉南北朝時期禮文化研究綜述》，《魯東大學學報》（哲學社會科學版）2006 年第 4 期。

馮友蘭：《中國政治哲學與中國歷史中之實際政治》，《清華學報》1937 年第 1 期。

傅幸：《歷代帝王廟初探》，《北京文博》1999 年第 3 期。

傅幸：《歷代帝王廟祭祀典儀》，《北京文博》2001 年第 4 期。

高明士：《皇帝制度下的廟制系統——以秦漢至隋唐作爲考察中心》，《臺灣大學文史哲學報》第 40 期，1993 年版。

葛志毅：《〈公羊傳〉大一統釋義發微》，《管子學刊》1998 年第 4 期。

洪麗珠：《義隨世變——元人的"勝國"運用》，《文史》2018 年第 2 輯。

黃愛平：《清代的帝王廟祭與國家政治文化認同》，《清史研究》2011 年第 1 期。

黃留珠：《秦漢祭祀綜義》，《西北大學學報》（哲學社會科學版）1984 年第 4 期。

黃樸民：《公羊"三統"說與何休"〈春秋〉王魯"論》，《管子學刊》1998 年第 4 期。

賈國靜：《"治河即所以保漕"——清代黃河治理的政治意蘊探析》，《歷史研究》2018 年第 5 期。

賈玉英：《略論宋代地方添差官的演變》，《鄭州大學學報》（哲學社會科學版）2017 年第 5 期。

康樂：《從西郊到南郊——拓跋魏的國家祭典與孝文帝的"禮制改革"》，《"中研院"第二屆國際漢學會議論文集（民俗與文化組）》，臺北"中央研究院"1989 年版。

雷戈：《正朔、正統與正閏》，《史學月刊》2004 年第 6 期。

雷聞：《試論隋唐對於先代帝王的祭祀》，《文史》2007 年第 1 輯。

李桂民：《周原廟祭甲骨與"文王受命"公案》，《歷史研究》2013 年第

2 期。

李宏坤：《北京歷代帝王廟内關帝廟初探》，《西北民族大學學報》（哲學社會科學版）2004 年第 1 期。

李華瑞：《宋代建元與政治》，《中國史研究》1996 年第 4 期。

李磊：《吳越邊疆與皇帝權威——秦始皇三十七年東巡會稽史事鈎沉》，《學術月刊》2016 年第 10 期。

廖宜方：《中國中古先代帝王祭祀的形成、演變與意涵——以其人選與地點爲主軸的探討》，臺灣《"中央研究院"歷史語言研究所集刊》第 87 本第 3 分，2016 年 9 月。

林小安：《"神不歆非類，民不祀非族"漫談》，宋振豪主編：《甲骨文與殷商史》新 3 輯，上海古籍出版社 2013 年版。

劉安志：《關於〈大唐開元禮〉的性質及行用問題》，《中國史研究》2005 年第 3 期。

劉復生：《宋朝"火運"論略——兼談"五德轉移"政治學說的終結》，《歷史研究》1997 年第 3 期。

劉高：《歷代帝王廟二三題》，首都博物館編：《首都博物館叢刊》第 18 輯，北京燕山出版社 2004 年版。

劉家和：《論漢代春秋公羊學的大一統思想》，《史學理論研究》1995 年第 2 期。

劉諾：《北京歷代帝王廟營建年代及景德殿正東正西碑亭朝年考》，中國紫禁城學會編；鄭欣淼，晉宏達主編：《中國紫禁城學會論文集》第 6 輯上册，紫禁城出版社 2011 年版。

劉浦江：《"五德終始"説之終結——兼論宋代以降傳統政治文化的嬗變》，《中國社會科學》2006 年第 2 期。

劉浦江：《德運之爭與遼金王朝的正統性問題》，《中國社會科學》2004 年第 2 期。

劉浦江：《南北朝的歷史遺産與隋唐時代的正統論》，《文史》2013 年第 2 輯。

劉浦江：《元明革命的民族主義想象》，《中國史研究》2014 年第 3 期。

劉浦江：《正統論下的五代史觀》，榮新江主編：《唐研究》第 11 卷，北京大學出版社 2005 年版。

樓勁：《宋初禮制沿革及其與唐制的關係——兼論"宋承唐制"説之興》，《中國史研究》2008 年第 2 期。

樓勁：《魏晉以來的禪讓革命及其思想背景》，《華東師範大學出版社》(哲學社會科學版) 2017 年第 3 期。

陸益軍：《清朝歷代帝王廟史觀透析》，《歷史教學問題》2014 年第 3 期。

羅新：《十六國北朝的五德歷運問題》，《中國史研究》2004 年第 3 期。

吕博：《唐代德運之争與正統問題——以"二王三恪"爲綫索》，《中國史研究》2012 年第 4 期。

吕芳：《權力合法性的概念及歷史演變》，《江淮論壇》2003 年第 1 期。

吕麗：《古代祭祀禮儀的法律規制與文化内涵》，《法制與社會發展》2005 年第 6 期。

馬曉林：《從國都到村社：元代社稷禮制考》，《史學月刊》2017 年第 7 期。

馬曉林：《國家祭祀、地方統治與其推動者：論元代嶽鎮海瀆祭祀》，《西南大學學報》(社會科學版) 2011 年第 5 期。

馬曉林：《蒙元時代日月山地望考》，《中國歷史地理論叢》2014 年第 4 輯。

馬曉林：《元朝太廟演變考——以室次爲中心》，《歷史研究》2013 年第 5 期。

馬曉林：《元代嶽鎮海瀆祭祀考述》，《中國史研究》2011 年第 4 期。

南炳文：《消極與積極並存：明朝建國前後祭祀活動述論》，《求是學刊》2011 年第 1 期。

内蒙古自治區文物工作隊：《和林格爾縣土城子試掘記要》，《文物》1961 年第 9 期。

皮慶生：《材料、方法與問題意識——對近年來宋代民間信仰研究的思考》，《江漢論壇》2009 年第 3 期。

皮慶生：《論宋代的打擊"淫祀"與文明的推廣》，《清華大學學報》2008 年第 2 期。

皮慶生：《宋人的正祀、淫祀觀》，《東嶽論叢》2005 年第 4 期。

蒲慕州：《漢代之信仰生活》，林富士主編：《禮俗與宗教》，中國大百科全書出版社 2005 年版。

秦永洲：《春秋戰國的華夷之辨與華夏正統之争》，《山東師大學報》2001 年第 6 期。

榮新江、史睿：《俄藏敦煌寫本〈唐令〉殘卷 (Дx. 3558) 考釋》，《敦煌學輯刊》1999 年第 1 期。

史可非：《試論清朝在對歷代帝王廟建成統一多民族國家祭祀體系上的貢獻》，《安徽文學》2010 年第 4 期。

宋德金：《金章宗簡論》，《民族研究》1988 年第 4 期。

宋德金：《正統觀與金代文化》，《歷史研究》1990 年第 1 期。

宿白：《盛樂、平城一帶的拓跋鮮卑—北魏遺跡——鮮卑遺跡輯録之二》，《文物》1977 年第 11 期。

孫慶偉：《論周公廟和周原甲骨的年代與族屬》，北京大學中國考古學研究中心、北京大學震旦古代文明研究中心編：《古代文明》第 5 卷，文物出版社 2006 年版。

孫衛國：《明清時期歷代帝王廟的演變與朝鮮使臣之認識》，《南開學報》(哲學社會科學版) 2016 年第 5 期。

孫正軍：《二王三恪所見周唐革命》，《中國史研究》2012 年第 4 期。

湯勤福：《宋真宗"封禪滌耻"説質疑——論真宗朝統治危機與天書降臨、東封西祀之關係》，《河北大學學報》(哲學社會科學版) 2019 年第 2 期。

唐剛卯：《唐代請田制度初探》，《敦煌學輯刊》1985 年第 2 期。

田兆元：《論鬼神崇拜的起源與鬼神之分野》，《歷史教學問題》1993 年第 1 期。

田兆元：《論主流神話與神話史的要素》，《文藝理論研究》1995 年第 5 期。

田兆元：《西周領主制封建時代三位一體神系的建立與崩潰》，《歷史教學問題》1995 年第 2 期。

田成浩：《帝制時期先代帝王祭禮的考察——以祭祀對象與項目爲中心》，《哈爾濱工業大學學報》(社會科學版) 2018 年第 4 期。

仝相卿：《宋初周恭帝遷居考》，姜錫東、李華瑞主編：《宋史研究論叢》第 10 輯，河北大學出版社 2009 年版。

王洪軍：《項峻〈始學篇〉考》，《文藝評論》2011 年第 12 期。

王暉：《楚竹書〈吳命〉綴連編排新考》，《中原文化研究》2013 年第 2 期。

王暉：《周原甲骨屬性與商周之際祭禮的變化》，《歷史研究》1998 年第 3 期。

王卡：《元始天王與盤古開天闢地》，《世界宗教研究》1989 年第 3 期。

王秀玲：《清朝歷代帝王祭祀與民族國家認同》，《前沿》2015 年第 5 期。

王志躍：《宋代官方禮制實施情況考述——以〈宋史·禮志〉爲中心》，《船山學刊》2011 年第 2 期。

魏建震：《禹治水與夏代社祭祀》，《古籍整理研究學刊》2008 年第 2 期。

吳麗娛：《禮用之辨：〈大唐開元禮〉的行用釋疑》，《文史》2005 年第 2 輯。

吳麗娛：《〈顯慶禮〉與武則天》，杜文玉主編：《唐史論叢》第 10 輯，三秦出版社 2008 年版。

吳麗娛：《唐宋之際的禮儀新秩序——以唐代的公卿巡陵和陵廟薦食爲中心》，榮新江主編：《唐研究》第 11 卷，北京大學出版社 2005 年版。

吳麗娛：《也談五代郊廟祭祀中的"始祖"問題》，《文史》2019 年第 1 輯。

吳樹國：《禮制規範視域下唐代陵户的設置》，《求是學刊》2016 年第 6 期。

吳羽：《〈政和五禮新儀〉編纂考論》，《學術研究》2013 年第 6 期。

吳羽：《論中晚唐國家禮書編纂的新動向對宋代的影響——以〈元和曲臺新禮〉、〈中興禮書〉爲中心》，《學術研究》2008 年第 6 期。

習五一：《北京歷代帝王廟的綜合價值》，張復合主編：《建築史論文集》第 16 輯，清華大學出版社 2002 年版。

夏婧：《柳懷素墓誌所見武周改立"二王三恪"史事考》，《中國史研究》2017 年第 1 期。

謝貴安：《〈史記〉"人民性"悖論》，《華中師範大學學報》(哲學社會科學版)1992 年第 6 期。

謝貴安：《明代的〈漢書〉經典化與劉邦神聖化的現象、原因與影響》，《長江大學學報》(社會科學版)2008 年第 2 期。

謝元魯：《隋唐五代的特殊貴族——二王三恪》，《中國史研究》1994 年第 2 期。

徐潔：《清代祭祀文化與"中國"認同》，《黑龍江社會科學》2017 年第 2 期。

徐凱：《滿洲"漢文化"化與接續中華文明之統緒》，《雲南師範大學學報》(哲學社會科學版)2012 年第 4 期。

徐美莉：《中國古代的客禮》，《孔子研究》2008 年第 4 期。

嚴耕望：《略論唐六典之性質與施行問題》，臺灣《"中央研究院"歷史語言研究所集刊》第 24 本，1953 年。

楊華：《楚簡中的"上下"與"內外"——兼論楚人祭禮中的神靈分類問題》，《簡帛》第 4 輯，上海古籍出版社 2009 年版。

楊華：《秦漢帝國的神權統一——出土簡帛與〈封禪書〉、〈郊祀志〉的對比考察》，《歷史研究》2011 年第 5 期。

楊俊峰：《宋代的封賜與祀典——兼論宋廷的祠祀措施》，榮新江主編：《唐研究》第 18 卷，北京大學出版社 2012 年版。

楊權：《"漢家堯後"說考論》，《史學月刊》2006 年第 6 期。

葉林生：《禹的真相及夏人族源》，《蘇州大學學報》（哲學社會科學版）1997 年第 4 期。

葉煒：《從武冠、貂蟬略論中古侍臣之演變》，榮新江主編：《唐研究》第 13 卷，北京大學出版社 2007 年版。

尹鈞科：《我國古代祭祀歷代帝王的源起和演變》，北京歷代帝王廟保護利用促進會編：《歷代帝王廟研究論文集》，香港國際出版社 2004 年版。

游自勇：《禮展奉先之敬——唐代長安的私家廟祀》，榮新江主編：《唐研究》第 15 卷，北京大學出版社 2009 年版。

于淼：《南京〈敕建歷代帝王廟碑〉解讀》，《紫禁城》2017 年第 12 期。

于淼：《清同治時期歷代帝王廟名臣增祀事考》，《博物館》2017 年第 6 期。

張博泉：《金代禮制初論》，《北方文物》1988 年第 4 期。

張博泉：《近百年來金史研究的進程與展望》，《社會科學戰綫》1996 年第 4 期。

張華松：《八主析論》，《管子學刊》1995 年第 2 期。

曾德雄：《從眭弘之死看儒學與政治的關係》，《石河子大學學報》（哲學社會科學版）2012 年第 3 期。

張懷銀、何耀鵬：《桃林塞、胡關歷史地名考》，許海星、楊海青主編：《三門峽考古文集》，中國檔案出版社 2001 年版。

張琿：《歷代帝王祭祀中的帝王意象與帝統意識——從明代帝王廟祀的祭祀思維談起》，臺灣《東華人文學報》第 10 期，2007 年 1 月。

趙克生、于海湧：《明代淫祠之禁》，《社會科學輯刊》2003 年第 3 期。

趙克生：《〈大明集禮〉的初修與刊佈》，《史學史研究》2004 年第 3 期。

趙克生：《洪武十年前後的祭禮改制初探——以郊、廟、社稷禮爲中心》，《東南文化》2004 年第 5 期。

趙克生：《明朝"歷代帝王廟"名臣從祀試探——以趙普、武成王爲中心》，《明史研究》第 8 輯，2003 年版。

趙克生：《試論明朝兩京祭禮的歸併》，《南京社會科學》2004 年第 4 期。

趙克生：《元世祖與入祀明朝歷代帝王廟》，《歷史檔案》2005 年第 1 期。

趙林：《論商代的社祭》，《華中學術》2016 年第 2 期。

趙軼峰：《明朝國家祭祀體系的寓意》，《東北師大學報》（哲學社會科學版）2006 年第 2 期。

趙雨樂：《五代的后妃與政治——唐宋變革期宮廷權力的考察》，盧向前主編：《唐宋變革論》，黃山書社 2006 年版。

趙芝荃:《夏社與桐宫》,《考古與文物》2001 年第 4 期。

周書燦、李國偉:《周初封建先聖王之後史事續論》,《河北師範大學學報》(社會科學版)1998 年第 4 期。

朱溢:《中古中國賓禮的構造及其演進——從〈政和五禮新儀〉的賓禮製定談起》,《中華文史論叢》2015 年第 2 期。

(五)國外學者論著

Howard J. Wechsler, *Offerings of Jade and Silk: Ritual and Symbol in the Legitimation of the T'ang Dynasty*, New Haven: Yale University Press, 1985.

Robert Redfield: *Peasant Society and Culture*, Chicago: University of Chicago Press, 1956.

[荷]高延(J. J. M. De Groot):《中國的宗教系統及其古代形式、變遷、歷史及現狀》,芮傳明等譯,花城出版社 2018 年版。

[日]高木智見:《先秦社會與思想:試論中國文化的核心》,何曉毅譯,上海古籍出版社 2011 年版。

[日]金子修一:《古代中國與皇帝祭祀》,肖聖中、吳思思、王曹傑譯,復旦大學出版社 2017 年版。

[日]金子修一:《唐代の大祀・中祀・小祀について》,《高知大學學術研究報告・人文科學》1976 年第 25 卷第 2 號。

[日]平勢隆郎:《從城市國家到中華:殷周 春秋戰國》,周潔譯,廣西師範大學出版社 2014 年版。

[美]楊慶堃:《中國社會中的宗教:宗教的現代社會功能及其歷史因素之研究》,范麗珠譯,上海人民出版社 2006 年版。

(六)學位論文

呂博:《“君之大柄”與“聖人之履”——禮與唐代政治變遷諸問題研究》,武漢大學博士學位論文,2014 年。

馬曉林:《元代國家祭祀研究》,南開大學博士學位論文,2012 年。

王美華:《唐宋禮制研究》,東北師範大學博士學位論文,2004 年。

徐潔:《金代祭禮研究》,吉林大學博士學位論文,2012 年。

趙克生:《明朝嘉靖時期國家祭禮改制研究》,中國社會科學院博士學位論文,2003 年。

後　記

　　本書是在博士學位論文基礎上修改而成的。在提交書稿之前，我想在"後記"中講些內容。

　　我進入武漢大學歷史學院學習後，在楊華老師的指導下進行中國文化史、禮制史方面的研習。楊老師功底深厚，視野開闊，治學不拘於一時一事。他能夠在混亂、複雜的表象中抓住主要綫索，同時又能注重細節的考證，文章框架清晰，用語簡明有力。楊老師常說，把複雜的問題簡單化，是本事，要用最簡單的話把複雜的事講清楚。我資質愚鈍，雖然謹記師訓，卻常把問題搞糟，抓不住重點，常給老師添麻煩。我現在仍然記得，在 2020 年年初至 5 月疫情嚴峻的背景下，楊老師依然督促我的論文進度，幫我修改論文，甚至對一些部分逐句逐字地調整、完善。楊老師的教育、指導與幫助，讓我感銘至深。這一點，無論怎麼強調都是不過分的。今後，我將不斷努力，勤加練習，不負老師的諄諄教誨。

　　在撰寫學位論文的過程中，很多老師給了我重要幫助。通代考察先代帝王祭祀，是在楊老師的堅定支持下完成的。論文於 2018 年 12 月完成開題時，學界還沒有通代考察先代帝王祭祀的專著性成果，相關研究總量偏少。這個題目有些"冷"。那時我的構想也比較膚淺。武大文學院于亭老師，歷史學院謝貴安老師、晏昌貴老師以及呂博、薛夢瀟二位老師，對論文設計提出了很多建議，使我受益匪淺。進入論文撰寫階段後，通過對一個個具體問題的探索，我充分認識到研究這項禮儀制度的價值與意義。

　　論文通過答辯，更得益於衆多老師的關心與指導。按照慣例，2020 年 3 月底應該完成預答辯。受疫情影響，我們遵照要求在 4 月進行預答辯並按時送交外審。5 月下旬，論文順利通過答辯。其間，華東師範大學田兆元老師，武大歷史學院謝貴安老師、楊國安老師、申萬里老師以及中南民族大學陳祥軍老師，針對儒經理據、禮儀功能、禮制比較、禮制設計中的民族因素、回應學界論斷、理論提升、行文細節與規範等諸多問題，提出了很多細緻的建議。可以說，最後的論文已不僅僅是我個人的工作，還糅合了老師們的寶貴思想在內。論文中錯漏、失誤或其他不妥的地方，完全歸因於我有限的學識和能力。

我對本書稿始終抱有一種遺憾的態度。

一者，受疫情影響，學位論文的預答辯、答辯都在網絡上進行。這種操作方式雖然方便，但不能當面恭聽老師們的指導和教誨，始終是一大遺憾。

再者，學位論文的最終定稿在家中完成，修改效果不佳。雖盡最大努力，但論文定稿與日後修改完善的書稿相比，還是有些差距。作爲博士學習階段的最終成果，論文中留下了一些失誤。此又一憾。

三者，先代帝王祭祀中的配享或從祀、宋之後地方社會中祭祀先代帝王的活動，都值得再做梳理、探討。這也是學位論文寫畢時的預期事項。我在邁進工作階段的兩年光陰裏，雖然倍感充實，但科研產出近等於零，以致催促交稿之時只能把調整、理順、修正作爲完善書稿的主要任務。實際增補的內容很少。不能不說這又是一憾。我對此要進行深刻檢討。

圍繞先代帝王祭祀的通代研究在近兩年受到學界關注，這絕對是一個可喜的現象。2020 年 3 月，我國臺灣學者廖宜方出版了《王權的祭典》一書，對先代帝王祭祀做了通代考察。當時爲了跟進學術前沿，多方設法求購該書。然受疫情影響，麻煩張世菁老師從當地寄的書久久未能收到。最終，我在孔夫子舊書網上從一書友手中購得，這才得以在論文答辯前補充、完善學術前史。回想起當時的周折，衷心期盼國家的統一事業早日完成。今年，廖著的簡體字本出版。我也在這時將書稿提交給出版社，希望這本書能對相關學術討論有所助益。將來書稿出版面世，敬請學界前輩、同行專家們批評指正。

最後，對家人、師長、學友和同事表示感謝。父母、姐姐對我的體諒、鼓勵、關心與寬容，是支撐我前行的力量，是我生活中最溫暖的部分。我衷心祝愿父母和姐姐身體安康，一切順利。

回想讀博期間，我時刻受到師長、學友們的關懷與幫助。我離開蘭州後，蘭州大學雷紫翰老師依然時時關心，在生活、學習等方面對我多有幫助，讓我感佩於心。讀博期間一起上《禮記正義》讀書課的學友們，馬志亮、許穎、楊勇、要二峰、覃力維、張小虎、曾東、王謙、張爽、張若旭、梁藝馨、賴樹金等，對我的日常研修、論文撰寫、畢業事宜等提供了很多幫助。我頻繁接觸的師哥、師姐們，姚磊、何強、謝坤、李靜、公維軍，以及湖濱一舍二單元六樓的同學，賈勇、郝長燚、徐躍龍、李翔、彭孝軍、劉小龍、韓清友、王鵬、趙爾陽等，在日常對我的幫助很多。"何時一樽酒，重與細論文"，我在此向師長、同學們致謝。

　　到濟南工作後，齊魯文化研究院的領導們、前輩老師們、同事們、同學們爲我提供了很多有益的指導和幫助。他們的關懷同樣讓我感銘於心。近兩年，我已經參與"送走"了好幾撥碩、博畢業生。他們身上有很多值得我欽佩、學習的地方，尤其是 2018 級、2019 級、2020 級的碩士研究生，他們認真執著的科研品質、樂觀積極的生活態度，值得我學習。

　　書稿的校對、編審、出版，還有賴於武漢大學出版社李程老師、黃河清老師的指導和幫助。我在此表示誠摯的感謝。

　　"幸得展張今日翅，不能辜負昔時心。"文末引白居易的詩做結尾。

田成浩

山東師範大學齊魯文化研究院

2022 年 8 月

圖書在版編目(CIP)數據

先代帝王祭祀研究/田成浩著.—武漢:武漢大學出版社,2023.10
"禮學新論"叢書/楊華主編
國家出版基金項目
ISBN 978-7-307-23475-8

Ⅰ.先…　Ⅱ.田…　Ⅲ.帝王—祭祀—研究—中國　Ⅳ.K892.98

中國版本圖書館 CIP 數據核字(2022)第 226486 號

責任編輯:黄河清　　　責任校對:李孟瀟　　　版式設計:馬　佳

出版發行:武漢大學出版社　　(430072　武昌　珞珈山)
　　　　(電子郵箱:cbs22@whu.edu.cn　網址:www.wdp.com.cn)
印刷:湖北金港彩印有限公司
開本:720×1000　1/16　印張:21　字數:377 千字　插頁:1
版次:2023 年 10 月第 1 版　　2023 年 10 月第 1 次印刷
ISBN 978-7-307-23475-8　　定價:96.00 元